Berufs- und Wirtschaftspädagogik

Band 3

Berufs- und Wirtschaftspädagogik

Band 3

Herausgegeben von

Univ.-Professor Dr. Tobias Schlömer

Helmut-Schmidt-Universität-Hamburg/Universität der Bundeswehr Hamburg

Karina Kiepe

Stellen und Ausbildung der betrieblichen Ausbilder:innen

Grundannahmen, Transformationsprozesse, Reformdiskurse

Logos Verlag Berlin

Bibliografische Information der Deutschen Nationalbibliothek

Die Deutsche Nationalbibliothek verzeichnet diese Publikation in der Deutschen Nationalbibliografie; detaillierte bibliografische Daten sind im Internet über http://dnb.d-nb.de abrufbar.

Umschlagabbildung: Charlotte Hammes

© Copyright Logos Verlag Berlin GmbH 2021

Alle Rechte vorbehalten.

ISBN 978-3-8325-5294-7
ISSN (Print) 2629-3137

Logos Verlag Berlin GmbH
Georg-Knorr-Str. 4, Geb. 10,
12681 Berlin

Tel.: +49 (0)30 / 42 85 10 90
Fax: +49 (0)30 / 42 85 10 92
http://www.logos-verlag.de

Danksagung

Eine Promotionsschrift zu erstellen, ist mit vielfältigen Herausforderungen und Anstrengungen verbunden. Sport war mir immer eine Hilfe, den nötigen Ausgleich zu finden und am Ball zu bleiben. Neben Sportsgeist waren für die Erstellung meiner Arbeit, die im Rahmen meiner Tätigkeit als wissenschaftliche Mitarbeiterin an der Professur Berufs- und Arbeitspädagogik an der Helmut-Schmidt-Universität/ Universität der Bundeswehr Hamburg entstanden ist, auch die Unterstützung anderer Personen entscheidend. Hierfür bedanke ich mich herzlichst.

An erster Stelle danke ich meinem Erstgutachter, Prof. Dr. Tobias Schlömer, der mich während der gesamten Promotionsphase fachlich unterstützt hat und bei dem ich viel gelernt habe. Vielen Dank! Mein Dank gilt auch meiner Zweitgutachterin, Prof. Dr. Karin Rebmann, bei der ich zudem fünf Jahre studieren durfte. Der Austausch in gemeinsamen Kolloquien war stets gewinnbringend für mich.

Ferner möchte ich mich bei jenen Personen bedanken, die als Expert:innen an meiner Studie teilgenommen und sich die Zeit genommen haben, meine Fragebögen auszufüllen. Mein Dank gilt auch meinen Kolleginnen und Kollegen am Fachgebiet Berufsbildung, die für einen konstruktiven Austausch zur Verfügung standen. Besonders danke ich meinen ehemaligen Kolleginnen Susanne Heubischl und Carolin Wicke.

Bedanken möchte ich mich auch bei Marius und Hajo für den vielen Zuspruch und die lieben Aufmunterungen während der Erstellung meiner Arbeit.

Der größte Dank gilt aber meinem Lieblingsmenschen Lars. Hier die vielfältigen Dinge aufzuzählen, mit denen Du mich in den letzten Jahren unterstützt und glücklich gemacht hast, würde den Rahmen dieser Danksagung sprengen. Neben dem technischen Support möchte ich hier besonders Deine Kochkünste hervorheben. Ich bin sehr glücklich, Dich in meinem Leben zu haben!

Abschließend danke ich meinen Eltern sowie meiner Schwester für alles, was sie mir mit auf den Weg gegeben haben, und auch dafür, dass sie mich immer bei meinen Plänen unterstützt und ermutigt haben.

Hamburg, im Juni 2021   Karina Kiepe

Inhaltsverzeichnis

Abbildungsverzeichnis .... **VII**

Tabellenverzeichnis .... **IX**

1	**Einleitung**... 1
1.1	Theoretische Hinführung 1
1.2	Desiderata, Fragestellungen, Zugänge und Ziele der Studie 6
1.3	Forschungsdesign und Vorgehensweise der Studie 11
2	**Theoretische Exploration** **13**
2.1	Einordnung und Zugänge zu den Desiderata der Forschung 13
2.1.1	Sozialsystemischer Zugang zur Ausbildung im Betrieb und zur Ausbildung der Ausbilder:innen 13
2.1.2	Forschungsleitende Zugänge der Studie 16
2.2	Ausbilder:innen, Ausbilderhandeln und Ausbildereignung im Betrieb – professions- und kompetenztheoretischer Zugang 20
2.2.1	Betriebliche Ausbilder:innen als Untersuchungsgegenstand der Studie 20
2.2.2	Aufgaben betrieblicher Ausbilder:innen 23
2.2.3	Interaktionen zwischen Ausbilder:innen und Auszubildenden 28
2.2.4	Qualifikations- und Kompetenzanforderungen an betriebliche Ausbilder:innen 30
2.2.5	Bedeutung betrieblichen Ausbilderhandelns 35
2.3	Ausbildung der betrieblichen Ausbilder:innen – curriculumtheoretischer und bildungspolitischer Zugang 38
2.3.1	Entwicklung der AEVO in den letzten 50 Jahren 39
2.3.2	Erkenntnisinteressen der weiteren Untersuchung 44
2.3.3	Problembereiche der Ausbildung der Ausbilder:innen 46
2.3.4	Reformvorschläge für die Ausbildung der Ausbilder:innen 50
2.4	Gesellschaftliche Prozesse der Transformation 53
2.4.1	Herausforderungen einer nachhaltigen Entwicklung 53
2.4.2	Herausforderungen einer digitalen Transformation 58
2.4.3	Herausforderungen eines demografischen Wandels 64
2.5	Zusammenfassung und Schlussfolgerungen der theoretischen Exploration 73
3	**Planung und Durchführung der empirischen Exploration** **77**
3.1	Fragestellung und Empiriedesign im Überblick 77
3.2	Erste Empiriephase – Dokumentenanalyse 79

3.2.1	Sample – Auswahl der AEVO-Lehr-Lernmaterialien	79
3.2.2	Strukturierende Inhaltsanalyse als Auswertungsverfahren	81
3.2.3	Erste Sichtung des analysierten Materials	84
3.2.4	Auswertungsvorgehen, Kategoriensystem und Kodierleitfaden	86
3.3	Zweite Empiriephase – Delphi-Befragung	90
3.3.1	Übersicht zur Zukunftsforschung	90
3.3.2	Methodologie der Zukunftsforschung	92
3.3.2.1	Delphi-Befragungen als Methode der Zukunftsforschung	93
3.3.2.2	Zusammensetzung und Größe von Delphi-Expertengruppen	98
3.3.3	Delphi-Befragung dieser Studie	100
3.3.3.1	Sample – Auswahl der Expert:innen	100
3.3.3.2	Untersuchungsablauf	102
3.3.3.3	Erhebungsinstrumente und Pre-Tests	103
3.3.3.4	Auswertung, Kategoriensysteme und Kodierleitfäden der Befragungen	106
3.4	Gütekriterien	109
4	**Ergebnisse der empirischen Exploration**	**115**
4.1	Ergebnisse der Dokumentenanalyse ausgewählter AEVO-Lehr-Lernmaterialien	115
4.1.1	Tätigkeitsprofile betrieblicher Ausbilder:innen	117
4.1.2	Beförderte Didaktik	123
4.1.3	Berufliche Handlungskompetenz	127
4.1.4	Zusammenfassung und Diskussion	133
4.2	Ergebnisse zur gegenwartsbezogenen Stellenbeschreibung betrieblicher Ausbilder:innen	138
4.2.1	Hierarchische und organisatorische Einordnung	139
4.2.2	Anforderungen und Erwartungen	142
4.2.3	Wichtigste Aufgaben	148
4.2.4	Betriebliches Lernen	152
4.2.5	Bedeutung betrieblicher Ausbilder:innen	156
4.2.6	Zusammenfassung und Diskussion	157
4.3	Ergebnisse zu den Entwicklungslinien der Stellenbeschreibung betrieblicher Ausbilder:innen	161
4.3.1	Entwicklungslinien in der hierarchischen und organisatorischen Einordnung	162
4.3.2	Entwicklungslinien zukünftiger Anforderungen und Erwartungen	164
4.3.3	Entwicklungslinien zu den wichtigsten Aufgaben	167
4.3.4	Entwicklungslinien betrieblichen Lernens	170
4.3.5	Entwicklungslinien zur Bedeutung betrieblicher Ausbilder:innen	172
4.3.6	Zusammenfassung und Diskussion	174
4.4	Ergebnisse zur Zukunft der Ausbildung der Ausbilder:innen	177

4.4.1	Betriebswirtschaftliche und pädagogische Ansprüche	177
4.4.2	Reformdiskussion zur Ausbildung der Ausbilder:innen	181
4.4.3	Zukunft der Ausbilderlehrgänge und der Ausbildereignungsprüfung	186
4.4.4	Zusammenfassung und Diskussion	192
5	**Zusammenfassung und Ausblick**	**197**

Literaturverzeichnis ... **205**

Anhang ... **235**

Anhang 1: Kategoriensystem mit Kodierleitfaden der Dokumentenanalyse (erste Empiriephase) ... 237

Anhang 2: Kategoriensystem mit Kodierleitfaden zur Stellenbeschreibung betrieblicher Ausbilder:innen (zweite Empiriephase) ... 243

Anhang 3: Kategoriensystem mit Kodierleitfaden zur Zukunft der AdA (zweite Empiriephase) ... 255

Anhang 4: Fragebogen zur ersten Runde der Delphi-Befragung ... 257

Anhang 5: Fragebogen zur zweiten Runde der Delphi-Befragung ... 263

Abbildungsverzeichnis

Abbildung 1: Untersuchungsdesign der vorliegenden Studie 11
Abbildung 2: Zugänge und Verortung der Desiderata 16
Abbildung 3: Übersicht zu der persönlichen und fachlichen Eignung von Ausbilder:innen 21
Abbildung 4: Konzept der Handlungskompetenz betrieblicher Ausbilder:innen (modifiziert nach Merkel et al. 2017, S. 117).... 34
Abbildung 5: Ausbilder Handlungskompetenz (vgl. Sloane 2009, S. 11)........ 35
Abbildung 6: Empiriedesign der Studie 78
Abbildung 7: Kriterien der Auswahl der Analyseeinheiten für die erste Empiriephase 80
Abbildung 8: Ablaufschema einer inhaltlich strukturierenden Inhaltsanalyse (Kuckartz 2018, S. 100). 83
Abbildung 9: Kriterien der Auswahl der Expert:innen für die zweite Empiriephase 101
Abbildung 10: Untersuchungsablauf der Delphi-Befragung 102
Abbildung 11: Aufbau des Kategoriensystems vor und nach dem ersten Kodierdurchlauf 107

Tabellenverzeichnis

Tabelle 1:	Aufgabenprofile nach Art und Umfang der Ausbildertätigkeit (vgl. Brünner 2014, S. 12 f.)	24
Tabelle 2:	Aufgabentypen und Aufgabenbereiche betrieblicher Ausbilder:innen (vgl. Brünner 2014, S. 220 ff.)	25
Tabelle 3:	Aufgaben der Ausbilder:innen (Ruschel o. J., S. 11)	26
Tabelle 4:	Generalisierte Aufgabenbeschreibungen von Ausbilder:innen (vgl. Brünner 2014, S. 113)	27
Tabelle 5:	Synopse zur Entwicklung der AEVO (in Anlehnung an Bahl & Brünner 2013, S. 519; Baumgartner 2015, S. 110; Brünner 2012a, S. 240; Friede 2013; Gössling & Sloane 2013, S. 250 f.; Ulmer 2019)	40
Tabelle 6:	Empfohlene Aufteilung der Lehrgangsdauer (BiBB 2009, S. 7)	44
Tabelle 7:	Fähigkeiten, Fertigkeiten und Kenntnisse von Beschäftigten in einer digitalisierten Arbeitswelt	63
Tabelle 8:	Formen der qualitativen Inhaltsanalyse (in Anlehnung an Mayring 2015, S. 72 ff. sowie Döring und Bortz 2016, S. 542 ff.)	82
Tabelle 9:	Übersicht zur ersten Sichtung der Lehr-Lernmaterialien	85
Tabelle 10:	Allgemeines Schema für Kategoriendefinition (vgl. Kuckartz 2018, S. 40)	86
Tabelle 11:	Hauptkategorien und Kodierregeln der ersten empirischen Exploration	87
Tabelle 12:	Detaillierungen des curriculumtheoretischen Zugangs – Dokumentenanalyse AEVO Lehr-Lernmaterialien	88
Tabelle 13:	Kategorisierung von Methoden der Zukunftsforschung (Steinmüller 1997, S. 36)	93
Tabelle 14:	Typisierungen von Delphi-Befragungen (vgl. Häder 2014, S. 26)	95
Tabelle 15:	Übersicht zu den Expert:innen der Delphi-Befragung	102
Tabelle 16:	Kernkriterien qualitativer Forschung (Steinke 2010, S. 323 ff.)	110
Tabelle 17:	Übersicht zur Verteilung der Kodierungen auf die Kategorien und die AEVO-Lehr-Lernmaterialien	116
Tabelle 18:	Übersicht zu den Arbeitssystemen und den ihnen zugeordneten Kodierungen	119
Tabelle 19:	Detailansicht zu den identifizierten Tätigkeiten betrieblicher Ausbilder:innen	120
Tabelle 20:	Zusammenfassung der Kodierungen zur Didaktik	124

Tabelle 21:	Zusammenfassung der Kodierungen zum Kompetenzprofil	128
Tabelle 22:	Zusammenfassung der Kodierungen zur hierarchischen und organisatorischen Einordnung	142
Tabelle 23:	Zusammenfassung der Kodierungen zu den Qualifikations- und Kompetenzanforderungen	147
Tabelle 24:	Zusammenfassung der Kodierungen zu den wichtigsten Aufgaben	151
Tabelle 25:	Zusammenfassung der Kodierungen zu den Bedingungen betrieblichen Lernens	155
Tabelle 26:	Zusammenfassung der Kodierungen zur gegenwärtigen Bedeutung der betrieblichen Ausbildung	157
Tabelle 27:	Zusammenfassung der empirischen und theoretische gestützten Befunde sowie Schlussfolgerungen zur gegenwartsbezogenen Stellenbeschreibung	158
Tabelle 28:	Zusammenfassung der Kodierungen zu den Entwicklungslinien in der hierarchischen und organisatorischen Einordnung	163
Tabelle 29:	Zusammenfassung der Kodierungen zu den Entwicklungslinien der Qualifikations- und Kompetenzanforderungen	167
Tabelle 30:	Zusammenfassung der Kodierungen zu den Entwicklungslinien der wichtigsten Aufgaben betrieblicher Ausbilder:innen	169
Tabelle 31:	Zusammenfassung der Kodierungen zu den Entwicklungslinien betrieblichen Lernens	171
Tabelle 32:	Zusammenfassung der Kodierungen zu den Entwicklungslinien der Bedeutung betrieblicher Ausbildung	173
Tabelle 33:	Zusammenfassung der empirisch und theoretisch gestützten Befunde sowie Schlussfolgerungen zu den Entwicklungslinien der Stellenbeschreibung	174
Tabelle 34:	Zusammenfassung der Kodierungen der Entwicklungslinien betriebswirtschaftlicher und pädagogischer Anforderungen an Ausbilder:innen	181
Tabelle 35:	Zusammenfassung der Kodierungen zur Ausrichtung und zum Geltungsbereich der AdA	186
Tabelle 36:	Zusammenfassung der Kodierungen zum Zukunftsbild der Ausbilderlehrgänge und Ausbildereignungsprüfung	192
Tabelle 37:	Zusammenfassung der empirischen und theoretische gestützten Befunde sowie Schlussfolgerungen zur zukünftigen AdA	193

1 Einleitung

1.1 Theoretische Hinführung

Betriebliche Ausbilder:innen werden seit dem Jahr 1969 formell-juristisch durch das Berufsbildungsgesetz (BBiG) als Lehrendengruppe verortet. Ihre Mindestqualifizierung ist seit 1972 ordnungsrechtlich durch die Ausbildereignungsverordnung (AEVO) geregelt. Ausbilder:innen sollen damit für die basalen Handlungsfelder des Ausbildens befähigt werden. Auch wenn diese Mindestqualifizierung nicht annähernd vergleichbar ist mit der mehrjährigen und über drei Phasen verlaufenden pädagogischen Professionalisierung der Lehrkräfte an den berufsbildenden Schulen, ist zumindest eine standardisierte Struktur und Kultur des betrieblichen Ausbildens entstanden. Die Standardisierung zeigt sich auch quantitativ: Im Jahr 2018 waren offiziell 644.436 Ausbilder:innen in Deutschland gemeldet (vgl. BiBB 2020a, S. 173).

Ausbilder:innen sehen sich im Rahmen ihrer Ausbildertätigkeit mit einem vielfältigen Aufgabenspektrum (vgl. besonders Brünner 2014) und diversen Rollenzuschreibungen (vgl. besonders Bahl & Diettrich 2008) konfrontiert. Die Bedingungen, unter denen sie betriebliches Lernen gestalten und unterstützen, sind herausfordernd und nicht selten widersprüchlich: Lernen im Betrieb findet in einem „Spannungsfeld betriebswirtschaftlicher und pädagogischer Logiken statt und muss unter den Perspektiven von ‚Gewinnorientierung' und ‚Bildungsorientierung' organisiert und gestaltet werden." (Diettrich & Vonken 2011, S. 6). Der Wert, den betriebliche Ausbildung im Allgemeinen und die Arbeit betrieblicher Ausbilder:innen im Speziellen für Unternehmen hat, wird in der Regel von den Unternehmen nur bedingt reflektiert (vgl. Bahl 2012, S. 28). Dies bestätigte zuletzt eine umfassende Studie des Bundesinstituts für Berufsbildung (BiBB) zur *Situation des ausbildenden Personals in der betrieblichen Bildung* (SIAP), welche zwischen 2009 und 2012 durchgeführt wurde (vgl. Bahl et al. 2011; Bahl et al. 2012). Als ein Kernergebnis bringt die Studie hervor, dass Ausbildung zumeist als selbstverständlicher Teil der Unternehmenskultur erachtet wird. Die damit verbundenen Herausforderungen sowie die pädagogische Arbeit werden „kaum gesehen, geschweige denn offiziell wertgeschätzt." (Bahl et al. 2012, S. 22). Erschwerend kommt noch hinzu, dass ein Großteil der Ausbilder:innen seine Ausbildertätigkeit nebenberuflich ausübt. So zeigen vor allem ältere Befunde, wie insbesondere eine weitere Erhebung des BiBB sowie des Instituts für Arbeitsmarkt und Berufsforschung (IAB) aus den Jahren 1991/92, dass ca. 80 Prozent der betrieblichen Ausbilder:innen ihre Ausbildertätigkeit nebenberuflich ausüben (vgl. Bausch 1997, S. 23). Der hohe Anteil an nebenberuflichen Ausbilder:innen hängt vor allem damit zusammen, dass der Großteil der betrieblichen Ausbildung nach wie vor durch Kleinstbetriebe, Kleinbetriebe und mittlere Betriebe geleistet wird (vgl. BiBB 2020a, S. 205).

Vorbereitet werden Ausbilder:innen auf ihre Ausbildertätigkeit im Regelfall in der sogenannten Ausbildung der Ausbilder:innen (AdA). Mit der 1969 erfolgten Verankerung der AdA im Berufsbildungsgesetz (BBiG) wurde der Forderung des Deutschen Bildungsrates (DBR) nachgekommen, die Qualität der betrieblichen Berufsausbildung stärker unter die öffentliche Verantwortung zu stellen, um so allen Auszubildenden eine hochwertige Berufsausbildung zu ermöglichen (vgl. DBR 1969, S. 5). Seit 1972 wird die AdA durch die AEVO sowie den dazugehörigen Rahmenplan des BiBB berufsfeldübergreifend geregelt. Neben dem Rahmenplan des BiBB hat der Deutsche Handwerkskammertag (DHKT) seit dem Jahr 1974 einen eigenen Rahmenplan für das Handwerk entwickelt und bis heute fortgeschrieben. Auch der Deutscher Industrie- und Handelskammertag (DIHK) legt seit dem Jahr 2009 einen industrie- und handelsspezifischen Rahmenplan für die Ausbildung der Ausbilder:innen vor (vgl. Friede 2013, S. 16 f.).

Die Zuschreibung der Ausbildereignung erfolgt über eine Prüfung bei den zuständigen Stellen. Die Lehrgänge zu der Vorbereitung auf die Prüfung haben sich erst wenige Jahre nach der Einführung der Mindestqualifizierung entwickelt, sind aber heute fester Bestandteil der AdA-Kultur (vgl. überblicksartig Bahl & Brünner 2013; Gössling & Sloane 2013). Hinsichtlich der Ordnungsstrukturen der AdA ist jedoch kritisch anzumerken, dass diese eine betriebliche Ausbildertätigkeit auch ohne formel-systematische Qualifizierung zulassen (vgl. Schlömer et al. 2019, S. 495). Der § 6 Abs. 4 der AEVO erlaubt den zuständigen Stellen die arbeitspädagogische Eignung zuzuerkennen, wenn die pädagogische Eignung auf eine andere Weise glaubhaft nachgewiesen werden kann. Allein im Jahr 2018 wurden 39.753 Ausbilder:innen von der Prüfung befreit (vgl. BiBB 2020a, S. 172). Im Vergleich dazu legten 94.806 Personen die Ausbildereignungsprüfung ab, wovon 88.158 Personen die Prüfung auch bestanden haben (vgl. ebd.). Insgesamt zeigt sich „eine ordnungspolitisch gewollte Verwässerung der formal-systematischen Qualifizierung" (Schlömer et al. 2019, S. 495). Weiterführende pädagogische Fortbildungsangebote werden zudem kaum genutzt. Dies zeigt sich daran, dass im Jahr 2019 deutschlandweit nur 141 Personen an den Prüfungen zu der/dem geprüften Berufspädagogin/ Berufspädagogen (IHK) und 150 Personen an den Prüfungen zu der/ dem geprüften Aus- und Weiterbildungspädagogin/-pädagogen (IHK) teilgenommen haben (vgl. DIHK 2019, S. 8). Folglich stellt die AdA bis heute für den Großteil der betrieblichen Ausbilder:innen die einzige Form der pädagogischen Qualifizierung für ihre Ausbildertätigkeit dar.

Wie verdienstvoll die Einführung der AdA für die Qualität betrieblicher Berufsausbildung ist, wurde sichtbar, als die Anwendung der AEVO mit dem Ziel, die Ausbildungsbeteiligung der Betriebe zu erhöhen, für fünf Jahre im Zeitraum 2003 bis 2009 ausgesetzt wurde.

Ergebnisse einer Betriebsbefragung zur Untersuchung der Folgen der Aussetzung zeigen, „dass Ausbildungsabbrüche – unabhängig von der Betriebsgröße und dem Wirtschaftszweig – häufiger in den Betrieben auftreten, die über kein nach AEVO qualifiziertes Personal verfügen und die selbst angegeben hatten, dass ihnen die Aussetzung der AEVO den Einstieg in die Ausbildung erleichtert habe. Diese Betriebe klagen auch häufiger über Schwierigkeiten und schlechtere Noten ihrer Auszubildenden in den Prüfungen." (Ulmer et al. 2008, S. 4).

Auch Kammerbefragungen aus dieser Zeit belegen, dass ca. die Hälfte aller befragten Ausbildungsberater:innen der Meinung ist, „dass die Aussetzung der AEVO zu einem

Qualitätsverlust und einem Imageschaden der beruflichen Bildung geführt habe." (ebd.). Gleichwohl wird die AdA seit ihrer Einführung immer wieder kritisiert. Wesentliche Kritikpunkte leiten sich daraus ab, dass die AdA seit ihrem Bestehen eine „politisch durchsetzbare Kompromissformel" (Friede 2013, S. 19) ist, welche versucht, die divergierenden Anforderungen an die Mindestqualifizierung aufzufangen. Diese Forderungen reichen von einer umfassend geregelten pädagogischen Qualifizierung der Ausbilder:innen bis hin zu der Forderung, die pädagogische Qualifizierung der Ausbilder:innen weitestgehend der Selbstverwaltung der Unternehmen zu überlassen (vgl. Ebbinghaus 2011, S. 126 ff.; Friede 2013, S. 19; Gössling & Sloane 2013, S. 234). Hinsichtlich der Ordnungsstrukturen der AdA ist festzuhalten, dass die AEVO in der Vergangenheit zweimal novelliert wurde. Nach wie vor fehlt jedoch eine systematische und begründete Bezugnahme der AEVO und des Rahmenplans auf eine empirisch und theoretisch validierte Praxis des Ausbildens (vgl. Friede 2013, S. 19). Die inhaltliche Ausgestaltung der AEVO und des Rahmenplans wurden bislang allein „mit empirisch plausiblen Zweck-Mittel-Argumentationen begründet" (ebd.). Aktuell bilden sie kaum die Probleme und Aufgaben ab, mit denen Ausbilder:innen in der Ausbildungspraxis konfrontiert sind (vgl. Baumgartner 2015, S. 114; Sloane 2006, S. 472). Auch der aktuelle Stand beruflicher Didaktik, die Kompetenz-, Handlungs- und Lernendenorientierung sowie die Geschäfts- und Arbeitsprozessorientierung, wurden erst mit Jahrzehnten andauernder Verzögerung im Rahmen der zweiten Novellierung der AEVO im Jahr 2009 in die Ordnungsstrukturen aufgenommen (vgl. Bahl, Blötz & Ulmer 2010; Baumgartner 2015, S. 111 f.; Gössling & Sloane 2013, S. 248; Keller & Ulmer 2013, S. 147). Die Vorbereitungslehrgänge sowie die Prüfung stehen wie die betriebliche Ausbildung selbst ebenso in einem Spannungsfeld zwischen pädagogischen Ansprüchen und ökonomischer Effizienz, welches letztlich den ökonomischen Ansprüchen den Vorrang vor den pädagogischen gibt (vgl. Baumgartner 2015, S. 114; Brünner 2012a, S. 247; Sloane 2006, S. 462). In der Gesamtbetrachtung liegt gegenwärtig eine AdA vor, die eher als Berechtigung denn als Befähigung der betrieblichen Ausbilder:innen einzustufen ist (vgl. Bahl & Brünner 2013, S. 525).

Bis hierhin wurde aufgezeigt, dass Ausbilder:innen ihre Ausbildertätigkeit in der Regel unter erschwerten Bedingungen und meist nebenberuflich ausüben, ohne dass ihre Arbeit als wesentlicher Teil der Unternehmensstrategie reflektiert wird. Die AdA ist in der Regel die einzige pädagogische Mindestqualifizierung. Sie „beschränkt sich auf die Inhalte der Rechtsverordnung und umfasst nur diejenigen pädagogischen Kenntnisse, die heute als Mindestvoraussetzung von […] Ausbildern" (Friede 2013, S. 19 f.) eingefordert werden (vgl. ebd.).

In einer Gesamtbetrachtung weisen die vorangegangenen Ausführungen deutlich auf einen Widerspruch hin, der historisch im System der beruflichen Bildung verankert ist und immer wieder diskutiert wird. So verbringen Auszubildende den wesentlich größeren Teil ihrer Berufsausbildung im Lernort Betrieb. Der Unterricht an beruflichen Schulen, welcher als Teilzeit- oder als Blockunterricht stattfindet, umfasst in der Regel nur zwölf Stunden pro Woche (vgl. Achenbach 2017, S. 37). Besonders in Abgrenzung zu Lehrkräften an den berufsbildenden Schulen, denen im Rahmen ihrer pädagogischen Tätigkeit große Freiheitsgrade zustehen und die einen umfassenden Professionalisierungsprozess durchlaufen, werden Ausbilder:innen nur randständig auf ihre Ausbildertätigkeit vorbereitet und müssen diese dann auch noch in von ökonomischen Zielsetzungen dominierten Verhältnissen ausführen.

Die vorangegangenen Befunde adressieren besonders die Ausbilderforschung, welche seit Ende der 1990er-Jahre und damit kurz vor Aussetzung der Anwendung der AEVO deutlich an Forschungsintensität abgenommen hat (vgl. u. a. Bahl 2012, S. 38; Brünner 2014, S. 35; Falk & Zedler 2009, S. 20; Ulmer, Weiß & Zöller 2012, S. 8 f.). Falk und Zedler (2009, S. 20) schreiben in diesem Zusammenhang: „Es scheint demnach so zu sein, dass die Aussetzung der AEVO auch zu einer Vernachlässigung des Themas in der Berufsbildungsforschung geführt hat." Besonders im Vergleich zu der Hochphase der Ausbilderforschung in den 1970er- und 1980er-Jahren zeigt sich, wie unterrepräsentiert dieser Themenbereich gegenwärtig in der Disziplin ist (vgl. Merkel et al. 2017, S. 121). Im Fokus standen damals zum einen Fragen der Konzeptionierung, der didaktischen Ausgestaltung sowie der Weiterentwicklung der AdA-Lehrgänge (vgl. Brünner 2014, S. 32; Gössling & Sloane 2013, S. 241 f.; Sloane 2006, S. 460). Diese wurden u. a. in einer Reihe von Modellversuchen ab dem Jahr 1975 umfassend bearbeitet. Vorrangiges Ziel dieser Modellversuche war es, den Dozierenden unterstützende Leitfäden zur Verfügung zu stellen (vgl. überblicksartig Gössling & Sloane 2013, S. 241; Pätzold 1980, S. 858). Daneben gab es in der Vergangenheit aber auch Forschungen, die auf vielfältige Weise und mit unterschiedlichen Schwerpunkten das betriebliche Ausbildungspersonal u. a. hinsichtlich seiner betrieblichen Rollen, Funktionen, Aufgaben und Positionen betrachteten. Exemplarisch zu nennen ist u. a. die Dissertation von Pätzold (1977), die sich als eine der ersten Forschungsarbeiten überhaupt mit Fragen der Funktionen und den Aufgaben von Ausbilder:innen auseinandersetzte (vgl. Brünner 2014, S. 33) Ferner kann verwiesen werden auf große Forschungsarbeiten wie die Studie des BiBB zur Situation von Ausbilder:innen im Betrieb (vgl. Kutt et al. 1980), auf eine Untersuchung zum beruflichen Werdegang von Ausbilder:innen (vgl. Kutt 1978), auf ein Kooperationsprojekt zu den Tätigkeitsstrukturen, der Arbeitssituation und dem Berufsbewusstsein von Ausbildungspersonal im Metallbereich (vgl. Pätzold & Drees 1989), auf eine Studie zum Selbstverständnis und Tätigkeitsfeld von Ausbilder:innen (vgl. Nickolaus 1992)sowie auf eine Überblicksstudie zu Grundinformationen zum Ausbildungspersonal (vgl. Jansen 1989).

Eine konzise Zusammenfassung der Ausbilderforschung und der Entwicklung ihrer Fragestellungen in den letzten fünfzig Jahren liefert Brünner (2014, S. 31 ff.). Hinsichtlich der gegenwärtigen Ausbilderforschung sind es „eher ‚Klein'-forschungen, die das von heterogenen Zielsetzungen gekennzeichnete Forschungsfeld prägen." (ebd., S. 35).

Beispielhaft für die jüngere Ausbildungsforschung stehen Untersuchungen zur Rolle der pädagogischen Qualifizierung betrieblicher Ausbilder:innen (vgl. Ebbinghaus & Ulmer 2010), zu den Erwartungen der Auszubildenden an das betriebliche Ausbildungspersonal (vgl. Gei & Krekel 2011), zu den Herausforderungen und Qualifikationsbedarfen des betrieblichen Bildungspersonals (vgl. Wagner 2012), zu dem Aufgabenspektrum und den Handlungsstrukturen des betrieblichen Ausbildungspersonals (vgl. Brünner 2014), zum professionellen Handeln von Ausbildungspersonen in Fehlersituationen (vgl. Baumgartner 2015), zur professionellen Praxis der Ausbilder:innen (vgl. Bahl 2017) sowie zum didaktisch-methodischen und professionellen Selbstverständnis von betrieblichem Ausbildungspersonal im Bereich des nachhaltigen Wirtschaftens (vgl. Schlömer et al. 2019).

Einige wenige Ausnahmen von dieser insgesamt mit spezifischen Schwerpunkten fragmentierten Forschung stellen die eher ganzheitlich angelegten Arbeiten zu der Berufssituation von ausbildenden Fachkräften (vgl. Schmidt-Hackenberg et al. 1999), zu der Aussetzung der Anwendung der AEVO (vgl. Ulmer & Jablonka 2008), zu dem Qualifikationsbedarf des betrieblichen Ausbildungspersonals (vgl. Brater & Wagner 2008) sowie zu der Situation des betrieblichen Ausbildungspersonals (vgl. Bahl et al. 2012) dar (vgl. überblicksartig Brünner 2014, S. 35).

Insgesamt wird jedoch deutlich, dass die gegenwärtige Ausbilderforschung in Abgrenzung zu der Forschung der 1970er-, 1980er- sowie der frühen 1990er-Jahre einen starken Wandel durchlebt hat und eine umfassende Forschung, die zu zeitgemäßen sowie empirisch unterlegten Erkenntnissen über das betriebliche Ausbildungspersonal führt, heute größtenteils fehlt (vgl. besonders Bahl & Brünner 2018). Dieser für sich schon kritische Befund gewinnt an weiterer Relevanz dadurch, dass sich in den letzten Jahren die Rahmenbedingungen betrieblicher Ausbildung vor dem Hintergrund gesellschaftlicher Transformationsprozesse, wie insbesondere nachhaltige Entwicklung, digitale Transformation und demografischer Wandel verändert haben (vgl. u. a. Diettrich 2017, S. 320; Sloane 2009, S. 1) und bisher noch gültige ältere Befunde der Ausbilderforschung zunehmend an Aussagekraft verlieren. Diese Transformationsprozesse führen zu großen Anforderungsveränderungen für Unternehmen und deren Mitarbeiter:innen (vgl. überblicksartig Absatz 2.4). So kann erstens für die nachhaltige Entwicklung konstatiert werden, dass die mit ihr verbundene Notwendigkeit der Neuausrichtungen der Geschäftsmodelle der Unternehmen an der Leitidee der Nachhaltigkeit nur gelingen kann, wenn die Umsetzung bottom up, d. h. durch die Partizipation der Mitarbeiter:innen erfolgt. Hierfür werden Mitarbeiter:innen mit entrepreneurialen Kompetenzen benötigt (vgl. ausführlich Abschnitt 2.4.1). Für die digitale Transformation ist festzuhalten, dass die mit ihr verbundene horizontale und vertikale Vernetzung von Menschen, Maschinen, Objekten sowie IKT-Systemen zum Zwecke eines dynamischen Managements von komplexen Systemen nur gelingen kann, wenn Mitarbeiter:innen in Unternehmen über Kompetenzen verfügen, die über eine digitale Kompetenz hinausreichen, die allein auf den Umgang mit neuen Technologien abzielt (vgl. ausführlich Abschnitt 2.4.2). Die mit einem demografischen Wandel einhergehenden Herausforderungen, die sich konkret in Form von *Alterung, Akademisierung* und *Inklusion* darstellen, machen es erforderlich, dass Unternehmen veränderte Strategien bei der Gewinnung, der Ausbildung sowie der Erhaltung ihrer Fachkräfte realisieren, um auch zukünftig ihren Fachkräftebedarf sichern zu können (vgl. ausführlich Abschnitt 2.4.3).

Im Zusammenhang mit dem Umgang bzw. der Bewältigung der mit diesen Transformationsprozessen verbundenen Herausforderungen nimmt Bildung, d. h. auch die berufliche Bildung eine zentrale Funktion auf unterschiedlichen Ebenen ein. Auf einer übergeordneten Ebene stellt Bildung eine wichtige gesellschaftliche Strategie dar, im Umgang und der Gestaltung von Transformationsprozessen. Auf der Ebene von Unternehmen ist Bildung ein wichtiges Instrument, um Mitarbeiter:innen sowie Auszubildende nicht nur auf die veränderten Anforderungen vorzubereiten, sondern auch, um über die Mitarbeiter:innen und deren Potenzial neue strategische Ausrichtungen von Unternehmen zu realisieren. Auf der Ebene von Individuen ist Bildung erstens eine wichtige Grundlage, um beschäftigungsfähig zu bleiben. Zweitens bildet sie die Grundlage dafür, selbstbestimmt zu entscheiden, welche beruflichen Entwicklungspfade beschritten werden sollen.

1.2 Desiderata, Fragestellungen, Zugänge und Ziele der Studie

In dem vorherigen Abschnitt wurde aufgezeigt, dass Ausbilderforschung seit einigen Jahren im Vergleich zu anderen Feldern der Berufsbildungsforschung nur randständig betrieben wird. Es fehlen neuere Befunde, die umfassende sowohl theoretisch als auch empirisch die Gruppe der betrieblichen Ausbilder:innen adressieren. Insbesondere die Auswirkungen der o. g. Transformationsprozesse auf die Gruppe der betrieblichen Ausbilder:innen mit ihren Funktionen, Bedeutungen, Interaktionsmustern und den an sie gestellten Anforderungen sind unterbelichtet. Die vorliegende Studie soll einen Beitrag zur Aktualisierung der Ausbilderforschung leisten. Aus dem Feld der Ausbilderforschung wurden drei Forschungsdesiderata identifiziert, die im Rahmen dieser Studie unter besonderer Berücksichtigung der Transformationsprozesse der nachhaltigen Entwicklung, der digitalen Transformation und des demografischen Wandels bearbeitet werden. Die Desiderata beziehen sich dabei zum einen auf das Ausbilderhandeln und die Ausbildereignung am Lernort Betrieb und zum anderen auf die AdA als pädagogische Qualifizierung der betrieblichen Ausbilder:innen.

Das *erste Desiderat* fokussiert wesentliche Problematiken betrieblichen Ausbilderhandelns, die bereits in der theoretischen Hinführung skizziert wurden. So lässt sich aus der Ausbilderforschung ableiten, dass die betriebliche Ausbildertätigkeit bislang in einem doppelten Sinne unterschätzt wird. Erstens wird der Ausbildertätigkeit für die strategische Zukunftssicherung von Unternehmen keine Bedeutung beigemessen. Zweitens fehlt allgemein eine Anerkennung der pädagogischen Arbeit im betrieblichen Lernen (vgl. besonders Bahl et al. 2012). In diesen zwei Befunden zeigt sich, dass betriebliche Ausbilder:innen mit ihrer Verantwortung für die Durchführung betrieblicher Berufsausbildung zwar als rechtlich notwendige Bedingung einzuordnen sind (dies wird seit 1969 durch das BBiG ordnungspolitisch reglementiert), ihre Ausbildertätigkeit im Betrieb wird aber häufig nur als Selbstverständlichkeit eingeordnet: D. h. eine unternehmensstrategische Bedeutung wird der Ausbildertätigkeit eher selten beigemessen und der Wert der pädagogischen Arbeit im Hinblick auf die berufliche Sozialisation und die Persönlichkeitsentwicklung von Auszubildenden wird gar nicht oder nur in Teilen wertgeschätzt.

Um die vorab angeführte Zuschreibung erklären zu können, bedarf es jedoch mehr als isolierte bzw. spezialisierte Forschungen über einzelne Eigenschaften der Ausbilder:innen, wie sie bisher vornehmlich vorliegen. So existieren Forschungen, die das Spannungsverhältnis der Ausbildertätigkeit zwischen ökonomischen und pädagogischen Ansprüchen (vgl. u. a. Bahl 2011; Diettrich & Vonken 2011), das Aufgabenspektrum (vgl. besonders Brünner 2014; Diettrich 2009; Ruschel o. J.), die Interaktionen zwischen Ausbilder:innen und Auszubildenden (vgl. u. a. Ebbinghaus 2009; Grimm-Vonken, Müller & Schröter 2011), die Kompetenzanforderungen (vgl. besonders Merkel et al. 2017; Ruschel o. J.; Sloane 2009), die Qualifikationsanforderungen (vgl. u. a. Bahl et al. 2012; Ebbinghaus 2009), das Selbstbild (vgl. u. a. Nickolaus 1992; Pätzold 2013; Tutschner & Haasler 2012) sowie die Situation von Ausbilder:innen im Betrieb (vgl. u. a. Bahl et al. 2012) fokussieren. Ferner liegen praxisbezogene Rollenzuschreibungen für betriebliche Ausbilder:innen vor, die bislang allerdings nicht aus einer theoriegeleiteten Perspektive hinterfragt wurden (vgl. u. a. Bahl & Diettrich 2008; Bauer et al. 2010; Burchert 2012; Reetz 2002).

Damit braucht es einen systemisch-ganzheitlichen Zugang, mit dem die Interdependenz zwischen den Erwartungen, Voraussetzungen und Möglichkeiten des Ausbildungsbetriebes auf der einen Seite und den typischen Zuständen, Rollen und Beiträgen von Ausbilder:innen auf der anderen Seite verständlich werden können. Aus einer systemtheoretischen Perspektive ist die Leistungsfähigkeit des sozialen Systems *Ausbildungsbetrieb* auf dessen Komponenten (dazu gehören vor allem Ausbilder:innen) zurückzuführen. Die Verknüpfung zwischen Systemen und ihren Individuen lässt sich in der Form von wechselseitigen Interaktionsmustern (Organisation) beschreiben. Die Annahme zu Grunde gelegt, dass das soziale System *Unternehmen* zukünftig durch Transformationsmuster innerhalb seiner Systemumwelt stark unter Veränderungsdruck geraten wird, sind Auswirkungen auf die Ausbilder:innen zwangsläufig. Diese Interdependenzen gilt es dabei nicht nur sozialtheoretisch zu prognostizieren, sondern auch über einen empirisch-forschungspraktischen Zugang zu erkunden.

Zusammengefasst geht es im ersten Desiderat darum, die Bedeutungszuschreibung, die organisationale Verortung, die Funktionen und Aufgaben, die Qualifikationserwartungen, die Interaktionen sowie die Kompetenzpotenziale betrieblicher Ausbilder:innen im Zusammenhang zu erklären. In der traditionellen Systemtheorie (vgl. u. a. Luhmann 1984; Parsons 1967) ist damit gemeint, dass man die Emergenz von Ausbildungsbetrieb und seinen Mitgliedern versteht.

Hierfür ist es wichtig, ein forschungsmethodisch geeignetes Instrument zu finden. Im Rahmen der hier vorliegenden Studie wird das Instrument des Fragebogens in Form einer Stellenbeschreibung genutzt. Stellenbeschreibungen werden im Personalmanagement insbesondere zu dem Zwecke einer zielgerichteten Personalbeschaffung eingesetzt (vgl. Lindner-Lohmann, Lohmann & Schirmer 2016, S. 54). Sie ermöglichen strukturierte und schriftlich fixierte Beschreibungen der organisatorischen und hierarchischen Einbindung einer Stelle in die Unternehmensstruktur, der mit der Stelle verbundenen Aufgaben, Verantwortungsbereiche und Befugnisse sowie der Kompetenz- und Qualifikationsanforderungen für die Stelle (vgl. Achleitner et al. 2013, S. 339; Lindner-Lohmann, Lohmann & Schirmer 2016, S. 54; Wrabetz 1973, S. 15). In einer umfassenden Auslegung lassen sich in Stellenbeschreibungen folglich die Systemerwartungen an sowie die typischen Interaktionsmuster und Komponenteneigenschaften von Individuen abbilden.

Im Kontext dieser Arbeit werden entlang der Struktur von Stellenbeschreibungen die gegenwärtig in der Ausbilderforschung überwiegend einzeln erhobenen Aspekte von Ausbilderhandeln und Ausbildereignung zusammenhängend erhoben und untersucht. Verbunden mit dem Instrument der Stellenbeschreibung ist allerdings immer auch das Risiko, dass ein idealisiertes Bild betrieblicher Ausbilder:innen erhoben wird, was vor allem mit dem ursprünglichen Anwendungskontext von Stellenbeschreibungen zusammenhängt.

In dieser Studie wird die Stellenbeschreibung im Kontext einer Delphi-Befragung eingesetzt. Ausgewählte Expert:innen bearbeiten dort eine Stellenbeschreibung für Ausbilder:innen, in welcher Aussagen zu der hierarchischen und organisatorischen Einordnung, den Befugnissen, den Qualifikationsabschlüssen, den Aufgaben und Kompetenzanforderungen an betriebliche Ausbilder:innen sowie zum Lernen im Betrieb, den Auszubildenden, den Interaktionen zwischen Auszubildenden und Ausbilder:innen, dem Methoden- und Medieneinsatz sowie übergeordnet zu der wirtschaftlichen Bedeutung des betrieblichen Ausbilderhandelns für die Unternehmen enthalten sind. Die Stellenbeschreibung wird erstens mit Blick auf die Gegenwart und zweitens mit Blick auf die Zukunft und dort unter Berücksichtigung bereits oben angeführter Transformationsprozesse bearbeitet. Im Ergebnis entstehen gegenwartsbezogene Stellenbeschreibungen auf mittlerem Abstraktionsniveau sowie Aussagen zu zukünftigen Veränderungen in den Stellenbeschreibungen. Diese Ergebnisse werden hinsichtlich der folgenden, übergeordneten Fragestellungen untersucht:

- Welche Ausprägungen von Stellenbeschreibungen betrieblicher Ausbilder:innen beschreiben Expert:innen aus Forschung, Praxis und Berufsbildungspolitik?
- Welche zukünftigen Veränderungen in den Stellenbeschreibungen betrieblicher Ausbilder:innen erwarten die Expert:innen?

Für die Bearbeitung des ersten Desiderates wird ein professions- und kompetenz-theoretischer Zugang zum Feld der Ausbilderforschung gewählt (vgl. ausführlich Abschnitt 2.1.2).

Das *zweite Desiderat* legt den Fokus auf die AdA und den Umstand, dass diese in der Vergangenheit nur punktuell untersucht wurde und die Forschung zu ihr daher bis heute erhebliche Leerstellen aufweist. Neben Forschungen, die den Beitrag der AdA für die Qualität der betrieblichen Ausbildung untersuchen (vgl. besonders Ulmer & Jablonka 2008), existieren Untersuchungen, die einzelne Ebenen der AdA fokussieren. So kann die AdA in eine Makroebene, eine Mesoebene und eine Mikroebene unterteilt werden (vgl. Abschnitt 2.1.2). Besonders dominant vertreten sind Forschungsarbeiten, welche die AdA auf einer makrodidaktischen Ebene untersuchen. Hierzu zählen curriculare Analysen zu der Entwicklung der AEVO und ihrer Rahmen(stoff)pläne seit dem Jahr 1972 (vgl. u. a. Bahl & Brünner 2013; Falk & Zedler 2009; Friede 2013; Gössling & Sloane 2013). In den Analysen stehen neben der strukturellen Entwicklung der Curricula besonders die in ihnen enthaltenen Rollenbilder der betrieblichen Ausbilder:innen und die damit verbundenen didaktischen Leitideen der Verordnungen im Vordergrund (vgl. besonders Friede 2013). Daneben existieren vereinzelte und räumlich begrenzte Untersuchungen zu Ausbilderlehrgängen auf mikrodidaktischer Ebene der AdA. Die Lehrgänge werden besonders hinsichtlich ihrer zeitlichen und methodischen Ausgestaltung, ihrer Teilnehmerstruktur sowie Zielsetzung untersucht (vgl. besonders Brünner 2012a; Zedler 2008). Die Ergebnisse der Untersuchungen zu den Lehrgängen führen wegen der fehlenden Repräsentativität der

Stichprobe allerdings nicht zu einem allgemeingültigen Bild. Neben umfassenderen Untersuchungen zu den Ausbilderlehrgängen fehlen derzeit vor allem Untersuchungen, die detailliert die Annahmen der AdA über die Aufgabenstrukturen von betrieblichen Ausbilder:innen, das Verständnis der AdA von beruflicher Handlungskompetenz betrieblicher Ausbilder:innen sowie die Vorstellungen der AdA von betrieblicher Ausbildungsdidaktik offenlegen. Verbunden mit der Bearbeitung dieser Leerstellen ist die Erkundung von Kernelementen der AdA, die einen wesentlichen Einfluss auf das spätere Ausbilderhandeln im Betrieb haben.

Diese Leerstellen lassen sich nicht über die Analyse der AEVO und ihrer Rahmenpläne beheben. So bietet die makrodidaktische Ebene der AdA nur wenig Analysematerial an, das zu einer umfassenden und detaillierten Bearbeitung dieser Leerstellen beitragen kann. Eine umfassende Analyse der Ausbilderlehrgänge ist im Rahmen dieser Studie aus forschungspragmatischen Gründen jedoch abzulehnen. Vielmehr bietet es sich an, über die Analyse von AEVO-Lehr-Lernmaterialien diese Leerstellen der Ausbilderforschung zu bearbeiten. Die Lehr-Lernmaterialien sind der mesodidaktischen Ebene der AdA zuzuordnen. Sie bieten in der Regel die Grundlage für die Planung und Durchführung der Ausbilderlehrgänge oder dienen Ausbilder:innen als eine Grundlage für die Vorbereitung auf die Ausbildereignungsprüfung. In Anlehnung an Wiater (2005, S. 43) können die AEVO-Lehr-Lernmaterialien als Schulbücher der AdA verstanden werden. Er definiert Schulbücher im engeren Sinne als Lehr-, Lern- sowie Arbeitsmittel, die entweder als lose Blattsammlung oder in Buch- oder Broschüreform Lernstoff systematisch darstellen (vgl. ebd.). Die AEVO-Lehr-Lernmaterialien haben insgesamt eine steuernde Funktion im Qualifizierungsprozess der betrieblichen Ausbilder:innen. Auch spiegeln sich in ihnen die über fast fünfzig Jahre gewachsene Kultur und Praxis der AdA wider. Hinzu kommt, dass in der didaktischen Forschung Schul- bzw. Lehrbuchanalysen bereits seit Jahrzehnten etabliert sind. In der Schulbuchforschung werden sie u. a. eingesetzt, um Schulbücher hinsichtlich unterschiedlicher Fragestellungen vornehmlich auf der Basis von inhaltsanalytischen Verfahren zu untersuchen (vgl. Szojnik 2012, S. 89 ff.). Insofern verwundert es, dass das erkenntnisbringende Potenzial von Lehrbuchanalysen noch nicht im Kontext der AdA genutzt wurde. Im Wissen um die vorangegangenen Ausführungen werden in dieser Studie ausgewählte AEVO-Lehr-Lernmaterialien hinsichtlich der folgenden drei Forschungsfragen untersucht:

- Welche Annahmen über die Ausbildertätigkeit und ihre konkrete Ausgestaltung liegen den AEVO-Lehr-Lernmaterialien zu Grunde?
- Welches Verständnis von Didaktik liegt den AEVO-Lehr-Lernmaterialien zu Grunde?
- Welches Verständnis von beruflicher Handlungskompetenz der betrieblichen Ausbilder:innen liegt den AEVO-Lehr-Lernmaterialien zu Grunde?

Für die Bearbeitung des zweiten Desiderates wird ein curriculumtheoretischer Zugang zu dem Feld der Ausbilderforschung gewählt (vgl. ausführlich Abschnitt 2.1.2).

Das *dritte Forschungsdesiderat* dieser Studie bezieht sich ebenfalls auf die AdA. Ausgangspunkt ist hier vor allem die Kritik gegenüber der gegenwärtigen AdA. Sie ist in ihren Strukturen, ihrer Ausrichtung und in ihrem Geltungsbereich seit Jahrzehnten stark durch Partikularinteressen sowie durch eine über fast fünfzig Jahre gewachsene Kultur geprägt. Dies erschwert bis heute ihre Reformierung erheblich. In der Vergangenheit gab es dennoch immer wieder Forderungen aus der Politik, der Wissenschaft sowie der betrieblichen Praxis, die AdA zu reformieren und damit auf die vielfältige Kritik ihr gegenüber zu reagieren. Diesen Forderungen folgten bis heute jedoch nur vereinzelte Reformdiskussionen und Reformvorschläge, die zudem nicht weitergeführt wurden (vgl. besonders Gössling & Sloane 2013; Sloane 2006). Die bestehenden Reformdiskussionen und -vorschläge beziehen sich primär auf das Erfordernis einer domänenspezifischen und aufgabentypischen AdA. Diskussionen rund um das kontroverse Thema der pädagogischen Qualifizierung von ausbildenden Fachkräften sind kaum zu finden. Mit Blick auf die bestehenden Reformdiskussionen und Reformvorschläge ist zudem zu konstatieren, dass diese kaum unter unmittelbarer Bezugnahme auf das betriebliche Ausbilderhandeln als Bezugspunkt der AdA stattfinden. Auch werden gegenwärtige und zukünftige Transformationsmuster, die erheblichen Einfluss auf das Ausbilderhandeln und die Anforderungen an Ausbilder:innen haben, bislang nicht berücksichtigt. Ein fundierter Zukunftsdiskurs wird damit nicht geführt.

Ein Ziel der vorliegenden Studie besteht deshalb darin, den Reformdiskurs zur AdA aufzugreifen und die Reformoptionen durch ausgewählte Expert:innen unter Berücksichtigung möglicher zukünftig veränderter Anforderungen an die Ausbilder:innen zu diskutieren. Die Befragung erfolgt zum Abschluss der Delphi-Befragung, in welcher es zunächst um gegenwärtige Stellenprofile betrieblicher Ausbilder:innen und deren mögliche zukünftige Veränderungen im Kontext gesellschaftlicher Transformationsprozesse geht (vgl. Desiderat 1). Damit wird der initiierte Expertendiskurs zur AdA in einen unmittelbaren Zusammenhang mit Ausbilderhandeln und Ausbildereignung im Betrieb gestellt. Im Zentrum stehen folgende, übergeordnete Forschungsfragen:

- Wie bewerten Expert:innen aus Forschung, Praxis und Berufsbildungspolitik ausgewählte Reformvorschläge zu der AdA im Kontext veränderter Anforderungen an die Ausbilder:innen?
- Durch welche Merkmale ist ein zukünftiges Idealbild der Ausbilderlehrgänge und der Ausbildereignungsprüfung geprägt?

Durch die Bearbeitung dieses dritten Desiderates wird ein bildungspolitischer Zugang zum Feld der Ausbilderforschung gewählt (vgl. ausführlich Abschnitt 2.1.2).

Die Bearbeitung der vorab dargelegten drei Forschungsdesiderata bringt drei Kernergebnisse hervor:

- Eine übergeordnete Stellenbeschreibung von betrieblichen Ausbilder:innen sowie mögliche zukünftige Veränderungen in der Stellenbeschreibung.
- Eine strukturierte Beschreibung ausgewählter AEVO-Lehr-Lernmaterialien.

- Eine Diskussion zu Reformoptionen der AdA sowie die Erstellung eines Idealbildes der Ausbilderlehrgänge und der Ausbildereignungsprüfung.

1.3 Forschungsdesign und Vorgehensweise der Studie

In der nachfolgenden Abbildung 1 ist das Untersuchungsdesign der vorliegenden Studie in seiner Grundstruktur dargelegt.

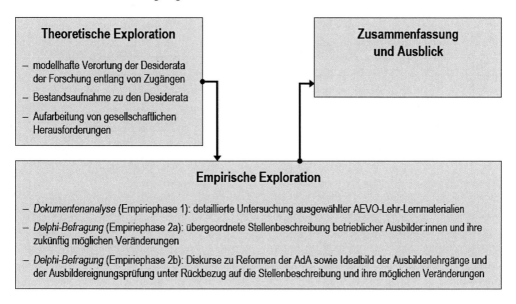

Abbildung 1: Untersuchungsdesign der vorliegenden Studie

Die vorliegende Studie besteht aus einer theoretischen und empirischen Exploration. Die theoretische Exploration (Kapitel 2) umfasst drei Teilschritte.

Erstens werden die betriebliche Ausbildung und die AdA aus einer sozialsystemischen Perspektive beschrieben. Darauf aufbauend werden die drei Desiderata entlang ihrer jeweiligen Zugänge zu der Ausbilderforschung, d. h. professions- und kompetenztheoretisch (Desiderat 1), curriculumtheoretisch (Desiderat 2) und bildungspolitisch (Desiderat 3) verortet. Zweitens erfolgt auf Basis von vergleichender Literaturarbeit eine Bestandsaufnahme zu den Forschungsdesiderata. Dabei werden die Diskurse zu den betriebswirtschaftlichen Beiträgen von Ausbilder:innen und ihrem typischen Stellenwert in Unternehmen aufgearbeitet. Ferner wird der Forschungsstand zu den Aufgaben, den Anforderungen und Erwartungen an die Ausbilder:innen sowie den Ausprägungen der Interaktionen zwischen den Ausbilder:innen und den Auszubildenden dargelegt. Darüber hinaus erfolgt eine Bestandsaufnahme zu der AdA. Hier wird neben der Entwicklung der AEVO als ein makrodidaktischer Bezugsrahmen der AdA auch eine kritische Würdigung zu dem gegenwärtigen Stand der AdA vorgenommen sowie der gegenwärtige Diskussionsstand zu den Reformoptionen der AdA aufgezeigt. Drittens werden die gesellschaftlichen Herausforderungen *nachhaltige Entwicklung*, *digitale Transformation* sowie *demografischer Wandel* aufgearbeitet und hinsichtlich ihrer Folgen für die betriebliche Ausbildung bewertet. Die theoretische Exploration endet mit einer Zusammenfassung.

Die empirische Exploration besteht aus der Durchführung von zwei qualitativen Studien. Erstens erfolgt eine Dokumentenanalyse, die eine strukturierte Beschreibung ausgewählter AEVO-Lehr-Lernmaterialien hervorbringt. Zweitens wird eine aus zwei Runden bestehende Delphi-Befragung von Expert:innen mittels Fragebögen durchgeführt. Es entsteht zum einen eine übergeordnete Stellenbeschreibung betrieblicher Ausbilder:innen inklusive möglicher Veränderungen in der Zukunft. Zum anderen wird, unter Rückbezug auf die Stellenbeschreibung und ihre möglichen Veränderungen, ein Diskurs über die Reformoptionen der AdA initiiert und ein Idealbild der Ausbilderlehrgänge und der Ausbildereignungsprüfung konzeptualisiert.

Die Auswahl der zu untersuchenden Materialien für die erste Studie sowie die Auswahl der zu befragenden Expert:innen der zweiten Studie folgen jeweils aus einer Samplingmethode. Während erstere am Ziel der Reichweite der zu untersuchenden Materialien ausgerichtet ist, verfolgt letztere das Ziel der Repräsentativität der Expert:innen. Das im Rahmen der Studien gewonnene Datenmaterial wird jeweils mittels strukturierender Inhaltsanalysen entlang eines Kategoriensystems mit dazugehörigem Kodierleitfaden ausgewertet. Die Bildung der Kategorien ist an den zu beantwortenden Fragestellungen der Studien ausgerichtet. Für die erste Studie wird ein Kategoriensystem gebildet, das sich an den Fragestellungen des zweiten Forschungsdesiderates orientiert. Für die Delphi-Befragung wird je Befragungsrunde ein Kategoriensystem angefertigt. Das Kategoriensystem der ersten Befragungsrunde orientiert sich an den Fragestellungen zum ersten Desiderat. Das Kategoriensystem der zweiten Befragungsrunde ist an den Fragestellungen des dritten Desiderates ausgerichtet. Die der Planung sowie Durchführung der empirischen Exploration wird in Kapitel 3 vorgestellt. In Kapitel 4 werden die drei Kernergebnisse der empirischen Exploration dargestellt und u. a. unter Rückbezug auf die Ausführungen der theoretischen Exploration diskutiert. Ferner werden die Ergebnisse der Dokumentenanalyse in die Auswertung und Interpretation der Delphi-Befragung eingebunden. Damit werden die empirischen Explorationen bzw. die dahinterstehenden Desiderata aufeinander bezogen. Damit werden zugleich die Zugänge dieser Studie in der Ergebnisdarstellung aufeinander bezogen bzw. miteinander verbunden.

Zum Abschluss der Arbeit erfolgt im Kapitel 5 eine die drei Forschungsdesiderata übergreifende Zusammenfassung und Pointierung der Ergebnisse der theoretischen und empirischen Ausführungen sowie ein Ausblick für die zukünftige Ausbilderforschung.

2 Theoretische Exploration

2.1 Einordnung und Zugänge zu den Desiderata der Forschung

Die drei Forschungsdesiderata der vorliegenden Studie beziehen sich einerseits auf das Ausbilderhandeln und die Ausbildereignung im Betrieb (Desiderat 1) und andererseits auf die Ausbildung der Ausbilder:innen (AdA) (Desiderat 2 und 3). Ausbildungsbetrieb und die AdA können als zwei verschiedene *Systeme* verstanden werden. Der Systembegriff stellt in der Berufsbildungsforschung im Allgemeinen und in der betrieblichen Ausbildungsforschung und der Ausbilderforschung im Speziellen ein zentrales Beschreibungskonstrukt dar. Exemplarisch anzuführen ist an dieser Stelle eine Studie des BiBB zur *Situation des ausbildenden Personals in der betrieblichen Bildung* (SIAP). In dieser Studie wird neben der betrieblichen Ausbildung auch die AdA als ein System ausgewiesen. Letztere wird dabei als ein Abschnitt eines „stufenförmigen Qualifikationssystems" (Bahl et al. 2012, S. 5) eingeordnet. Daneben ist auch bei Autoren wie Gössling und Sloane (2013) sowie Friede (2013) die Bezeichnung *System* vorzufinden, insbesondere im Zusammenhang mit der AdA. Offengelegt wird in den Ausführungen dabei allerdings zumeist nicht, welcher Systembegriff damit gemeint ist. Im Rahmen dieser Studie wird auf die Theorie sozialer Systeme nach Hejl (1982; 1993; 1996) zurückgegriffen. Sie ermöglicht es, die betriebliche Ausbildung und das Ausbilderhandeln einerseits und die AdA andererseits als eigenständige soziale Systeme zu modellieren und grundsätzliche Annahmen zu formulieren. So lassen sich Sinnkriterien, Interaktionsmuster und Annahmen über die Systemmitglieder beschreiben, die sowohl systemspezifisch sind – also z. B. für das System der AdA gelten – als auch in Teilen systemübergreifend sind, z. B. geteilte Annahmen über Anforderungen an Ausbilder:innen. Es lassen sich also Ausprägungen des Ausbilderhandels kontextualisiert, also mit den Abhängigkeiten, Einflusskriterien, Widersprüche darstellen. Ferner erlaubt die Perspektive sozialer Systeme, das Ausbilderhandeln respektive die AdA in seine Systemumwelt einzuordnen und damit Verflechtungen zum Gesamtunternehmenssystem, zum Bildungssystem, zum Schulsystem usw. offenzulegen. Für den weiteren Studienaufbau stellt die Theorie sozialer Systeme eine „Hintergrundfolie" dar, sodass die Grundaussagen im Folgenden vorgestellt werden.

2.1.1 Sozialsystemischer Zugang zur Ausbildung im Betrieb und zur Ausbildung der Ausbilder:innen

Anders als bei der klassischen Systemtheorie (vgl. besonders Luhmann 1984), bei der „Kommunikationen— als Basiskomponenten eines Systems, das sich über den wechselseitigen Zusammenhang von Kognitionen (»a particular construct of reality«) und Handlungen (»a pattern of interactions«) [...] näher bestimmt" (Jäger 1994, S. 100), fungieren, lässt

Hejl (1982; 1993; 1996) „als Systembestandteile nur ›Komponenten‹ und Organisation gelten, wogegen er die Eigenschaften, die eine Einheit als Komponente eines Systems charakterisieren, auf deren Interaktionen zurückführt." (Jäger 1994, S. 100). Das Verhalten von Systemen lässt sich somit nur aus den Interaktionen zwischen den Individuen des sozialen Systems erklären und nicht wie bei Luhmann (1984) aus einem Netz von Kommunikation.

Allgemein bietet die Systemsprache darüber hinaus entscheidende Vorteile. Entscheidend für die hier vorliegende Studie ist dabei, dass durch die Systemterminologie begriffliche Mittel bereitgestellt werden, die hinsichtlich ihrer Abstraktions- und Flexibilitätsgrade so ausgeprägt sind, dass sich mit ihnen auch komplexe soziale Systeme strukturieren, analysieren und verstehen lassen (vgl. Hejl & Stahl 2000, S. 109). Übertragen auf den Kontext dieser Forschungsarbeit lassen sich die beiden Systeme *Qualifizierung nach AdA* und *betriebliche Ausbildung* mittels der Systemsprache aus einer Makroperspektive heraus betrachten. Dadurch wird die Komplexität dieser vielschichtigen Systeme auf ein überschaubares Maß reduziert.

Die Theorie sozialer Systeme nach Hejl (1982; 1993; 1996) lässt sich in ihren Grundzügen entlang von drei Bestandteilen charakterisieren. Laut Hejl und Stahl (2000, S. 110) handelt es sich bei sozialen Systemen um:

„eine Menge von Individuen, die zwei Bedingungen erfüllen, durch die sie Systemkomponenten werden und zur Systemorganisation beitragen: Sie müssen a) die gleichen Wirklichkeitskonstrukte ausgebildet haben und mit Bezug auf diese in einer ihr zugeordneten Weise handeln können. Sie müssen b) mit Bezug auf diese Wirklichkeitskonstrukte tatsächlich handeln und interagieren."

Aus dieser Definition gehen drei Bestandteile hervor, die ein soziales System konstituieren: (1) Komponenten, (2) Synreferenz und (3) Organisation.

Die Komponenten eines sozialen Systems sind Individuen oder Teilsysteme. Letztendlich sind sämtliche systembezogene Aktivitäten auf Individuen zurückzuführen, die sich zu Teilsystemen zusammenschließen können (vgl. ebd., S. 112). Die Komponentensicht legt frei, dass Individuen mehrere Systeme und zugleich übergeordneten Systemen angehören können (vgl. Hejl 1996, S. 329 f.). In der Konsequenz können sich Sozialsysteme mit unterschiedlichen Komplexitätsgraden herausbilden. Letztlich lassen sich die Eigenschaften eines sozialen Systems jedoch immer auf die Eigenschaften der Individuen als Systemkomponenten zurückführen. Dieser Zusammenhang zeigt sich auch Bestandteil der Synreferenzialität (vgl. u. a. Hejl 1992b, S. 280; Hejl & Stahl 2000, S. 110). Der Begriff verweist darauf, dass indem Individuen eines sozialen Systems aufeinander bezogen kommunizieren und handeln, sie ihre Sichtweisen auf die Wirklichkeit austauschen und damit Bedeutungen gemeinsam sozial aushandeln und festlegen. Individuen bilden in diesem Kontext einen konsensuellen Bereich eines untereinander koordinierten Verhaltens heraus (vgl. Hejl 1993, S. 216; Hejl 1996, S. 317). Mit jeder Interaktion, welche die gemeinsam ausgebildete Konstruktion von Wirklichkeit der Individuen festigt, tragen sie zu dem Entstehen synreferenzieller sozialer Systeme bei. Die gemeinsam herausgebildeten Konstruktionen über die Wirklichkeit sind sowohl kontingent wie potenziell dauerhaft handlungswirksam (vgl. Hejl & Stahl 2000, S. 110 ff.). Der Begriff der Synreferenz markiert also den Umstand, dass sich die zwischen den Komponenten eines sozialen Systems stattfindenden Interaktionen, das heißt Handlungen und Kommunikation auf Wissensbestände, Wirklichkeitskonstrukte sowie Werte und Normen beziehen, die als System und durch die dort stattfindende soziale Interaktion erzeugt und präzisiert wurden (vgl. ebd., S. 110).

Mit der Fokussierung auf die Interaktionen zwischen den Komponenten eines sozialen Systems wird die Organisation als dritter Bestandteil sozialer Systeme wesentlich. „Die Organisation eines Systems ist das Interaktionsmuster zwischen ihren Komponenten, das in einem Beobachtungsintervall stabil bleibt". (Hejl 1992a, S. 185). Das Interaktionsmuster ist wiederum das Ergebnis sich kontinuierlich wiederholender Interaktionen zwischen den Systemkomponenten. Es bildet eine über einen längeren Zeitraum beobachtbare Kontinuität innerhalb des sozialen Systems ab (vgl. Hejl 1992b, S. 277). Von Verhaltensänderungen einzelner Komponenten ist das soziale System aufgrund seiner ausgebildeten Interaktionsmuster erst dann betroffen, wenn sich neue Bedeutungen und Konstruktionen von Wirklichkeit durchsetzen. In der Tendenz neigen soziale Systeme über die interaktionale Reproduktion geteilter Konstruktionen zum Konservatismus (vgl. Hejl 1994, S. 118; Hejl & Stahl 2000, S. 114). Verstärkt wird dieser Effekt durch die Eigenschaft der Selektivität von Organisationen. Sie benennt den Umstand, dass in sozialen Systemen nicht alle, sondern nur bestimmte Komponenten miteinander interagieren. Ursächlich für diese Selektivität sind neben den unterschiedlichen Eigenschaften der Komponenten auch die räumlichen Entfernungen zwischen ihnen sowie der Umgang mit einer drohenden Überlastung aufgrund eines Übermaßes an Interaktionsangeboten (vgl. Hejl & Stahl 2000, S. 115).

In der vorliegenden Studie lassen sich auf Basis der Theorie sozialer Systeme folgende erste Schlussfolgerungen ziehen. Erstens kann konstatiert werden, dass Ausbilder:innen als Komponenten beider Bezugssysteme dieser Arbeit u. a. über ihre Rollenzuschreibung, über ihre Überzeugungen und Wertvorstellungen oder aber auch über ihre Wissensbestände oder ihre Bedeutung für die Unternehmen beschrieben werden können. Eine gehaltvollere, strukturiertere und an die Forschungsinteressen dieser Studie anschlussfähigere Beschreibung bietet jedoch ein kompetenz- und professionstheoretischer Zugang. Ferner ist festzuhalten, dass die AdA mit den ihr immanenten Interaktionsmustern, ihren Komponentenzuschreibungen und den darüber entstehenden Bedeutungszuschreibungen betrieblichen Ausbilderhandelns nur dann gehaltvoll beschrieben werden kann, wenn jene die AdA konstituierenden Curricula in den Blick genommen werden. Mit Fokus auf die Reformdiskussionen rund um die AdA und die damit verbundenen Versuche, dieses sehr konservative System zu verändern, ergibt sich der Befund, dass ein solcher Veränderungsprozess nur gehaltvoll untersucht werden kann, wenn dessen diskursiver und politisch aufgeladener Prozess durch einen entsprechenden Zugang aufgefangen wird. Hier bietet sich ein bildungspolitischer Zugang an.

2.1.2 Forschungsleitende Zugänge der Studie

Im Folgenden werden die spezifischen Zugänge zur Bearbeitung der Desiderata vorgestellt. Über diese Zugänge lassen sich die beiden Bezugsysteme der Studie näher, d. h. inhaltlich bestimmt beschreiben (vgl. Abbildung 2). Dies betrifft zum einen das System betriebliche Ausbildung mit dem ihm immanenten Spannungsfeld aus ökonomischen und pädagogischen Ansprüchen sowie zum anderen das System der AdA, welches in drei Ebenen (Makro, Meso und Mikro) unterteilt werden.

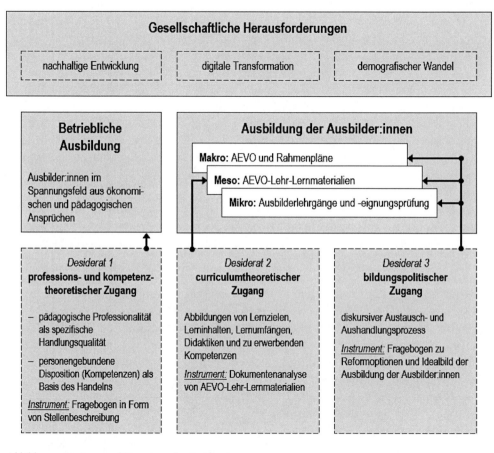

Abbildung 2: Zugänge und Verortung der Desiderata

Desiderat 1 – Professions- und Kompetenztheorie: Das erste Forschungsdesiderat ist dem Bezugsystem *betriebliche Ausbildung* zugeordnet und wird mittels eines professions- und kompetenztheoretischen Zugangs bearbeitet.

Das Konzept der Profession vereint als Form eines besonderen Berufstypus eine Reihe von aus der Berufssoziologie entwickelten Kriterien, wie insbesondere eine akademische Ausbildung, einen hohen Autonomiegrad, eine spezifische Identität, rechtliche Privilegien und das Image der Gemeinwohlorientierung (vgl. Kurtz 2009; Lundgreen 2011, S. 9; Mieg 2018, S. 452).

Das Professionskonzept wurde für den Bereich der pädagogischen Tätigkeiten in den Erziehungswissenschaften bereits seit den 1970er- und bis in die 1990er-Jahre hinein umfassend diskutiert. Für das betriebliche Ausbildungspersonal wurde in den Fachdiskursen weitestgehend Einigkeit darüber erzielt, dass das Konzept der Profession nicht anwendbar ist (vgl. Ulmer 2019, S. 119). Auch die heutigen Professionsdebatten rund um das betriebliche Ausbildungspersonal kommen zu dem selben Befund (vgl. ebd., S. 122). Beispielhaft sind die Ausführungen von Wittwer (2006, S. 402), der die Qualifikation, Tätigkeiten sowie Freiheitsgarde von Ausbilder:innen unter Bezugnahme auf die berufssoziologischen Professionskriterien untersucht und zu dem Schluss kommt, dass der Status der Ausbilder:innen höchstens „vorprofessionell" (ebd., S. 403) sei. Im Rahmen der vorliegenden Studie wird mit dem professionstheoretischen Zugang daher nicht auf das Konzept der Profession abgestellt, sondern auf das der Professionalität. Dieses Konzept hat sich bereits in der Vergangenheit auch für pädagogische Berufe als tragfähig erwiesen (vgl. u. a. Helsper & Tippelt 2011, S. 268 ff.). Professionalität „beschreibt die besondere Qualität einer personenbezogenen Dienstleistung", welche „verlässliche Rückschlüsse [...] auf die Befähigung und das Können des beruflichen Rollenträgers erlaubt." (Nittel 2011, S. 48). Im Fokus des Konzeptes steht die empirisch erfassbare „Handlungs- und Anforderungsstruktur" (Helsper & Tippelt 2011, S. 272) des untersuchten Personenkreises. Im Kontext pädagogischer Berufe wird die besondere Qualität der Arbeit durch das Label *pädagogische Professionalität* hervorgehoben. Für den Kontext der betrieblichen Ausbildungstätigkeit schlägt Ulmer (2019, S. 123) die Bezeichnung „berufspädagogische Professionalität" vor, um die Arbeit der betrieblichen Ausbilder:innen von dem schulischen Kontext abzugrenzen.

Durch den Einsatz eines Fragebogens in Form einer Stellenbeschreibung können vier relevante Aspekte dieser Form von professionellem Handeln skizziert werden: die hierarchische und organisatorische Einordnung der betrieblichen Ausbilder:innen, deren Aufgaben und Interaktionen mit den Auszubildenden sowie die Qualifikationsanforderungen an sie. Damit werden die spezifischen Qualitäten des betrieblichen Ausbilderhandelns sowie dessen Ausgangsbedingungen offengelegt. Zudem kann über die in der Stellenbeschreibung abgebildeten Kompetenzanforderungen an die betrieblichen Ausbilder:innen ein Eindruck über deren berufliche Handlungskompetenz gewonnen werden. Damit wird ein kompetenztheoretischer Zugang relevant.

Der Kompetenzbegriff selbst wird seit Jahren sowohl „als Kompetenzorientierung, Kompetenzentwicklung oder Kompetenzmessung" (Seeber et al. 2010, S. 1) prominent in bildungs- und berufsbildungspolitischen Debatten diskutiert (vgl. u. a. Bethscheider, Höhns & Münchhausen 2010, S. 9; Reinisch 2006, S. 259; Seeber et al. 2010, S. 1; Straka & Macke 2009, S. 14; Vonken 2005, S. 11). Bis heute existiert jedoch keine einheitliche Begriffsbestimmung (vgl. Berding 2016, S. 565; Seeber et al. 2010, S. 3). Wesentlich scheint aber die Unterscheidung zwischen einem engen und einem weiten Kompetenzverständnis zu sein (vgl. u. a. Seeber & Nickolaus 2010). Ersteres folgt einer kognitionspsychologischen Begriffsauffassung, die Kompetenzen als innere Dispositionen und Repräsentationen von

Wissen, Fertigkeiten und Fähigkeiten versteht, welche erlernt werden können (vgl. Seeber et al. 2010, S. 3). Letzteres umfasst auch die Bereitschaft, handeln zu wollen (vgl. Schlömer 2009, S. 18). Im Rahmen dieser Studie wird der Begriff in einem weiten Sinne verstanden. Ferner wird eine sozialwissenschaftliche Verwendung des Kompetenzbegriffs angelegt, wie sie sich in der beruflichen Bildung etabliert hat (vgl. Dilger 2014, S. 201; Schlömer 2009, S. 17). Einer der relevantesten sozialwissenschaftlichen Ansätze ist der sprachtheoretische Ansatz von Chomsky (1970) (vgl. Rebmann & Schlömer 2012, S. 138; Reinisch 2006, S. 261). Durch Chomskys (1970) Unterscheidung zwischen Performanz und Kompetenz wurde ein differenzierter Ansatz auf den Weg gebracht, auf den sich insbesondere deutschsprachige Kompetenzdiskurse der Erziehungs- und Sozialwissenschaften beziehen (vgl. Dilger 2014, S. 201; Vonken 2005, S. 19). Mit dem Begriff wird das persönliche Potenzial einer Person bezeichnet, welches der Performanz, das heißt dem beobachtbaren Handeln zu Grunde liegt (vgl. Dilger 2014, S. 201; Klemisch, Schlömer & Tenfelde 2008, S. 113; Reinisch 2006, S. 261). Verbunden mit dieser Unterscheidung zwischen Performanz – als beobachtbares Handeln und Verhalten – sowie Kompetenz – als personengebundene Disposition – ergeben sich Annahmen bezüglich der Ermittlung von individuellen Kompetenzen, insofern eine unvermittelte Erfassung von Kompetenzen ausgeschlossen ist (vgl. u. a. Seeber et al. 2010, S. 6). Stattdessen sind Kompetenzen nur vermittelt über Performanzen, das heißt über Momente des kompetenten Handelns sichtbar (vgl. Dilger 2014, S. 202). Dies darf jedoch nicht zu dem Rückschluss eines zwangsläufigen Automatismus führen, dass vorhandene Kompetenzen grundsätzlich ihren Ausdruck in entsprechend kompetenten Performanzen finden (vgl. Schlömer 2009, S. 18; Veith 2003, S. 31). Genauso wenig darf von sichtbarem Handeln zwangsläufig auf vorhandene Kompetenzen geschlossen werden kann (vgl. Bresges et al. 2014, S. 202). „Das Konstrukt der Kompetenz ist deshalb auch als hypothetisches Konstrukt zu betrachten: Kompetenzen lassen sich letztendlich nur als dispositionelle Voraussetzungen vermuten" (Rebmann & Schlömer 2012, S. 138). Schlömer (2009, S. 18 H. i. O.) schreibt unter Bezugnahme auf Gillen und Kaufhold (2005, S. 367) in diesem Zusammenhang ferner: „Rückschlüsse auf Kompetenzen von Individuen beziehen sich also nicht nur auf das Potenzial, eine Handlung ausführen zu *können*, sondern zugleich auch auf die Bereitschaft, diese Handlung ausführen zu *wollen*." Für das Desiderat 1 ist zusammenfassend festzuhalten, dass sowohl das hier verwendete Konzept der Profession, verstanden als spezifische Qualität des pädagogischen Handelns, als auch das Konzept der Kompetenz, verstanden als personengebundene Disposition, als Zugänge geeignet sind. Mit ihnen werden Perspektiven in die Untersuchung eingebracht, die eine ganzheitliche Betrachtung von Ausbilderhandeln und -eignung unterstützen, was schlussendlich über das Instrument der Stellenbeschreibung realisiert wird.

Desiderat 2 – Curriculumtheorie: Mit dem zweiten Forschungsdesiderat wird über die Analyse ausgewählter AEVO-Lehr-Lernmaterialien ein curriculumtheoretischer Zugang zu der AdA gewählt. Curricula werden verstanden als „Vereinbarungen, Leitgedanken über die betriebliche oder schulische Bildungsarbeit, über Unterrichts- und Unterweisungsinhalte, Unterrichtsprinzipien, Prüfungsvorgaben etc." und sind „politisch gewollte Vorgaben für die pädagogische Arbeit" (Sloane 2010b, S. 205). Der Begriff des Curriculums umfasst „alle Texte, die auf intendierte Lernprozesse zielen". (Sloane 2010a, S. 213).

Die AEVO-Lehr-Lernmaterialien auf der Mesoebene bilden zusammen mit der AEVO sowie den jeweiligen Rahmenplänen auf der Makroebene das Curriculum der AdA. In ihnen manifestieren sich somit unter anderem die mit der AdA verbundenen Lernziele, Lerninhalte, Lernumfänge sowie die zu erwerbenden Kompetenzen und Didaktiken.

Um ein umfassendes Bild der gegenwärtigen AdA zu zeichnen, sind die makrodidaktischen Vorgaben allerdings nicht aussagekräftig genug. Zugleich bilden sie aber die Grundlage für die Ausgestaltung der AEVO-Lehr-Lernmaterialien, welche wiederum eine wichtige Grundlage für die Ausbilderlehrgänge sind (vgl. Brünner 2012a, S. 252). Dies bestätigen nicht zuletzt die hohen Auflagen der Materialien sowie deren starke Verbreitung in der Ausbildercommunity. In dieser Studie wird zudem die Annahme zugrunde gelegt, dass mit der Analyse der AEVO-Lehr-Lernmaterialien eine umfassendere und allgemeingültigere Beschreibung über die Praxis der AdA ermittelt werden kann, als es durch die Analyse einzelner Lehrgangsangebote möglich wäre. Die Materialien hingegen können von einer Vielzahl von Dozierenden als eine Grundlage für die Ausgestaltung der Lehrgänge genutzt werden. Ferner können sie für das Selbststudium von angehenden Ausbilder:innen verwendet werden. Sie haben damit eine große Strahlkraft auf den Qualifizierungsprozess. Die AEVO-Lehr-Lernmaterialien können analog zu Schulbüchern betrachtet werden, die wesentlich die Lernprozesse im Unterricht bestimmen, weil sie z. B. den Lehrkräften als eine Grundlage für die Vor- und Nachbereitung des Unterrichts dienen, die Schüler:innen im schulischen sowie außerschulischen Lernprozess unterstützen sowie insgesamt die Struktur der schulischen Lernprozesse wesentlich mitbestimmen (vgl. u. a. Ernst 2012; Fuchs, Niehaus & Stoletzki 2014; Rebmann 1998). Für das Desiderat 2 ist hier abschließend festzuhalten, dass der in dieser Studie verwendete Begriff des Curriculums als ein Zugang geeignet ist, um über eine Analyse von AEVO-Lehr-Lernmaterialien umfassende Erkenntnisse über die AdA und ihre Inhalte, Lernziele und didaktischen Annahmen zu gewinnen.

Desiderat 3 – Berufsbildungspolitik: Das letzte Forschungsdesiderat dieser Studie bezieht sich ebenfalls auf die AdA. Im Zentrum stehen die Validierung und Ausdifferenzierung von Reformvorschlägen für die AdA sowie die Skizzierung eines Idealbildes der Ausbilderlehrgänge sowie der Ausbildereignungsprüfung durch einen Expertendiskurs. Das Desiderat wird über einen bildungspolitischen Zugang erschlossen. Berufsbildungspolitik wird dabei verstanden als ein „weder fachlich noch institutionell" (Kutscha 2006, S. 15) eindeutig abgrenzbarer Bereich.

> Im Kern kann „Berufsbildungspolitik [jedoch] als ein sozialer Konstruktionsprozess beschrieben werden, bei denen sich eine dialogische Modellierung der Wirklichkeit ereignet, im Verlauf derer sich die Akteure die Gegenstände ihrer bildungspolitischen Auseinandersetzung selbst herstellen. Im Rahmen dieser Debatten werden die akteurspezifischen ‚Realitäten' der Berufsbildung beschrieben, analysiert und bewertet, deren Visionen und Ziele postuliert sowie deren Mängel aufgezeigt und dazu passende Verbesserungen gegeneinander abgewogen." (Müller et al. 2020, S. 598).

Berufsbildungspolitik wird durch vielfältige Akteure gestaltet, welche „unterschiedliche Bezüge zur Bildungs- oder Arbeitsmarktpolitik aufweisen." (Eckelt 2016, S. 383; vgl. hierzu auch Kutscha 2006, S. 18; Müller et al. 2020, S. 598). Eine zentrale Zuständigkeit für die Berufsbildungspolitik existiert nicht. Für den Bereich der betrieblichen Seite der dualen Ausbildung sind als Verordnungsebene verschiedentliche Bundesministerien verantwortlich. Daneben übernehmen auch Institutionen wie z. B. Unternehmensverbände oder Gewerkschaften eine tragende Rolle in der Berufsbildungspolitik (vgl. Eckelt 2016, S. 383; Müller et al. 2020, S. 598). Beispielhaft für einen bildungspolitischen Diskurs im Kontext der AdA können die Entscheidungen über die Aussetzung der AEVO sowie deren Widereinführung angeführt werden (vgl. Müller et al. 2020, S. 598).

Für das Desiderat 3 kann konstatiert werden, dass der vorab dargelegte Begriff von Berufsbildungspolitik mit seinem diskursiven Moment als ein Zugang für die Bearbeitung genutzt werden kann, um über einen Expertendiskurs zu differenzierten Aussagen über Reformoptionen sowie einem Idealbild der AdA zu gelangen.

In Abbildung 2 werden die Zugänge dargestellt, neben der modellhaften Verortung der Forschungsdesiderata ist hier auch der Kontext der Bearbeitung dieser Desiderata zu entnehmen. So bilden nachhaltige Entwicklung, demografischer Wandel und digitale Transformation wichtige gesellschaftliche Transformationsprozesse ab, die einerseits als Umwelt auf die beiden Systeme betriebliche Ausbildung und AdA einwirken und andererseits aus diesen beiden Systemen heraus auch mitgestaltet werden können.

2.2 Ausbilder:innen, Ausbilderhandeln und Ausbildereignung im Betrieb – professions- und kompetenztheoretischer Zugang

Die nachfolgenden Abschnitte greifen das erste Forschungsdesiderat auf, wonach eine systematische und ganzheitliche Analyse von Ausbilderhandeln und Ausbildereignung im Betrieb fehlt (vgl. Abschnitt 1.2). Zu Beginn der Bestandsaufnahme steht die begriffliche Konturierung der Gruppe der betrieblichen Ausbilder:innen als Untersuchungsgegenstand. Im Anschluss daran werden die Diskurse zu den Aufgaben der Ausbilder:innen sowie deren Interaktionen mit Auszubildenden zusammengetragen. Es folgt eine Bestandsaufnahme zu den Anforderungen und Erwartungen an die betrieblichen Ausbilder:innen. Hier werden die formalen Qualifikationsanforderungen und die Kompetenzanforderungen als die Grundlagen des professionellen Handelns von Ausbilder:innen dargestellt. Abschließend wird der Diskurs rund um die Bedeutung des betrieblichen Ausbilderhandelns aufgearbeitet.

2.2.1 Betriebliche Ausbilder:innen als Untersuchungsgegenstand der Studie

Ausbildungsarbeit im Betrieb wird von einem hochgradig heterogenen Personenkreis getragen. Er besteht aus Personen mit verschiedentlichen Berufsabschlüssen, Befugnissen und Aufgabenzuweisungen – zusammengefasst: dem Ausbildungspersonal (vgl. u. a. Bahl 2011, S. 17; Brünner 2014; Pätzold 2013, S. 46; Zedler 2009, S. 12). Aus formal-qualifikatorischer Sicht werden durch das BBiG zwei Personengruppen innerhalb des betrieblichen Ausbildungspersonals differenziert.

Die erste Gruppe sind die Ausbilder:innen. Diese tauchen erstmals als juristischer Terminus im BBiG aus dem Jahr 1969 und dort im Kontext der Begriffe *Ausbildung* und *Auszubildende:r* auf (vgl. Baethge, Müller & Pätzold 1980, S. 11). Ausbilder:innen sind jene Personen, die offiziell mit der Durchführung der Ausbildung im Betriebsablauf betraut sind und in diesem Zusammenhang auch bei den zuständigen Stellen gemeldet sind (vgl. Bausch 1997, S. 9). Im Jahr 2019 umfasst dies bundesweit 644.436 Personen (vgl. BiBB 2020a, S. 173). Das BBiG legt in § 28 Abs. 1 fest, dass Ausbilder:innen persönlich und fachlich geeignet sein müssen. Die persönliche Eignung ist gegeben, sofern sie keinem Beschäftigungsverbot von Jugendlichen und Kindern unterliegen (§ 29 Abs. 1 BBiG) sowie nicht wiederholt oder schwer gegen das BBiG oder eine auf Grund des BBiG erlassene Vorschrift verstoßen haben (§ 29 Abs. 2 BBiG). Die fachliche Eignung ist in § 30 Abs. 1 BBiG geregelt und setzt sich aus berufsfachlichen sowie berufs- und arbeitspädagogischen Fertigkeiten, Kenntnissen und Fähigkeiten zusammen. Die berufsfachliche Qualifikation ist durch § 30 Abs. 2 BBiG geregelt und kann u. a. durch eine Abschlussprüfung in einer dem Ausbildungsberuf entsprechenden Fachrichtung nachgewiesen werden. Die arbeits- und berufspädagogische Qualifikation wird seit dem Jahr 1972 durch die AEVO geregelt und ist durch eine Ausbildereignungsprüfung bei den zuständigen Stellen nachzuweisen. In Abbildung 3 sind die Ausführungen zu der Ausbildereignung zusammengefasst.

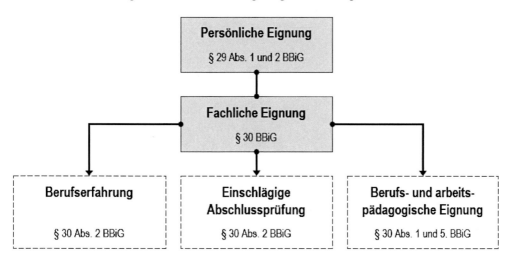

Abbildung 3: Übersicht zu der persönlichen und fachlichen Eignung von Ausbilder:innen

Innerhalb der Gruppe der Ausbilder:innen lassen sich unter anderem in Abhängigkeit der Aufgabenzuweisungen unterschiedliche Ausbildertypen identifizieren (vgl. Brünner 2014; Gössling & Sloane 2013, S. 255). Besonders weit verbreitet ist die Klassifizierung betrieblicher Ausbilder:innen nach dem Umfang der Ausbildertätigkeit. Hier sind grundsätzlich zwei Ausbildertypen zu differenzieren: zum einen nebenberufliche und zum anderen hauptberufliche Ausbilder:innen. Nebenberufliche Ausbilder:innen führen ihre Ausbildungstätigkeit zeitweise und damit neben ihren anderen betrieblichen Arbeitsaufgaben aus (vgl. Ebbinghaus 2011, S. 124; Wittwer 2006, S. 403). Laut Selka und Tilch (1981, S. 362) kann der Anteil der Ausbildungstätigkeit gemessen an der Gesamtarbeitszeit unterschiedlich hoch sein, wird aber in der Regel den geringeren Anteil ausmachen. In Abgrenzung dazu sind hauptberufliche Ausbilder:innen schwerpunktmäßig im Rahmen ihrer beruflichen Tätigkeit mit Ausbildungstätigkeiten befasst (vgl. Wittwer 2006, S. 403; Zedler 2009, S. 12). Bausch (1997, S. 9) spricht sogar davon, dass hauptberufliche Ausbilder:innen ausschließlich Ausbildertätigkeiten ausführen.

Den Großteil der betrieblichen Ausbilder:innen besteht aus nebenberuflichen Ausbilder:innen (vgl. BiBB 2018, S. 176). Dies bestätigt nicht zuletzt eine Erhebung des BiBB aus dem Jahr 2007, die auf Basis einer Umfrage unter 2.599 Betrieben aufzeigt, dass nur 7 Prozent aller Betriebe überhaupt Mitarbeiter:innen beschäftigen, deren Hauptaufgabenfeld die betriebliche Berufsausbildung ist (vgl. Salss 2007, S. 29 zitiert nach Bahl et al. 2011, S. 9). Ruschel (o. J., S. 5) schreibt hinsichtlich der Verteilung von hauptberuflichen und nebenberuflichen Ausbilder:innen: „Den hauptberuflichen Ausbilder finden wir in den Unternehmen relativ selten, am ehesten noch im gewerblich-technischen Bereich." Nebenberufliche Ausbilder:innen findet man hingegen nahezu in allen Bereichen und auf allen Hierarchieebenen mit diversen Funktionsbereichen von Führungskräften bis hin zu rein operativ tätigen Mitarbeiter:innen (vgl. ebd.).

Von den betrieblichen Ausbilder:innen abzugrenzen sind jene Personen, die im § 28 Absatz 3 des BBiG als *an der Ausbildung Mitwirkende* ausgewiesen und vor allem in wissenschaftlichen Diskursen primär unter dem Begriff *ausbildende Fachkräfte* zusammengefasst werden (vgl. u. a. Schmidt-Hackenberg 1999).[1] Wie nebenberufliche Ausbilder:innen führen auch ausbildende Fachkräfte ihre Ausbildungstätigkeit neben ihrer eigentlichen Tätigkeit als Fachkraft aus. Angeleitet werden sie in Abhängigkeit von der Größe des Unternehmens durch haupt- oder nebenberufliche Ausbilder:innen (vgl. Wagner 2012, S. 53). In Abgrenzung zu Ausbilder:innen müssen ausbildende Fachkräfte nur über die für die Beförderung von Ausbildungsinhalten erforderlichen beruflichen Fertigkeiten, Kenntnisse und Fähigkeiten verfügen sowie persönlich geeignet sein. Die Verpflichtung zu einer berufs- und arbeitspädagogischen Qualifizierung besteht nicht (vgl. Lauterbach & Neß 2000, S. 50). Es steht jedoch den Betrieben frei, eine berufs- und arbeitspädagogische Qualifizierung ihrer ausbildenden Fachkräfte einzufordern (vgl. Ebbinghaus 2011, S. 124 f.). Wie viele ausbildende Fachkräfte die Prüfung nach AEVO abgelegt haben, ist statistisch allerdings nicht festgehalten (vgl. Bahl & Brünner 2013, 517). Es ist jedoch davon auszugehen, dass die Mehrheit keine Ausbilderqualifizierung nachweisen kann. Für die Durchführung der Ausbildung greifen ausbildende Fachkräfte deshalb vor allem auf die Erfahrungen aus ihrer eigenen Ausbildung zurück (vgl. Wagner 2012, S. 53). Auch der Umfang der Ausbildungstätigkeit von ausbildenden Fachkräften lässt sich in Ermangelung robuster Daten nur

---

1 In Praxi werden ausbildende Fachkräfte u. a. als Ausbildungsbeauftragte, Nebenausbilder:innen, nebenberufliche Ausbilder:innen, Fachausbilder:innen, Bereichsausbilder:innen, Ausbildungsgehilf:innen, Unterwiesene sowie Anleiter:innen bezeichnet (vgl. Brünner 2014, S. 13).

vage einschätzen und von den übrigen Facharbeitertätigkeiten abgrenzen. Er umfasst aber in der Regel nur einen geringen Teil des gesamten Tätigkeitsspektrums (vgl. Ulmer & Gutschow 2009, S. 48). Insgesamt liegt keine aktuelle und umfassende Datenlage zur Anzahl der ausbildenden Fachkräfte vor. Dies ist letztlich dem Umstand geschuldet, dass ausbildende Fachkräfte nicht bei den öffentlichen Stellen gemeldet sind und in der Vergangenheit kaum beforscht wurden (vgl. Baumgartner 2015, S. 101). Fest steht allerdings, dass die Anzahl an ausbildenden Fachkräften die der Ausbilder:innen bei weitem übersteigt. Häufig zeichnen die nach AEVO qualifizierten Ausbilder:innen nur formell für die betriebliche Ausbildung verantwortlich. Die Hauptlast der Ausbildung wird indessen durch mindestens eine, aber im Regelfall mehrere ausbildende Fachkräfte getragen (vgl. ebd., S. 101 f.). Schätzungen verweisen auf Größenordnung, die bundesweit zwischen 3,5 bis 4 Millionen (vgl. Schlottau 2005, S. 32), über 5 Millionen (vgl. Rebmann & Schlömer 2008, S. 4) bis hin zu mindestens 6 Millionen ausbildenden Fachkräften liegen (vgl. Bausch 1997; Schmidt-Hackenberg et al. 1999).

Die vorgenommene Differenzierung von betrieblichen Ausbilder:innen in die Gruppen *hauptberuflich* und *nebenberuflich* sowie deren Abgrenzung gegenüber den ausbildenden Fachkräften orientiert sich zum einen am BBiG, zum anderen an den im wissenschaftlichen Diskurs um das betriebliche Ausbildungspersonal etablierten Begriffen. Sie stellt einen pragmatischen Ansatz im Umgang mit der Heterogenität des betrieblichen Ausbildungspersonals dar. So kann auf Grundlage der Unterscheidung zwischen haupt- und nebenberuflichen Ausbilder:innen sowie ausbildenden Fachkräften entweder ein enger oder ein weiter Ausbilderbegriff gewählt werden (vgl. Brater & Wagner 2008, S. 6; Ulmer & Gutschow 2009, S. 48 f.). Während der enge Ausbilderbegriffe nur jene Personen umfasst, die auch bei den zuständigen Stellen als Ausbilder:innen gemeldet sind, umfasst der weite Ausbilderbegriff auch die ausbildenden Fachkräfte (vgl. Brater & Wagner 2008, S. 6; Ulmer & Gutschow 2009, S. 48 f.). Dieser Arbeit liegt ein weiter Ausbilderbegriff zu Grunde.

2.2.2 Aufgaben betrieblicher Ausbilder:innen

Untersuchungen und Ausführungen zu den Aufgaben von betrieblichen Ausbilder:innen kommen wiederholt zu der Erkenntnis, dass es kein einheitliches Aufgabeprofil gibt (vgl. überblicksartig Brünner 2014, S. 56 ff.). Die Aufgabenprofile sind abhängig von vielfältigen Kriterien, wie z. B. dem Umfang der Ausbildertätigkeit. Beispielhaft ist Wittwer (2006, S. 403) anzuführen. Er differenziert in Anlehnung an die häufig vorzufindende Unterscheidung zwischen hauptberuflichen und nebenberuflichen Ausbilder:innen (vgl. Abschnitt 2.2.1) zwei Aufgabenprofile:

> „(1) Nebenberuflicher Ausbilder: er arbeitet mit den Auszubildenden zusammen; leitet sie bei der Arbeit an, indem er Sachverhalte erklärt, Arbeiten vormacht, Aufgaben stellt, die Arbeitsausführung überwacht, das Arbeitsergebnis bewertet und die Auszubildenden berät.

(2) Hauptberuflicher Ausbilder: er entwickelt Ausbildungskonzepte, plant, organisiert und koordiniert die Ausbildung und entwickelt hierzu die notwendigen Instrumente; er berät und qualifiziert die nebenberuflichen Ausbilder; er berät die Unternehmensleitung in Ausbildungsfragen und arbeitet mit außerbetrieblichen Bildungsinstitutionenzusammen." (ebd., S. 403 f.)

Eine Differenzierung, die bei den Aufgaben ansetzt, liefern Gössling und Sloane (2013, S. 239) sowie Sloane (2006, S. 492). Sie unterscheiden im Kontext von Reformüberlegungen zu der AdA (vgl. Abschnitt 2.3.4) zwei Gruppen von Aufgaben, zum einen *mikrodidaktische Aufgaben* und zum anderen *makrodidaktische Aufgaben*. Während erstere Gruppe Aufgaben umfasst, welche die direkte „Vermittlung von Kenntnissen und Fähigkeiten" (Gössling & Sloane 2013, S. 239) im Lernprozess betreffen, umfasst letztere vor allem planerische und organisatorische Aufgaben der Ausgestaltung von Lernprozessen (vgl. ebd., S. 240). Die makrodidaktischen Aufgaben werden vor allem von den nebenberuflichen Ausbilder:innen erfüllt (vgl. ebd., S. 255).

Differenzierungen nach dem Umfang der Ausbildertätigkeit und der Art der Aufgaben führt u. a. Brünner (2014, S. 12 f.) aus, indem sie die Betrachtung um weitere Personengruppen des betrieblichen Bildungspersonals ergänzt (vgl. Tabelle 1).

Tabelle 1: Aufgabenprofile nach Art und Umfang der Ausbildertätigkeit (vgl. Brünner 2014, S. 12 f.)

Position	Aufgabenprofil
Ausbildungsleiter:innen	Übernehmen makrodidaktische Aufgaben – planen, organisieren und koordinieren die Ausbildung und entwickeln hierzu die erforderlichen Instrumente; tragen die Verantwortung und sind registriert.
Hauptamtliche Ausbilder:innen	Übernehmen makro- und mikrodidaktische Aufgaben – planen, organisieren und koordinieren die Ausbildung und entwickeln hierzu die erforderlichen Instrumente und arbeiten mit den Auszubildenden zusammen; leiten sie bei der Arbeit an, indem sie Sachverhalte erklären, Arbeiten vormachen, Aufgaben stellen, die Arbeitsausführung überwachen, das Arbeitsergebnis bewerten und die Auszubildenden beraten; sind registriert, sofern nicht die Ausbildungsleiter:in dies übernimmt.
Nebenamtlicher Ausbilder:innen	Übernehmen makro- und mikrodidaktische Aufgaben; haben aber darüber hinaus auch andere nichtausbildungsbezogene Aufgaben (in der Regel in KMU); tragen die Verantwortung und sind registriert (sofern dies nicht bei der Geschäftsführung angesiedelt ist).
Ausbildende Fachkräfte	Übernehmen makrodidaktische Aufgaben; bilden die Auszubildenden direkt am Arbeitsplatz aus und arbeiten mit den Auszubildenden zusammen; leiten sie bei der Arbeit an, indem sie Sachverhalte erklären, Arbeiten vormachen, Aufgaben stellen, die Arbeitsausführung überwachen, das Arbeitsergebnis bewerten und die Auszubildenden beraten.

Aus Tabelle 1 geht hervor, dass die Aufgabenprofile des betrieblichen Ausbildungspersonals mitunter von der Größe der ausbildenden Unternehmen abhängen, sowie dem Grad an Arbeitsteilung, der damit zumeist einhergeht. So ist das Aufgabenprofil von nebenberuflichen Ausbilder:innen besonders häufig in kleineren und mittleren Unternehmen (KMUs) vertreten. Ausbildungsleiter:innen wiederum sind nur in vergleichsweise wenigen Unternehmen in Deutschland anzutreffen (vgl. ebd., S. 11). Ferner wird deutlich, dass auch

Überschneidungen zwischen den Aufgabenprofilen bestehen. Besonders deutlich wird dies in einem Vergleich von haupt- und nebenamtlichen[2] Ausbilder:innen.

Neben diesen eher übergeordneten Aufgabenprofilen findet sich in der Literatur eine Vielzahl tiefergehender Differenzierungen, die auch mit Fokus auf unterschiedliche Domänen und Branchen Aufgabenprofile für das dort tätige Ausbildungspersonal hervorbringen. Beispielhaft ist hier eine Untersuchung von Bauer et al. (2008). Sie zeigt, dass sich die Funktionszuschreibungen (z. B. Ausbildungsleistung oder hauptberufliche:r Ausbilder:in) – und damit verbunden die Aufgabenprofile des betrieblichen Ausbildungspersonals – zwischen Industriebetrieben und Betrieben im Dienstleistungsbereich deutlich unterscheiden (vgl. ebd., 25;80). Auch Brater und Wagner (2008, S. 7) belegen auf Basis einer Befragung von Branchenverbänden, wie heterogen die Funktionszuschreibungen und die dahinterstehenden Aufgabenprofile des betrieblichen Ausbildungspersonals in unterschiedlichen Domänen sind.

In einer dazu vergleichsweisen jungen Studie greift Brünner (2014) die Heterogenität der Aufgabenprofile auf und extrahiert auf der Grundlage von Fallstudien sechs Ausbildertypen inklusive dazugehörige Aufgabenbereiche. In der Tabelle 2 sind diese Typen sowie ihre übergeordneten Aufgabenbereiche zusammengeführt.

Tabelle 2: Aufgabentypen und Aufgabenbereiche betrieblicher Ausbilder:innen (vgl. Brünner 2014, S. 220 ff.)

Aufgabentypen	Übergeordnete Aufgabenbereiche
I. Makrodidaktisch	- Planungsaufgaben - Planungs- und Entscheidungsaufgaben - Einzelmaßnahmen im Rahmen von Lehr-Lernprozessen - interne Kooperation - Führungsaufgaben für Auszubildende (inkl. Auswahl) - Führungsaufgaben für hauptberufliche Ausbilder:innen
Spiegelung in die Ausbildungspraxis: „Bei der Betrachtung [...] dieses Aufgabentyps wird deutlich, dass es sich hier um Ausbildungsleiter in der Funktion handelt". (ebd., S. 222).	
II. Mikrodidaktisch für die Ausbildung in Gruppen	- mikrodidaktische Planungs- und Gestaltungsaufgaben für die Ausbildung in Gruppen - Bedarfsanalyse und Integration von über- und außerbetrieblichen Ausbildungsmaßnahmen - interne Kooperation - externe Kooperation - didaktische Umsetzung berufsorientierender Maßnahmen - Planung des betrieblichen Durchlaufs für einzelne Ausbildungsberufe und Auszubildende
Spiegelung in die Ausbildungspraxis: „In der Zuordnung zu diesem Ausbildertyp finden sich sowohl die hauptberuflich tätigen Ausbilder in Lehrwerkstätten und Bildungszentren als auch die für die kaufmännische Übungsfirma verantwortliche, nebenamtliche Ausbilderin des Bildungszentrums". (ebd., S. 226).	
III. Mikrodidaktischer für die Ausbildung Einzelner	- mikrodidaktische Planungs- und Gestaltungsaufgaben für die Ausbildung am Arbeitsplatz - soziale und persönliche Entwicklung - Feedback und Beurteilung verschiedener Kompetenzen
Spiegelung in die Ausbildungspraxis: Dieser Ausbildertyp betrifft „[i]n allen Fällen ausbildende Fachkräfte". (ebd., S. 229)	
IV. Pädagogisch-organisatorisch	- Planungsaufgaben und Führungsaufgaben für Auszubildende

---

2 Die Begriffe *haupt- und nebenamtlich* werden häufig synonym zu *haupt- und nebenberuflich* verwendet.

	- Beratung und Beurteilung sowie Entwicklungsaufgaben im Rahmen von überfachlichen Lehr-Lernprozessen - Einzelmaßnahmen im Rahmen von Lehr-Lernprozessen - interne und externe Kooperation - Bedarfsanalyse und Integration von über- und außerbetrieblichen Maßnahmen - Analyse und didaktische Umsetzung berufsorientierender Maßnahmen
Spiegelung in die Ausbildungspraxis: „Anzutreffen sind Ausbilder dieses Aufgabentyps in den Fallbetrieben der öffentlichen Verwaltung und der Banken." (ebd., S. 233).	
Mischformen: V. Makro- und mikrodidaktisch (I+II) – *Spiegelung in die Ausbildungspraxis:* „In der betrieblichen Funktionseinordnung handelt es sich dabei einerseits um eine Mischform, die typisch für den gewerblich-technischen Ausbildungsleiter in größeren mittelständischen Industriebetrieben […] ist." (ebd., S. 235). VI. Mikro-Mikrodidaktisch (II+III) (vgl. ebd., S. 235 f.)	

Die Ergebnisse der Fallstudienuntersuchung bestätigen die Differenziertheit der Aufgabenprofile des betrieblichen Ausbildungspersonals und deren Abhängigkeit vom Umfang der Ausbildertätigkeit, der Funktionszuschreibung sowie der Branche, sodass es letztlich naheliegend ist, „dass es vermutlich noch mehr Ausbildertypen gibt." (ebd., S. 243).

Dass sich selbst die Aufgabenprofile von Ausbilder:innen unterscheiden, die in strukturähnlichen Betrieben (in Bezug auf die Betriebsgröße, die Ausbildungsberufe, die Ausbildungstradition, die Anzahl der Auszubildenden etc.) als in gleicher Funktionszuschreibung tätig sind, belegen Diettrich und Harm (2018, S. 15 f.). Sie verweisen auf analysierte Arbeitsprotokolle von drei hauptamtlichen Ausbilder:innen und führen aus, dass die Tätigkeiten der Einzelpersonen „stark differieren." (ebd., S. 15). Gemeint ist hier vor allem die zeitliche Aufteilung von insgesamt sechs identifizierten Aufgabengruppen: Verwaltung, Erziehung, Organisation, Planung und Durchführung, sozialpädagogische Betreuung und sonstiges (vgl. ebd., S. 16).

Neben Untersuchungen, welche die vielfältigen Aufgabenprofile des betrieblichen Ausbildungspersonals aufzeigen, gibt es auch Arbeiten, die mit unterschiedlichem Detaillierungsgrad und Schwerpunktsetzung generalisierte Aufgabenprofile entwerfen. Beispielhaft ist erstens eine Aufgabenanalyse von Ruschel (o. J.), die den Zusammenhang von Aufgaben und Verantwortung der Ausbilder:innen aufzeigt. Der Autor arbeitet drei Aufgabenbereiche heraus, mit denen sich betriebliche Ausbilder:innen gleichermaßen von Seiten der Auszubildenden, des Unternehmens sowie der Gesellschaft konfrontiert sehen (vgl. Tabelle 3).

Tabelle 3: Aufgaben der Ausbilder:innen (Ruschel o. J., S. 11)

Fachliche Aufgaben	Organisatorische Aufgaben	Erzieherische Aufgaben
„Vermittlung von Kenntnissen und Fertigkeiten, Schlüsselqualifikationen und Berufserfahrung; Durchführung von Unterweisungen und betrieblichem Unterricht, Unterstützung beim Lernen und Vorbereitung auf Prüfungen."	„Mitwirkung bei Beschaffung und Auswahl von Auszubildenden, Beurteilung von Zeugnissen, Erstellung von Unterweisungs- und Durchlaufplänen, Zusammenarbeit mit Schule und Elternhaus Kammer und Arbeitsamt [sowie] Geschäftsleitung und Betriebsrat."	„Charakterliche Förderung und gesundheitliche Betreuung der Auszubildenden; Erziehung zu Arbeitstugenden, Selbständigkeit und Eigenverantwortung vorbildliches Verhalten, wohlwollende Kontrollen."

Zweitens kann hier eine Studie angeführt werden, die auf der Basis einer Stellenanzeigenanalyse zu einer generalisierten Aufgabenbeschreibung betrieblicher Ausbilder:innen kommt (vgl. Brünner 2014, S. 113). Strukturiert sind die Auswertungsergebnisse entlang der vier Handlungsfelder der AEVO (vgl. Abschnitt 2.3.1). In der nachfolgenden Tabelle 4 sind die Ergebnisse zusammengefasst.

Brünner (2014) kommt in ihrer Untersuchung zu dem Schluss, dass die AEVO mit ihren normativen Handlungsfeldern erstens nicht alle in der Analyse identifizierten Aufgaben aufgreift und zweitens die genrealisierte Aufgabenbeschreibung in der Gewichtung der Handlungsfelder nicht den Vorgaben des BiBB-Rahmenplans entspricht (vgl. ebd., S. 118).

Tabelle 4: Generalisierte Aufgabenbeschreibungen von Ausbilder:innen (vgl. Brünner 2014, S. 113)

Handlungsfelder	Aufgabenbeschreibungen
H1	Abstimmungsprozesse mit Fachabteilungen durchführen
H2	Zusammenarbeit mit Berufsschule, Kammern und anderen externen Institutionen; Verantwortlichkeit für Bewerberauswahl/ Rekrutierung; Ausbildungsverträge erstellen und schließen
H3	Durchführung der Berufsausbildung; didaktisch-methodische Planung von Lehrgängen und deren Vorbereitung, Durchführung und Nachbereitung; Anleiten von Auszubildenden und praktische Unterweisung; Betreuung und Begleitung von Auszubildenden/ Ansprechpartner:in für Auszubildende; Entwicklung von Lernkonzepten; Planung, Durchführung und Koordinierung von Projekten; Förderung der sozialen und persönlichen Entwicklung von Auszubildenden; Lösung von Konflikten; Überwachung und Kontrolle der Berichtshefte
H4	Prüfungsvorbereitung, -durchführung und -auswertung; Angebot von Beratungsleistungen für berufliche Entwicklungswege
weitere Aufgaben	Kundenbetreuung und Angebotserstellung – Dienstleistungsfunktion; theoretische Fachwissensvermittlung/ Unterricht; erweiterte pädagogische Aufgaben; Teamleitung und Führung; sonstiges

Drittens sind die zukunftsgerichteten Ausführungen von Diettrich (2009, S. 9; Diettrich 2017, S. 325) relevant. Der Autor konstatiert mit Blick auf gesellschaftliche Entwicklungsprozesse, dass das Aufgabenspektrum des gesamten beruflichen Bildungspersonals zukünftig über die klassischen Hauptaufgaben *Unterrichten*, *Vermitteln* und *Unterweisen* hinausweisen wird. Sukzessive kommen Aufgabenbereiche wie insbesondere „Innovieren, Managen, Internationalisieren, Fördern, Beraten und Begleiten" hinzu und „werden zum elementaren Bestandteil der Arbeit des Bildungspersonals" (Diettrich 2009, S. 9).

Ferner proklamiert er, dass das „(über-) betriebliche Berufsbildungspersonal [...] zunehmend aktiver Mitgestalter des Bildungssystems und der Rahmenbedingungen beruflicher Bildung" (Diettrich 2017, S. 325) wird. In diesem Zusammenhang wird auch vermehrt Kooperationsarbeit mit regionalen Institutionen und Netzwerken auf das betriebliche Ausbildungspersonal zukommen. Darüber hinaus führt Diettrich (2017) aus, dass „das Bildungspersonal zunehmend Experte für berufliches Lehren und Lernen unterschiedlicher Zielgruppen, explizit ergänzt durch Aufgaben im Bereich der Lernprozessbegleitung, der Förderung informellen Lernens und der kompetenzorientierten Qualifizierung sowie auch Prüfung" (ebd., S. 325) wird. Die theoretisch-konzeptionellen Ausführungen sind anschlussfähig an empirische Untersuchungen, die in der Tendenz auch eine Ausweitung und Komplexitätszunahme zukünftiger Ausbildertätigkeit vermuten, was sowohl anspruchsvollere organisatorische und planerische Aufgaben betrifft als auch die Gestaltung und Begleitung der betrieblichen Lernprozesse (vgl. Schlömer et al. 2019, S. 507; Ulmer & Jablonka 2007, S. 7). Eine umfassende empirische Untersuchung zu zukünftigen Aufgaben der betrieblichen Ausbilder:innen steht jedoch bislang noch aus (vgl. u. a. Diettrich 2017, S. 325).

2.2.3 Interaktionen zwischen Ausbilder:innen und Auszubildenden

Die Interaktionen der Ausbilder:innen mit den Auszubildenden bilden ein zentrales Element des betrieblichen Ausbilderhandelns. Dies findet nicht zuletzt in den vielen Diskussionen rund um die pädagogische Rolle betrieblicher Ausbilder:innen seinen Ausdruck (vgl. überblicksartig Bahl & Diettrich 2008). In Anlehnung an Merkel et al. (2017, S. 119) kann innerhalb der Diskurse zwischen zwei Rollengruppen differenziert werden. Einer Gruppe liegt vornehmlich ein instruktionales Lehr-Lernverständnis zu Grunde. Hier werden Rollen subsumiert, die Ausbilder:innen als Unterweiser:innen, Wissensvermittler:innen, Belehrer:innen sowie als Fachfrau/ Fachmann ausweisen. Die andere Gruppe fußt auf einem konstruktivistischen Lehr-Lernverständnis. Die hier zugewiesenen Rollen adressieren Ausbilder:innen als Moderator:innen, Coaches, Lernberater:innen, Mentor:innen, Organisator:innen sowie Lernprozessbegleiter:innen (vgl. ebd.). Unterschiedliche Autor:innen betonen jedoch immer wieder, dass sich die Rollenprofile nicht gegeneinander ausspielen lassen, da es sich nicht um zwei sich ausschießende Pole handelt. Vielmehr nehmen Ausbilder:innen häufig unterschiedliche Rollen im Rahmen der Ausbildung ein (vgl. Bahl & Diettrich 2008; Ulmer 2019, S. 22 f.)

Der Großteil der gegenwärtigen Veröffentlichungen zum Ausbilderhandeln im Betrieb teilt jedoch die Annahme, dass unter Bezugnahme auf einen Wandel in der Arbeitswelt sowie auf der Grundlage von lerntheoretischen, kompetenztheoretischen sowie didaktischen Argumenten „ein neues Verständnis betrieblichen Lernens" (Bahl & Diettrich 2008, S. 1) proklamiert wird (vgl. ebd.). Verbunden mit diesem Lernverständnis sind Verschiebungen:

- „von der ‚Vermittlungsdidaktik' zur ‚Ermöglichungsdidaktik',
- von der Fremdorganisation zur Selbstorganisation,
- vom Lehren zum Lernen,
- von der ‚Linearität des Lehrens' zur ‚Zirkularität des Lernens' oder
- von einer Didaktik des Nürnberger Trichters und ‚Kübellernens' zum selbstgesteuerten Kompetenzerwerb." (ebd.)

Ausbilder:innen wird in diesem Zusammenhang vor allem die Rolle der Lernbegleiter:innen zugesprochen, die besonders eng mit einem konstruktivistisches Lehr-Lernverständnis verbunden ist (vgl. Baumgartner 2015, S. 90). Lernen wird nach diesem Verständnis „als aktiver, konstruktiver, sozialer und kontextuierter Prozess" (Rebmann & Schlömer

2011, S. 3) verstanden, welcher eine „zielgerichtete Tätigkeit des selbstständigen Wissenserwerbs im Sinne von ‚Sich-selbstlehren'" (ebd.) darstellt. Lernende sind als Konstrukteurinnen/ Konstrukteure ihres eigenen Wissens und damit sich selbststeuernde und selbstorganisierende Individuen im Lernprozess zu verstehen (vgl. Müller 2006, S. 87; Rebmann & Schlömer 2011, S. 3). Die Interaktion zwischen Lehrenden und Lernenden ist durch ein unterstützendes, beratendes und Orientierung bietendes Moment Seitens der Lehrenden geprägt. Die Anerkenntnis der Individualität der Lernenden erfordert unter anderem ein offenes und flexibles Herangehen bei der Auswahl der Lehrmethoden (vgl. Rebmann & Schlömer 2011, S. 3). Baumgartner (2015, S. 90) beschreibt die Rolle der Ausbilder:innen als Lernprozessbegleiter:innen wie folgt:

> „Die Ausbildungsperson trägt die Verantwortung für die Initiierung, Gestaltung und Begleitung von Lernprozessen. Sie entwirft Arbeitsaufgaben zum selbständigen Durchdenken und Ausführen und bleibt im Hintergrund. Dabei unterstützt sie die Auszubildenden, sich ihr Wissen selbst zu erarbeiten und steht für Rückfragen zur Verfügung. Fehler der Auszubildenden werden als Lernchancen gesehen und Auszubildende werden ermuntert, diese selbst zu erkennen und zu korrigieren."

Mit Blick auf die Ausbildungspraxis und die dort vorherrschende Didaktik zeigt sich jedoch ein anderes als das in der Rolle der Lernbegleiterin/ des Lernbegleiters verankerte Bild. Zahlreiche Untersuchungen (vgl. Bahl & Brünner 2013, S. 531; Ebbinghaus 2009, S. 41; Grimm-Vonken, Müller & Schröter 2011, S. 21; Lauterbach & Neß 2000; Pätzold et al. 2003; Pätzold 2008, S. 324 f.) verweisen insgesamt auf eine stark an einem traditionellen Muster der Unterweisung orientierte Didaktik und zeigen, dass das Bild der Lernprozessbegleiter:innen eher einer „Wunsch-Vorstellung bzw. einer normativen Setzung der Berufs- und Betriebspädagogik" (Bahl & Diettrich 2008, S. 2) entspricht.

Pätzold (2008, S. 324 f.) führt hierzu zusammenfassend aus:

> „In vielen Bereichen der betrieblichen Ausbildung ist die didaktisch-methodische Organisation an ‚bewährten' Mustern orientiert, sie erfolgt erfahrungsgeleitet, wenig wissensbasiert und teilweise intuitiv. Elaborierte und lernwirksame Ausbildungsformen werden wenig angewandt. Die berufsbildungspolitisch geforderte und lernpsychologisch fundierte Akzentverschiebung vom Vermittlungs- zum Aneignungskonzept steht eine ernüchternde Realität gegenüber."

Komplexe und moderne Lehr- und Lernmethoden wie z. B die Projektarbeit, welche eine hohe Selbstständigkeit, Partizipation sowie eine Mitgestaltung des Lernprozesses durch die Auszubildenden einfordert, prägen eher selten die betriebliche Ausbildungspraxis und sind häufig allenfalls aus einem Lehrbuch bekannt (vgl. Ebbinghaus 2009, S. 41; Grimm-Vonken, Müller & Schröter 2011, S. 21; Pätzold et al. 2003, S. 244 ff.; Schlömer et al. 2019, S. 507). Nach wie vor dominieren traditionelle Methoden der Betriebspädagogik, wie das Vormachen und Nachmachen oder die Vier-Stufen-Methode, die Ausbildungspraxis und das sowohl in den gewerblich-technischen als auch den kaufmännisch-verwaltenden Bereichen (vgl. Bahl & Brünner 2013, 531; Grimm-Vonken, Müller & Schröter 2011, S. 21;

Lauterbach & Neß 2000, S. 52; Pätzold et al. 2003, S. 244). Diese Methoden zielen auf die direkte Vermittlung von Lerninhalten und sind damit Ausdruck einer instruktionsorientierten Didaktik (vgl. Ebbinghaus 2009, S. 41).

> Die Ausbilder:innen treten in diesem Zusammenhang als „Vermittler von Wissen, Fähigkeiten und Fertigkeiten [auf] [...]. Sie erklär[en] Arbeitsaufgaben vor deren Ausführung genau und folgt dem Prinzip Vormachen-Nachmachen. Dabei leite[en] sie die Arbeit des Auszubildenden Schritt für Schritt an. Der Auszubildende soll sich genau an die Vorgaben halten, damit Fehler möglichst nicht auftreten." (Baumgartner 2015, S. 90).

Dass eine solche an einem instruktionalen Lehr-Lernverständnis ausgerichtete Didaktik kaum eine umfassende Kompetenzentwicklung zur Bewältigung komplexer Handlungssituationen ermöglichen kann, bleibt in der Praxis zumeist unreflektiert (vgl. Bahl & Brünner 2013, 531). Offen ist auch, wie sich die Rolle der betrieblichen Ausbilder:innen zukünftig in den Lernprozessen verändern wird. Hier liegen bislang nur wenige Untersuchungen vor.

Unter Bezug auf den Methodeneinsatz zeigen beispielsweise Schlömer et al. (2019, S. 507) auf, dass sich zukünftig wohl zwei Typen von Ausbilder:innen differenzieren lassen. Zum einen jene Ausbilder:innen, die vor allem die Arbeit mit Selbstlernprogrammen, die Projektarbeit sowie die Portfolioarbeit als wichtiger einschätzen (vgl. ebd., S. 504). Zu anderen jene Ausbilder:innen, die kaum Veränderungen im Methodeneinsatz prognostizieren (vgl. ebd.).

2.2.4 Qualifikations- und Kompetenzanforderungen an betriebliche Ausbilder:innen

Seit dem Jahr 1969 ist durch das BBiG geregelt, welche *Mindestanforderungen* Mitarbeiter:innen erfüllen müssen, um als Ausbilder:innen tätige werden zu dürfen. Neben einer persönlichen Eignung müssen sie auch berufsfachlich sowie berufs- und arbeitspädagogisch geeignet sein (vgl. Abschnitt 2.2.1). Die gesetzlichen Mindestangaben sind von den Betrieben bei der Rekrutierung der Ausbilder:innen zu berücksichtigen. Die Rekrutierung selbst erfolgt in der Regel durch eine direkte Nachfrage der Vorgesetzten bei ausgewählten Mitarbeiter:innen, welche bestenfalls freiwillig diese Tätigkeit übernehmen (vgl. Bahl et al. 2012, S. 26). Vielen Betrieben gelingt die Rekrutierung unabhängig von ihrer Betriebsgröße (vgl. Ebbinghaus 2009, S. 33). Neben der Berücksichtigung des gesetzlichen Mindeststandards legen die Betriebe zudem mal mehr, mal weniger explizit unternehmensintern eigene *Qualifikationsanforderungen* fest, die sie an ihre Ausbilder:innen stellen. In der Vergangenheit haben verschiedentliche Untersuchungen die Qualifikationsanforderungen an das betriebliche Ausbildungspersonal in den Blick genommen. Eine erste Durchsicht des vorliegenden Datenmaterials zeigt, dass die *Qualifikationsanforderungen,* die an das betriebliche Ausbildungspersonal durch die Unternehmen gestellt werden, in der Tendenz in Anlehnung an die im BBiG festgelegten Mindestanforderungen formuliert sind. Von besonderer Bedeutung für die Rekrutierung betrieblicher Ausbilder:innen ist jedoch die *berufsfachliche Qualifikation* (vgl. Bahl et al. 2012, S. 28; Brünner 2014, S. 131). Bahl et al. (2012, S. 28) schreiben im Rahmen der Ergebnisse der SIAP-Studie:

> „Das in den Fallstudien dominierende Kriterium war – die fachliche Qualifikation immer vorausgesetzt – dass die Fachkraft von ihrer Persönlichkeit her für diese Tätigkeit geeignet scheint, d.h. einen ‚guten Draht' zu jungen Menschen besitzt und das nötige pädagogische Geschick von sich aus mitbringt."

Hinsichtlich der Frage, was die Betriebe unter einer *berufsfachlichen Qualifikation* verstehen, liefert eine Stellenanzeigenanalyse von Brünner (2014) nähere Antworten. Sie zeigt, dass in knapp über einem Drittel aller Stellenausschreibungen eine Berufsausbildung und in fast der Hälfte aller Stellenausschreibungen sogar eine Berufsausbildung mit einer weiterführenden Qualifikation (Meister oder Hochschulabschluss) gefordert wird (vgl. ebd., S. 127).

Eine zwischen den Jahren 1985 und 1986 vom BiBB durchgeführte repräsentative Befragung von 11.500 erwerbstätigen Personen hat ferner bereits aufgezeigt, dass ein Großteil der hauptberuflichen Ausbilder:innen (71 Prozent) sowie der Großteil der nebenberuflichen Ausbilder:innen (82 Prozent) über eine abgeschlossene Berufsausbildung verfügen (vgl. Jansen 1989, S. 14). Im Vergleich dazu konnten nur 67 Prozent aller Erwerbstätigen eine abgeschlossene Berufsausbildung nachweisen (vgl. ebd.). Hinsichtlich der beruflichen Weiterbildung zeichnet die Befragung ein in der Ausprägung vergleichbares Bild. So konnten 32 Prozent der hauptamtlichen Ausbilder:innen sowie 11 Prozent der nebenberuflichen Ausbilder:innen eine Meister- oder Technikerausbildung nachweisen. In der Summe aller Erwerbstätigen traf dies nur auf 4 Prozent zu (vgl. ebd.). Jansen (Hervorhebung im Original fett 1989, S. 14) schreibt hierzu: „Für Personen, die Ausbilderfunktionen wahrnehmen, ist die *eigene Ausbildung* offensichtlich von größerer *Bedeutung für die aktuelle Tätigkeit* als für Personen, die nichts mit der Ausbildung zu tun haben." Auch wenn diese Untersuchung letztendlich keine Aussage dazu macht, ob eine Berufsausbildung sowie eine berufliche Weiterbildung Kriterien für die Übernehme der Ausbildertätigkeit darstellen, unterstützen sie in der Tendenz dennoch die Ergebnisse der Dokumentenanalyse von Brünner (2014), wonach eine Berufsausbildung bzw. eine weiterführende Qualifikation eine wichtige Anforderung an Ausbilder:innen bedeutet.

Eng verbunden mit der fachlichen Qualifikation ist die Berufserfahrung. Besonders bei der Rekrutierung von betrieblichen Ausbilder:innen über den Arbeitsmarkt richtet sich das Interesse von Unternehmen insbesondere auf berufserfahrene Bewerber:innen (vgl. Bahl et al. 2012, S. 28; Ebbinghaus 2009, S. 34). In Abgrenzung zu ihnen haben Berufsanfänger:innen, besonders Absolvent:innen schulischer Berufsbildungsgänge, weitaus schlechtere Chancen, eine Ausbilderstelle zu erhalten (vgl. Bahl et al. 2012, S. 28). Der Datenreport des Berufsbildungsberichtes aus dem Jahr 2020 zeigt für das Jahr 2018, dass fast die Hälfte aller Ausbilder:innen älter als 50 Jahre sind und damit mutmaßlich über mehrere Jahrzehnte Berufserfahrung verfügen (vgl. BiBB 2020a, S. 174). Auch hier zeigt sich eine Fortschreibung älterer Befunde, die ebenfalls eine mehrjährige betriebliche Tätigkeit als wichtiges Kriterium für die Übernahme einer Ausbildertätigkeit konstatieren (vgl. Paschen & Boerger 1977, S. 167).

Eine weitere wichtige Qualifikationsanforderung an Ausbilder:innen ist deren *pädagogische Qualifikation*. Dies wird in einer Vielzahl von Forschungsarbeiten betont (vgl. u. a. Beicht et al. 2009; Brater & Wagner 2008; Ulmer & Jablonka 2007). Dies zeigt deutlich auch die Dokumentenanalyse von Brünner (2014), die hervorbringt, dass in 71,5 Prozent der Stellenausschreibungen eine Mindestqualifizierung nach AEVO explizit verlangt wird (vgl. ebd., S. 127). Auch bei Bahl et al. (2012, S. 39) ist zu erkennen, dass die pädagogische Mindestqualifizierung als eine Anforderung der Betriebe an ihre Mitarbeiter:innen definiert wird. Die Autor:innen schreiben hierzu: „Die AEVO wird als Basisqualifikation offiziell anerkannt. Es wird auf die Einhaltung der rechtlichen Aspekte geachtet". (ebd.). Eine über diesen Mindeststandard hinausgehende pädagogische Qualifizierung wird jedoch in der Regel nicht verlangt, wie Brünner (2014, S. 127) zeigt. Lediglich in unter einem Prozent aller Stellenanzeigen wird eine über die Mindestqualifizierung hinausgehende pädagogische Qualifizierung eingefordert. Anders als bei der *berufsfachlichen Qualifikation* lässt sich hier also kein über die im BBiG festgeschriebene Mindestanforderung hinausgehender Anspruch an die Ausbilder:innen erkennen. Für viele Ausbilder:innen hat dies zur Folge, dass sie die oftmals fehlenden weiterführenden pädagogischen Qualifikationen durch persönliches Engagement sowie Erfahrung kompensieren müssen (vgl. Diettrich & Harm 2018, S. 16). Entgegen der gegenwärtigen Qualifikationsanforderungen wird für die Zukunft konstatiert, „dass die pädagogische gegenüber der fachlichen Befähigung an Bedeutung gewinnt." (ebd.). Es wird angenommen, dass vor allem eine „breit ausgebildete pädagogisch-didaktische Professionalität gefragt sein [wird]" (Diettrich 2017, S. 325), die eine pädagogische Höherqualifizierung sowie ggf. auch eine Akademisierung erforderlich werden lässt (vgl. ebd.). Eine empirische Fundierung dieser Annahmen steht jedoch noch aus (vgl. ebd.).

Verbunden mit den formalen Qualifikationsanforderungen ist immer der Anspruch, dass betriebliche Ausbilder:innen über eine Ausbilderkompetenz in Form einer spezifischen Handlungskompetenz als Grundlage ihres Ausbilderhandelns verfügen (vgl. Sloane 2009, S. 11). Insbesondere mit der pädagogischen Mindestqualifizierung wird dieser Anspruch verbunden (vgl. Brünner 2012a, S. 240; Gössling & Sloane 2013, S. 254; Ruschel o. J., S. 4; Sloane 2009, S. 11; Wittwer 2006, S. 405). Gössling und Sloane (2013, S. 251) schreiben in diesem Zusammenhang:

> „Insbesondere die aktuelle AEVO von 2009 erhebt den Anspruch, eine umfassende berufliche Handlungskompetenz von Ausbildern zu sichern, was angesichts der ebenfalls anspruchsvollen Berufsbilder, in denen diese Ausbilder zum Einsatz kommen sollen, auch angemessen erscheint."

Neben unstrukturierten Sammlungen von Kompetenzanforderungen, die u. a. Teamfähigkeit, Einfühlungs- und Durchsetzungsvermögen, Konfliktfähigkeit, Methodenkenntnisse, Organisationsfähigkeit, Flexibilität, Begeisterungsfähigkeit und Belastbarkeit umfassen (vgl. Bahl & Diettrich 2008, S. 12; Brünner 2014, S. 131; Ebbinghaus 2009, S. 38), existieren auch Kompetenzstrukturmodelle zur beruflichen Handlungskompetenz von betrieblichen Ausbilder:innen.[3] Ein prominentes Kompetenzstrukturmodell in der beruflichen Bildung fußt auf der von Roth (1976, S. 180) vorgenommenen Unterteilung zwischen *Fach-, Sozial-* und *Selbstkompetenz*, welche schließlich auch Einzug in die Rahmenlehrpläne für den berufsbezogenen Unterricht der Kultusministerkonferenz (vgl. KMK 2007, S. 10) gehalten hat (vgl. Rausch 2011, S. 81). Darüber hinaus existieren weitere Konzepte, in welchen z. B. die Methodenkompetenz als zusätzliche Subdimension ausgewiesen wird (vgl. Nickolaus, Gschwendtner & Abele 2013, S. 41). Weiter kann hier auch die Aufteilung von Pätzold (2006, S. 73) in *Fach-, Personal-, Methoden* und *Sozialkompetenz* angeführt werden. Die Frage, welches Kompetenzstrukturmodell der gegenwarts- und zukunftsbezogenen Realität besser gerecht wird, ist dabei eine noch empirisch zu klärende Frage, die erst dann zufriedenstellend beantwortet werden kann, wenn für die zentralen Teilkompetenzen beruflicher Handlungskompetenz tragfähige Modellierungs- sowie Messverfahren existieren (vgl. Nickolaus, Gschwendtner & Abele 2013, S. 41). Innerhalb der Diskussionen zu der beruflichen Handlungskompetenz von betrieblichen Ausbilder:innen ist zu erkennen, dass die diskursbestimmenden Kompetenzmodelle (vgl. u. a. Merkel et al. 2017, S. 117; Ruschel o. J., S. 4; Sloane 2009, S. 11) zu weiten Teilen in Anlehnung an die Teilkompetenzen der KMK (2007) bzw. in Anlehnung an Roth (1976, S. 180) formuliert sind (vgl. auch Merkel et al. 2017, S. 117). Abbildung 4 zeigt ein Modell von Merkel et al. (2017, S. 117), welches in *Fach-, Sozial-, Selbst-* und *Methodenkompetenz* aufgeteilt ist. Die *Mitwirkungs-* und *Problemlösungskompetenz* sind mit den anderen Kompetenzen verzahnt (vgl. ebd., S. 115 f.).

Das Modell von Merkel et al. (2017, S. 117) stützt sich explizit auf das von Ruschel (o. J., S. 4) entworfene Modell der beruflichen Handlungskompetenz von betrieblichen Ausbilder:innen. Ein Unterschied in den Modellen lässt sich nur auf terminologischer Ebene identifizieren. Statt des Begriffs *Selbstkompetenz* verwendet Ruschel (o. J., S. 4) den Begriff der *Ich-Kompetenz*.

Ein weiteres Modell der beruflichen Handlungskompetenz von betrieblichen Ausbilder:innen ist bei Sloane (2009) zu finden (vgl. Abbildung 5). Es ist ein *kategoriales Kompetenzmodell der Ausbildertätigkeit,* welches die ganzheitliche Erfassung des Konstrukts der

---

3 Bei Kompetenzmodellen ist zwischen Kompetenzstrukturmodellen und Kompetenzstufenmodellen zu differenzieren (vgl. u. a. Kettschau 2012, S. 28; Seeber 2008, S. 74 f.; Nickolaus, Gschwendtner & Abele 2013, S. 40 ff.). Während Kompetenzstufenmodelle den Prozess der individuellen Entwicklung und Entfaltung von Kompetenzen in den Mittelpunkt stellen (vgl. Kettschau 2012, S. 28), indem sie das individuelle Handlungspotenzial in der Form von Kompetenzniveaus ausweisen (vgl. Breuer 2006, S. 202), entfalten Kompetenzstrukturmodell die Dimension des Kompetenzbegriffs in einer systematischen Struktur, meist in Form von Teilkompetenzen (vgl. Kettschau 2012, S. 28; Seeber 2008, S. 87; Nickolaus, Gschwendtner & Abele 2013, S. 42; Rausch 2011, S. 81).

beruflichen Handlungskompetenz anstrebt (vgl. ebd., S. 11). Sloane (2009, S. 11) unterscheidet in seinem Modell zwischen einer *pädagogisch-didaktischen Fachkompetenz*, einer *Humankompetenz* und einer *Sozialkompetenz*.

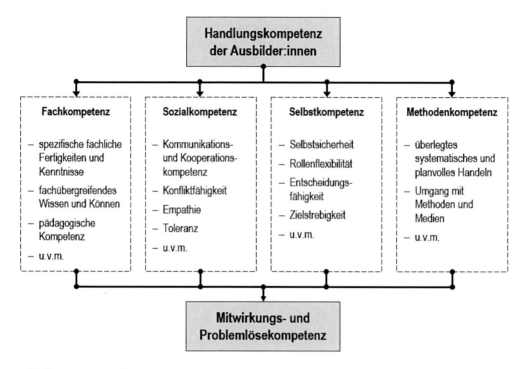

Abbildung 4: Konzept der Handlungskompetenz betrieblicher Ausbilder:innen (modifiziert nach Merkel et al. 2017, S. 117)

Wie auch bei Merkel et al. (2017) liegen quer zu diesen Kompetenzen jeweils mit ihnen verzahnte Teilkompetenzen. Hierbei handelt es sich zum einem um eine *Methoden-* und *Lernkompetenz*, die verstanden wird als eine Fähigkeit, fachliche, individuelle sowie soziale Probleme zu erkennen und adäquate Lösungsansätze zu finden und dabei Neues zu lernen. Zum anderen beinhaltet sie eine *Sprach-* und *Textkompetenz*, die verstanden wird als ein Vermögen, sich verbal und schriftsprachlich mitteilen zu können. Ferner wird eine *ethische Kompetenz* thematisiert, die als normative Haltung und Einstellung gegenüber der Domäne, der eigenen Person sowie der sozialen Umwelt verstanden wird (vgl. Sloane 2009, S. 11).

Mit Blick auf die zukünftigen Kompetenzanforderungen an betriebliche Ausbilder:innen führen unter anderem Ulmer und Jablonka (2007, S. 7) unter Bezug auf eine Betriebsbefragung im Zuge der Aussetzung der AEVO aus, dass Ausbilder:innen zukünftig insbesondere „methodische und sozial-kommunikative Kompetenzen für eine erfolgreiche Bewältigung der Ausbildungssituation benötigen." Daneben existieren vor allem kleinteilige Forschungsprojekte und Untersuchungen, die veränderte bzw. zukünftig relevanter werdende Kompetenzanforderungen in den Blick nehmen. Neben Medien-, medienpädagogischen und allgemeinen IT-Kompetenzen (vgl. u. a. Breiter, Howe & Härtel 2018, S. 28; Dietrich 2018, S. 30) umfasst dies auch weitreichende Kooperationskompetenzen, etwa im Zusammenhang mit der Ausgestaltung der betrieblichen Ausbildung (vgl. Riese-Meyer & Biffar 2011).

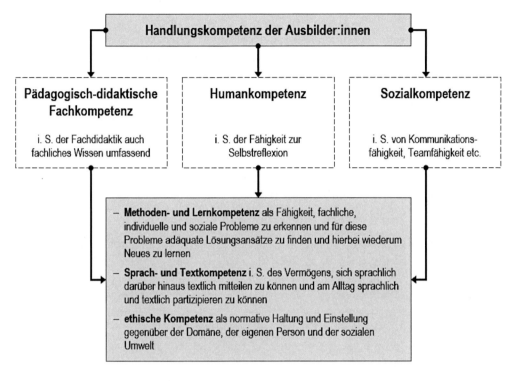

Abbildung 5: Ausbilder Handlungskompetenz (vgl. Sloane 2009, S. 11)

Ferner lassen sich erhöhte Kompetenzanforderungen im Umgang mit Auszubildenden identifizieren. Im Zentrum stehen dabei vor allem Kompetenzen, die für den Umgang mit förderbedürftigen Kompetenzen benötigt werden (vgl. Grimm-Vonken, Müller & Schröter 2011). Zu erkennen ist auch, dass Kompetenzen im Bereich *Sprache Kultur und Kommunikation* zukünftig wichtiger werden (vgl. Bethscheider & Wullenweber 2018; Cehak-Behrmann 2018). Differenzierte Untersuchungen stehen diesbezüglich noch aus.

2.2.5 Bedeutung betrieblichen Ausbilderhandelns

Indikatoren, mit denen die Bedeutung des betrieblichen Ausbilderhandelns beschrieben werden kann, ergeben sich über die Ausbildungsbeteiligung und den dahinterstehenden Motivlagen der Unternehmen. Eine Untersuchung des IAB zur Ausbildungsbeteiligung von Unternehmen zeigt für die Jahre 2006 bis 2017, dass nahezu durchgängig die Hälfte aller Betriebe in Deutschland die gesetzlichen Voraussetzungen (vgl. BBiG § 27 bzw. § 21 HwO) für eine Berufsausbildung erfüllten (vgl. IAB 2018). Im letzten Erhebungsjahr 2017 umfasste dies 54 Prozent aller Betriebe in Deutschland (vgl. ebd., S. 2).[4] Von den ausbildungsberechtigten Betrieben bildeten für den Erhebungszeitraum relativ konstant die Hälfte (im Jahr 2017: 54 Prozent) auch tatsächlich aus.[5] Die Gründe für ein Engagement in der betrieblichen Ausbildung sind vielfältig.

In der Regel liegt eine Kombination aus sich zumeist gegenseitig verstärkenden Gründen vor (vgl. Ebbinghaus 2018a, S. 5; Mohr, Troltsch & Gerhards 2015, S. 6 ff.). Schönfeld et al. (2016, S. 13 f.) bieten eine Übersicht der häufigsten Ausbildungsmotive von Unternehmen.

Die Ausbildung wird dort gesehen als ein Ort …

- … der produktiven Leistungserstellung (Produktionsmotiv).
- … der Sicherung des betriebsspezifischen Fachkräftebedarfs (Investitionsmotiv).
- … der verlängerten Probezeit (Screeningmotiv).
- … der Imageaufwertung (Reputationsmotiv).
- … von gesellschaftlicher Unternehmensverantwortung (Verantwortungsmotiv).

Es dominiert insgesamt deutlich das Investitionsmotiv (vgl. u. a. Ebbinghaus 2009, S. 24 ff., 2018a, S. 5; Jansen et al. 2015, S. 14; Neu, Elsholz & Jaich 2017, S. 10 ff.). Dies zeigt nicht zuletzt die fünfte Befragung zu *Kosten und Nutzen der Ausbildung, Rekrutierung und Weiterbildung von Fachkräften* aus den Jahren 2012 und 2013.[6] Aus ihr wird ersichtlich, dass das Motiv der Fachkräftesicherung durch betriebliche Ausbildung von 83 Prozent der befragten Betriebe als wichtig bis sehr wichtig eingestuft wird (vgl. Jansen et al. 2015, S. 14). Auch die vom BiBB im Jahr 2008 bundesweit angelegte Befragung unter 1.362 Betrieben zeigt, dass betriebliche Berufsausbildung bei allen befragten Betrieben einen vergleichbar hohen Stellenwert hat und eines der wichtigsten Instrumente ist, um den Bedarf an qualifizierten Fachkräften abzudecken (vgl. Ebbinghaus 2009, S. 24). Hierzu heißt es: „Die eigene Ausbildung stellt […] eines der wichtigsten, wenn nicht sogar das wichtigste Instrument dar, insbesondere dann, wenn mit einer hohen Nachfrage nach qualifiziertem Fachpersonal gerechnet wird." (ebd., S. 28). Bestätigt werden die vorangegangenen Ergebnisse von einer vergleichsweise jungen Erhebung aus den Jahren 2016 und 2017 (vgl. Neu,

---

4   Es ist zu erkennen, dass der Anteil der ausbildungsberechtigten Betriebe mit der Größe der Betriebe deutlich zunimmt. Im Jahr 2017 waren 90 Prozent der Großbetriebe mit 500 und mehr Beschäftigten ausbildungsberechtigt. Bei den Kleinstbetrieben mit weniger als zehn Beschäftigten waren es nur 41 Prozent (vgl. IAB 2018, S. 2).

5   Von den Großbetrieben mit 500 und mehr Beschäftigten bildeten nahezu alle der berechtigten Betriebe auch aus. Bei den Kleinstbetrieben mit weniger als zehn Beschäftigten waren es nur vier von zehn Betrieben (vgl. IAB 2018, S. 3).

6   Im Rahmen der Befragung führte das BiBB Interviews in 3.032 ausbildenden Betrieben sowie 913 nichtausbildenden Betrieben aller Branchen und Betriebsgrößenklassen mit für Personal und Ausbildung verantwortlichen Mitarbeiter:innen sowie Geschäftsführer:innen (vgl. Jansen et al. 2015, S. 3).

Elsholz & Jaich 2017, S. 7). Die in diesem Zusammenhang durchgeführten Experteninterviews zeigen, dass die duale Berufsausbildung für die befragten Unternehmen von großer Relevanz ist, um den unternehmenseigenen Bedarf an qualifizierten Fachkräften zu decken (vgl. ebd., S. 10). Betont wird über die gesamten Untersuchungsergebnisse hinweg, dass die unternehmensspezifischen Fähigkeiten und Kenntnisse der Absolvent:innen einer dualen Berufsausbildung von den Unternehmen in hohem Maße wertgeschätzt werden (vgl. ebd.).

Wie dominant das Investitionsmotiv für die Ausbildungsaktivität von Unternehmen ist, lässt sich auch durch die Betrachtung der Übernahmequote der Auszubildenden erkennen. Eine Übersicht bietet hier das IAB-Betriebspanel. Es zeigt auf, dass zwischen den Jahren 2006 bis 2017 die Übernahmequote im Schnitt bei 64,5 Prozent lag. Im Zeitverlauf ist sogar ein deutlicher Anstieg der Quote zu erkennen. Im Jahr 2017 erreichte sie mit 74 Prozent ihren Höchstwert für den angegebenen Zeitraum (vgl. IAB 2018, S. 3).

Die vorangegangenen Ausführungen belegen, dass Berufsausbildung für viele Betriebe eine wichtige Bezugsquelle für Fachkräfte darstellt. Insofern ist betriebliche Ausbildung zumeist Ausdruck eines Resource-based-view (vgl. überblicksartig Xiao, Arikan & Barney 2018). Ein wesentlicher Vorteil betrieblicher Ausbildung besteht in der Möglichkeit, angehende Fachkräfte unter Berücksichtigung der unternehmensspezifischen Geschäfts- und Arbeitsprozesse auszubilden sowie die persönliche und fachliche Eignung der Auszubildenden für das Unternehmen frühzeitig zu erproben und zu entwickeln (vgl. Ebbinghaus 2018a, S. 5). Ausbildung ist somit ein strategisches Instrument der Personalsicherung und Personalentwicklung und daher kein Widerspruch zu der wirtschaftlichen Leistungserstellung, sondern eigens von hoher betriebswirtschaftlicher Relevanz für Unternehmen (vgl. Holtbrügge 2018, S. 161; Rieser 2014, S. 32).

Es sind vor allem die Ausbilder:innen, welche die Verantwortung für die Umsetzung betrieblicher Ausbildung tragen (vgl. u. a. Bahl 2012, S. 21; Ebbinghaus 2011, S. 131) und damit einen wichtigen betriebswirtschaftlichen Beitrag in Gestalt der betrieblichen Ausbildung realisieren. Ausbilder:innen sind von grundlegender Bedeutung für Unternehmen. Ihre Situation innerhalb der Unternehmen wird dieser Relevanz selten gerecht. Dies zeigt besonders eine Studie des BiBB zur *Situation des ausbildenden Personals in der betrieblichen Bildung* (SIAP) (vgl. Bahl et al. 2011; Bahl et al. 2012).[7] Der Fokus der Studie liegt auf der Untersuchung der strukturellen Rahmenbedingungen betrieblichen Ausbilderhandelns. Sie bringt als ein zentrales Ergebnis hervor, dass der betrieblichen Ausbildung sowie dem Ausbilderhandeln im Unternehmen weitestgehend ungesehen stattfinden. Hierzu heißt es in der Studie:

„Ausbildung fand als Bestandteil der Unternehmenskultur und des beruflichen Selbstverständnisses in den untersuchten Fällen mehr oder weniger selbstverständlich statt; die dahinterstehende pädagogische Arbeit wurde innerhalb der Hierarchie

---

7 Im Rahmen des in den Jahren 2009 bis 2011 durchgeführten Projektes wurden in 14 Wirtschaftsunternehmen insgesamt 127 Interviews mit Personen aus der Personal- und Ausbildungsleitung sowie mit haupt- und nebenberuflichen Ausbilder:innen, Vorgesetzten, Personen der Mitarbeitervertretung sowie Auszubildenden geführt (vgl. Bahl et al. 2012, S. 14).

kaum gesehen, geschweige denn offiziell wertgeschätzt. Wenn überhaupt, richtete sich die Aufmerksamkeit auf die Auszubildenden und ihre Fortschritte beim Kompetenzerwerb. So war es für die befragten Ausbilder/-innen in den Fallunternehmen auch entsprechend ungewohnt, dass es in den Interviews für die BIBB-Studie weniger um die Auszubildenden als sie selbst gehen sollte." (Bahl et al. 2012, S. 22).

Die Autor:innen der Studie stützen diese Zusammenfassung auf Interviewaussagen, die erkennen lassen, dass vor allem den nebenberuflichen Ausbilder:innen im starken Kontrast zu ihrer Bedeutung für die Fachkräftesicherung kaum Beachtung geschenkt wird (vgl. ebd., S. 22 f.). Die fehlende Wertschätzung gegenüber betrieblichen Ausbilder:innen spiegelt sich auch darin wider, dass die für eine hochwertige Ausbildung erforderlichen Ressourcen und Befugnisse dem Ausbildungspersonal häufig nicht zur Verfügung stehen (vgl. ebd., S. 29 f.).

Gestützt werden die Ergebnisse der SIAP-Studie durch frühere Untersuchungen von unter anderem Ostendorf (2012) sowie Schmidt-Hackenberg et al. (1999). Letztere konstatieren vor fast zwanzig Jahren unter dem Titel *Ausbildende Fachkräfte – die unbekannten Mitarbeiter* die Arbeit ausbildender Fachkräfte in wissenschaftlichen Diskursen und aus Sicht der Unternehmen als nicht reflektiert und geringgeschätzt. Unter Bezugnahme auf die Ergebnisse einer schriftlichen Befragung von 338 Betrieben, die Industriekaufleute ausbilden, und 284 Betrieben, die Industrie- und Werkzeugmechaniker:innen ausbilden, legt die Studie offen, dass es „[i]n mehr als jedem zweiten Betrieb [...] an der innerbetrieblichen Anerkennung der Leistung ausbildender Fachkräfte [mangelt]." (Schmidt-Hackenberg 1999, S. 21). Ostendorf (2012) bringt auf der Grundlage einer Untersuchung zu nebenberuflichen Ausbilder:innen deren Situation in den Betrieben wie folgt auf den Punkt: „They can be described as the *hidden protagonists of workplace learning*, a type of informal teachers or facilitators." (ebd., S. 69).

Insgesamt weisen die Untersuchungen, wiewohl mit unterschiedlichen Schwerpunktsetzungen, in eine Richtung: Betriebliche Ausbildung sowie betriebliche Ausbilder:innen führen „ein Schattendasein" und werden nicht gezielt „als Teil der Unternehmensstrategie reflektiert" (Bahl 2011, S. 19). Es gibt gegenwärtig kaum Hinweise, die erkennen lassen, dass sich an diesem Befund zukünftig grundlegend etwas ändern wird (vgl. u. a. Bahl 2013; Bahl & Brünner 2013, S. 520).

2.3 Ausbildung der betrieblichen Ausbilder:innen – curriculumtheoretischer und bildungspolitischer Zugang

In den nachfolgenden Abschnitten wird die Bearbeitung des zweiten und drittes Forschungsdesiderats vorbereitet und somit der Fokus auf die AdA gelegt. Das zweite Desiderat markiert das Fehlen einer Untersuchung der AEVO-Lehr-Lernmaterialien, wiewohl diese entscheidende Kernstücke der AdA darstellen. Das dritte Desiderat fokussiert die Reformvorschläge zur AdA und problematisiert deren Mangel an Validierung wie Differenzierung. Zunächst wird die AEVO als der makrodidaktische Bezugsrahmen in den Blick genommen. Zudem wird en die wichtigsten Kritikpunkte an der AdA mit einem Schwerpunkt auf ihre Lehrgänge aufgearbeitet. Sie sind mitunter Ausgangs- und Bezugspunkte für die Reformdiskussionen, welche abschließend in ihren Grundzügen skizziert werden.

2.3.1 Entwicklung der AEVO in den letzten 50 Jahren

Seit fast 50 Jahren regelt die AEVO als das übergeordnete Curriculum die pädagogische Mindestqualifizierung der betrieblichen Ausbilder:innen. Friede (2013, S. 19) schreibt dazu:

> „‚Mindestqualifikation' kann auch in Analogie zur Funktion von Ausbildungsordnungen auf der Ebene von Berufsausbildung gedeutet werden. Im Ausbildungsberufsbild und im Ausbildungsrahmenplan von Ausbildungsordnungen sind diejenigen beruflichen Fertigkeiten, Kenntnisse und Fähigkeiten beschrieben, welche während der Ausbildung mindestens durch die Betriebe vermittelt werden müssen." (ebd.).

Bei ihrer Verabschiedung im Jahr 1972 bezog sich der Geltungsbereich der AEVO zunächst nur auf die gewerbliche Wirtschaft. In den Jahren darauf folgte sukzessive eine Ausweitung auf weitere Branchen. Aus „Gründen der Durchsetzbarkeit, Akzeptanz und Umsetzbarkeit" (ebd., S. 15 f.) wurde jedoch keine branchenspezifische Differenzierung der AEVO vorgenommen (vgl. ebd.).[8]

Der AEVO liegt ein generalistisches Aufgabenprofil und ein an einem „idealen Ausbildungsverlauf" (ebd., S. 44) orientiertes Bild zu Grunde, das heißt, sie ist nicht an einer empirisch validierten und theoretisch substantiierten Praxis des Ausbildens ausgerichtet (vgl. u. a. Bahl & Brünner 2018, S. 366; Baumgartner 2015, S. 114; Ulmer 2019, S. 134). Die inhaltliche Ausgestaltung der AEVO wurde bislang lediglich „mit empirisch plausiblen Zweck-Mittel-Argumentationen begründet" (Friede 2013, S. 19). Infolgedessen adressiert sie aktuell kaum die Probleme und Aufgaben, mit denen Ausbilder:innen in der Ausbildungspraxis konfrontiert sind (vgl. Baumgartner 2015, S. 114; Sloane 2006, S. 472).[9] Die Weiterentwicklung der AEVO war zudem bislang von besonderer Mühseligkeit geprägt, insofern sie unterschiedlichen und in Teilen konfliktären Interessenslagen ausgesetzt ist.[10]

---

8 Es lassen sich auf bildungspolitischer Ebene keine Versuche identifizieren, branchenspezifische AEVOs auf den Weg zu bringen (vgl. Friede 2013, S. 16). Die Entwicklung weist eher in die entgegengesetzte Richtung. So enthielt der §21 des BBiGs aus dem Jahre 1969 noch die Möglichkeit, „eine Verordnung zum Nachweis erweiterter fachlicher Kenntnisse zu verabschieden" (Friede 2013, S. 16). Diese Möglichkeit ist im novelliertem BBiG von 2005 nicht mehr enthalten.
9 Laut Friede (2013, S. 29) wäre „eine stärkere empirische Grundlegung durchaus möglich gewesen, wenn die vom BiBB entwickelten Verfahren und Instrumente zur Entwicklung von Ausbildungsordnungen angewandt worden wären".
10 Dieses Konfliktfeld entsteht einerseits durch die Forderung nach einer umfassenden Professionalisierung der Ausbilder:innen, insbesondere gefordert von der Industriegewerkschaft Metall (IGM) und dem Bun-

In der nachfolgenden Tabelle 5 ist die historische Entwicklung der AEVO als Synopse abgebildet.

Tabelle 5: Synopse zur Entwicklung der AEVO (in Anlehnung an Bahl & Brünner 2013, S. 519; Baumgartner 2015, S. 110; Brünner 2012a, S. 240; Friede 2013; Gössling & Sloane 2013, S. 250 f.; Ulmer 2019)

Epoche I
AEVO 1972 – Leitbild: Ausbilder:in als Fachfrau/ Fachmann mit pädagogischer Befähigung
- bildungspolitischer Hintergrund: Reform der beruflichen Bildung durch Erlass des BBiG im Jahr 1969 - Gliederung nach Sachgebieten: 1. Grundfragen der Berufsausbildung, 2. Planung und Durchführung der Ausbildung, 3. der Jugendliche in der Ausbildung und 4. Rechtsgrundlagen
Epoche II
AEVO 1999 – Leitbild: Ausbilder:innen als Berater:innen und Moderator:innen von Lernprozessen
- bildungspolitischer Hintergrund: Einführung von lernfeldorientierten Lehrplänen und kompetenzbasierte Revision der Ausbildungsordnung - Gliederung nach Handlungsfeldern: 1. allgemeine Grundlagen, 2. Planung der Ausbildung, 3. Mitwirkung bei der Einstellung von Auszubildenden, 4. Ausbildung am Arbeitsplatz, 5. Förderung des Lernprozesses, 6. Ausbildung in der Gruppe und 7. Abschluss der Ausbildung
01.08.2003 bis 31.07.2009 Aussetzung der Anwendung der AEVO als Teil eines Aktionsplans zur Schaffung zusätzlicher Ausbildungsplätze
AEVO 2009 – Leitbild: Ausbilder:innen als Lernprozessbegleiter:innen
- bildungspolitischer Hintergrund: BiBB-Studie zur Auswirkung der AEVO-Aussetzung, EQR-Diskussion und BBiG-Novelle von 2005 - Gliederung nach Handlungsfeldern: 1. Ausbildungsvoraussetzung prüfen und Ausbildung planen, 2. Ausbildung vorbereiten und bei der Einstellung von Auszubildenden mitwirken, 3. Ausbildung durchführen und 4. Ausbildung abschließen

Die Synopse in Tabelle 5 verdeutlicht, dass die AEVO seit ihrem Erlass 1972, wenngleich mit Unterbrechung, dennoch weiterentwickelt wurde. Insgesamt gibt es drei Generationen von Verordnungen, die sich, wie Friede (2013, S. 15) konstatiert, in zwei Epochen hinsichtlich ihrer curricularen Leitideen einteilen lassen. Die erste Epoche (AEVO 1972) ist von dem Leitbild der Ausbilderin als Fachfrau/ des Ausbilders als Fachmann mit berufs- und arbeitspädagogischer Expertise geprägt. In der zweiten Epoche dominiert ein weitaus pädagogischeres Leitbild der Ausbilder:innen als Moderator:innen, Berater:innen (AEVO 1999) und als Lernprozessbegleiter:innen (AEVO 2009) (vgl. ebd.). Es lässt sich ferner grob gesprochen eine Abwendung von der reinen fachwissenschaftlichen Orientierung (Epoche I) hin zu einer Handlungsorientierung und damit der Ausrichtung an Arbeits- und Geschäftsprozessen identifizieren (Epoche II) (vgl. ebd.).

Die Erstfassung der AEVO von 1972 weist eine Strukturierung nach vier Sachgebieten auf. Der Aufbau dieser ersten AEVO erinnert, so (Ulmer 2019, S. 57 f.),

---

desverband Deutscher Berufsausbildung (BDBA). Andererseits ist die Forderung im Raum, die pädagogische Ausbildung der Ausbilder:innen der Selbstverwaltung der Unternehmen zu überlassen (vgl. Friede 2013, S. 19).

„deutlich an die Ausbildertätigkeit in der Industrie in den 1950er- und 1960er-Jahren: Aufgabe der Ausbilder war es vor allem, den Jugendlichen Kenntnisse und Fertigkeiten zu vermitteln, indem sie ihnen Arbeitsvorgänge erklärten, ihnen diese vormachten und sie dann nachmachen ließen sowie Fehler korrigierten."

Bereits früh wurde die fachsystematische Gliederung und die damit verbundene Ausrichtung der AdA an der Vermittlung von Fachwissen kritisiert. Dennoch bestand die erste AEVO mehr als 20 Jahre lang (vgl. Bahl & Brünner 2013, S. 518). Erst im Kontext von signifikant veränderten Ansprüchen an die berufs- und arbeitspädagogische Mindestqualifizierung von betrieblichen Ausbilder:innen während der 1990er-Jahre bahnte sich eine Neufassung der AEVO an. Ausschlaggebend für die erste Novellierung war besonders die Neuordnung der Metall- und Elektroberufe im Jahr 1987, welche die Ziele der Berufsausbildung im dualen System mit Orientierung auf vollständige Handlungen deutlich ausweitete und anspruchsvoller definierte (vgl. Borch & Weissmann 2003; Schmidt 2002, S. 51). Gefragt war nun nicht mehr die reine Wissensvermittlung im Rahmen der betrieblichen Berufsausbildung, sondern eine Ausbildung, die zum selbstständigen Denken und Handeln, zur Problemlösungsfähigkeit sowie zu den Kooperations- und Kommunikationsfähigkeiten der Auszubilden beiträgt. Im Zentrum der ersten Novellierung der AEVO stand daher die Forderung nach einer erweiterten berufs- und arbeitspädagogischen Mindestqualifikation der Ausbilder:innen (vgl. Reetz 2002, S. 8 ff.).

Eine wesentliche Neuerung der AEVO von 1999 besteht in ihrer Kompetenzorientierung, die sich insbesondere in der Auflösung der Sachgebietsstruktur und der Neustrukturierung der AEVO entlang von sieben Handlungsfeldern zeigt (vgl. Gössling & Sloane 2013, S. 234). Sie sind jeweils an einem Aufgabenschwerpunkt der betrieblichen Ausbilder:innen orientiert und repräsentieren in Summe deren gesamtes Tätigkeitsspektrum (vgl. Ulmer 2019, S. 62). Damit wurde die Grundlage geschaffen für eine am Ablauf des Ausbildungsprozesses orientierte AdA (vgl. Gössling & Sloane 2013, S. 247; Pätzold 2000, S. 81). Daneben wurde auch die Beförderung von Planungs- und Methodenkompetenzen im Rahmen der berufs- und arbeitspädagogischen Qualifizierung der Ausbilder:innen in der neuen Verordnung betont (vgl. Selka 2000, S. 89 f.). Wie bereits in der Verordnung von 1972 sieht auch die erste Novellierung der AEVO eine aus zwei Teilen bestehende Prüfung vor. Der erste Teil umfasst eine schriftliche Prüfung, die von vormals fünf Stunden (AEVO 1972) nun auf drei Stunden reduziert wurde. In dieser Prüfung sollen fallbezogene Aufgaben aus den Handlungsfeldern der AEVO bearbeitet werden (vgl. u. a. Büttner et al. 2013, S. 96 ff.; Ulmer 2019, S. 62). Der zweite Teil ist eine praktische Prüfung von maximal 30 Minuten, in der die Prüfungsteilnehmer:innen wählen können zwischen einer Präsentation oder der praktischen Durchführung einer Ausbildungseinheit. In beiden Fällen ist die praktische Prüfung in ein Fachgespräch integriert (vgl. u. a. Büttner et al. 2013, S. 96 ff.; Ulmer 2019, S. 62).

Nach der ersten Novellierung der AEVO vergingen vier Jahre, bis die AEVO zu Beginn der 2000er-Jahre durch den einsetzenden Rückgang von betrieblichen Ausbildungsplätzen auf dem deutschen Ausbildungsstellenmarkt erneut zu einem Gegenstand der bildungspolitischen Diskussionen wurde (vgl. Bahl, Blötz & Ulmer 2010, S. 135; Zedler 2008, S. 306).

In Folge des starken Rückgangs wurde eine bundesweite Ausbildungsoffensive von der Bundesregierung, den Wirtschaftsverbänden und den Gewerkschaften gestartet. Als Teil der Offensive wurde im Mai 2003 eine Änderungsverordnung erlassen, welche die Anwendung der AEVO ab August des Jahres außer Kraft setzte (vgl. Rudel 2007, S. 24; Zedler 2008, S. 305). Ziel der Aussetzung war es, die Hürden für die betriebliche Ausbildung zu verringern, um vor allem in noch nicht ausbildenden Betrieben sowie bei Existenzgründer:innen die Vergabe von Ausbildungsplätzen zu erleichtern (vgl. Rudel 2007, S. 24; Zedler 2008, S. 306) und so jährlich bis zu 20.000 zusätzliche Ausbildungsstellen zu schaffen (vgl. Zedler 2009, S. 14). Trotz der Aussetzung der AEVO waren die Kammern als die zuständigen Stellen weiterhin dafür verantwortlich, die Qualität der betrieblichen Ausbildung zu überwachen (vgl. Rudel 2007, S. 24). Ferner wurden weiterhin, „wenn auch nur auf einem qualitativ niedrigen Niveau, Vorbereitungslehrgänge und Prüfungen gemäß AEVO durchgeführt." (Gössling & Sloane 2013, S. 247).

Die Folgen der Aussetzung der AEVO wurden in einer vom BiBB durchgeführten Studie untersucht (vgl. Ulmer et al. 2008; Ulmer & Jablonka 2007). Diese konnte aufzeigen, dass die Aussetzung nicht die erhoffte quantitative Verbesserung am Ausbildungsmarkt erbrachte. Darüber hinaus zeigte sie, dass die Ausbildungsqualität nachweislich abnahm, was sich unter anderem in einer Erhöhung der Vertragslösungen in jenen Betrieben ausdrückte, die über kein nach AEVO qualifiziertes Personal verfügten (vgl. Ulmer et al. 2008, S. 4). Im Wissen um die Folgen der Aussetzung beschloss die Bundesregierung im Konsens mit den Sozialpartnern, die AEVO zu novellieren und ab August 2009 wieder in Kraft zu setzen. Die zweite novellierte Fassung der AEVO von 2009 stellt dabei „in vielerlei Hinsicht eine Fortsetzung der Fassung von 1999 dar" (Gössling & Sloane 2013, S. 248). Ulmer (2019, S. 63) schreibt in diesem Zusammenhang:

> „Der innovative Charakter der neuen AEVO, […] wird in der aktuellen wissenschaftlichen Diskussion als eher gering einschätzt."

Im Wesentlichen lassen sich drei Neuerungen der AEVO von 2009 gegenüber der Fassung von 1999 identifizieren (vgl. überblicksartig Ulmer & Gutschow 2009, S. 49):

- Erstens wurde eine Verdichtung von sieben auf vier Handlungsfelder vorgenommen. Alte Handlungsfelder wie unter anderem *Allgemeine Grundlagen* wurden „handlungslogisch" (Gössling & Sloane 2013, S. 248) in neue Handlungsfelder integriert. Die Handlungsfelder orientieren sich damit stärker als bislang am Ausbildungszyklus (Ulmer & Gutschow 2009, S. 49 f.).
- Zweitens wurde die Beschreibung des Anforderungsprofils der Ausbilder:innen in Form von Kompetenzen angelegt (vgl. Baumgartner 2015, S. 111; Ulmer & Gutschow 2009, S. 49).
- Drittens wurde der Leitgedanke der Arbeits- und Geschäftsprozessorientierung in die Verordnung aufgenommen (vgl. Keller & Ulmer 2013, S. 147). Damit bildet die AEVO von 2009 den aktuellen Stand der beruflichen Didaktik ab, zumal in ihr auch das Leitbild der Ausbilder:innen als Lernprozessbegleiter:innen postuliert wird und

damit die Leitidee der Lernendenorientierung und des selbstregulierten Lernens vertreten sind (vgl. u. a. Bahl & Diettrich 2008; Baumgartner 2015, S. 111 f.; Gössling & Sloane 2013, S. 246 ff.).

Ergänzt wird die AEVO durch einen branchenneutralen Rahmenplan des BiBB. Der Rahmenplan, welcher bis zur zweiten Novellierung der AEVO im Jahr 2009 auch als Rahmenstoffplan bezeichnet wurde, ist ein Dokument, welches unterhalb der AEVO angesiedelt ist. Der erste Rahmenstoffplan wurde im Jahr 1972 vom damaligen Bundesausschuss für Berufsbildung gemeinsam mit den Sozialpartnern für den Geltungsbereich des BBiG erarbeitet und verabschiedet (vgl. Bahl, Blötz & Ulmer 2010, S. 134).[11] Mit jeder Novellierung der AEVO wurde auch ein neuer Rahmen(stoff)plan verabschiedet.

Ziel des Rahmenplans ist es, die allgemein gehaltenen Ausführungen der AEVO zu spezifizieren und Hinweise für die Ausgestaltung der AdA-Lehrgänge zu geben. Neben Empfehlungen zu der Lehrgangsdauer werden auch Vorschläge zu der Stoffverteilung der Handlungsfelder (AEVO 2009) auf die Lehrgangsdauer ausgesprochen. Daneben werden allgemeine didaktisch-methodische Hinweise für die Qualifizierung der Ausbilder:innen gegeben (vgl. Gössling & Sloane 2013, S. 246 f.; Pätzold 1980, S. 839).[12] Hinsichtlich der Empfehlungen zu der Lehrgangsdauer kann für den Verlauf der Entwicklung der AEVO und des dazugehörigen Rahmenplans ein abnehmender Umfang konstatiert werden (vgl. u. a. Gössling & Sloane 2013, S. 250 f.). Sah der Rahmenstoffplan des Jahres 1972 noch eine Mindeststundenzahl von 120 Stunden sowie eine anzustrebende Stundenanzahl von 200 Stunden vor, so weist der Rahmenstoffplan des Jahres 1999 lediglich eine Empfehlung von 120 Stunden und der Rahmenplan des Jahres 2009 nur eine Empfehlung von 115 Stunden aus (vgl. u. a. Friede 2013, S. 25 ff.).

Die Festlegung der Empfehlungen für die Lehrgangsdauer ist häufig ein kritischer Punkt. In ihnen zeigen sich die unterschiedlichen Interessenslagen innerhalb der AdA besonders deutlich. Während einige Interessensgruppen der AdA, unter anderem die DIHK, die empfohlene Anzahl der Lehrgangsstunden möglichst geringhalten möchte, plädieren andere Interessensgruppen, unter anderem der DGB und der ZDH dafür, keine Empfehlungen unter 120 Stunden auszusprechen. Die Festlegung auf aktuell 115 Stunden ist ein Kompromiss dieser Positionen (vgl. Nehls 2013, S. 127).

Hinsichtlich der Stundenverteilung auf die vier Handlungsfelder der AEVO sieht der aktuelle Rahmenplan des Jahres 2009 die nachfolgende Verteilung vor: Aus der Tabelle 6 ist zu erkennen, dass dem Handlungsfeld drei mit Abstand der größte Anteil an der Lehrgangsdauer zugesprochen wird. Danach folgen die Handlungsfelder zwei und eins. Dem vierten Handlungsfeld wird der geringste Zeitumfang zugebilligt.

---

11 Neben dem Rahmenplan des BiBB hat der Deutsche Handwerkskammertag (DHKT) seit dem Jahr 1974 einen eigenen Rahmenplan für das Handwerk entwickelt und bis heute fortgeschrieben. Auch der Deutscher Industrie- und Handelskammertag (DIHK) legt seit dem Jahr 2009 einen industrie- und handelsspezifischen Rahmenplan für die Ausbildung der Ausbilder:innen vor (vgl. Friede 2013, S. 16 f.). Damit gibt es heute drei gültige Rahmenpläne. Im Kontext dieser Arbeit wird auf den Rahmenplan des BiBB referiert.

12 Der Rahmen(stoff)plan besitzt keinen Verordnungscharakter. Er hat nur Empfehlungscharakter und bietet inhaltliche Orientierung für die in der AEVO festgelegten Handlungsfelder (vgl. Bahl & Brünner 2013, S. 520).

Tabelle 6: Empfohlene Aufteilung der Lehrgangsdauer (BiBB 2009, S. 7)

Handlungsfelder	Empfohlene Anteile an der Lehrgangsdauer
1. Ausbildungsvoraussetzungen prüfen und Ausbildung planen	20 Prozent
2. Ausbildung vorbereiten und bei der Einstellung von Auszubildenden mitwirken	20 Prozent
3. Ausbildung durchführen	45 Prozent
4. Ausbildung abschließen	15 Prozent

Diese Verteilung ist auch eine Gewichtung, aus der deutlich zu erkennen ist, dass das Durchführen der Ausbildung als die Kernaufgabe des betrieblichen Ausbilderhandelns verstanden wird. Dies spiegelt sich auch in den vorherigen Fassungen der AEVO und den korrespondierenden Rahmen(stoff)plänen wider (vgl. ebd.).

2.3.2 Erkenntnisinteressen der weiteren Untersuchung

In der Vergangenheit wurde die AdA vor allem hinsichtlich ihrer makrodidaktischen Entwicklung, d. h. der AEVO und ihrer Rahmen(stoff)pläne in den Blick genommen. Ferner wurden die Ausbilderlehrgänge punktuell untersucht. Gegenwärtig fehlen jedoch noch umfassende sowie detaillierte Befunde zu den in der AdA repräsentierten Aufgabenstrukturen der Ausbilder:innen. Desweiteren gibt es keine Studien, die detaillierte Erkenntnisse zu der in der AdA beförderten Didaktik sowie ihrem Verständnis von der beruflichen Handlungskompetenz der betrieblichen Ausbilder:innen offenlegen (vgl. Abschnitt 1.2).

Aufgabenstrukturen betrieblicher Ausbilder:innen: Untersuchung zu den in der AdA zu Grunde gelegten Aufgabenstrukturen der betrieblichen Ausbilder:innen sollten dabei nicht allein darauf abzielen, aufzuzeigen, welche Aufgaben in der AdA vertreten sind. Vielmehr sollte es im Sinne einer umfassenden und ganzheitlichen Untersuchung darum gehen, die Qualitätsausprägungen dieser Aufgaben in den Blick zu nehmen. Für dieses Erkenntnisinteresse kann auf die Arbeits- und Organisationspsychologie zurückgegriffen werden. Diese bietet im Kontext der Forschung zu persönlichkeits- und lernförderlicher Aufgabengestaltung Gestaltungsmerkmale an.

> Ein Kerngedanke ist, dass Aufgaben, die diese Merkmale aufweisen, „einen Zustand des Interesses und des Engagements bei der Bearbeitung sowie eine positivere Aufgabenorientierung hervorrufen […]. Die Merkmale beschreiben, wie die Arbeit gestaltet sein sollte, damit Persönlichkeits- und Kompetenzentwicklung beim Mitarbeiter stattfindet." (Schaper 2014, S. 376).

Vice versa können diese Merkmale auch genutzt werden, um bestehende Aufgabenstrukturen zu untersuchen und darüber zu Aussagen in Bezug auf die Qualität der Aufgabenstrukturen zu gelangen. In der Vergangenheit gab es verschiedentliche Merkmalsauflistungen. Angeführt werden hier die Ausführungen von Schaper (2014,

S. 377), die sich wiederum auf Ulich (2011) beziehen. Der Autor nennt sieben Gestaltungsmerkmale:

- *Ganzheitlichkeit*: Aufgaben, die planende, ausführende und kontrollierende Elemente enthalten.
- *Anforderungsvielfalt*: Aufgaben, die unterschiedliche Anforderungen an die Körperfunktionen und die Sinnesorgane stellen.
- *Möglichkeit der sozialen Interaktion*: Aufgaben, für deren Bewältigung Kooperation notwendig oder hilfreich ist.
- *Autonomie*: Aufgaben, die mit Dispositions- und Entscheidungsmöglichkeiten verbunden sind.
- *Lern- und Entwicklungsmöglichkeiten*: Aufgaben, für deren Bewältigung bereits vorhandene Qualifikationen erweitert oder neue Qualifikationen erworben werden müssen.
- *Zeitelastizität und stressfreie Regulierbarkeit*: Aufgaben, die die Schaffung von Zeitpuffern ermöglichen.
- *Sinnhaftigkeit*: Aufgaben, die mit der Herstellung von Produkten oder der Erbringung von Dienstleistungen in Verbindung stehen, die keinen gesellschaftlichen Schaden anrichten.

Didaktik der AdA: In der Vergangenheit rückte bereits mehrmals das didaktische Handeln der betrieblichen Ausbilder:innen in den Fokus der Ausbilderforschung. Neben den vornehmlich wissenschaftlichen Diskursen rund um deren Rollenzuschreibungen existieren auch Untersuchungen der Ausbildungspraxis, welche unterschiedliche Ausbildertypen hinsichtlich ihres didaktischen Selbstverständnisses markieren (vgl. u. a. Grimm-Vonken, Müller & Schröter 2011, S. 21; Pätzold et al. 2003, S. 41; Schlömer et al. 2019, S. 502 ff.) (vgl. Abschnitt 2.2.3). Im Kern lassen die bisherigen Befunde auf zwei Klassen von betrieblichen Ausbilder:innen schließen. Einerseits jene Klasse, die durch ein instruktionales didaktisches Verständnis geprägt ist, und andererseits jene Klasse, deren didaktisches Verständnis konstruktivistische Ausprägungen aufweist. Für die Untersuchung der AdA und die in ihr transportierten didaktischen Vorstellungen ist es wichtig, das didaktische Selbstverständnis zu operationalisieren. In diesem Zusammenhang sind Ausführungen aus dem Bereich der Lehr-Lerntheorien hilfreich. Lehr-Lerntheorien summieren und systematisieren Kenntnisse über das Lehren und Lernen und „beschreiben Bedingungen, unter denen sich Lehr-Lernprozesse besser oder schlechter vollziehen können." (Rebmann & Schlömer 2011, S. 4). Für die Charakterisierung und Differenzierung von Lehr-Lerntheorien, die sich aus einer historischen Perspektive im Wesentlichen in drei große Erklärungsansätze (Behaviorismus, Kognitivismus und Konstruktivismus) unterteilen lassen, könnten u. a. die Merkmalsausprägungen *Lernverständnis, Bild der Lernenden, Lehr-Lernziele* sowie *Lehren/ Instruktionsprinzip* herangezogen werden (vgl. ebd., S. 3 f.).

Berufliche Handlungskompetenz betrieblicher Ausbilder:innen: Bereits in Abschnitt 2.2.4 dieser Arbeit wurde aufgezeigt, dass verbunden mit den Qualifikationsanforderungen an die Ausbilder:innen immer auch der Anspruch transportiert wird, dass diese über eine

Ausbilderkompetenz in Form einer spezifischen Handlungskompetenz verfügen, welche die Basis ihres Ausbilderhandelns bildet (vgl. u. a. ebd.). Ferner wurde deutlich, dass in der Ausbilderforschung bereits Kompetenzmodelle (vgl. u. a. Merkel et al. 2017, S. 117; Ruschel o. J., S. 4; Sloane 2009, S. 11) vorliegen. Diese Modelle fußen auf der durch Roth (1976, S. 180) vorgenommenen Unterteilung zwischen *Fach-, Sozial-* und *Selbstkompetenz*, welche sich auch in den Rahmenlehrplänen der Kultusministerkonferenz (vgl. ebd.) wiederfinden. Daneben lassen sich in diesen Kompetenzmodellen auch Ausführungen finden, die explizit Methodenkompetenz als eine Teilkompetenz der beruflichen Handlungsfähigkeit ausweisen. Verbunden mit den vorab aufgeführten Teilkompetenzen sind spezifische Wissensbestände, Fertigkeiten und Fähigkeiten von Ausbilder:innen sowie die grundsätzliche Bereitschaft, diese auch in das Ausbilderhandeln einbringen zu wollen (vgl. Abschnitt 2.2.4). Eine Untersuchung der AdA entlang dieser vier Teilkompetenzen kann ein übergeordnetes Bild der ihr immanenten beruflichen Handlungskompetenz hervorbringen.

2.3.3 Problembereiche der Ausbildung der Ausbilder:innen

Mit dem Bestehen der Ausbildereignungsprüfung ist die Erwartung verbunden, dass die Absolvent:innen fähig sind, innerhalb der betrieblichen Ausbildung pädagogisch adäquat zu handeln und die in den Handlungsfeldern der AEVO festgeschriebenen Aufgaben bewältigen zu können (vgl. Bahl & Brünner 2013, S. 525). Unterschiedliche Studien und Veröffentlichungen (vgl. u. a. ebd.; Brünner 2012a; Gössling & Sloane 2013; Sloane 2006) beleuchten die AdA hinsichtlich ihrer Wirksamkeit und ihrer Schwachstellen. Das Erkenntnisinteresse gilt häufig den Ausbilderlehrgängen, die als zentrale Vorbereitung auf die Ausbildereignungsprüfung überwiegend von den Industrie- und Handelskammern (IHK), den Handwerkskammern (HWK) sowie von privatwirtschaftlich organisierten Bildungseinrichtungen angeboten werden und auf freiwilliger Basis besucht werden können (vgl. Brünner 2012a, S. 246; Klein 1979, S. 23; Kutt 1980, S. 830; Sloane 2006, S. 462). Sie werden vor allem von kleineren und mittleren Betrieben in Anspruch genommen, denen mehrheitlich die finanziellen sowie personellen Kapazitäten fehlen, um Inhouse-Schulungen anzubieten (vgl. Bahl & Brünner 2013, S. 525; Sloane 2009, S. 9). In den zurückliegenden Jahrzehnten haben sich Ausbilderlehrgänge unterschiedlicher Ausprägungen entwickelt (vgl. Pätzold 2000, S. 76; Schwichtenberg 1991, S. 25). Sie unterscheiden sich unter anderem hinsichtlich ihrer organisatorischen Gestaltung und ihrer Dauer (vgl. Brünner 2011, S. 8, 2012a, S. 244). Die im Rahmenplan empfohlene Lehrgangsdauer von 115 Stunden wird nur in wenigen Fällen eingehalten (vgl. Brünner 2011, S. 8). Ein wesentlicher Grund hierfür ist wohl, dass die Anbieter:innen der Lehrgänge mit ihrem Angebot stark miteinander konkurrieren. Ein entscheidender Wettbewerbsfaktor ist der Preis, der nicht zuletzt durch möglichst geringe Präsenzanteile reduziert wird (vgl. Baumgartner 2015, S. 114; Noß 2000, S. 86; Wittwer 1997, S. 378).

Insgesamt lassen sich drei wesentliche Problembereiche der AdA identifizieren, die neben den Lehrgängen auch deren makrodidaktische Grundlage, d. h. die AEVO und den

Rahmenplan betreffen (vgl. überblicksartig Kiepe 2019, S. 605 ff.; Schlömer et al. 2019, S. 495 f.):

Der erste Problembereich besteht darin, dass die Ausbilderlehrgänge oftmals durch ein veraltetes Lehr-Lernverständnis sowie eine mangelhafte Didaktik geprägt sind. Ein wesentlicher Grund dafür ist der bereits in Abschnitt 2.3.1 dargelegte Befund, dass die AEVO keine und der Rahmenplan nur allgemein gehaltene didaktische Empfehlungen ausweist (vgl. Baumgartner 2015, S. 113). Pätzold (1980, S. 839) konstatierte in diesem Zusammenhang bereits vor vierzig Jahren: „Es wurde zwar die Form des Eignungsnachweises, nicht jedoch die Form der Ausbildung der Ausbilder geregelt." Infolgedessen ist in der Praxis ein starkes Auseinanderfallen zwischen dem in der AEVO und dem Rahmenplan festgeschriebenen State-of-the-art beruflicher Didaktik und der vorzufindenden Lehrgangspraxis zu beobachten (vgl. Baumgartner 2015, S. 111 f.; Gössling & Sloane 2013, S. 246 f.). Sowohl die AEVO als auch der Rahmenplan greifen auf einer semantischen Ebene zwar die Prinzipien der beruflichen Kompetenzorientierung, der Geschäfts- und Arbeitsprozessorientierung, der Handlungsorientierung, der Lernendenorientierung sowie des selbstregulierten Lernens auf und zeichnen damit ein komplexes Aufgaben- und Rollenprofil der Ausbilder:innen als Lernbegleiter:innen (vgl. Bahl & Diettrich 2008; Baumgartner 2015, S. 90 f.; Gössling & Sloane 2013, S. 248). Eine Lehrgangspraxis, die das berücksichtigt, müsste komplexe Lehr-Lernprozesse initiieren, welche die vorab aufgeführten Prinzipien aufgreifen und zu einer umfassenden Kompetenzentwicklung bei den Teilnehmer:innen führen. Dass in praxi jedoch eine andere Zielsetzung in den Lehrgängen verfolgt wird, zeigt unter anderem eine Studie von Brünner (2012a). Sie identifiziert nicht diese Kompetenzentwicklung, sondern das formale Bestehen der Ausbildereignungsprüfung als dominierendes Ziel der Lehrgänge (vgl. ebd., S. 247).[13] Eine frühere von Lauterbach und Neß (2000, S. 53 ff.) unter den Kammern durchgeführte Befragung zu der Prüfungspraxis zeigt ebenfalls die Fokussierung der Lehrgänge auf die Prüfungsvorbereitung. Dieser Fokus auf das Bestehen der Prüfung führt dazu, „dass in erster Linie hauptsächlich Kurszeit für die pädagogisch-didaktische Fachtheorie eingeräumt wird und die Schulungspraxis eher einem prüfungsorientierten ‚Fakten-Pauken' gleicht." (Brünner et al. 2013, S. 4). Aufgrund der Dominanz der Vermittlung von Fachinhalten wird nur wenig Zeit für die Einübung des Gelernten sowie die Erprobung von Methoden verwendet (vgl. ebd., S. 5). Insgesamt sind die Lehrgänge dominiert durch eine instruktionsorientierte Didaktik, wie insbesondere die N-Stufen-Methode, die zwar in den Prüfungen abgefragt wird, aber ungeeignet ist für eine kompetenzorientierte Ausbildungspraxis (vgl. Bahl & Brünner 2013, S. 528; Gössling & Sloane 2013, S. 254; Lauterbach & Neß 1999, S. 140 f.). Komplexen Methoden wie z. B. Planspiele, Simulationen oder Fallstudien wird kaum Zeit eingeräumt (vgl. Brünner et al. 2013, S. 5), die Beschäftigung mit ihnen reduziert sich auf zumeist darauf, sie hinsichtlich ihrer Vor- und Nachteile zu besprechen. Die Teilnehmer:innen können somit in der Regel nach Beendigung der Lehrgänge nicht auf ein praktisches Anwendungswissen für den Einsatz der Methoden in der Ausbildungspraxis zurückgreifen (vgl. Brünner 2011, S. 9 f.), ein Umstand, den Schwichtenberg (1991, S. 30)

---

13 Im Jahr 2008 wurde die AEVO-Prüfung als Fortbildungsprüfung definiert und somit unter den Geltungsbereich der Musterprüfungsordnungen für Fortbildungsprüfungen gestellt (vgl. Friede 2013, S. 16).

bereits vor vielen Jahren problematisierte. Die Methodenarmut in den Lehrgängen wird nicht zuletzt auch darüber verständlich, dass ein bedeutender Teil der Ausbilderlehrgänge den Richtwert von 115 Stunden unterschreitet, wie die Untersuchung von Brünner (2012a, S. 247) es für 61,6 Prozent der analysierten Lehrgangsangebote konstatiert.

Der zweite Problembereich der AdA markiert den Umstand der fehlenden Berücksichtigung beruflicher Fachrichtungen in der Ausbilderqualifizierung. Damit grenzt sich die Ausbilderqualifizierung deutlich von der Professionalisierung der Lehrer:innen an beruflichen Schulen ab, die durch berufsfeldspezifische Inhalte und berufsfeldspezifische Didaktiken geprägt ist. Der AEVO liegt im Unterschied dazu ein universelles Ausbilderbild sowie eine Universaldidaktik zu Grunde, womit unterstellt wird, dass Aufgabenstellungen, Interaktionen, Kommunikationen in den jeweiligen Berufsdomänen sowie betrieblichen Arbeitssystemen und an den Arbeitsplätzen hinsichtlich ihrer Lernpotenziale und Eigenschaften gleichartig wären. In den Lehrgängen selbst treffen die Teilnehmer:innen verschiedentlicher Betriebe, Berufsgruppen und Branchen aufeinander (vgl. Bahl & Brünner 2013, S. 525; Brünner 2011, S. 7; Kutt 1980, S. 832; Sloane 2006, S. 462). Die Beförderung der berufs- und arbeitspädagogischen Inhalte erfolgt dann weitestgehend losgelöst von der jeweiligen Berufspraxis der Teilnehmer:innen, was für sie eine Reflexion der Inhalte und deren Bewertung für die Ausbildungspraxis deutlich erschwert (vgl. Bahl et al. 2012, S. 39; Sloane 2006, S. 462). Infolgedessen kommt es regelmäßig zu Anwendungs- und Transferproblemen (vgl. Bahl & Brünner 2013, S. 532; Sloane 2006, S. 462). Bereits vor fast 40 Jahren konstatierte Arnold (1981, S. 138), dass vielfach in den Ausbilderlehrgängen universale Inhalte vermittelt werden, welchen die Annahme zu Grunde liegt, dass sich pädagogische Theorien und Modelle unabhängig von der jeweiligen Berufspraxis vermitteln lassen.

Wie ausdrücklich die fehlende Berücksichtigung einer Fachdidaktik und die fehlende Bezugnahme auf die jeweils spezifische berufliche Praxis auf Unverständnis von angehenden Ausbilder(inn)n stoßen, zeigen Bahl und Brünner (2013, S. 526 ff.) anhand von empirischen Erhebungen mit Teilnehmer:innen von AEVO-Lehrgängen. Die Autorinnen fassen zusammen:

> „Häufig ist Befremden über die Tatsache zu spüren, dass einem Ausbilder seine Eignung per Zertifikat getrennt von der Fachlichkeit verliehen werden kann. Schließlich beweise sich diese Kompetenz zunächst einmal in seinem Expertenstatus als Fachmann. Insofern werden viele Inhalte des Kurses auch weitgehend losgelöst von der eigenen Berufspraxis wahrgenommen." (ebd., S. 527).

Der dritte Problembereich bezieht sich auf Ausnahmeregelungen innerhalb der AdA sowie ihren Geltungsbereich. So ist es erstens möglich, betriebliche Ausbildertätigkeit auch ohne formal-systematische Qualifizierung auszuüben. Laut § 6 Abs. 4 der AEVO können die zuständigen Stellen Personen „von der Vorlage des Nachweises über den Erwerb der berufs- und arbeitspädagogischen Fertigkeiten, Kenntnisse und Fähigkeiten auf Antrag befreien, wenn das Vorliegen berufs- und arbeitspädagogischer Eignung auf andere Weise glaubhaft gemacht wird [...]." Als entscheidendes Kriterium für diese Zuerkennung wird im Regelfall eine langjährige Ausbildertätigkeit herangezogen. Daraus können allerdings erhebliche Qualifikationsdefizite resultieren. Eine wesentliche Gefahr besteht darin, dass Ausbilder:innen auf Grund fehlender pädagogischer Qualifizierung „auf naive Vorstellungen von einer gelungenen Ausbildung zurückgreifen und […] [d]ie eigenen Erfahrungen […] zum dominierenden Bezugspunkt für die Gestaltung von Lehr-Lern-Prozessen [machen]" (Baumgartner 2015, S. 112). Dadurch können sich „tradierte Ausbildungsmuster [reproduzieren], die die betrieblichen Anforderungen zu den Bedingungen der Wissensökonomie nicht mehr erfüllen." (Gössling & Sloane 2013, S. 253). Die Anzahl jener Ausbilder:innen, denen die berufs- und arbeitspädagogische Eignung zuerkannt wurde, ist zwar ausgesprochen gering und betrug im Jahr 2018 39.753. Im Vergleich dazu waren 644.436 Personen als Ausbilder:innen registriert (vgl. BiBB 2020a, S. 172 f.). Dennoch führt der § 6 Abs. 4 der AEVO zu einer nicht zu unterschätzenden „Verwässerung" (Schlömer et al. 2019, S. 495) der formalen Ausbilderqualifizierung und dem mit ihr verbundenen Anspruch, einen Mindeststandard der betrieblichen Ausbildungsqualität zu gewährleisten.

Aus quantitativer Sicht schwerwiegender ist jedoch, dass die ausbildenden Fachkräfte, die neben oder zusammen mit den registrierten Ausbilder:innen die Ausbildung in den Betrieben durchführen, keine berufspädagogische Eignung nach AEVO nachweisen müssen (vgl. ebd.; vgl. Wagner 2012, S. 53). Ihnen wird die Eignung für die Ausbildungsaufgaben aufgrund von Berufserfahrung, Sozialverhalten sowie Freiwilligkeit und Motivation seitens der ausbildenden Betriebe formlos zugeschrieben (vgl. Bahl & Brünner 2013, S. 523 f.; Baumgartner 2015, S. 101). Die Anzahl der ausbildenden Fachkräfte übersteigt die der registrierten Ausbilder:innen dabei um ein Vielfaches (vgl. u. a. Schlottau 2005, S. 32; Schmidt-Hackenberg et al. 1999; vgl. auch Abschnitt 2.2.1). Häufig wird die betriebliche Realisierung der Ausbildung größtenteils durch die ausbildenden Fachkräfte getragen. Die pädagogische Qualifizierung nach AEVO dringt somit unabhängig von ihrem Inhalt nicht bis zu den betrieblichen Lehr-Lernprozessen durch.

Subsumierend kann festgehalten werden, dass mit der Einführung der AEVO vor nunmehr fast fünfzig Jahren zweifellos ein bedeutsamer Beitrag dazu geleistet wurde, die betriebliche Ausbildertätigkeit zu steigern und zu verbessern (vgl. besonders Ulmer 2008; Ulmer & Jablonka 2008). Dennoch sollte dies, wie die vorangegangenen Ausführungen belegen, nicht als Anlass genommen werden, sorglos auf die Ausbilderqualifizierung zu blicken. So fasst Brünner (2011, S. 15) den gegenwärtigen Stand der AdA und ihrer Angebote hinsichtlich ihres Beitrags zu einer Befähigung der Ausbilder:innen wie folgt zusammen:

> „Weiterhin lassen die Ergebnisse aufgrund der konstatierten Heterogenität den vorläufigen Schluss zu, dass es sich bei den Qualifizierungen zumindest vereinzelt eher um eine Berechtigung als eine Befähigung handelt."

Auch Pätzold (2013, S. 45) kommt bezüglich der AdA zu dem Schluss:

„Zwar wurde der Professionalisierungsprozess betrieblicher Ausbildungstätigkeit in einigen Bereichen weiterbefördert, eine aufgabengerechte berufspädagogische Qualifizierung aller Ausbilder/-innen wurde damit jedoch nicht erreicht."

2.3.4 Reformvorschläge für die Ausbildung der Ausbilder:innen

Im Wissen um die im vorangegangenen Abschnitt aufgeführten Problemlagen der AdA werden seit Jahren immer wieder Forderungen laut, wonach eine Reformierung der AdA dringend erforderlich sei, um eine domänenspezifische, fachdidaktische sowie aufgabentypische pädagogische Qualifizierung der betrieblichen Ausbilder:innen zu gewährleisten, die sich der Professionalisierung von Lehrkräften an berufsbildenden Schulen zumindest annähert (vgl. Bahl & Diettrich 2008, S. 12; Gössling & Sloane 2013, S. 236 ff.; Reetz 2002). Sloane (2006, S. 489) spricht daher von der „Ausbilderqualifizierung als Entwicklungsprojekt". Gegenwärtig liegen vereinzelte Reformvorschläge für die AdA vor, die jeweils einzelne Problemlagen fokussieren, jedoch bislang weder hinreichend ausdifferenziert noch validiert wurden (vgl. Abschnitt 1.2).

Ein erster Reformvorschlag zielt im weitesten Sinne auf eine berufsdomänenspezifische AdA ab. Ausgangspunkt der Diskussionen ist der Umstand, dass die AEVO bis heute die pädagogische Mindestqualifizierung der betrieblichen Ausbilder:innen branchen- und berufsfeldübergreifend regelt. Infolgedessen kommt es in den Ausbilderlehrgängen häufig zu einer Ausbilderqualifizierung, die nicht an den jeweiligen Anforderungen der vielfältigen Branchen und Domänen ausgerichtet ist. Vielen Teilnehmer:innen fällt es schwer, die allgemeinen Inhalte auf ihre spezifische Ausbildungspraxis zu übertragen (vgl. u. a. Gössling & Sloane 2013, S. 255). Gössling und Sloane (2013, S. 255) schlagen vor, die AEVO als eine Grundlage der Lehrgänge zukünftig bewusst so offenzuhalten, dass ein Erfordernis für eine betriebsspezifische Präzisierungen der Vorgaben geschaffen wird, „was Spielraum für regionale Profilbildung" (ebd.) und eine Ausrichtung der AdA an den spezifischen Belangen einzelner Domänen und Branchen unterstützt.

Ein zweiter Reformvorschlag zielt auf eine Spezialisierung der AdA ab. Im Zentrum steht der Umgang mit den heterogenen Aufgabenprofilen der Ausbilder:innen im Unternehmen. Die gegenwärtige AEVO sowie die Ausbilderlehrgänge würdigen die Differenziertheit dieser Profile nicht (vgl. Abschnitt 2.3.3). Vielmehr ist es so, dass im Fokus der AdA ein übergeordnetes Aufgabenprofil steht, dass vor allem die Vorbereitung auf „traditionelle" (Sloane 2006, S. 472) Aufgaben der Ausbildung in Form von einer Unterweisung der Auszubildenden abzielt. Managementbezogene Aufgaben werden nur ergänzend behandelt (vgl. ebd.). Einen Vorschlag für den Umgang mit den heterogenen Aufgabenprofilen und den damit verbundenen Qualifikationsanforderungen liefern Gössling und Sloane (2013, S. 239). Die beiden Autoren plädieren für mikro- und makrodidaktische Aufgabenprofile. Insgesamt entwickeln sie drei unterschiedliche Aufgabenprofile: Die Aufgabenprofile eins und zwei beziehen sich jeweils auf mikrodidaktische Aufgaben, die sich vor allem an die große Gruppe der nebenberuflichen Ausbilder:innen richten. Diese seien im Rahmen der AdA vor allem dazu zu befähigen, betriebliche Lernprozesse zu gestalten (vgl. ebd., S. 237). Während das erste Aufgabenprofil sich auf die Ausbildungsarbeit in der standardisierten Dienstleistungs- und Industrieproduktion bezieht, bezieht sich das zweite Ausbilderprofil auf den Tätigkeitskontext der Wissensökonomie. Mit dieser Unterscheidung berücksichtigen die Autoren zugleich branchen- und domänenspezifische Anforderungen. Das dritte Aufgabenprofil fokussiert makrodidaktische Aufgaben. Damit sind primär managementbezogene Aufgaben im Rahmen der Ausbildung wie unter anderem die Ausbildungsplanung, Sequenzierung oder Personalplanung gemeint. Eine Differenzierung nach Tätigkeitskontexten wird nicht vorgenommen (vgl. ebd.).

Mit dem dritten Reformvorschlag werden die ausbildenden Fachkräfte in den Fokus gerückt. Bereits in Abschnitt 2.2.1 wurde deutlich, dass die Anzahl der ausbildenden Fachkräfte die Zahl der registrierten Ausbilder:innen um ein Vielfaches übersteigt (vgl. u. a. Brünner et al. 2013, S. 5). Ihr Stellenwert für die betriebliche Ausbildung ist nicht „zuletzt durch die gewachsene Bedeutung des Lernens in der Echtarbeit" (Wagner 2012, S. 53) ausgesprochen groß. Durch die fehlende Verpflichtung der ausbildenden Fachkräfte, einen pädagogischen Nachweis vorzulegen, erfolgt eine Unterminierung der pädagogischen Qualifizierung. Bereits seit längerem wird thematisiert, dass der Stellenwert, den ausbildende Fachkräfte für die Durchführung der betrieblichen Ausbildung haben, sich nicht auf der Ebene ihres Qualifizierungsgrades widerspiegelt. Zugleich wird das Erfordernis einer pädagogischen Qualifizierung für die ausbildenden Fachkräfte betont (vgl. u. a. Brater & Wagner 2008). Es liegen Untersuchungen vor, aus denen deutlich zu erkennen ist, dass sich ausbildende Fachkräfte nicht hinreichend auf ihre pädagogische Tätigkeit vorbereitet fühlen und sich entsprechende Qualifizierungsmaßnahmen wünschen (vgl. Brünner et al. 2013, S. 9).

Demgegenüber steht die Frage nach der Umsetzbarkeit einer pädagogischen Qualifizierung für Fachkräfte. Pädagogische Qualifizierungen für das berufliche Bildungspersonal sind stets mit Zeit- und Kostenaufwand verbunden, was besonders für kleine und mittelständische Unternehmen häufig ein Problem darstellt (vgl. Brater & Wagner 2008, S. 8). Zudem hat sich in der Vergangenheit gezeigt, dass eine Verpflichtung von Unternehmen zur pädagogischen Qualifizierung ihres Ausbildungspersonals mitunter ein Ausbildungshemmnis darstellt (vgl. besonders Ulmer & Jablonka 2008). Zur Diskussion stehen deshalb Qualifizierungsangebote, die niedrigschwelliger an den speziellen Bedürfnissen der ausbildenden Fachkräfte angepasst sind. Gegenwärtig lassen sich einerseits arbeitsintegrierte und auf informelle Lernprozesse sowie auf Multiplikatorensystemen fußende Ansätze finden (vgl. Brater & Wagner 2008, S. 8; Paulini 1991; Sloane 2006, S. 463). Andererseits liegen Qualifizierungskonzepte für ausbildende Fachkräfte vor, die mitunter im Rahmen von Forschungsprojekten entwickelt und erprobt wurden (vgl. u. a. Brünner et al. 2013; Jansen & Blötz 2012). Im Rahmen einer deutlich verkürzten Lehrgangsdauer fokussieren die Qualifizierungskonzepte insbesondere Fragen und Inhalte der Ausbildung am Arbeitsplatz. Es geht unter anderem darum, pädagogisches Handeln am Arbeitsplatz zu erproben (vgl. Jansen & Blötz 2012, S. 51). Darüber hinaus werden auch der Reflexion der Ausbilderrolle sowie der persönlichen Weiterentwicklung der Teilnehmer:innen mehr Aufmerksamkeit eingeräumt (vgl. Brünner et al. 2013, S. 15 f.; Jansen & Blötz 2012, S. 52). Vereinzelt wird auch die Anrechnungsfähigkeit des Qualifizierungsangebots auf die Prüfung nach AEVO betont (vgl. Jansen & Blötz 2012, S. 51). Statt wissenschaftlicher Evaluationen der Qualifizierungskonzepte liegt ausschließlich eine Evaluation durch die Teilnehmer:innen eines Lehrgangs vor (vgl. Brünner et al. 2013, S. 21 ff.). Über vereinzelte Qualifizierungskonzepte hinausgehend ist ferner eine vom BMBF herausgegebene Handreichung für ausbildende Fachkräfte als ein abschließendes Beispiel anzuführen. Ziel der Handreichung ist es, die ausbildenden Fachkräfte im Zuge ihrer Ausbildertätigkeit zu unterstützen (vgl. BMBF 2015, S. 5).

> Das konkrete Ziel der Handreichung ist es, „Anregungen [zu] geben, wie auch schwierige Situationen zu meistern sind. Vor allem soll sie helfen, die Arbeit mit den Auszubildenden so anzugehen, dass sie nicht als Belastung empfunden wird, sondern als Bereicherung der eigenen Tätigkeit. Die Handreichung kann und will eine berufspädagogische Weiterbildung, wie sie z. B. im Rahmen von Lehrgängen auf eine Prüfung nach AEVO vermittelt wird, nicht ersetzen." (ebd.)

Neben den Reformdiskussionen und Reformvorschlägen, die auf die Ausrichtung sowie den Geltungsbereich der AdA fokussieren, finden auch Diskussionen statt, welche die didaktische und methodische Ausgestaltung der Ausbilderlehrgänge sowie die Ausgestaltung der Ausbildereignungsprüfung in den Blick nehmen. Vor dem Hintergrund, dass mit der AdA, respektive den Ausbilderlehrgängen der Anspruch verbunden wird, berufliche Handlungskompetenz bei den Ausbilder:innen zu befördern, führen etwa Gössling und Sloane (2013, S. 254) aus, dass die Lehrgänge unbedingt Möglichkeiten bieten müssen, berufliche Handlungssituationen umfassend zu erproben und zu reflektieren. Die Autoren greifen damit die im vorangegangenen Abschnitt aufgeführte Kritik auf, wonach in den gegenwärtigen Ausbilderlehrgängen primär ein fachtheoretischer Unterricht erfolgt.

Auch hinsichtlich der Ausbildereignungsprüfung werden Reformvorschläge unterbreitet, nicht zuletzt deswegen, weil die Prüfungen einen hohen Einfluss auf die Ausbilderlehrgänge haben respektive die Ausgestaltung der Lehrgänge maßgeblich beeinflussen (vgl. auch Abschnitt 2.3.3). Hinsichtlich der Prüfungsformen schlagen Gössling und Sloane (2013, S. 254) vor, die Ausgestaltungsmöglichkeiten für die Prüfung grundsätzlich zu erweitern, um jene Prüfungsformen umsetzen zu können, die eine ganzheitliche Überprüfung beruflicher Handlungskompetenz ermöglichen. Einen vielversprechenden Ansatz sehen sie in der Einführung von Portfolioprüfungen. Durch Portfolios lässt sich nicht nur zum Abschluss eines Ausbilderlehrganges die pädagogische Eignung summativ feststellen, sie können auch den gesamten Lernprozess während der Ausbilderlehrgänge formativ begleiten und sogar die betriebliche Ausbildungsarbeit in den Phasen zwischen den Lehrgangstagen erfassen und so eine ganzheitliche Perspektive auf den pädagogischen Qualifizierungsprozess ermöglichen (vgl. ebd., S. 255).

2.4 Gesellschaftliche Prozesse der Transformation

Das Reformerfordernis der AEVO gewinnt seine besondere Relevanz zudem über umfassende wie tiefgreifende Transformationsprozesse, die gegenwärtig und zukünftig Gesellschaft wie Ökonomie und insofern auch Arbeitsmärkte wie Bildung umgestalten. Wesentliche Initialpunkte dieser Prozesse sind der Klimawandel, Naturkatastrophen, technologische Innovationen sowie ein vielschichtiger sozio-demografischer Wandel. Dies zeigen neben anderen auch die Ergebnisse der Foresight-Studie des BMBF (vgl. Zweck et al. 2015) Zyklus II (2012 bis 2014).[14] Im Zentrum dieser Studie stehen zukünftige gesellschaftliche Entwicklungsprozesse sowie damit verbundene Herausforderungen in den Bereichen Gesundheit, Forschung und Innovation, Bildung, Wirtschaft, Politik und Arbeit in dem Zeithorizont bis zum Jahr 2030 (vgl. ebd., S. 9). Zur Identifikation dieser Entwicklungen und Transformationen wurden neben nationaler und internationaler Fachliteratur auch Blogs und Fachforen im Internet ausgewertet, um ein möglichst breites Spektrum an Informationen zu erhalten (vgl. ebd., S. 14).

Im Ergebnis identifizierte die Studie mehrere Themenfelder, die für die Zukunft als besonders relevant erachtet werden (vgl. ebd., S. 165 ff.). Darunter befinden sich die Themen *Digitalisierung* (vgl. ebd., S. 172 ff.), *nachhaltige Entwicklung* (vgl. ebd., S. 191 ff.) und *demografischer Wandel* (vgl. ebd., S. 33). Auch andere Studien greifen diese Themen im Einzelnen oder als Gesamtkomplex auf und zeigen im Schwerpunkt deren Bedeutung für den Arbeitsmarkt der Zukunft (vgl. u. a. BMAS 2017; Rump & Walter 2013; Vogler-Ludwig, Kriechel & Düll 2016). Auch für die berufliche Bildung haben diese Themen weitreichende Folgen, welche sich auf unterschiedlichen Ebenen zeigen. Es verändern sich etwa Lernorte mit ihren Geschäfts-, Arbeits- und Lernprozessen, Berufsbilder und ihre Qualifikationsprofile, Professionalisierungsprofile der Lehrenden, didaktisch-pädagogische Handlungsmuster sowie die Konfigurationen des gesamten Berufsbildungssystems (vgl. u. a. Diettrich 2017; Ebbinghaus 2018b; Helmrich, Hummel & Neuber-Pohl 2015, S. 7).

In den nachfolgenden Abschnitten werden die Prozesse *nachhaltige Entwicklung*, *digitale Transformation* und *demografischer Wandel* in ihren Grundzügen skizziert, um dann mit Blick auf Unternehmen und deren Fachkräfte die Folgen sowie die Herausforderungen dieser Trends aufgezeigt.

2.4.1 Herausforderungen einer nachhaltigen Entwicklung

Spätestens seit der *Konferenz der Vereinten Nationen über Umwelt und Entwicklung* in Rio de Janeiro im Jahr 1992 ist nachhaltige Entwicklung zu einem zentralen Begriff in den Diskussionen rund um eine zukunftsfähige Gesellschaft geworden (vgl. u. a. Heinrichs, Kuhn & Newig 2011, S. 11; Paech 2006, S. 42). Die im Jahr 1983 durch die Vereinten Nationen eingesetzte Brundtland-Kommission definierte in ihrem Bericht „Our Common Future"

---

14 Foresight- Studien sind Instrumente für eine mittel- bis langfristige Vorausschau. Sie bieten Orientierungswissen für strategische Entscheidungen.

eine nachhaltige Entwicklung als eine Entwicklung, „that meets the needs of the present without compromising the ability of future generations to meet their own needs" (WCED 1987, p. 87).

> Anvisiert wird also eine raumzeitliche Verteilungsgerechtigkeit, „die sich als *intra*generationelle Gerechtigkeit – gemeint sind Bedürfnisse der Gegenwart und die Ermöglichung eines menschenwürdigen Lebens für alle Menschen – und *inter*generationelle Gerechtigkeit – sie stellt ab auf Bedürfnisse zukünftiger Generationen und Rahmenbedingungen für selbstbestimmte und nicht eingeschränkte Lebensstile – fassen lässt." (Rebmann & Schlömer 2020, S. 2).

Insgesamt geht es um eine „gerechte Verteilung von Naturressourcen, Wirtschaftsgütern und sozialen Grundgütern" (Michelsen & Adomßent 2014, S. 35). Angetrieben werden die Diskussionen um eine nachhaltige Entwicklung durch den fortlaufenden Anstieg sowie die zunehmende Verflechtung *ökologischer*, *sozialer* sowie *ökonomischer* Problemlagen, wie sie unter Überschriften wie beispielsweise Wirtschafts- und Finanzkreise, Klimawandel, Energie- und Rohstoffknappheit, Müllproblematik, soziale Ungleichheiten, fehlende ethische Verantwortung und Weitsicht in der Wirtschaft prominent diskutiert werden (vgl. Schlömer 2017, S. 5). Als zentrale Ursachen von Nachhaltigkeitsproblemen ist vor allem ökonomische Praxis zu identifizieren, wiewohl Konsument:innen, Unternehmen und Volkswirtschaften auch zu der Problemlösung beitragen könn(t)en (vgl. Schlömer et al. 2019). Auf den Beitrag zu einer Lösung ökologischer, ökonomischer und sozialer Problemlagen zielen Ansätze einer Theorie und Praxis des nachhaltigen Wirtschaftens ab (vgl. ebd.). Die Frage danach, wie nachhaltiges Wirtschaften strategisch umgesetzt werden kann, wird in den Nachhaltigkeitswissenschaften umfassend und äußerst kontrovers diskutiert (vgl. Paech 2005). Im Ergebnis haben sich in den letzten Jahren recht disparate Ansätze und Konzepte für eine nachhaltige Wirtschaft entwickelt. Diesen Ansätzen liegen jeweils „spezifische Auffassungen über die Bedeutung und Auslegung des Nachhaltigkeitsbegriffs in Relation zur Betriebswirtschaftslehre zugrunde, sie verweisen zugleich auf die Umsetzung durch konkrete Nachhaltigkeitsstrategien." (Schlömer et al. 2019). Paech (2005) systematisiert und analysiert letztere entlang eines *technischen* und eines *kulturellen* Weges der Nachhaltigkeit. Als technologiebasierte Lösungsansätze sind die Steigerung der Ressourcenproduktivität (Effizienzstrategie) sowie die Wiederverwertung genutzter Ressourcen durch geschlossene Stoffstromkreisläufe (Konsistenzstrategie) zu nennen (vgl. u. a. Jänicke 1984; McDonough & Braungart 2002). In der Vergangenheit zeigt sich jedoch, dass dieser technische Weg nicht effektiv ist, da Effizienzgewinne in der Regel durch stärkere Nutzungsintensitäten abgebaut werden (Reboundeffekte) (vgl. besonders Santarius 2015). Die Beschreitung des technischen Wegs hat vielmehr eine Problemverschiebung zwischen den Nachhaltigkeitsdimensionen zur Folge, dies zeigt sich „exemplarisch am Ausbau erneuerbarer Energietechniken und den dazu notwendigen Einschnitten für Umwelt und Mensch oder an der Biokraftstoffgewinnung mit massiven Auswirkungen auf die weltweite Lebensmittelproduktion". (Rebmann & Schlömer 2020, S. 4).

Der kulturelle Weg der Nachhaltigkeit (Suffizienzstrategie) insistiert hingegen darauf, dass nachhaltige Entwicklung einen tiefgreifenden kulturellen, gesellschaftlichen und normativen Wandel notwendig werden lässt, über welchen Wirtschafts-, Lebens- und Konsumstile in die Richtung einer verantwortlichen und gerechten Zukunftsgestaltung neujustiert werden (vgl. besonders Beschorner 2015; Pfriem 2004; Schneidewind 2012).

Dieser gesellschaftliche Wandel zu mehr Nachhaltigkeit wird nicht allein durch neuartige Technologien eintreten, vielmehr müssen Menschen ihre Praktiken dahingehend kultivieren, dass sie keine übermäßigen Ressourcen verbrauchen, indem sie ihre Lebens- und Konsumweisen anpassen (vgl. Paech 2005, S. 89 f.; Speck 2016, S. 7; Stengel 2011, S. 140). Kurzum, es ist „einer Kultur der Maßlosigkeit im Bereich von Lebensstilen entgegenzuwirken" (Pfriem 2011, S. 206). Der *Suffizienzstrategie* liegt die Annahme zu Grunde, dass sich Wohlfahrt, d. h. die Lebensqualität sowie das Wohlbefinden von Menschen nur bis zu einem gewissen Grad durch mehr materiellen Wohlstand erhöht (fallender Grenznutzen). Besonders in Nicht-Schwellenländern kann die Wohlfahrt ab einer gewissen Konsummenge vor allem über die Konsumqualität gesteigert werden (vgl. Schneidewind & Palzkill 2012, S. 10). Es wird also „versucht, den Nutzen pro Konsumgut zu steigern. […] das Konsumgut [kann] sowohl materiell als auch immateriell sein" (Schneidewind 2012, S. 77).

Anders als die *Effizienzstrategie* und die *Konsistenzstrategie* ist die *Suffizienzstrategie* auf das aktive Mitwirken der handelnden Individuen angewiesen, denn nachhaltiges Wirtschaften zielt aus dieser Perspektive nicht länger auf die reine Befriedigung und Schaffung von (fixen) Bedürfnissen, sondern adressiert Fragen der Befähigung im Sinne einer „Verantwortungsgemeinschaft" (Antoni-Komar, Lautermann & Pfriem 2012, S. 297) von Produzierenden und Konsumierenden. Die von den Unternehmen geschaffenen Produkte und Dienstleistungen sind hierbei als „kulturelle Angebote an die Gesellschaft" (Pfriem 2004, S. 375) zu verstehen, welche einen wichtigen Beitrag zu der Überwindung von ökologischen, sozialen und ökonomischen Problematiken leisten können, insofern sie helfen, eine nachhaltigere Gesellschaft zu gestalten. Unternehmen sind mit ihrer Art zu wirtschaften Schlüsselakteure einer nachhaltigen Entwicklung.

Damit komplexe soziale Systeme wie Unternehmen solche übergeordneten Strategien wie die der Suffizienz umsetzen können, braucht es „abgestufte Modelle" (Schlömer et al. 2017, S. 1). Eine anschlussfähige Möglichkeit, nachhaltige Entwicklung in Unternehmen auf den Weg zu bringen, bietet die Ausgestaltung von suffizienzorientierten Geschäftsmodellen für nachhaltiges Wirtschaften (vgl. dazu u. a. Ahrend 2016; Schaltegger, Hansen & Lüdeke-Freund 2016; Schaltegger & Hasenmüller 2005). Geschäftsmodelle sind in Anlehnung an Schneidewind (2012, S. 80) als Abbildung der grundlegenden Architektur von Unternehmen zu verstehen.

> „Sie beziehen sich auf die Wertproduktion des Unternehmens. Dabei machen sie Aussagen zum ‚Was?' (Art des Wertangebotes (Preise, Funktionalität) und Zielgruppen (Kunden, Stakeholder, Netzwerke)) als auch dem ‚Wie?' (Schlüsselressourcen (Marke, Mitarbeiter, Technologien etc.) und Schlüsselprozesse (Aktivitäten, Steuerung)) der Werterstellung. Über die finanzielle Betrachtung (Gewinne, Kosten) werden diese beiden Dimensionen integriert." (ebd.).

Ahrend (2016, S. 12) bringt die Idee nachhaltiger Geschäftsmodelle wie folgt auf den Punkt:

> „Ein *nachhaltiges Geschäftsmodell* umfasst als Abbildung der Kernlogik eines Unternehmens neben dem Nutzen für den Kunden, dem Weg der Ressourcentransformation sowie den Austauschbeziehungen mit Kunden und Partnern auch die Ansätze für die Erreichung von ökologischem und sozialem Nutzen. Es zielt auf das Erreichen von ökonomischen Wertbeiträgen sowie von ökologischem und sozialem Mehrwert."

Anders als die der Nachhaltigkeitsthematik weitestgehend zugeschriebene Eigenschaft des Kostentreibers (vgl. Schaltegger & Hasenmüller 2005, S. 5) bieten nachhaltige Geschäftsmodelle Unternehmen vielmehr die Möglichkeit, ihr unternehmerisches Handeln weiterhin auch ökonomisch zu betreiben (vgl. überblicksartig Kiepe et al. 2019).

Durch eine konsequente Ausrichtung von Geschäftsmodellen an der regulativen Idee nachhaltiger Entwicklung lassen sich nicht nur die durch Missachtung von Umwelt- und Sozialaspekten entstehenden gesellschaftlichen Kosten vermeiden, sondern zugleich durch Neuausrichtung, respektive die Erschließung neuer Geschäftsfelder Wettbewerbsvorteile und damit finanzielle Vorteile für das Unternehmen generieren (vgl. Schaltegger & Hasenmüller 2005, S. 5). Da in vielen Märkten bereits heute eine deutliche Sättigung zu erkennen ist, wird die Ausrichtung von Geschäftsmodellen an der Suffizienzstrategie für Unternehmen zunehmend attraktiver, da diese mit konventionellen Wachstumsstrategien ihre Wettbewerbsfähigkeit und damit verbunden ihre Existenz nicht auf Dauer halten können (vgl. Schneidewind & Palzkill 2012, S. 10).

Dass eine an suffizienten Geschäftsmodellen ausgerichtete Interpretation nachhaltigen Wirtschaftens nicht unstrittig ist, darauf macht Schlömer (2017, S. 5 f.) aufmerksam. Er führt unter Bezugnahme auf eine kulturalistisch geprägte Sichtweise auf Unternehmen (vgl. Antoni-Komar, Pfriem & Lautermann 2011, S. 187 f.) an, dass es sich bei Geschäftsmodellen für nachhaltiges Wirtschaften um einen Ansatz handelt, der stark finanzwirtschaftlich ausgeprägt ist (vgl. Schlömer 2017, S. 5), der sich dennoch im *Hier und Jetzt* als anschlussfähig erweist und eine Möglichkeit bietet, nachhaltiges Wirtschaften für Unternehmen attraktiv zu machen.

Mit der Ausrichtung von Geschäftsmodellen an der Idee einer nachhaltigen Entwicklung, und damit verbunden dem Einschlagen neuer Pfade des Wirtschaftens, ist trotz der Anschlussfähigkeit dennoch ein erhöhtes Risiko des Scheiterns verbunden (vgl. ebd., S. 7). Ein möglicher Erklärungsansatz dafür ist der Umstand, dass anders, als es in den Diskursen rund um nachhaltiges Wirtschaften meist zwischen den Zeilen angeführt wird, es nicht nur die neuen unternehmerischen Initiativen sind, die sich mit Fragen nachhaltigen Wirtschaftens befassen. Es sind eben auch bestehende und in Teilen traditionsreiche Unternehmen mit einer über viele Jahrzehnte gewachsenen Unternehmenskultur. Für letztere bedeutet es, dass Neuausrichtungen ihrer Geschäftsmodelle an der Suffizienzstrategie in der Regel mit nicht unerheblichen kulturellen, sozialen und normativen Neuausrichtungsprozessen einhergehen, was wiederum mit großen Innovationsanstrengungen im Unternehmen verbunden ist (vgl. ebd.).

Unternehmen, die ihr Geschäftsmodell nachhaltigkeitsorientiert ausrichten wollen, sind deshalb in besonderem Maße auf die Mitgestaltung und Partizipation ihrer Mitarbeiter:innen angewiesen (vgl. BMBF 2017; Kiepe et al. 2019; Schlömer 2017; Schlömer et al. 2017). Dies betrifft nicht nur die Phase der Umstellung, sondern auch die Zeit danach. An Mitarbeiter:innen werden in diesem Zusammenhang hohe Anforderungen gestellt, denn es werden Individuen gebraucht, die „durch entrepreneuriale Fähigkeiten […] nicht-nachhaltige Entwicklungen sowohl kritisch hinterfragen und bewerten als auch aktiv mit Weitblick an vernunftbasierten Alternativen mitarbeiten und diese auch durchsetzen können." (Schlömer 2017, S. 7). Mitarbeiter:innen, die in diesem Sinne handeln können und auch wollen, benötigen neben „Überzeugungen, Einstellungen, Urteilsfähigkeiten, Reflexionsfähigkeiten, Motivationen […] [weitere] Fähigkeiten zur Mitgestaltung von Veränderungen im Sinne eines innovationsorientierten Unternehmertums" (ebd.). Dies umfasst neben einer grundlegenden Bereitschaft, Veränderungen anzustoßen und Neuerungen umzusetzen (vgl. Ahrend 2016, S. 302; Haan 2003, S. 45), auch ein hohes Maß an Kreativität, Innovativität, Problemlösungs- und Entscheidungsfindungsfähigkeit im Rahmen komplexer und unstrukturierter Sachverhalte (vgl. Schaller 2001, S. 43 ff.) sowie komplementär dazu eine große emotionale Widerstandfähigkeit (Resilienz) (vgl. Gemünden & Konrad 2001, S. 125). Auch die Fähigkeiten, über Systemgrenzen hinaus bzw. systemisch vernetzt und vorausschauend zu denken und dabei die sozialen, ökologischen und ökonomischen Folgen unternehmerischen Handelns abschätzen zu können sowie konkurrierende Ansprüche aufeinander zu beziehen, sind grundlegende Voraussetzungen, um nachhaltige Geschäftsmodelle mitgestalten zu können (vgl. BiBB 2003, S. 4; BMBF 2017, S. 6; Haan 2008, S. 32). Neben grundlegendem Wissen über nachhaltiges Wirtschaften benötigen Mitarbeiter:innen zudem erweiterte Wirtschafts- und Rechtskenntnisse, um unternehmerisch und rechtmäßig handeln zu können (vgl. BiBB 2003, S. 4; Klemisch, Schlömer & Tenfelde 2008, S. 109). Auch müssen sie über eine hohe soziale Sensibilität, Toleranz und die Fähigkeit zur Vereinfachung komplexer Sachverhalte verfügen, um mit Kolleg:innen sowie Partner:innen gemeinsam planen und handeln zu können sowie Kommunikations- und Beratungsprozesse an den Bedürfnissen und Erwartungen ihrer Kund:innen auszurichten (vgl. BiBB 2003, S. 4; Haan 2008, S. 32; Klemisch, Schlömer & Tenfelde 2008, S. 111). Insgesamt sind Mitarbeiter:innen gefragt, die sich im besten Sinne als Unternehmer:innen verstehen und trotz ihrer Position als Angestellte sich mit Engagement an der Ausrichtung des Geschäftsmodells ihres Unternehmens an der regulativen Idee einer nachhaltigen Entwicklung beteiligen. Für die Umsetzung von Geschäftsmodellen, die sich an der Suffizienzstrategie orientieren, bedarf es somit umfassender Kompetenzentwicklungsprozesse, die durch entsprechende Lern- und Förderungsangebote bereits in der betrieblichen Ausbildung zu unterstützen sind (vgl. Kiepe et al. 2019; Schlömer et al. 2019).

Den vorangegangenen Ausführungen zu einer nachhaltigen Entwicklung liegt eine spezifische Auslegung einer Berufsbildung für nachhaltige Entwicklung (BBnE) zu Grunde.

Orientiert am übergeordneten Nachhaltigkeitsprinzip der Suffizienz wird die unternehmensstrategische Ausrichtung über die Geschäftsmodellentwicklung und damit verbunden im Zusammenhang mit Innovationsprozessen in den Blick genommen (vgl. überblicksartig Kiepe et al. 2019). Diese Sichtweise ist damit u. a. von solchen Auslegungen einer BBnE abzugrenzen, die stärker auf gesellschaftsorientierten bzw. bildungstheoretischen Ansätzen fußen (vgl. u. a. Casper et al. 2017).

2.4.2 Herausforderungen einer digitalen Transformation

Eine weitere wichtige Herausforderung, der sich Gesellschaft und Unternehmen stellen, ist die in wissenschaftlichen wie praktischen Diskursen thematisierte Digitalisierung (vgl. u. a. BiBB 2017b, S. 11; Obermaier 2017, S. 3; Schlömer 2017, S. 8; Sloane et al. 2018, S. 11; Spöttl & Windelband 2017b). Der Begriff der Digitalisierung findet in unterschiedlichen Kontexten Anwendung und wird je nach Anwendungszusammenhang definiert (vgl. Mertens, Barbian & Baier 2017, S. 35). Im informatorischen, naturwissenschaftlichen und technischen Sinne bezeichnet Digitalisierung „die Überführung analoger in digitale Werte zu dem Zweck, sie elektronisch zu übertragen, zu speichern und zu verarbeiten" (ebd.). In einem übergeordneten und gesamtgesellschaftlichen Sinne beschreibt Digitalisierung hingegen die digitale Vernetzung zwischen und innerhalb unterschiedlicher gesellschaftlicher Bereiche wie der Wirtschaft und dem privaten Sektor (vgl. u. a. Obermaier 2017, S. 3 ff.). Hochmann, Birkner und Heinecke (Hervorhebungen im Original 2020, S. 39) differenzieren den Begriff weiter aus:

- „Digitisation bezeichnet die *Überführung* analoger in digitale Artefakte, also zum Beispiel das Scannen von Büchern.
- Digitalisation bezeichnet die *Nutzbarmachung* digitaler Artefakte, also zum Beispiel das Bereitstellen gescannter Bücher.
- Digital Transformation bezeichnet die *Wirksamwerdung* digitaler Artefakte, also zum Beispiel eine neue Recherchepraxis in e-Bibliotheken."

Während im angloamerikanischen Raum vom *internet of things* oder vom *second machine age* die Rede ist (vgl. Röben 2006, 2017, S. 23), ist der Begriff *Industrie 4.0*, der von der Bundesregierung 2011 im Aktionsplan zur Hightech-Strategie aufgenommen wurde, prägend für den aktuellen deutschsprachigen Diskurs rund um Digitalisierung (vgl. Jeske & Terstegen 2017, S. 75; Spöttl & Windelband 2017a, S. 7). Unter dem Begriff *Industrie 4.0*, der in der Regel synonym zum Begriff der Digitalisierung verwendet wird (vgl. Mertens, Barbian & Baier 2017, S. 35; Sloane et al. 2018, S. 3), werden spezifische Digitalisierungsprozesse von Wirtschaft, Arbeit und Beruf diskutiert (vgl. Bertenrath, Klös & Stettes 2016, S. 3; Jeske & Terstegen 2017, S. 75; Obermaier 2017, S. 3), die zu einer Weiterführung der historischen industriellen Revolutionen mit ihren bisher drei Stufen führen könnten, was sich derzeit auch so abzeichnet (vgl. Wolter et al. 2015, S. 9).

Wie auch bei den vorangegangenen drei industriellen Revolutionen ist für die potenzielle vierte industrielle Revolution ein spezifischer Typ technologischer Innovation – sogenannte Basisinnovationen – der Ausgangspunkt (vgl. Obermaier 2017, S. 3; Schumpeter 1939):

- *Erste industrielle Revolution (Mechanisierung)*: Diese hat Ende des 18. Jahrhunderts in der Textilindustrie ihren Ausgangspunkt (vgl. Röben 2017, S. 25) und ist gekennzeichnet durch die Ersetzung von Muskelkraft durch Wasser- und Dampfkraft (vgl. Obermaier 2017, S. 3).
- *Zweite industrielle Revolution (Automatisierung)*: Sie setzte zu Beginn des 20. Jahrhunderts ein und gilt als Startpunkt des Zeitalters der Hochindustrialisierung (vgl. Wolter et al. 2015, S. 9). Kennzeichnend für diese Revolution war der Einsatz von elektrischer Energie, Chemiebranche, Verbrennungsmotoren und Arbeitsteilung (vgl. Obermaier 2017, S. 3).
- *Dritte industrielle Revolution (Digitalisierung)*: Diese wird auch als digitale Revolution bezeichnet und begann in den 1970er Jahren, einer Zeit, in der durch die Verbreitung von Elektronik, Informationstechnologien sowie programmierten Maschinen ein Wandel von der Industrie- zur Informationsgesellschaft einsetzte (vgl. Nefiodow 2000; Obermaier 2017, S. 3; Wolter et al. 2015, S. 10).
- *Mögliche vierte industrielle Revolution (Industrie 4.0)*: Sie knüpft unmittelbar an die technologischen Entwicklungen der *dritten industriellen Revolution* an. Ihre Grundpfeiler bilden das Internet der Dinge und Dienste (vgl. Brühl 2015, S. 63 f.; Windelband & Dworschak 2015, S. 26).

Die hinter der Industrie 4.0 liegenden technischen Entwicklungen werden in einer Vielzahl von Definitionen aufgegriffen. Eine erste sehr umfassende Definition liefert die Deutsche Akademie der Technikwissenschaften (acatech). In dieser Definition heißt es:

„Personal Computer (PC) haben sich zu intelligenten Geräten (*Smart Devices*) weiterentwickelt. Gleichzeitig werden IT-Infrastrukturen und Dienste immer umfassender über intelligente Netze (*Cloud Computing*) bereitgestellt. Im Zusammenspiel mit der fortschreitenden Miniaturisierung und dem Siegeszug des Internets führt dieser Trend zur Allgegenwärtigkeit der rechnergestützten Informationsverarbeitung (*Ubiquitous Computing*). Autonome, leistungsfähige Kleincomputer (Eingebettete Systeme/*Embedded Systems*) werden zunehmend drahtlos untereinander und mit dem Internet vernetzt: Die physikalische Welt und die virtuelle Welt (der *Cyber-Space*) verschmelzen zu sogenannten *Cyber-Physical Systems* (CPS). Somit wird erstmals eine Vernetzung von Ressourcen, Informationen, Objekten und Menschen möglich, die auch die Industrie betrifft […]." (acatech 2013, S. 3).

Eine weitere Definition ist bei Schmiech (2018, S. 2) zu finden. In dieser Definition wird verstärkt die der Industrie 4.0 immanente Verbindung zwischen Mensch und Maschine aufgegriffen. Auch wird hier deutlich, dass eine Industrie 4.0 insgesamt zu einer Vernetzung in der Wertschöpfungskette führt:

„Industrie 4.0, auch als vierte ‚industrielle Revolution' bezeichnet, stellt auf eine komplexe Verbindung von Maschinen, Materialien, Standorten und Unternehmen im Rahmen einer integrierten Informationstechnologie ab. Die Vernetzung von Dingen und Diensten mit Funktionsabteilungen wie der Produktion, der Logistik und anderer Funktionsteile der Unternehmen sowie vor- und nachgelagerten Unternehmen (Kunden und Lieferanten) ist von wesentlicher Bedeutung."

Die letzte hier anzuführende Definition liefern Franken und Cutmore-Beinlich (2018, S. 57). Die Autorinnen betonen in ihrem Definitionsvorschlag besonders umfassend die mit der Industrie 4.0 verbundenen Auswirkungen der Vernetzungsprozesse:

„In der Industrie 4.0 kommunizieren Maschinen, Dienstleister, Produkte und Kunden miteinander, was eine flexiblere und effizientere Produktion ermöglicht. So entstehen intelligente Wertschöpfungsketten, die alle Phasen des Lebenszyklus des Produktes miteinschließen – von der Idee eines Produkts über die Entwicklung, Fertigung, Nutzung und Wartung bis hin zum Recycling. Auf diese Weise können zum einen Kundenwünsche von der Produktidee bis hin zum Recycling einschließlich der damit verbundenen Dienstleistungen mitgedacht werden. Deshalb können Unternehmen leichter als bisher maßgeschneiderte Produkte nach individuellen Kundenwünschen produzieren."

In einer Gesellschaft, in der Digitalisierung, die verstanden wird als eine Überführung von analogen in digitale Werte (vgl. Mertens, Barbian & Baier 2017, S. 35), nicht neu ist, insofern seit den 1970er-Jahren eine stetig steigende Zahl der Beschäftigten in unterschiedlichen Branchen und Berufen mit Computern arbeitet (vgl. BiBB 2017b, S. 11; Plattform Industrie 4.0. 2018), markieren diese Ausführungen den Unterschied zwischen der *dritten industriellen Revolution* und einer möglichen *Industrie 4.0*, indem sie aufzeigen, dass für letztere die „echtzeitfähige, intelligente, horizontale und vertikale Vernetzung von Menschen, Maschinen, Objekten und IKT-Systemen zum dynamischen Management von komplexen Systemen" (Bertenrath, Klös & Stettes 2016, S. 3) charakteristisch ist.

Neben der in der Industrie 4.0 zentral stehenden Ausgestaltung intelligenter Produktionsprozesse bzw. Wertschöpfungsketten und den damit zusammenhängenden Logistikprozessen existieren weitere, technologische Anwendungsfelder wie beispielsweise „in der Medizin (OP-Roboter), im Haushaltsbereich (Serviceroboter) oder bei industriellen Dienstleistungen (Roboter zur Reinigung, Entsorgung, Instandhaltung etc.)." (Brühl 2015, S. 66). Schlömer (Hervorhebung im Original 2017, S. 8) schreibt in diesem Zusammenhang:

„Das Internet der Dinge *und* der Dienstleistungen bringt […] nicht nur *Smart Factories* hervor, sondern vor allem auch *Smart Products, Smart Logistics, Smart Buildings, Smart Mobility, Smart Grids* usw. Damit wird deutlich, dass die Digitalisierung erstens bestehende Produktionsmodelle verändern wird und zweitens neue dienstleistungsbezogene und onlinebasierte Geschäftsmodelle hervorbringen kann."

Digitalisierung durchdingt nahezu alle Branchen und hat sich „zu einem entscheidenden Wettbewerbs- und Erfolgsfaktor für Unternehmen aller Größen und Formen" (Franken & Franken 2018, S. 99) entwickelt. Sie stellt Unternehmen große Chancen durch neue (digitalisierungsbezogene) Geschäftsmodelle in Aussicht. Durch digitale Dienstleistungen und Produkte, eine höhere Kundenorientierung, Kundenbindung, Kostenreduktion sowie Effizienzsteigerungen können Umsatzchancen realisiert werden (vgl. ebd.). Schon heute nutzt ein erheblicher Teil von Unternehmen die Vorteile der Digitalisierung, um ihr Produkt- und Dienstleistungsportfolio zu erweitern oder zu flexibilisieren. On-Demand-Produktion ist mittlerweile vielerorts genauso selbstverständlich, wie individualisierte Produkte in Losgröße eins zu Kosten einer Massenproduktion (vgl. ebd.). Wichtige Treiber neuer Geschäftsmodelle im Kontext von Digitalisierung sind neben veränderten Kundenbedürfnissen (vgl. Franken & Cutmore-Beinlich 2018, S. 57) vor allem neue Anbieter:innen, die durch digitale Technologien und damit verbunden verringerte Markteintrittsbarrieren als Konkurrenten auf den Mart treten. Neben kleinen Start-ups sind es vor allem große Internet-Konzerne, die Angebotsportfolio auf andere Märkte ausweiten (vgl. ebd.). Zukünftig könnte verstärkt gelten, dass, wer sein Geschäftsmodell nicht anpasst, nur wenig Chancen hat, sich am Markt zu halten. Digitale Technologien bieten dabei eine Vielzahl von Möglichkeiten für die Geschäftsmodellgestaltung. Diese reichen über die online-basierte Vermarktung von Produkten und Dienstleistungen (Online-Plattform und Social Media) über die Ausgestaltung der Produkte und Dienstleistungen bis hin zur umfassenden Umstrukturierung und Verschlankung der Produktionsprozesse durch den Einsatz von Steuerungssoftwares (vgl. u. a. Spath 2013). Verbunden mit den Möglichkeiten, die sich durch Digitalisierung für Unternehmen ergeben, sind auch eine Reihe von Herausforderungen, die es zu bewältigen gilt. Als wohl zentrale Herausforderungen gilt die Veränderung der Beziehung zwischen menschlichem Arbeitshandeln und Maschinen/ Software bzw. implementierten Teilintelligenzen und den sich daraus ergebenen neuen bzw. veränderten Anforderungen an die menschliche Arbeitskraft in den Geschäfts- und Arbeitsprozessen (vgl. Hirsch-Kreinsen 2018, S. 18; Sloane et al. 2018, S. 5). Eine sowohl erfolgreiche wie auch nachhaltige Digitalisierung erfordert deshalb nicht nur, die technischen Aspekte von Digitalisierung in den Blick zu nehmen, sondern vor allem, die weitreichenden Konsequenzen für die Aufgaben- und Anforderungsprofile die Beschäftigten zu reflektieren (vgl. u. a. Dengler & Matthes 2015, S. 4; Hartmann et al. 2017, S. 62). Letztendlich ist es die Komponente *Mitarbeiter:in*, welche ausschlaggebend ist für die Umsetzung digitaler Geschäftsmodelle im System *Betrieb*. So sind in nahezu allen Branchen sowie Berufsdomänen zum Teil recht drastische Konsequenzen für die Beschäftigten, respektive deren Aufgaben- und Anforderungsprofile zu erwarten.

Prognosen darüber, wie sich Aufgaben- und Anforderungsprofile in einer Industrie 4.0 verändern, divergieren dabei zum Teil deutlich (vgl. Schlömer 2017, S. 9; Stich, Gudergan & Senderek 2018, S. 147). Ihnen liegen in der Regel divergente Grundvorstellungen über die zukünftige Entwicklung von Berufsarbeit zu Grunde. Gegenwärtig werden vornehmlich zwei Prognosen prominent diskutiert:

- *Upgrading von Arbeit und Qualifikation:* Diese Prognose ist hinsichtlich der Folgen von Digitalisierung für die Beschäftigten insgesamt optimistisch. Es wird von einer Beschäftigungsstabilität durch eine allgemeine Aufwertung von Arbeit und Qualifikation für *alle* Beschäftigen ausgegangen (vgl. Hirsch-Kreinsen & Ittermann 2017, S. 133; Klammer et al. 2017, S. 473).
- *Polarisierung von Arbeit – Erosion mittlerer Qualifikationseben:* Es wird angenommen, dass die mittlere Qualifikationsebene durch im Kontext von Digitalisierung wegbricht, da besonders Routinetätigkeiten zukünftig verstärkt durch computergesteuerte Systeme ersetzt werden (vgl. BiBB 2017b, S. 12). In der Konsequenz daraus ergibt sich eine große Lücke zwischen komplexen Tätigkeiten mit hohen Qualifikationsanforderungen und Tätigkeiten, für die nur ein niedriges Qualifikationsniveau benötigt wird (vgl. Hirsch-Kreinsen & Ittermann 2017, S. 137). Die Größe der Gruppe von hochqualifizierten Expert:innen, die ein Qualifikationsniveau aufweisen, welches deutlich das des bisherigen Facharbeiterniveaus übersteigt und zur Bewältigung hoch komplexer Aufgaben dient, wird erheblich steigen. Demgegenüber steht eine kleine Gruppe von lediglich angelernten Arbeiter:innen mit niedrigem Qualifikationsniveau, die Tätigkeiten ausüben, welche sich nur schlecht automatisieren lassen oder deren Automatisierung sich aus finanziellen Gründen nicht lohnt (vgl. BiBB 2017b, S. 12).

Obwohl beide Prognosen ein eigenständiges Bild davon zeichnen, welche Folgen Digitalisierung auf die Erwerbsarbeit haben könnte, haben sie im Kern ähnliche Konsequenzen. Denn sowohl das *Upgrading* als auch die *Polarisierung* von Arbeit und Qualifikation führen dazu, dass alle (*Upgrading*) oder zumindest ein Großteil (*Polarisierung*) der Beschäftigten in ihrem Erwerbsleben anspruchsvollere Anforderungs- und Tätigkeitsprofile erfüllen müssen. Gemeinsam haben damit beide Prognosen, dass sie große Veränderungen hinsichtlich der Qualität der Arbeit bzw. der Qualifikationserfordernisse der Beschäftigten ausweisen (vgl. Stich, Gudergan & Senderek 2018, S. 147; Zinke 2019). Eine umfassende von Helmrich et al. (2016) durchgeführte Gegenüberstellung von insgesamt vier Studien (BiBB/IAB-QuBe-Projektionsstudie; BiBB/IAB- und BiBB/BAuA-Erwerbstätigenbefragungen 1979 bis 2012, BiBB-Qualifizierungspanel) bestätigt dies. Trotz der jeweils unterschiedlichen Datengrundlage und methodischen Zugängen kommen die Studien übereinstimmend zu dem Schluss, dass es im Zusammenhang mit der Digitalisierung zu einer umfassenden „Umstrukturierung des Berufe- und Anforderungsmixes in den Wirtschaftszweigen hin zu solchen mit geringeren Routineanteilen, höherem Arbeitsvermögen oder mit geringerer Ersetzungswahrscheinlichkeit" (ebd., S. 83) kommen wird.

Die Arbeitskraft *Mensch* bleibt damit auch in einer digitalisierten Arbeitswelt „ein integraler und unverzichtbarer Bestandteil" (Kärcher 2014, S. 20). Verändern werden sich allerdings die Anforderungen an diese Arbeitskraft. Eine Reihe von Studien der letzten vier Jahre zeigt auf, welche Fähigkeiten, Fertigkeiten und Kompetenzen von Beschäftigten in einer durch Digitalisierung geprägten Arbeitswelt wahrscheinlich eingefordert werden: Die Tabelle 7 zeigt, dass Beschäftigte sowohl in einer digitalisierten Arbeitswelt als auch im Kontext nachhaltigen Wirtschaftens besonders gefordert sind. Die in der Literatur zumeist allgemein eingeforderte *digitale Kompetenz* greift insofern zu kurz, als dass sie meist allein darauf abzielt, mit neuen Technologien umgehen zu können. Vielmehr braucht es zukünftig an Entscheidungen partizipierende Mitarbeiter:innen, die durch unternehmerische Fähigkeiten die Ausrichtung von Digitalisierungsprozessen bzw. digitalen Geschäftsmodellen kritisch reflektieren, mitbestimmen und ausgestalten können.

Tabelle 7: Fähigkeiten, Fertigkeiten und Kenntnisse von Beschäftigten in einer digitalisierten Arbeitswelt

BMWi (2016, S. 7)	acatech (2016, S. 12)	Ahrens und Spöttl (2018, S. 190)	Sloane et al. (2018, S. 6 f.)	Zinke (2019, S. 71 ff.)
- Datenauswertung und Datenanalyse - Prozessmanagement - Kundenbeziehungsmanagement - Umgang mit spezifischen IT-Systemen - Führungskompetenz - Problemlösungs- und Optimierungskompetenz - Sozial- und Kommunikationskompetenz - interdisziplinäres Denken und Handeln - Mitwirkung an Innovationsprozessen - Prozess-Know-how	- interdisziplinäres Denken und Handeln - Beherrschung komplexer Arbeitsinhalte - Fähigkeit zum Austausch mit Maschinen - Problemlösungs- und Optimierungskompetenz - zunehmendes Prozess-Know-how - Mitwirkung an Innovationsprozesse - Fähigkeit zur Koordination von Arbeitsabläufen - Dienstleistungsorientierung - Führungskompetenz - eigenverantwortliche Entscheidungen - Sozial- und Kommunikationskompetenz	- Teamfähigkeit - Zuverlässigkeit - Mobilität - Präzisionsvermögen - Verhandlungsfähigkeit - Lernbereitschaft - Kooperationsbereitschaft	- Prozesswissen - Problembewusstsein - Sozial-kommunikative Kompetenz - Fähigkeit zum lebenslangen Um- und Neulernen - Entwicklungskompetenz - Anwendungskompetenz von IT-Systemen - Durchdringen von Geschäftsprozessen und Zusammenhängen - unternehmerische Haltung und Fähigkeiten	- Software-Kenntnisse - digitale Technologien/IT-Kenntnisse - Lernen - Prozess-/Systemverständnis - Sicherheits-Kenntnisse - Umgang mit Daten - Flexibilität/Spontanität - berufsspezifisches Können und Wissen - Stressbewältigung - Umgang mit Kunden/Service-Kenntnisse - Problemlösung - Organisation/Strukturierung - Kommunikationsfähigkeit - Umgang mit Informationen - Fremdsprachenkenntnisse - Hardware-, CAD- und Programmierkenntnisse - 3D-Druck-Kenntnisse

Sie sind nicht nur Anwender:innen neuer Technologien, sondern verstehen die dahinterstehenden Prozesse, Folgen sowie Potenziale der Anwendung. Neben dem reflektierten Umgang mit Technologien müssen Beschäftigte in einer digitalen Arbeitswelt nicht nur über ein umfassendes Prozess- und Systemwissen verfügen, sie müssen auch über ihren eigenen Handlungsbereich im Betrieb hinaus und in komplexen Zusammenhängen denken können sowie fähig sein auch komplexe Problemlagen zu durchdringen und zu deren Lösung beizutragen. Besonders wichtig ist auch die Schulung der Sozialkompetenz. Dies betrifft nicht nur die Fähigkeit, an Unternehmensentscheidungen partizipieren zu können, sondern auch den kompetenten Umgang mit Kund:innen und Kolleg:innen.

2.4.3 Herausforderungen eines demografischen Wandels

Als dritte Herausforderung mit Auswirkungen auf die betriebliche Ausbildung ist der demografische Wandel zu betrachten. Er bezeichnet einen Prozess der Entwicklung sowie der Strukturveränderung der Bevölkerung mit Blick „auf die Altersstruktur, die Entwicklung der Geburtenzahl und der Sterbefälle, die Anteile von Inländern, Ausländern und Eingebürgerten sowie die Zuzüge und Fortzüge." (bpb 2016, o. S.). Verbunden mit diesem Wandel ergeben sich eine Reihe von Herausforderungen, denen sich die Gesellschaft und damit auch Unternehmen stellen müssen (vgl. Armutat 2018; Loos 2017, S. 3). Unter den Überschriften *Alterung*, *Akademisierung* und *Inklusion* werden nachfolgend wichtige Themenfelder des demografischen Wandels mit Fokus auf den Fachkräftebedarf von Unternehmen aufgegriffen und diskutiert.

Charakteristisch für die demografische Entwicklung in der Bundesrepublik Deutschland ist seit den 1970er-Jahren (vgl. Rimser 2014, S. 10) eine *Alterung*, d. h. der relative Anstieg der älteren im Verhältnis zum Anteil der jüngeren Bevölkerung (vgl. u. a. bpb 2016; Destatis 2015, S. 15; Frommberger 2017, S. 519 f.; Rimser 2014, S. 10; Rindfleisch & Maennig-Fortmann 2015, S. 35; Sonntag & Seiferling 2017, S. 11). Während durch die konstante Verbesserung der Lebensverhältnisse im Hinblick etwa auf die Hygiene, die medizinischen Versorgung oder die Versorgung mit Nahrungsmitteln die durchschnittliche Lebenserwartung über die letzten Jahrzehnte sukzessive gestiegen ist, konnte für die Geburtenrate trotz dem seit 2015 zu beobachtenden leicht ansteigenden Trend seit den 1980er-Jahren kein sogenanntes Bestandserhaltungsniveau erreicht werden (vgl. Berkowski & Dievernich 2008, S. 51; bpb 2017; Rimser 2014, S. 13).[15] Auch Migrationsbewegungen können die Abnahme der Gesamtbevölkerung nicht kompensieren (vgl. Berkowski & Dievernich 2008, S. 51 f.). So zeigen die Ergebnisse zur 14. koordinierten Bevölkerungsvorausberechnung auf, dass sich die Bevölkerung der Bundesrepublik Deutschland zwischen den Jahren 2018 und 2060 von 82,902 Millionen voraussichtlich auf 74,027 Millionen und damit um 10,7 Prozent verringern wird. Ein Grund hierfür ist der Rückgang der Alterskohorte der unter 20-Jährigen. Diese sinkt voraussichtlich von 15,254 Millionen auf 12,213 Millionen, was einer Reduktion um fast 20 Prozent entspricht (vgl. Destatis 2019, S. 48). Im Vergleich dazu steigt die Anzahl der über 60-jährigen von 23,235 Millionen auf 29,180 Millionen, was einem Anstieg von knapp über 25 Prozent entspricht (vgl. ebd.).

Diese Entwicklung hat Konsequenzen für verschiedene gesellschaftliche Bereiche wie z. B den Gesundheits- und Pflegebereich, das Bildungssystem und den Arbeitsmarkt (vgl. Frommberger 2017, S. 519). Auch Unternehmen sind betroffen. Während durch die in den

---

15 Das sogenannte Bestanderhaltungsniveau liegt bei 2,1 Kindern je Frau. Zuletzt lag der Wert bei 1,5 Kindern je Frau (vgl. bpb 2017).

letzten Jahrzehnten sukzessive gestiegene Lebenserwartung die Gruppengröße der älteren Erwerbstätigen[16] zunimmt, ist durch den Rückgang der unter 20-Jährigen die Zahl der Schulabsolvent:innen, die als Fachkräfte in den Arbeitsmarkt nachrücken, deutlich zurückgegangen (vgl. Pfeiffer & Kaiser 2009, S. 22; Rindfleisch & Maennig-Fortmann 2015, S. 35; Schmidt 2011, S. 143). Damit verbunden verringert sich das Arbeitskräfteangebot, auf das Unternehmen zur Absicherung ihrer Produktionsfähigkeit zurückgreifen können (vgl. Armutat 2018, S. 25; Berkowski & Dievernich 2008, S. 52; Pfeiffer & Kaiser 2009, S. 18). Unter dem Schlagwort *Fachkräftemangel* wird diese Problematik bereits seit einiger Zeit diskutiert (vgl. u. a. Berkowski & Dievernich 2008, S. 52).

Zwar lässt sich in Deutschland derzeit noch kein flächendeckender Fachkräftemangel identifizieren (vgl. BMWi o. J.), dennoch zeigt die DIHK-Konjunkturbefragung des Jahres 2018 auf, dass 60 Prozent der dort befragten Unternehmen, insbesondere KMUs, einen Fachkräftemangel als das höchste Risiko für ihre zukünftige Geschäftsentwicklung einstufen (vgl. DIHK 2018, S. 47 f.). Wie kritisch die Situation auch heute schon für einige Unternehmen ist, zeigt die DIHK-Online-Unternehmensbefragung aus dem Jahr 2017. Aus ihr geht hervor, dass in nahezu jedem dritten Betrieb Ausbildungsplätze auf Grund mangelnder oder nicht ausreichend qualifizierter Bewerber:innen unbesetzt bleiben (vgl. DIHK 2017).

In wissenschaftlichen und bildungspolitischen Diskussionen werden im Wissen um die vorab skizzierte Entwicklung mit Blick auf die Fachkräftesicherung von Unternehmen unterschiedliche Schwerpunkte gesetzt. Berkowski und Dievernich (2008, S. 53) schreiben in diesem Zusammenhang:

„Die erfolgreichen Unternehmen der Zukunft werden jene sein, die das ‚Duplex-Dilemma', das durch die Alterung der Belegschaft auf der einen Seite und die Knappheit der jungen, qualifizierten Nachfolger auf der anderen charakterisiert ist, früh genug erkennen und proaktiv Maßnahmen ergreifen, um gegenzusteuern."

Hinsichtlich älterer Erwerbstätiger rücken dabei vor allem Fragen der Erhaltung ihrer Beschäftigungsfähigkeit bis zum Renteneintritt in den Fokus (vgl. ebd., S. 49 ff.; Brandenburg & Domschke 2007, S. 201; Deller et al. 2008, S. 179; Koscheck 2013, S. 2; Loos 2017, S. 1; Müller 2011, S. 188). Es wird zunehmend deutlich, dass Unternehmen eine Personalpolitik auf den Weg bringen müssen, die das schöpferische, kreative und durch jahrelange Berufserfahrung aufgebaute Potenzial der älteren Erwerbstätigen im Unternehmen hält (vgl. Berkowski & Dievernich 2008, S. 55; Deller et al. 2008, S. 201). Dies ist besonders vor dem Hintergrund eines starken Technologiewandels und den damit verbunden sich verändernden technischen, fachlichen und sozialen beruflichen Anforderungen an die Mitarbeiter:innen eine große Herausforderung (vgl. Berkowski & Dievernich 2008, S. 49; Loos 2017, S. 1; Müller 2011, S. 188). Technologische Entwicklungen begünstigen den Verfall beruflicher Erstausbildung und führen dazu, dass Beschäftigte ihren erlernten Beruf nicht

---

16 Eine eindeutige Festlegung was unter älteren Erwerbstätigen zu verstehen ist, liegt nicht vor. Bei Müller (2011, S. 84) lässt sich eine Spannbreite von Altersgrenzen finden, die zwischen 40 und 55 Jahren liegen.

mehr über Jahrzehnte ausführen können, ohne sich weiter oder ggf. sogar neu zu qualifizieren (vgl. Müller 2011, S. 188). Lebenslanges Lernen wird damit zu einem wichtigen Erfolgsfaktor im Berufsleben (vgl. besonders Loos 2017). Maßnahmen der kontinuierlichen Weiterbildung von älteren Mitarbeiter:innen zur Erhaltung ihrer Beschäftigungsfähigkeit sind dabei bereits in vielen Unternehmen durch entsprechende Konzepte einer altersgerecht bzw. auf laufbahnbegleitende Qualifizierung ausgerichtete Personalpolitik implementiert (vgl. Euler 2010, S. 14). In diesem Zusammenhang wird es zukünftig immer wichtiger, dass Mitarbeiter:innen über die nötige Ausdauer, Motivation und Kompetenz verfügen, sich kontinuierlich und fachlich weiterzuentwickeln (vgl. Berkowski & Dievernich 2008, S. 65; Deller et al. 2008, S. 201; Loos 2017; Müller 2011, S. 188). Loos (2017, S. 13) spricht in diesem Zusammenhang von der „Lernkompetenz als arbeitsbezogene Schlüsselqualifikation" und meint damit „die Fähigkeit, selbstständig und effektiv zu lernen". Wenn eine solche Lernkompetenz als Grundlage für das lebenslange Lernen bei allen Beschäftigten bereits zu Beginn ihres Erwerbslebens angelegt wird, wirkt dieses wie ein „Ausdauertraining" (Berkowski & Dievernich 2008, S. 65) für die Qualifikation der Beschäftigten, das sich über alle Phasen ihrer beruflichen Entwicklung hindurchzieht (vgl. ebd.).

Neben einer Lernkompetenz tritt auch der Aufbau von Kompetenzen zum Wissenstransfer und zum Wissensmanagement im Kontext des demografischen Wandels verstärkt auf den Plan (vgl. u. a. Brandenburg & Domschke 2007, S. 175; Deller et al. 2008, S. 181; Dunczyk et al. 2008, S. 84 ff.). Grundsätzlich gilt: Wenn Beschäftigte den Betrieb verlassen, verlassen auch ihr Wissen und ihre Erfahrung das Unternehmen, was besonders schwer wiegt im Fall einer spezialisierten Arbeit, die stark auf inkorporiertem Erfahrungswissen beruhte (vgl. Dunczyk et al. 2008, S. 84 f.). Je länger Mitarbeiter:innen im Unternehmen beschäftigt sind, desto höher ist dieser Verlust, gerade dann, wenn das über viele Jahre gebildete Wissen und die Erfahrung nicht dokumentiert und gesichert werden (vgl. ebd.; Rimser 2014, S. 25). Um Wissensverluste einzudämmen, müssen Strategien entwickelt werden, die gewährleisten, dass besonders erfolgskritisches Wissen bewahrt wird. Strategien zum Wissensmanagement sind zwar nicht nur vor dem Hintergrund alternder Belegschaften wichtig, ihre strategische Bedeutung wird jedoch dadurch verstärkt (vgl. Deller et al. 2008, S. 181). Auch das Wissen und die Erfahrung von jungen Mitarbeiter:innen stellt ein hohes Verlustpotenzial dar, zumal diese in den letzten Jahren eine wachsende Bereitschaft zum Arbeitgeberwechsel aufweisen (vgl. Rimser 2014, S. 25). Es existieren bereits einige erfolgreiche Ansätze des Wissenstransfers, die z. B. auf Gruppenkommunikationsprozessen am Arbeitsplatz beruhen. Damit solche Ansätze ihre Wirkung entfalten können, müssen die Beschäftigten frühzeitig, d. h. bereits während der Qualifizierung für ihre Tätigkeit, auf ihre Rolle als Wissensgeber:innen oder Wissensnehmer:innen durch die Ausbildung entsprechender Kommunikations-Kompetenzen vorbereitet werden (vgl. Dunczyk et al. 2008, S. 84 f.).

Im Kontext der Diskussionen über einen möglichen Fachkräftemangel wird ferner der Fokus auf den Fachkräftenachwuchs und in diesem Zusammenhang auf das duale System der Berufsausbildung gelegt. Durch seine Fokussierung auf die Beförderung von handlungsorientiertem Wissen und Fertigkeiten auf unterer bis mittlerer Qualifikationsstufe war und ist die duale Berufsausbildung ein wichtiger Quell der Facharbeiterebene des deutschen Beschäftigungssystems (vgl. Euler & Severing 2015, S. 10). Der Stellenwert des dualen Systems als wichtige Fachkräftequelle (vgl. u. a. Spöttl 2016, S. 110 ff.), wird jedoch seit Jahren geschwächt. Hierfür können mehrere Gründe angeführt werden. In den letzten Jahren verringerte sich mit der Geburtenrate auch die Gesamtheit der Schulabsolvent:innen und damit der Bewerberpool, aus dem Unternehmen ihre Auszubildenden auswählen (vgl. Frommberger 2017, S. 520; Rindfleisch & Maennig-Fortmann 2015, S. 35). Aus dem Berufsbildungsbericht 2020 geht hervor, dass im Jahr 2018 rund 117.300 Personen weniger die allgemeinbildenden Schulen verließen als noch vor zehn Jahren (vgl. BMBF 2020a, S. 18). Daran gekoppelt verringerte sich auch die Ausbildungsplatznachfrage. Haben sim Jahr 2010 noch 640.416 Jugendliche einen Ausbildungsplatz gesucht, sind es im Jahr 2019 nur noch 598.803 Personen gewesen (vgl. BiBB 2020a, S. 15).

Neben der gesunkenen Geburtenrate wird die vorab skizzierte Entwicklung auch dadurch verursacht, dass sich das Bildungsverhalten der Jugendlichen in den letzten Jahren in der Tendenz verändert hat. Besonders leistungsstarke Absolvent:innen ziehen eine hochschulische der beruflichen Bildung vor (vgl. Euler 2017, S. 534; Euler & Severing 2015, S. 9; Frommberger 2017, S. 520; Ulmer & Ulrich 2008, S. 5). Unter dem Stichwort *Akademisierung* wird dies diskutiert.

Als die zwei großen Bereiche des deutschen Bildungssystems existierten die berufliche und die akademische Bildung lange Zeit relativ konkurrenzlos (vgl. Severing & Teichler 2013, S. 7) und klar voneinander getrennt (vgl. Euler & Severing 2017, S. 681). Während der akademische Bildungsweg von nur einem geringen Anteil einer Alterskohorte (in den 1960er-Jahren waren es unter 10 Prozent) eingeschlagen wurde, mündete der Großteil lange Zeit in die berufliche Bildung ein (vgl. Teichler 2014, S. 22). Eine Aufteilung, die sich über die sich über die letzten Jahrzehnte deutlich zu Gunsten der akademischen Bildung verschoben hat, wie die Autorengruppe Bildungsberichterstattung (2016, S. 277) mit Blick auf eine Zeitspanne von zwanzig Jahren (1995 bis 2015) konstatiert. Im Jahr „2013 […] überstieg die Zahl der Studienanfänger erstmals die der Neuzugänge zur dualen Ausbildung" (Autorengruppe Bildungsberichterstattung 2014, S. 105). Auch wenn sich mit Blick auf aktuellere Zahlen erkennen lässt, dass die Anzahl der Studienanfänger:innen im Jahr 2017 zunächst stagnierte und seit 2019 sogar leicht zurückgeht (vgl. BMBF 2020a, S. 30), bleibt dennoch der Befund bestehen, dass der beruflichen Bildung über die akademische Bildung ein nicht unerheblicher Teil der Zielgruppe abgewandert ist. Primär drei unterschiedliche Ursachen werden für diese Entwicklung angeführt:

- *Erstens:* Es liegt ein verändertes Bildungswahlverhalten der Jugendlichen vor. Diese streben durch ein Studium bessere Karriereaussichten, ein höheres Einkommen, eine höhere gesellschaftliche Reputation sowie die Möglichkeiten, selbstbestimmter und interessensgeleiteter arbeiten zu können, an (vgl. Baethge et al. 2014, S. 23; Euler 2015, S. 327; Krone 2015b, S. 51).
- *Zweitens:* Es gibt eine gewachsene politische Forderung nach mehr Akademiker:innen vor dem Hintergrund internationaler Wettbewerbsfähigkeit (vgl. u. a. Elsholz 2016, S. 93; Severing & Teichler 2013, S. 9). Ein prognostizierter und teilweise schon

deutlich sichtbarer Anstieg kognitiver Anforderungen im Beschäftigungssystem unter anderem vor dem Hintergrund nachhaltiger Entwicklung und Digitalisierung lässt Schlüsselqualifikationen wie beispielsweise Abstraktionsfähigkeit, Fähigkeit zum systemischem und prozesshaften Denken, Offenheit und intellektuelle Flexibilität, individuelles Wissensmanagement, ausgeprägte kommunikative Kompetenzen, Kooperationsfähigkeit sowie Selbstorganisation und Selbststeuerung von Lernprozessen für eine zukunftsfähige Beschäftigungsfähigkeit relevant werden (vgl. Baethge 2001, S. 100).
- *Drittens:* Die Hochschulreformen der vergangenen Jahre ermöglichen einerseits einen leichteren Zugang zu einer akademischen Bildung für Schulabsolvent:innen ohne allgemeine Hochschulreife (vgl. Euler & Severing 2015, S. 4). Andererseits wurden vor dem Hintergrund der Bologna-Reformen besonders auf der Bachelor-Ebene beruflich handlungsorientierte Studiengänge entwickelt (vgl. ebd., S. 5). Diese befördern das Zusammenlaufen von akademischer und beruflicher Bildung und damit auch die Akademisierung der Berufsbildung (vgl. Euler 2014, S. 327).

Die vorangegangenen Ausführungen zeigen, dass durch Alterung und Akademisierung der Nachwuchs, auf den die Akteure der beruflichen Bildung zurückgreifen können, abgenommen hat. Zugleich ist zu konstatieren, dass die gewachsene Anzahl der Hochschulabsolvent:innen in der Regel nach Abschluss ihres Studiums nicht über den gleichen Umfang an berufsbezogenem Erfahrungs- und praktischen Umsetzungswissen wie Absolvent:innen einer beruflichen Ausbildung verfügen (vgl. Drexler 2012, S. 37 f.). Aus Sicht von Betrieben liegt der Wert betrieblicher Ausbildung aber gerade in der Möglichkeit, Ausbildungsinhalte an den Spezifika der Betriebe auszurichten (vgl. Dietzen, Lewalder & Wünsche 2013, S. 92 f.). Berufliche Ausbildung hat daher ihre Bedeutung trotz höherer Akademikerquote keineswegs verloren (vgl. Bahl, Dietzen & Dorsch-Schweizer 2011, S. 38; Bott & Wünsche 2014, S. 240 f.; Dietzen, Lewalder & Wünsche 2013, S. 88 f.). Auch in Zukunft wird es, trotz ansteigender kognitiver Anforderungen (vgl. Abschnitte 2.4.1 und 2.4.2, für den mittleren Qualifikationsbereich weiterhin eine große Nachfrage nach beruflich ausgebildeten Fachkräften geben (vgl. BiBB 2018, S. 10; Neu, Elsholz & Jaich 2017, S. 4 f.). Dennoch bilden immer mehr Unternehmen nicht oder nur unterhalb ihres eigenen Bedarfes aus (vgl. Dunczyk et al. 2008, S. 86). So blieben allein im Laufe des Ausbildungsjahres 2018/2019 von 571.982 bundesweit gemeldeten Berufsausbildungsstellen zum Stichtag 30. September 2019 noch rund 53.137 unbesetzt (vgl. BMBF 2020a, S. 52). Im Vergleich zum Jahr 2009 hat sich die Zahl verdreifacht (vgl. ebd., S. 53).

Unter dem Schlagwort einer mangelnden *Ausbildungsreife* führen die Unternehmen Gründe an, warum sie ausgeschriebene Stellen nicht besetzen, obwohl Neben mangelnden Deutsch- und Mathematikfähigkeiten der Schulabgänger:innen sind es auch grundlegende soziale Kompetenzen, die laut der DIHK-Online-Unternehmensbefragung aus dem Jahr 2017 von 91 Prozent der befragten Betriebe als unzureichend eingestuft werden und aus deren Sicht ein erhebliches Einstellungshemmnis darstellen (vgl. DIHK 2017, S. 18).

Im Wissen um die Schrumpfung und Alterung der Erwerbsbevölkerung sowie die Akademisierungstendenzen wird immer wieder darauf verwiesen, dass Unternehmen es sich zukünftig nicht mehr erlauben können das Fachkräftepotenzial durch unbesetzte Ausbildungsstellen oder gar den kompletten Rückzug aus der betrieblichen Ausbildung ungenutzt zu lassen. Unternehmen werden dazu aufgefordert sich darauf einzustellen, das vorhandene Potenzial des Ausbildungsmarktes umfänglich auszuschöpfen (vgl. u. a. Armutat 2018; BiBB 2018, S. 10; Pfeiffer & Kaiser 2009, S. 32; Ulmer, Weiß & Zöller 2012, S. 11). Dazu gehört auch Rekrutierungs- und Ausbildungsstrategien neu zu überdenken und anzupassen (vgl. Bahl, Dietzen & Dorsch-Schweizer 2011, S. 38; Neu, Elsholz & Jaich 2017, S. 4 f.). Ferner gehört dazu, sich darauf einzustellen, Fachpositionen verstärkt mit jenen Menschen zu besetzen, die heute noch keinen Zugang zu einer Berufsausbildung erhalten und deshalb am Rande des Arbeitsmarkts stehen (vgl. Deller et al. 2008, S. 179; Dunczyk et al. 2008, S. 86; Pfeiffer & Kaiser 2009, S. 32). Aber auch Strategien, die darauf abzielen, das Interesse von Studienberechtigten an einer dualen Berufsausbildung zu gewinnen, sind eine Möglichkeit, dem drohenden Fachkräftemangel entgegenzuwirken (vgl. BiBB 2018, S. 10; Hofmann & König 2017).

Mit der Verbindung von sowohl beruflicher Bildung wie auch akademischer Bildung in Form von dualen Studiengängen[17] oder studienintegrierender Ausbildung[18] kann letztere Strategie realisiert werden. In Deutschland hat sich diese Verbindung seit Jahren etabliert (vgl. Hofmann et al. 2020, S. 11 ff.; Krone 2015a, S. 14). So hat sich zwischen 2004 und 2019 nicht nur die die Anzahl der dualen Studiengänge durch einen Anstieg von 512 auf 1.662 mehr als verdreifacht (vgl. Hofmann et al. 2020, S. 11 f.). Auch die Anzahl der dual Studierenden hat sich in den letzten fünfzehn Jahren beachtlich entwickelt. Waren es 2004 noch insgesamt 40.982 Studierende in der Erstausbildung sind es im Jahr 2019 mit insgesamt 108.202 Studierenden zweieinhalbmal so viele (vgl. ebd.). Die hier aufgezeigte Entwicklung ist auch darauf zurückzuführen, dass insgesamt mehr Unternehmen ein duales Studium anbieten. Mit 51.060 Unternehmen im Jahr 2019 hat sich die Anzahl der anbietenden Unternehmen im Vergleich zum Jahr 2004 fast verdreifacht (vgl. ebd.).

Die Möglichkeit, neben der Ausbildung zu studieren, wie es z. B. bei den ausbildungsintegrierenden Studiengängen der Fall ist, bietet einen wichtigen Anreiz für studienberechtige Schulabsolvent:innen, eine Berufsausbildung aufzunehmen, da sie zum einen im Vergleich zu einem regulären Studium an einer Hochschule die Möglichkeit haben, bereits während ihres Studiums einen hohen Praxisbezug zu den Studieninhalten herstellen zu können (vgl. Hähn 2015, S. 35; Krone 2015b, S. 55), zum anderen können sie sich bereits während des Studiums in die Unternehmensstrukturen eingliedern und ihre Stellung festigen bzw. ihren Karriereweg frühzeitig ausbauen (vgl. Krone 2015b, S. 55; Ratermann

---

17 Ein duales Studium ist ein Studium an einer Hochschule, das mit einer Berufsausbildung bzw. mit Praxisphasen in einem Unternehmen verbunden wird. Es lassen sich vier Formate des dualen Studiums differenzieren: im Bereich der Erstausbildung das ausbildungsintegrierende und das praxisintegrierende Studium sowie im Bereich der Weiterbildung ebenfalls das praxisintegrierende und das berufsintegrierende Studium (vgl. Hofmann & König 2017, S. 10). Von klassischen Studiengängen hebt es sich durch seinen verstärkten Praxisbezug hervor und findet mindestens an zwei Lernorten – Hochschule und Betrieb – statt (vgl. Hofmann & König 2017, S. 6).

18 Bei der studienintegrierenden Ausbildung durchlaufen die Studierenden zunächst eine Grundstufe (Ausbildung und einzelne Module eines Studiengangs). Nach dem Abschluss der Grundstufe können sie auf der Basis ihrer Erfahrung entscheiden, ob sie das Studium beenden wollen (vgl. Euler & Severing 2017, S. 683).

2015, S. 193). Auch für Unternehmen verbinden sich mit einem dualen Studium bzw. einer studienintegrierenden Ausbildung die Vorteile von sowohl der beruflichen als auch der akademischen Ausbildung (vgl. Dietzen, Lewalder & Wünsche 2013, S. 89; Hähn 2015, S. 35). Während im Studium an der Hochschule die dual Studierenden auf anspruchsvolle Wissensarbeit vorbereitet werden, werden in den Praxisphasen berufspraktische Fähigkeiten und Fertigkeiten ausgeprägt. Damit werden Kompetenzprofile ausgebildet, die nicht nur den höheren Anforderungen in Produktions- und Dienstleistungsprozessen gerecht werden, sondern auch an jenen Schnittstellen eingesetzt werden können, an denen es sowohl um komplexe Wissensarbeit als auch um das Einbringen von berufspraktischen Erfahrungen geht (vgl. Bahl, Dietzen & Dorsch-Schweizer 2011, S. 38; Dietzen, Lewalder & Wünsche 2013, S. 100; Euler & Severing 2017, S. 681).

In praxi stellt die Strategie der Verbindung von akademischer mit beruflicher Bildung hohe Ansprüche an alle Beteiligten. Nicht nur die Auszubildenden sind durch die Doppelbelastung von Studium und Ausbildung besonders beansprucht. Auch die Ausbilder:innen in den Betrieben sind gefordert (vgl. Ratermann & Mill 2015, S. 114): Sie müssen nicht nur die betrieblichen Ausbildungsphasen so gestalten, dass diese zeitlich und thematisch mit den Inhalten des Studiums verzahnt sind (vgl. Krone 2015b, S. 65). Auch ist es wichtig, dass die Auszubildenden im Betrieb entsprechend ihres Leistungsniveaus gefördert und gefordert werden und damit die Möglichkeit erhalten, ihr Wissen aus dem Studium mit dem Praxiswissen zu verknüpfen und wechselseitig zu überprüfen (vgl. ebd., S. 64). Die Einsatzfelder von dual Studierenden während ihrer betrieblichen Ausbildung sind zu Beginn eines dualen Studiums zwar häufig noch mit denen der anderen Auszubildenden identisch und zielen darauf ab, das Unternehmen und seine Strukturen kennenzulernen. Im fortgeschrittenen Verlauf der Ausbildung treten jedoch anspruchsvollere Aufgaben sowie Projekttätigkeiten in den Vordergrund. Neben dem Erwerb von fachlichem Know-how steht vor allem die Förderung von Selbstständigkeit und die Beförderung von Kommunikations- und Führungsfähigkeiten auch über Hierarchieebenen hinweg im Fokus (vgl. ebd., S. 67).

Die Entscheidung von Unternehmen, sich an dualen Studiengängen zu beteiligen, ist geprägt vom Leitmotiv, leistungsstarke Jugendliche als ausgebildete Fachkräfte an das Unternehmen zu binden (vgl. ebd., S. 61). Neben der Möglichkeit, durch entsprechende Klauseln im Ausbildungsvertrag den Verbleib der Auszubildenden/ Studierenden im Unternehmen nach Ende des dualen Studiums sicherzustellen, sind es vor allem die frühzeitige Festlegung und das Einschlagen von Karrierewegen während der Ausbildung, die eine Bindung an das Unternehmen fördern. Nur wenn deutlich wird, dass die Doppelbelastung mit entsprechenden Vorzügen wie beispielsweise der direkten Besetzung in höheren Positionen oder zumindest der Verkürzung von Trainee-Phasen einhergeht, sehen die Auszubildenden ihren Mehraufwand als gerechtfertigt an und sind weniger versucht, sich nach attraktiveren Angeboten außerhalb des Unternehmens umzuschauen. Dies macht es aber wiederum seitens der Ausbilder:innen erforderlich, bereits während der Ausbildung im Betrieb die Kompetenzen und die Interessen der Auszubildenden unter anderem durch entsprechende Personalentwicklungsgespräche kontinuierlich einzuschätzen und daraus nicht nur eine passende Karriereplanung abzuleiten und umzusetzen, sondern diese auch im Sinne des betrieblichen Interesses zu steuern (vgl. ebd., S. 62). Eine letzte hier aufzuführende Herausforderung für betriebliche Ausbilder:innen besteht darin, die Auszubildenden, die durch die längeren Studienphasen häufig eine isolierte Stellung sowohl im Ausbildungsprozess selbst als auch in der Gruppe der Auszubildenden einnehmen, im Unternehmen zu integrieren. Der Aufbau von Netzwerken zwischen den Studierenden und den übrigen Auszubildenden muss deshalb gezielt durch die Ausbilder:innen gefördert werden (vgl. ebd., S. 65).

Neben oder an der Stelle der Strategie, studienberechtigte Jugendliche für eine berufliche Ausbildung zu gewinnen, kann auch die Strategie der *Inklusion* treten. Seit der Unterzeichnung der *UN-Behindertenrechtskonvention* im Frühjahr 2009 wird der Inklusion prominent diskutiert. Der Inklusionsbegriff wird indes nicht einheitlich verwendet. Während die *UN-Behindertenrechtskonvention* ihn in einem engeren Sinne verwendet, fokussiert die *United Nations Educational, Scientific and Cultural Organization* (UNESCO) den Abbau aller Hemmnisse zur gesellschaftlichen Teilhabe und bezieht sich damit auf jede Form der Benachteiligung (vgl. DUK 2014):

> „Inklusion im Bildungsbereich bedeutet, dass allen Menschen die gleichen Möglichkeiten offenstehen, an qualitativ hochwertiger Bildung teilzuhaben und ihre Potenziale zu entwickeln, unabhängig von besonderen Lernbedürfnissen, Geschlecht, sozialen und ökonomischen Voraussetzungen." (ebd., S. 9).

In Unternehmen, die sich für die Rekrutierung von leistungsschwachen, beeinträchtigten oder sozial benachteiligten Jugendlichen für eine berufliche Ausbildung entschieden haben, brauchen die Ausbildungsverantwortlichen neben einem Bewusstsein dafür, dass formale Qualifikationskriterien häufig nur eingeschränkt zum Ausdruck bringen können, welches Potenzial eine Person bei entsprechender Förderung aktivieren kann, vor allem die grundlegende Bereitschaft, durch entsprechend angepasste Ausbildungs- sowie Weiterbildungsmaßnahmen betroffenen Personen zu helfen, sich als Fachkräfte in die Arbeitswelt zu integrieren (vgl. Armutat 2018, S. 39).

In den Fokus der Strategie der Inklusion können dabei unterschiedliche Personengruppen geraten. Als Gruppe mit besonders großem Potenzial zur Sicherung des Fachkräftebedarfs gelten Migrant:innen (vgl. ebd., S. 40; BMBF 2018, S. 57). Einen Migrationshintergrund weisen Personen auf, die selbst nicht mit der deutschen Staatsangehörigkeit geboren wurden oder zumindest einen Elternteil haben, der nicht als deutsche Staatsbürgerin/ deutscher Staatsbürger geboren wurde (vgl. Destatis 2018). Migration ist in Deutschland sowie im Rest Europas ein Thema, das seit den 1960er-Jahren verstärkt Aufmerksamkeit erfährt. In der Zeit seitdem wurde aus einer zuvor negativen Nettomigration eine positive (vgl. Schimany 2007, S. 104). Heute leben in Deutschland ca. 19 Millionen Menschen mit Migrationshintergrund, und es wird von einer steigenden Anzahl für die nächsten Jahre ausgegangen (vgl. Destatis 2018).

Während es dem deutschen Bildungssystem vergleichsweise gut gelingt, Migrant:innen der zweiten und der dritten Generation sowie Migrant:innen mit Hochschulreife zu fördern und im Beschäftigungssystem zu integrieren (vgl. Pfeiffer & Kaiser 2009, S. 23), haben besonders Migrant:innen der ersten Generation große Schwierigkeiten, im deutschen Beschäftigungssystem Fuß zu fassen. Die Quote jener Migrant:innen der ersten Generation, die zwischen 20 und 34 Jahre alt sind und die keine formale Qualifikation als Grundlage einer Erwerbstätigkeit nachweisen können, lag im Jahre 2016 bei 31,4 %. Das entspricht knapp 23 Prozent mehr als bei der Gruppe der gleichen Altersspanne ohne Migrationshintergrund (vgl. BiBB 2018, S. 10). Für das duale System der Ausbildung kann insgesamt konstatiert werden, dass die Gruppe der Migrant:innen stark unterrepräsentiert ist (vgl. Siegert 2009, S. 23), obwohl empirische Erhebungen wie z. B. die BiBB-Übergangsstudien oder die BiBB-Bewerberbefragungen zu dem Ergebnis kommen, dass junge Menschen mit Migrationshintergrund genauso wie jene ohne Migrationshintergrund ein hohes Interesse an einer Berufsausbildung haben und sich teilweise im Vergleich sogar stärker um einen Ausbildungsplatz bemühen (vgl. BMBF 2018, S. 56).

Eine Ursache für die Unterrepräsentation von Migrant:innen liegt darin, dass junge Menschen mit Migrationshintergrund häufig mit Vorurteilen oder gar Diskriminierung sowie daraus resultierend der Zurückhaltung der ausbildenden Unternehmen konfrontiert sind (vgl. Granato 2003, S. 478; Granato & Ulrich 2006, S. 46). Selbst bei gleichen Ausgangsbedingungen und ähnlichen Bewerbungsstrategien erhalten sie weitaus seltener einen Ausbildungsplatz als Bewerber:innen ohne Migrationshintergrund (vgl. BiBB 2017a, S. 1; Pfeiffer & Kaiser 2009, S. 23). Sogar in Unternehmen und Wirtschaftszweigen mit einem hohen Bedarf an mehrsprachigen und interkulturell kompetenten Mitarbeiter:innen werden Jugendliche mit Migrationshintergrund selten als Auszubildende bzw. als junge Fachkräfte eingestellt (vgl. Granato 2003, S. 479). Unternehmen führen ihrerseits als Grund für die zurückhaltende bis ausbleibende Rekrutierung von Migrant:innen einen Mangel an Bewerber:innen an, wie exemplarisch eine repräsentative Telefonbefragung der Bertelsmann Stiftung aus dem Jahr 2014 belegt (vgl. Enggruber & Rützel 2014, S. 31). Zudem werden vor allem sprachliche Barrieren (vgl. ebd.; Koscheck 2013, S. 3) sowie Lücken in der Allgemeinbildung und im Kulturwissen als grundlegende Einstellungshemmnisse von Seiten der Unternehmen angeführt (vgl. Boos-Nünning 2006, S. 22; Enggruber & Rützel 2014, S. 31). Zwar ist in den letzten Jahren eine zunehmende Aufgeschlossenheit der Unternehmen gegenüber der Ausbildung von jungen Migrant:innen erkennbar (vgl. IFGE 2014, S. 32), was sich mitunter an der gestiegenen Ausbildungsanfängerquote junger Migrant:innen zeigt. Aus dem Berufsbildungsbericht aus dem Jahr 2018 etwa geht hervor, dass die Zahl der Ausbildungsanfänger:innen mit Migrationshintergrund im dualen System allein im Zeitraum von 2011 bis 2016 kontinuierlich von 28.548 auf 39.477 angestiegen ist, was einem Zuwachs von 38,3 Prozent entspricht (vgl. BMBF 2018, S. 56). Das Potenzial dieser Gruppe ist dennoch bei weitem nicht ausgeschöpft. Ein Großteil der nach einem Ausbildungsplatz suchenden Migrant:innen bleibt weiterhin ohne Lehrstelle. So erhielten im Jahr 2016 nur 29 Prozent der Ausbildungsstellenbewerber:innen mit Migrationshintergrund einen Platz in der dualen Berufsausbildung. Im Vergleich dazu schafften es 47 Prozent der Bewerber:innen ohne Migrationshintergrund in das duale System. Dies geht aus der Auswertung der BA/BiBB-Bewerberbefragung aus dem Jahr 2016 hervor (vgl. Beicht 2017, S. 26).

Um das nicht genutzte Fachkräftepotenzial zukünftig auszuschöpfen, benötigen Unternehmen zum einen eine entsprechende Rekrutierungsstrategie. Diese muss auch Migrant:innen dazu ermutigen, sich zu bewerben, zumal über die gesellschaftliche Teilhabe hinaus beispielsweise die Bedeutung von Zweisprachigkeit oder die Relevanz um Wissen anderer Kulturkreise als wichtiges Auswahlkriterium hervorgehoben werden kann (vgl. Enggruber & Rützel 2014, S. 51). Zum anderen müssen im Unternehmen selbst die Voraussetzungen geschaffen werden, um die mit der Ausbildung von Menschen mit Migrationshintergrund verbundenen Herausforderungen bewältigen zu können. Eine zentrale Rolle nehmen hier erneut die betrieblichen Ausbilder:innen ein, die in ihrer Ausbildungsarbeit mit der Neu- oder Nachqualifizierung von Migrant:innen ebenso konfrontiert sind wie mit der interkulturellen Bildung der übrigen Belegschaft. Sie müssen dabei etwa Sprachbarrieren (vgl. Koscheck 2013, S. 3) sowie bestehende Lücken in der Allgemeinbildung und im Kulturwissen (vgl. Boos-Nünning 2006, S. 22) überbrücken und benötigen dafür ihrerseits entsprechende interkulturelle Kompetenzen (vgl. Enggruber & Rützel 2014, S. 48). Auch die Fähigkeit, die betriebliche Ausbildung an die individuellen Bedürfnisse und die konkrete Fördersituation den Auszubildenden anzupassen sowie ggf. ganzheitliche Berufseinstiegsbegleitung durchzuführen, ist entscheidend, um Auszubildende mit Migrationshintergrund den Einstieg sowie Verbleib in der betrieblichen Berufsausbildung zu erleichtern (vgl. BMBF 2018, S. 57; Enggruber & Rützel 2014, S. 53).

Abschließend kann festgehalten werden, dass der demografische Wandel für Unternehmen besonders mit der Herausforderung der Fachkräftesicherung verbunden ist. Durch weiterhin unter dem sogenannten Bestanderhaltungsniveau liegenden Geburtenraten und verstärkt durch den Trend der Akademisierung rückt immer weniger Fachkräftenachwuchs auf den Arbeitsmarkt nach. Es gilt deshalb, zukünftig auf der einen Seite die älteren Fachkräfte so lange wie möglich beschäftigungsfähig zu halten und auf der anderen Seite die Potenziale des Ausbildungsmarktes zu aktivieren. Letzteres kann nur gelingen, wenn sowohl leistungsstarke bzw. studienberechtigte Schulabsolvent:innen für eine berufliche Ausbildung gewonnen werden können und wenn auch solche Jugendlichen in eine Ausbildung einmünden, denen bislang der Weg in die duale Ausbildung verweigert oder nur erschwert möglich war.

2.5 Zusammenfassung und Schlussfolgerungen der theoretischen Exploration

In der theoretischen Exploration wurden erstens die in dieser Studie zu bearbeitende Forschungsdesiderata hergeleitet. Diese beziehen sich zum einen auf das Ausbilderhandeln und die Ausbildereignung im Betrieb (Desiderat 1) und zum anderen auf die Ausbildung der Ausbilder:innen (AdA) (Desiderat 2 und 3). Sowohl die betriebliche Ausbildung als auch die AdA wurden als zwei Bezugssysteme dieser Arbeit ausgewiesen. Es wurde deutlich, dass diese über die Theorie sozialer Systeme nach Hejl (1982; 1993; 1996) modelliert, zueinander in Beziehung gesetzt sowie in die Systemumwelt eingeordnet werden können. Zugleich wurde aber auch betont, dass die Theorie sozialer Systeme ausschließlich als eine

Hintergrundfolie in der Studie fungiert und dass es für die Bearbeitung der Desiderata spezifische Zugänge braucht. Über die *Professions- und Kompetenztheorie* (Desiderat 1), die *Curriculumtheorie* (Desiderat 2) sowie die *Berufsbildungspolitik* (Desiderat 3) wurden in einem zweiten Schritt entsprechende Zugänge hergeleitet und begründet.

Entlang dieser Zugänge erfolgte dann eine Bestandsaufnahme zu den Desiderata. Nachfolgend werden die daraus gewonnenen wesentlichen Erkenntnisse dargestellt und Konsequenzen für die empirische Exploration aufgezeigt.

Professions- und kompetenztheoretische Zugang: Über diesen ersten Zugang wurden vorhandene Forschungsbefunde zu den Ausbilder:innen, dem Ausbilderhandeln und der Ausbildereignung im Betrieb strukturiert. Im Zentrum stand dabei einerseits die berufspädagogische Professionalität der Ausbilder:innen durch die Betrachtung ihrer spezifischen betrieblichen Handlungs- und Anforderungsstruktur. Andererseits wurde ihre berufliche Handlungskompetenz verstanden als eine innere Disposition und Repräsentation von Wissen, Fertigkeiten und Fähigkeiten sowie der Bereitschaft, handeln zu wollen.

In einem ersten Schritt wurde für die Grundlegung eines weiten Ausbilderbegriffs in dieser Studie argumentiert. Dieser umfasst neben den bei den zuständigen Stellen gemeldeten Ausbilder:innen auch die ausbildenden Fachkräfte, die den Großteil der betrieblichen Ausbildungstätigkeit leisten. Zweitens wurden die Befunde zu den Aufgaben von Ausbilder:innen aufgearbeitet und die Heterogenität ihrer Aufgabenprofile offengelegt. Diese reichen von rein mikrodidaktischen Aufgabenprofilen bis hin zu solchen, die ausschließlich makrodidaktische Aufgaben beinhalten. In einem dritten Schritt erfolgte die Betrachtung der Befunde zu den Interaktionen zwischen den Ausbilder:innen und den Auszubildenden. Neben der Offenlegung von unterschiedlichen, sich nicht gegenseitig ausschließenden Rollenerwartungen an die Ausbilder:innen, denen entweder ein instruktionales oder ein konstruktivistisches Lehr-Lernverständnis zu Grunde liegt, wurde deutlich, dass das in den wissenschaftlichen Diskursen hochgehaltene Rollenprofil der Lernprozessbegleiter:in den gegenwärtigen Stand der betrieblichen Ausbildungsdidaktik nicht widerspiegelt. In einem vierten Schritt wurden die an die Ausbilder:innen gestellten Qualifikations- und Kompetenzanforderungen betrachtet. Hier konnte neben Kompetenzmodellen aus der Ausbilderforschung offengelegt und in ihrer Struktur beschrieben werden, dass sich die Qualifikationsanforderungen an den Ausführungen im BBiG § 30 orientieren, wobei den berufsfachlichen Qualifikationen in der Tendenz durch die Unternehmen mehr Bedeutung beigemessen wird. In einem abschließenden fünften Abschnitt wurde die Bedeutung des betrieblichen Ausbilderhandelns betrachtet. Über die Offenlegung der Motivlagen von Unternehmen, sich an der betrieblichen Ausbildung zu beteiligen, wurde die hohe Bedeutung der betrieblichen Ausbildung für die Fachkräftesicherung der Unternehmen aufgezeigt. Im Kontrast dazu zeigte sich eine unternehmensstrategisch fehlende Sichtbarkeit und damit Wertschätzung gegenüber den betrieblichen Ausbilder:innen und deren Ausbildungstätigkeit.

Die zusammengetragenen Befunde fußen auf Einzelstudien, die nicht zu einem systemisch-ganzheitlichen Bild zusammensetzt werden können. Damit ist es nicht möglich, auf Basis dieser Ergebnisse zu Aussagen zu den Interdependenzen zwischen den Erwartungen, Voraussetzungen und Möglichkeiten des Ausbildungsbetriebes auf der einen Seite und den typischen Zuständen, Rollen und Beiträgen von Ausbilder:innen auf der anderen Seite zu gelangen. In der empirischen Exploration wird dieser Befund über den Einsatz des Instrumentes eines Fragebogens in Form einer Stellenbeschreibung behoben. In diesem Zusammenhang ist es erstens möglich, zu einer zusammenhängenden Beschreibung von Ausbilderhandeln und -eignung im Betrieb zu gelangen. Zweitens werden über die Einbettung der Stellenbeschreibung in eine Delphi-Befragung auch gesellschaftliche Transformationsprozesse berücksichtigt und damit Aussagen zu den zukünftigen Entwicklungen der Stellenbeschreibungen generiert.

Curriculumtheoretischer Zugang: Im Zusammenhang mit dem zweiten Zugang wurde erstens die fast fünfzigjährigen Entwicklungen der AEVO als einem der wichtigsten Curricula der AdA aufgearbeitet und in einer Synopse dargestellt. So konnte erstens ein Bild des makrodidaktischen Bezugsrahmens der AdA offengelegt werden, das den gegenwärtigen Stand der beruflichen Didaktik widerspiegelt. Ferner wurden Erkenntnisinteressen zu weiteren Untersuchungen der AdA im Rahmen der empirischen Exploration herausgearbeitet. Hier zeigte sich, dass detaillierte Untersuchungen der AdA zur den dort zu Grunde gelegten Aufgabenstrukturen, der beförderten Didaktik sowie der angestrebten beruflichen Handlungskompetenz der betrieblichen Ausbilder:innen noch offen sind. In diesem Zusammenhang wurden Detaillierungsmöglichkeiten des curriculumtheoretischen Ansatzes zur Untersuchung der AdA offengelegt. Es wurde zum einen begründet, dass die Arbeits- und Organisationspsychologie Gestaltungsmerkmale für persönlichkeits- und lernförderliche Aufgaben anbietet, welche für die Analyse das Aufgabenstruktur der AdA herangezogen werden können. Zum anderen wurden aus den Diskursen rund um die Erklärungsansätze für das Lehren und Lernen Merkmalsausprägungen gewonnen, die im Rahmen der Untersuchung in Bezug auf die Didaktik der AdA nutzbar gemacht werden können. In einem letzten Schritt wurden unter Bezugnahme auf bislang diskutierte Kompetenzstrukturmodelle in der Ausbilderforschung Teilkompetenzen dargelegt, mittels derer die in der AdA beförderte berufliche Handlungskompetenz der betrieblichen Ausbilder:innen untersucht werden kann.

Als Untersuchungsgegenstand der empirischen Exploration wurden die AEVO-Lehr-Lernmaterialien bestimmt, die mittels einer Dokumentenanalyse untersucht werden sollen. Zum einen handelt es sich um eine Leerstelle der Ausbilderforschung, zum anderen bilden die Materialien im Regelfall die Basis für die Planung sowie Durchführung der Ausbilderlehrgänge. Fernen können die Materialien zur individuellen Prüfungsvorbereitung genutzt werden. Sie haben damit eine steuernde Funktion im Qualifizierungsprozess der betrieblichen Ausbilder:innen.

Bildungspolitischer Zugang: Mit dem dritten Zugang wurden die Problemlagen sowie darauf aufbauend die Reformvorschläge für eine zukünftige AdA als Gegenstände bildungspolitischer Auseinandersetzungen aufgearbeitet. Es wurden drei übergeordnete Problembereiche der AdA identifiziert. Erstens sind die Ausbilderlehrgänge häufig durch ein veraltetes Lehr-Lernverständnis sowie eine mangelhafte Didaktik geprägt. Zweitens fehlt weitestgehend eine Berücksichtigung der beruflichen Fachrichtungen in der Ausbilderqualifizierung. Drittens ist gegenwärtig eine Mindestqualifizierung für die ausbildenden Fachkräfte nicht verpflichtend und die Ausbildereignung kann durch die Kammern zuerkannt werden. Im Wesentlichen haben Problembereich eins und zwei Anwendungs- und Transferprobleme der Lehrgangsinhalte in die Ausbildungspraxis sowie Problembereich drei Verwässerungseffekte der Ausbilderqualifizierung zur Folge. Die sich an die Problembereiche anschließende Aufarbeitung des Diskurses rund um die Reformvorschläge der AdA zeigte, dass gegenwärtig erste rudimentäre Vorschläge für eine berufsfeldspezifische AdA, eine Spezialisierung der AdA sowie eine reduzierte AdA für ausbildende Fachkräfte vorliegen. Ferner wurde deutlich, dass erste Konturen zur Ausgestaltung der Ausbilderlehrgänge sowie der Ausbildereignungsprüfung existieren. Zugleich zeigte sich aber auch, dass die bestehenden Diskurse erstens kaum unter Bezugnahme auf das betriebliche Ausbilderhandeln sowie zweitens unter Beachtung gegenwärtiger und zukünftiger Transformationsmuster stattfindet. Im Zuge der empirischen Exploration dieser Studie gilt es deshalb, die Reformdiskurse in die Delphi-Befragung zur Stellenbeschreibung der betrieblichen Ausbilder:innen einzubetten, um so die Verbindung zum betrieblichen Ausbilderhandeln und deren möglichen zukünftigen Veränderungen im Kontext von gesellschaftlichen Transformationsprozessen darzustellen. Ferner wird über die Delphi-Befragung ein Expertendiskurs initiiert, welcher zu einer Ausdifferenzierung der bisherigen Reformvorschläge führen kann.

Im letzten Abschnitt der theoretischen Exploration wurden besonders relevante gesellschaftliche Transformationsprozesse aufgearbeitet und hinsichtlich ihrer Folgen bzw. Herausforderungen für ausbildende Betriebe betrachtet, die zu einer veränderten Ausbildungspraxis gelangen müssen. Zusammengefasst wurde vor allem ein veränderter Qualifizierungsbedarf der Fachkräfte und damit auch der Auszubildenden, besonders im Kontext von *nachhaltiger Entwicklung* und *digitaler Transformation* aufgezeigt. Dies umfasst vor allem entrepreneuriale Fähigkeiten bzw. Kompetenzen, die es den Fachkräften und Auszubildenden erlauben, an der Neuausrichtung ihrer Unternehmen bzw. deren Geschäftsmodelle zu partizipieren. Ferner wurde im Zusammenhang mit den Ausführungen zum *demografischen Wandel* deutlich, dass Betriebe zukünftig im erhöhten Maße das Fachkräftepotenzial des Ausbildungsmarktes nutzen müssen, wenn sie ihren Fachkräftebedarf decken möchten. Dies umfasst sowohl die Inklusion jener Personen, die bisher von der betrieblichen Ausbildung ausgeschlossen sind, sowie die Gewinnung jener Personen, die eine akademische Ausbildung anstreben.

3 Planung und Durchführung der empirischen Exploration

3.1 Fragestellung und Empiriedesign im Überblick

Das Empiriedesign der vorliegenden Studie ist in der Abbildung 6 dargestellt. Es zeigt, dass und wie die empirische Exploration der Untersuchung in zwei Phasen unterteilt ist. Beiden Phasen liegt ein qualitativ orientiertes methodisches Verfahren zu Grunde. Die in dem Forschungsdesign enthaltenen sieben Fragestellungen wurden bereits in Abschnitt 1.2 im Zusammenhang mit den Forschungsdesiderata angeführt. Ihre Beantwortung steht im Zentrum der empirischen Exploration. Die erste Empiriephase zielt auf die Bearbeitung des *Desiderats 2* ab und ist als eine Dokumentenanalyse von ausgewählten AEVO-Lehr-Lernmaterialien angelegt. Die Bearbeitung des Desiderates erfolgt mit einem curriculumtheoretischen Zugang (vgl. Abschnitt 2.1.2). Im Ergebnis bringt die Exploration eine umfassende Beschreibung der gegenwärtigen AdA auf der Basis der Materialien hervor. Sie zeigt erstens, welche Annahmen über die Tätigkeiten der betrieblichen Ausbilder:innen sowie deren konkrete Ausgestaltung der AdA zu Grunde liegen (Fragestellung 1). Zweitens legt sie offen, welche Didaktik im Rahmen der AdA befördert wird (Fragestellung 2), und drittens führt sie zur Ausdifferenzierung eines Kompetenzmodells, das aufzeigt, durch welche Vorstellung von beruflicher Handlungskompetenz betrieblicher Ausbilder:innen die AdA geprägt ist (Fragestellung 3).

Im Fokus der zweiten Empiriephase stehen die Bearbeitungen von *Desiderat 1* und *Desiderat 3*. Sie ist als zweiphasige Delphi-Befragung angelegt. Ziel der ersten Phase der Delphi-Befragung ist zum einen die Generierung einer Stellenbeschreibung der betrieblichen Ausbilder:innen (Fragestellung 4). Darüber hinaus werden mögliche Veränderungen in der Stellenbeschreibung bis zu dem Jahr 2030 antizipiert und als Entwicklungslinien ausgewiesen (Fragestellung 5). Die Stellenbeschreibung wird über einen professions- und kompetenztheoretischen Zugang erstellt (vgl. Abschnitt 2.1.2). In der zweiten Runde der Delphi-Befragung erfolgen neben der Validierung der Ergebnisse aus der ersten Runde eine Bewertung von Reformvorschlägen zu der AdA (Fragestellung 6) sowie die Skizzierung eines Idealbildes der Ausbilderlehrgänge und der Ausbildereignungsprüfungen (Fragestellung 7). Dieses Vorgehen ist bildungspolitischer Provenienz (vgl. Abschnitt 2.1.2). Zum Abschluss der Studie werden die Ausführungen der theoretischen sowie der empirischen Exploration zusammengefasst und ein Forschungsausblick vorgenommen.

In den nachfolgenden zwei Abschnitten werden die beiden Empiriephasen hinsichtlich ihrer Planung und Durchführung dargelegt und begründet. In diesem Zusammenhang werden die Auswahl und Zusammenstellung des Materialkorpus der Dokumentenanalyse sowie die Auswahl und Zusammensetzung der Expert:innen für die Delphi-Befragung

(Sample) vorgestellt. Ferner werden das Auswertungsvorgehen sowie die Erhebungsinstrumente dargestellt sowie abschließend die korrespondierenden Gütekriterien der Studie identifiziert, begründet und reflektiert.

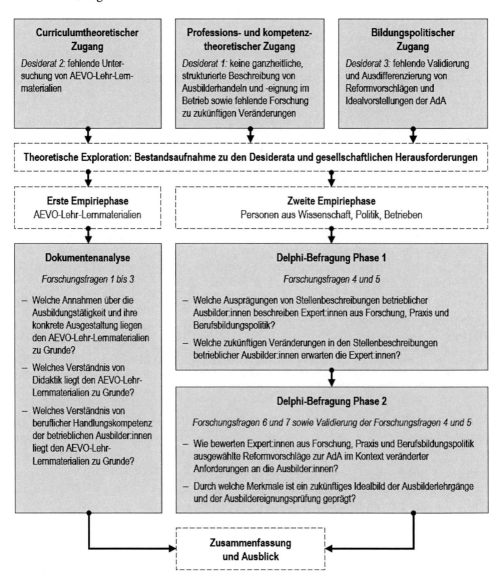

Abbildung 6: Empiriedesign der Studie

3.2 Erste Empiriephase – Dokumentenanalyse

Im Zentrum der ersten Empiriephase steht eine Dokumentenanalyse von ausgewählten AEVO-Lehr-Lernmaterialien (vgl. Empiriedesign Abschnitt 3.1). Der Analyse liegt die Annahme zu Grunde, dass diese Materialien die Kultur und Praxis der AdA widerspiegeln. Darüber hinaus stehen die Materialien zusätzlich auch solchen Personen für die Vorbereitung auf die Ausbildereignungsprüfung zur Verfügung, die an keinem Ausbilderlehrgang teilnehmen. Über die Untersuchung der AEVO-Lehr-Lernmaterialien kann daher insgesamt ein präziseres Verständnis der AdA entwickelt werden als über die Analyse nur einzelner Lehrgänge (vgl. Abschnitt 1.2). Nachfolgend wird die Auswahl der analysierten Materialien dargelegt.

3.2.1 Sample – Auswahl der AEVO-Lehr-Lernmaterialien

Ein Sample stellt die Grundeinheit einer Untersuchung dar. Es besteht aus mehreren Analyseeinheiten, die sich nicht nur auf Personen beziehen müssen, sondern beispielsweise auch Fotos, Diskurse, Organisationen oder Ereignisse beinhalten können. Diese werden nach einem spezifischen Auswahlverfahren zusammengestellt (vgl. Kuckartz 2018, S. 30 f.). Charakteristisch für qualitative Untersuchungen dieser Art ist, dass sie nur mit wenigen Analyseeinheiten durchgeführt werden (vgl. u. a. Lamnek 2010, S. 3; Mayring 2002, S. 41 f.). Die Einheiten müssen dabei nicht in einem statistischen Sinne repräsentativ sein. Vielmehr geht es darum, dass die „Handlungsmuster und die theoretischen Bausteine, die man aus ihnen entwickelt, breit genug streuen, so dass sich das untersuchte Phänomen ausreichend erklären lässt." (Brüsemeister 2008, S. 173). Qualitative Forschung ist deshalb an theoretisch begründeten statt an statistisch repräsentativen Stichproben interessiert (vgl. ebd.).

Qualitative Untersuchungen bieten grundsätzlich die Möglichkeit, die Zusammenstellung des Samples im Forschungsprozess offen zu halten, d. h. nach den ersten Zwischenbefunden abzuwägen, ob noch weitere Analyseeinheiten in die Stichprobe aufgenommen werden müssen, um die Forschungsfrage(n) hinreichend begründet beantworten zu können (vgl. ebd., S. 172). Wichtig bei der Zusammenstellung des Samples ist, dass die Auswahl der Analyseeinheiten systematisch erfolgt, für Außenstehende transparent und nachvollziehbar ist sowie einer begründeten Kritik standhalten kann (vgl. Merkens 2010, S. 290 f.). Dafür ist es erforderlich, dass Forschungstechniken bei der Zusammenstellung eingesetzt und dokumentiert werden, die Nachvollziehbarkeit gewährleisten können (vgl. ebd.). Im Wissen darum ist es zielführend, theoriegesteuerte Verfahren für die Samplezusammenstellung einzusetzen. In Abgrenzung zu der Zufallsstichprobe, bei der jedes Element der Grundgesamtheit mit derselben Wahrscheinlichkeit als Analyseeinheit in das Sample aufgenommen wird, erfolgt mit der absichtsvollen Stichprobenziehung eine theoretisch begründete Auswahl jener Analyseeinheiten, die hinsichtlich der zu beantwortenden Fragestellung(en) besonders aufschlussreich und relevant sind (vgl. Schreier 2011, S. 244 ff.).

Für die erste Empiriephase dieser Studie wurden solche AEVO-Lehr-Lernmaterialien als Analyseeinheiten ausgewählt, die besonders geeignet sind, um die gegenwärtige AdA abzubilden. Um ein solches Sample zu generieren, erfolgte eine kriterienorientierte Auswahl der Materialien als eine Form des theoriegesteuerten Verfahrens. Bei dieser Form der absichtsvollen Stichprobenziehung wird mindestens ein wichtiges Auswahlkriterium herangezogen. Ein Auswahlkriterium kann z. B. darin bestehen, dass die zu untersuchenden Analyseeinheiten eine Eigenschaft besonders ausgeprägt aufweisen müssen, um im Sample aufgenommen zu werden (Intensive Case Sampling) (vgl. ebd., S. 252).

In der nachfolgenden Abbildung 7 sind die Kriterien für die Auswahl der Analyseeinheiten sowie die Auswahlinstrumente zusammenfassend dargestellt.

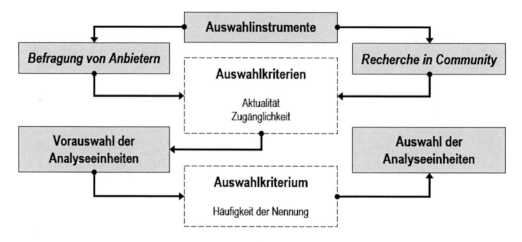

Abbildung 7: Kriterien der Auswahl der Analyseeinheiten für die erste Empiriephase

Der Abbildung 7 kann entnommen werden, dass drei Kriterien für die Auswahl der AEVO-Lehr-Lernmaterialien und zwei Auswahlinstrumente herangezogen wurden. Bei den Kriterien handelt es sich neben der *Aktualität* und der *Zugänglichkeit* der Materialien auch um das Kriterium der *Häufigkeit der Nennung*. Das Kriterium *Aktualität* soll sicherstellen, dass nur jene Materialien in das Sample aufgenommen werden, die den aktuellen Stand der AEVO sowie des Rahmenplans widerspiegeln. Mit dem Kriterium *Zugänglichkeit* soll sichergestellt werden, dass es sich um Materialien handelt, die auch für den Einsatz in den Lehrgängen und/oder zur Vorbereitung der Selbstlerner:innen öffentlich, d. h. in der Regel käuflich zur Verfügung stehen. Erst dann, wenn ein Lehr-Lernmaterial die ersten beiden Kriterien erfüllt, wird das dritte Kriterium *Häufigkeit der Nennung* angelegt. Es soll sicherstellen, dass nur solche Materialien in das Sample aufgenommen werden, die einen großen Einfluss auf die AdA haben, weil sie besonders häufig im Rahmen von Ausbilderlehrgängen eingesetzt werden.

Das erste Auswahlinstrument ist eine Befragung von ausgewiesenen Anbietern von Vorbereitungslehrgängen für die AdA-Prüfung. Als Anbieter:innen solcher Lehrgänge können bundesweit drei große Gruppen differenziert werden: die Industrie- und Handelskammern (IHK), die Handwerkskammern (HWK) sowie die privatwirtschaftlich organisierten Bildungseinrichtungen (vgl. Brünner 2012a, S. 246; Klein 1979, S. 23; Kutt 1980, S. 830; Sloane 2006, S. 462). Befragt wurden im Wissen um diese Anbieterstruktur zum einen ein Vertreter des Deutscher Industrie- und Handelskammertag (DIHK). Zum anderen wurden Vertreter von zwei großen, deutschlandweit tätigen privatwirtschaftlichen Bildungsanbietern befragt. Gefragt wurde danach, welche Lehr-Lernmaterialien sie in ihren Lehrgängen schwerpunktmäßig einsetzen oder ihren Teilnehmer:innen für die Prüfungsvorbereitung empfehlen.

Neben der Befragung der Anbieter:innen wurden zweitens die Literaturempfehlungen des vom BiBB betriebenen Ausbilderforums foraus.de (2019) berücksichtigt (Recherche in Community). Das seit dem Jahr 2002 bestehende Forum ist mit fast 12.000 registrierten Mitgliedern die größte Community für Ausbilder:innen in Deutschland (vgl. BiBB o. J.b). Die in dem Forum eingestellten Informationen sind kostenfrei im Netz verfügbar und können von allen an Ausbildung und Ausbilderqualifizierung interessierten Personen gelesen werden. Es ist naheliegend, dass die dort ausgesprochenen Literaturempfehlungen einen großen Einfluss haben und von einer großen Anzahl von an der AdA interessierten Personen bei der Wahl ihrer Lehr-Lernmaterialien berücksichtigt werden. Über die interne Suchfunktion wurde eine Synopse der im *Forum für AusbilderInnen* ausgesprochenen Empfehlungen erstellt und diese mit den Empfehlungen des Vertreters der DHIK sowie den der anderen beiden Bildungseinrichtungen verglichen.

Durch diese zwei Auswahlinstrumente wurden in einem ersten Schritt siebzehn Lehr-Lernmaterialien identifiziert, welche die ersten beiden Kriterien, d. h *Aktualität* und *Zugänglichkeit* erfüllten. In einem zweiten Schritt wurden aus diesen siebzehn Materialien jene mit den häufigsten Nennungen ausgewählt. Nur drei der AEVO-Lehr-Lernmaterialien wurden öfter als zweimal genannt. Zwei dieser drei Materialien wurden dreimal genannt und ein Material viermal. Aufgrund ihrer im Vergleich zu den anderen Lehr-Lernmaterialien überdurchschnittlichen Nennung wurden drei Materialien in das Sample aufgenommen:

- Eiling, A. und Schlotthauer, H. (2016). *Handlungsfeld Ausbildung. Arbeitsmappe zur Vorbereitung auf die Ausbilder-Eignungsprüfung* (8. Aufl.). Hamburg: Feldhaus.
- Jacobs, P. und Preuße, M. (2018). *Kompaktwissen AEVO in vier Handlungsfeldern* (4. Aufl.). Köln: Bildungsverlag EINS.
- Küper, W. und Mendizábal, A. (2018). *Die Ausbilder-Eignung. Basiswissen für Prüfung und Praxis der Ausbilder/innen* (21. Aufl.). Hamburg: Feldhaus.

3.2.2 Strukturierende Inhaltsanalyse als Auswertungsverfahren

Im Rahmen der vorliegenden Studie wird sowohl in der ersten als auch in der zweiten empirischen Exploration ein qualitatives Verfahren der Inhaltsanalyse zur Datenauswertung gewählt. Die qualitative Inhaltsanalyse ist ein häufig angewendetes Auswertungsverfahren und hat sich in der Praxis „in zahlreichen Forschungsprojekten bewährt" (Kuckartz

2018, S. 97). Auf einer übergeordneten Ebene lässt sie sich definieren „als ein gleichermaßen systematisches und valides Verfahren mit dem Ziel einer zusammenfassenden Beschreibung des [zu untersuchenden] Materials" (Schreier 2014, S. 20). In den letzten Jahrzehnten haben sich eine Vielzahl unterschiedlicher Ansätze qualitativer Inhaltsanalyse aus der Forschungspraxis heraus entwickelt (vgl. Döring & Bortz 2016, S. 541; Kuckartz 2018, S. 48; Mayring 2015; Schreier 2014, S. 2). Im deutschsprachigen Raum hat sich besonders die von Mayring (2015, 2019) entwickelte Form der qualitativen Inhaltsanalyse etabliert. Sie unterscheidet ihrerseits drei verschiedentliche Formen von qualitativen Inhaltsanalysen: die *zusammenfassende Inhaltsanalyse*, die *explizierende Inhaltsanalyse* und die *strukturierende Inhaltsanalyse* (vgl. Döring & Bortz 2016, S. 542). In der Tabelle 8 sind diese drei Formen zusammengefasst.

Tabelle 8: Formen der qualitativen Inhaltsanalyse (in Anlehnung an Mayring 2015, S. 72 ff. sowie Döring und Bortz 2016, S. 542 ff.)

Zusammenfassende Inhaltsanalyse:	Explizierende Inhaltsanalyse:
schrittweise induktive Reduzierung des qualitativen Datenmaterials auf seine manifesten Hauptinhalte mittels eines Vierschritts: 1. Paraphrasierung (Identifizierung und Paraphrasierung inhaltstragende Textstellen); 2. Generalisierung (Angleichung aller Paraphrasen auf das gleiche Abstraktionsniveau.); 3. erste Reduktion (bedeutungsgleiche oder unwichtige Paraphrasen werden gestrichen); 4. zweite Reduktion (Paraphrasen werden fallbezogen zusammengefasst)	Unklare Textstellen des qualitativen Datenmaterials werden zum einen durch Anreicherung mit weiteren Informationen und zum anderen durch Betrachtung des unmittelbaren Textumfeldes verständlich gemacht.
An das zusammengefasste und ggf. explizierte Datenmaterial kann zusätzlich ein Kategoriensystem angelegt werden. ⇩	
Strukturierende Inhaltsanalyse:	
An das Datenmaterial wird ein Kategoriensystem angelegt, um numerisches Datenmaterial zu gewinnen. Hier sind vier Varianten zu differenzieren: 1. die formale Strukturierung (formale Strukturierungsgesichtspunkte werden aus dem Material herausgefiltert); 2. die inhaltliche Strukturierung (Material zu ausgewählten Themen wird extrahiert und zusammengefasst); 3. die typisierende Strukturierung (auf der Grundlage einer Typisierungsdimension werden markante Ausprägungen aus dem Datenmaterial extrahiert und näher beschrieben; 4. die skalierende Strukturierung (zu einzelnen Dimensionen werden Ausprägungen in Form von Skalenpunkten definiert und auf dieser Grundlage das Material eingeschätzt)	

Aus der Tabelle 8 wird ersichtlich, dass die strukturierende Inhaltsanalyse nicht nur an die zusammenfassende und explizierende Inhaltsanalyse anschließen kann, sondern, dass innerhalb der strukturierenden Inhaltsanalyse selbst unterschiedliche Basisformen differenziert werden. Für die in dieser Studie durchgeführte Auswertung von Lehr-Lernmaterialen der AdA kommt die inhaltlich-strukturierende Inhaltsanalyse zum Einsatz, welche auch insgesamt in der Forschungspraxis besonders häufig angewendet wird (vgl. Kuckartz 2018, S. 48).

Die Durchführung der Analyse orientiert sich an dem Vorgehen von Kuckartz (2018), welches Ähnlichkeit zur strukturierenden Inhaltsanalyse nach Mayring (2015) aufweist.

Zentral für den Ansatz von Kuckartz (2018) „ist die Idee der Strukturierung des Materials durch zwei Dimensionen, nämlich Fälle (Analyseeinheiten) und Kategorien." (ebd., S. 49). Fälle (Analyseeinheiten) können, wie bereits im vorangegangenen Abschnitt angeführt wurde, vielfältige Formen haben und neben schriftlichen Dokumenten auch Personen, Organisationen oder Fotos sein (Häder 2015, S. 359; vgl. Kuckartz 2018, S. 98; Merkens 2010, S. 294). Kategorien bilden die zweite strukturierende Dimension. In der Regel handelt es sich bei Kategorien „um Themen, aber prinzipiell können alle Arten von Kategorien hier auftreten." (Kuckartz 2018, S. 49). Zusammen bilden die beiden Dimensionen die Matrix der inhaltlichen Strukturierung: *Fälle x Kategorien*. Üblicherweise sind die Fälle in den Zeilen und die Kategorien in den Spalten angelegt (vgl. ebd.). Ein weiteres wichtiges Abgrenzungsmerkmal zu Mayring (2015) besteht darin, dass Kuckartz (2018) als ersten Schritt der strukturierenden Inhaltsanalyse eine initiierende Textarbeit vorsieht, welche hermeneutisch-interpretativ angelegt ist. Der Ablauf der inhaltlich-strukturierenden Inhaltsanalyse nach Kuckartz (2018, S. 97 ff.) umfasst die in Abbildung 8 dargestellten sieben Schritte, welche unter Umständen mehrfach durchgeführt werden.

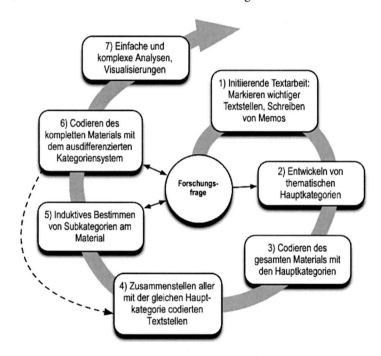

Abbildung 8: Ablaufschema einer inhaltlich strukturierenden Inhaltsanalyse (Kuckartz 2018, S. 100).

Schritt eins – Initiierende Textarbeit, Markieren wichtiger Textstellen und Schreiben von Memos: Die erste Phase kann umschrieben werden als ein „Sich-Vertraut-Machen mit dem Material" (Schreier 2014, S. 5 f.). Es geht um das sorgfältige Lesen des Textes sowie das Markieren und Kommentieren von besonders relevant erscheinenden Textpassagen (vgl. Kuckartz 2018, S. 101).

Schritt zwei – Entwickeln von thematischen Hauptkategorien: Anschließend wird die inhaltliche Strukturierung des Datenmaterials eingeleitet, indem Hauptkategorien aus den zu bearbeitenden Fragestellungen bzw. aus den dahinterliegenden theoretischen Bezugsrahmen deduktiv abgeleitet werden (vgl. ebd., S. 101 f.).

Schritt drei – Erster Kodierprozess: Es erfolgt sodann eine erste Kodierung des Materials entlang der Hauptkategorien. Das zu kodierende Material wird in diesem Zuge sequenziell durchgegangen (vgl. ebd., S. 102).

Schritt vier – Zusammenstellen aller mit der gleichen Kategorie codierten Textstellen: Es schließt sich eine erste Zusammenfassung der in Phase drei durchgeführten Codierungen an (vgl. ebd., S. 106).

Schritt fünf – Induktives Bestimmen von Subkategorien am Material: Entlang des Materials und der gebildeten Hauptkategorien werden schließlich Subkategorien/ Unterkategorien gebildet und damit eine Ausdifferenzierung der noch relativ allgemein gehaltenen Hauptkategorien vorgenommen (vgl. ebd.).

Schritt sechs – Zweiter Kodierprozess: Das gesamte Datenmaterial wird anschließend entlang der Haupt- und Subkategorien kodiert (vgl. ebd., S. 110).

Schritt sieben – Einfache und komplexe Analysen, Visualisierungen: Im letzten Schritt erfolgen die Auswertung und Analyse des codierten Materials. Es lassen sich sechs Analyseformen differenzieren: (1) *Kategorienbasierte Auswertung entlang der Hauptkategorien,* (2) *Analyse der Zusammenhänge zwischen den Subkategorien einer Hauptkategorie,* (3) *Analyse der Zusammenhänge zwischen Kategorien,* (4) *Kreuztabellen – qualitativ und quantifizierend,* (5) *Konfigurationen von Kategorien untersuchen,* (6) *Visualisierung von Zusammenhängen* (vgl. ebd., S. 117 ff.).

In den nachfolgenden zwei Abschnitten wird das konkrete Vorgehen der inhaltlich-strukturierenden Inhaltsanalyse für die vorgenommene Dokumentenanalyse beschrieben. Auf die Aufbereitung des untersuchten Datenmaterials in Form einer zusammenfassenden und explizierenden Inhaltsanalyse konnte verzichtet werden. Im nachfolgenden Abschnitt wird die erste Sichtung des Materials dargestellt und damit die untersuchten Lehr-Lern-materialien auf einer übergeordneten Ebene beschrieben.

3.2.3 Erste Sichtung des analysierten Materials

Nach der Zusammenstellung des Samples (vgl. Abschnitt 3.2.1) erfolgt eine erste Durchsicht der zu analysierenden AEVO-Lehrmaterialien (*Schritt eins der strukturierenden Inhaltsanalyse*). Ziel dieser ersten Phase ist es, die Analyseeinheiten zum einen inhaltlich und zum anderen hinsichtlich ihrer formalen Eigenschaften wie z. B. Umfang oder strukturgebende Elemente zu skizzieren und somit einen ersten Eindruck von dem Analysematerial und dessen Spezifika zu gewinnen (vgl. ebd., S. 56). Die wesentlichen Ergebnisse der ersten Durchsicht sind in der Tabelle 9 zusammengefasst.

Merkmal 1 und 2: Ein wesentliches Ergebnis der Sichtung ist der Befund, dass die ausgewählten Materialien in ihrer Struktur die AEVO widerspiegeln. So weisen alle Materialien auf der Ebene ihrer Gliederung die vier Handlungsfelder als gemeinsame

Grundstruktur auf. Die Gewichtung der Handlungsfelder orientieren sich zudem an den Vorgaben des BiBB Rahmenplans. Das bedeutet, dass dem dritten Handlungsfeld (Ausbildung durchführen) in allen Materialien der deutlich größte Seitenumfang eingeräumt wird. Danach folgen Handlungsfeld eins (Ausbildungsvoraussetzung prüfen und Ausbildung planen) sowie zwei (Ausbildung vorbereiten und bei der Einstellung von Auszubildenden mitwirken). Den geringsten Umfang weist das vierte Handlungsfeld (Ausbildung abschließen) auf. Hinsichtlich der Zielsetzung heben alle Analyseeinheiten hervor, dass sie primär der Vorbereitung auf die Ausbildereignungsprüfung dienen.

Tabelle 9: Übersicht zur ersten Sichtung der Lehr-Lernmaterialien

Merkmale / Materialien	Eiling und Schlotthauer (2016)	Jacobs und Preuße (2018)	Küper und Mendizábal (2018)
Grundstruktur	orientiert an den Vorgaben der AEVO und des BiBB Rahmenplans		
Zielsetzung	Vorbereitung auf die Ausbildereignungsprüfung		
Umfang	384 Seiten	199 Seiten	427 Seiten
Übungseinheiten	umfassende Handlungsfälle nach jedem Handlungsfeld	vereinzelt Übungsaufgaben in jedem Handlungsfeld	vereinzelt Übungsaufgaben in jedem Handlungsfeldern
Weitere Strukturmerkmale	Lernziele und Lernzielchecks in den Handlungsfeldern; Informationen zu der Ausbildereignungsprüfung; Multiple-Choice-Aufgaben	strukturierende Leitfragen in den Handlungsfeldern; ausgewählte Verordnungen und Gesetzestexte im Anhang	Leitfragen; Kernaussagen; Handlungsanweisungen sowie Praxistipps in den Handlungsfeldern; Multiple-Choice-Aufgaben

Merkmal 3: Ein wesentliches Unterscheidungsmerkmal stellt der Umfang der Materialien dar. Hier fällt auf, dass das dritte Material von Küper und Mendizábal (2018) mit einem Umfang von 427 Seiten deutlich umfangreicher als die anderen beiden ist, was insbesondere auf die ausgeprägten fachtheoretischen Ausführungen zurückzuführen ist. Gestützt werden diese bisweilen durch Beispiele. Das erste Material von Eiling und Schlotthauer (2016) weist den zweithöchsten Umfang (384 Seiten) auf und das zweite Material von Jacobs und Preuße (2018) mit einem Umfang von 199 Seiten mit Abstand den geringsten.

Merkmal 4: Als viertes Unterscheidungsmerkmal können die in den Materialien enthaltenden Übungseinheiten herangezogen werden. Auffällig ist hier, dass das erste Lehr-Lernmaterial von Eiling und Schlotthauer (2016) umfassende Handlungsfälle enthält, welche nach dem Abschluss eines Handlungsfeldes angeführt werden. Die im zweiten Lehr-Lernmaterial (vgl. Jacobs & Preuße 2018) und dritten Lehr-Lernmaterial (vgl. Küper & Mendizábal 2018) enthaltenen Übungseinheiten sind in die einzelnen Handlungsfelder integriert und tauchen dort eher sporadisch auf.

Merkmal 5: Abschließend können weitere Strukturmerkmale der Lehr-Lernmaterialien angeführt werden. Charakteristisch für das erste Lehr-Lernmaterial von Eiling und Schlotthauer (2016) sind die in den Handlungsfeldern angeführten Lernziele sowie Lernzielchecks. Das zweite Lehr-Lernmaterial von Jacobs und Preuße (2018) ist durch strukturgebende Leitfragen gekennzeichnet. Diese befinden sich in den Handlungsfeldern und greifen die zu lernenden Inhalte auf. Für das dritte Lehr-Lernmaterial von Küper und

Mendizábal (2018) können als wesentliche Strukturmerkmale zusammenfassende Kernaussagen, Handlungsanweisungen, Praxistipps sowie denkanregende Leitfragen angeführt werden.

Insgesamt kann festgehalten werden, dass alle untersuchten Materialien die gleiche Struktur aufweisen sowie die gleiche Zielsetzung verfolgen. Dennoch sind die Materialien durch Unterschiede geprägt, die im Rahmen der Auswertung Berücksichtigung finden müssen, indem für jedes Lehr-Lernmaterial ein individueller Umgang bzw. eine Lesart entwickelt wird. So ist vor allem mit Blick auf das Material von Küper und Mendizábal (2018) eine Lesart anzusetzen, die von den umfangreichen fachtheoretischen Ausführungen abstrahiert. Ferner bedeutet dies auch, dass in Abhängigkeit davon, ob und in welchem Umfang in den Materialien Übungseinheiten oder die vorab angeführten Strukturmerkmale enthalten sind, diese in die Auswertung mit einbezogen werden. Dies betrifft allerdings nicht die Ausführungen zur Ausbildereignungsprüfung sowie die Multiple-Choice-Aufgaben, die sich jeweils am Ende der Materialien von Eiling und Schlotthauer (2016) (Lehr-Lernmaterial 1) sowie von Küper und Mendizábal (2018) (Lehr-Lernmaterial 3) befinden. Auch umfasst dies nicht die Auszüge aus den Gesetzestexten, welche sich im Anhang des Lehr-Lernmaterials 2 von Jacobs und Preuße (2018) befinden.

Im nachstehenden Abschnitt werden das Auswertungsvorgehen sowie das Kategoriensystem und der Kodierleitfaden der Inhaltsanalyse vorgestellt.

3.2.4 Auswertungsvorgehen, Kategoriensystem und Kodierleitfaden

Das übergeordnete Ziel der in der vorliegenden Studie durchgeführten Inhaltsanalyse ist eine Gegenwartsbeschreibung der AdA. Die mit der Inhaltsanalyse verbundenen Fragestellungen (vgl. Empiriedesign in Abbildung 6) wurden in ein Kategoriensystem und einen dazugehörigen Kodierleitfaden überführt. Für die Durchführung der Inhaltsanalyse wurde das Datenanalyseprogramm MAXQDA2018 verwendet. Zur Bildung von Kategorien ist es entscheidend, dass diese nicht nur für die Forschungsfragen relevant sind, sondern auch vollständig definiert sowie trennscharf, d. h. deutlich abgrenzbar gegenüber den anderen Kategorien sind (vgl. Rädiker & Kuckartz 2019, S. 101 f.; Züll & Mohler 2001, S. 5). In Anlehnung an Kuckartz (2018, S. 40) wurde deshalb nachfolgendes Schema (vgl. Tabelle 10) für die Erstellung des Kodierleitfadens (vgl. Anhang 1) genutzt.

Tabelle 10: Allgemeines Schema für Kategoriendefinition (vgl. Kuckartz 2018, S. 40)

Name der Kategorie (Code)	Möglichst prägnante Bezeichnung
Anwendung der Kategorie (Kodierregel)	„Kategorie XY" wird immer dann codiert, wenn folgende Aspekte genannt werden …
Abgrenzung zu anderen Kategorien (Abgrenzung)	Die Kategorie wird nicht kodiert, wenn …
Beispiel für die Anwendung (Ankerbeispiel)	Zitate aus den Analyseeinheiten, die sich als Beispiel für die Kategorie eignen

Für die Entwicklung eines Kategoriensystems kann ein weites Spektrum an Vorgehensweisen konstatiert werden. Es reicht „von der vollständig induktiven Kategorienbildung am Material bis hin zur weitgehend deduktiven Bildung von Kategorien" (ebd., S. 97).

Das Kategoriensystem für die erste empirische Exploration wurde wie folgt erstellt: Orientiert an dem im Abschnitt 3.2.2 beschriebenen Ablaufschema der inhaltlich strukturierenden Inhaltsanalyse wurden zunächst thematische Hauptkategorien gebildet, welche aus den zu bearbeitenden Fragestellungen bzw. aus dem dahinterliegenden theoretischen Bezugsrahmen deduktiv abgeleitet wurden (*Schritt zwei der strukturierenden Inhaltsanalyse*). Insgesamt wurden drei Hauptkategorien gebildet und Kodierregeln für diese Kategorien erarbeitet (vgl. Tabelle 11).

Tabelle 11: Hauptkategorien und Kodierregeln der ersten empirischen Exploration

Hauptkategorien	Code	Kodierregel	Abgrenzung
Hauptkategorie I	Ausbildertätigkeiten	Alle Aussagen kodieren, in denen Tätigkeiten betrieblicher Ausbilder:innen beschrieben werden.	keine Aufzählung von Fachinhalten, keine Lernziele, Übungsaufgaben, Handlungsfälle oder Überschriften
Hauptkategorie II	Didaktik	Alle Aussagen kodieren, die erkennen lassen, auf welches Verständnis von Lehren und Lernen im engeren Sinne Ausbilder:innen vorbereitet werden.	keine Wiedergabe von Fachinhalten, Lernzielen, Handlungsfällen oder Übungsaufgaben
Hauptkategorie III	Kompetenzen betrieblicher Ausbilder:innen	Alle Aussagen kodieren, in denen Kompetenzen, d. h. personengebundene Dispositionen betrieblicher Ausbilder:innen beschrieben werden oder aus Performanzanforderungen ableitbar sind.	kein Kodieren von Ausbildertätigkeiten (vgl. Hauptkategorie I)

Im Anschluss daran erfolgt ein erster Kodierprozess entlang der Hauptkategorien (*Schritt drei der strukturierenden Inhaltsanalyse*). Dieser Prozess wurde verkürzt, d. h. es wurde nur ein Teil (ca. 30 %) des gesamten Materials codiert. Es wurde dabei darauf geachtet, dass jedes der drei Lehr-Lernmaterialien entlang seiner vier Handlungsfelder anteilig kodiert wurde. In diesem ersten Kodierdurchlauf wurde ein hohes Abstraktionsniveau zu Grunde gelegt. Im Anschluss an diesen ersten Kodierdurchlauf wurde überprüft, inwieweit die Hauptkategorien mit Kodierungen geladen werden konnten. Auf eine Zusammenstellung aller mit der gleichen Hauptkategorie kodierten Textstellen (*Schritt vier der strukturierenden Inhaltsanalyse*) wurde aus forschungspragmatischen Gründen verzichtet (vgl. ebd., S. 110).

Nachdem festgestellt wurde, dass die Hauptkategorien tragfähig sind, erfolgte die ebenfalls deduktive Bildung der Unterkategorien (*Schritt fünf der strukturierenden Inhaltsanalyse*). Unterkategorien bieten die Möglichkeit, die entlang der Hauptkategorien codierten Segmente unter Berücksichtigung einer spezifischen Perspektive differenzierter zu betrachten (vgl. ebd., S. 43). Für die Bildung dieser Unterkategorien wurde auf die Ausführungen der theoretischen Exploration zurückgegriffen. Diese bieten Ansatzpunkte für die Detaillierung des curriculumtheoretischen Zugangs an. Dies betrifft erstens die Ausfüh-

Kapitel 3

rungen zu den Handlungsfeldern der AEVO (Abschnitt 2.3.1). Ferner wurden im Abschnitt 2.3.2 weitere Möglichkeiten der Detaillierung aufgezeigt, indem erstens Merkmalsausprägungen motivations-, persönlichkeits- und lernförderlicher Aufgabengestaltung vorgestellt wurden. Zweitens wurden Merkmalsausprägungen für Erklärungsansätzen des Lernens und Lehrens angeführt. Drittens erfolgte die Darlegung von Teilkompetenzen der beruflichen Handlungskompetenz von betrieblichen Ausbilder:innen.

Die nachstehende Tabelle 12 fasst überblicksartig die Detaillierungen des curriculumtheoretischen Zugangs zusammen.

Tabelle 12: Detaillierungen des curriculumtheoretischen Zugangs – Dokumentenanalyse AEVO Lehr-Lernmaterialien

Unterkategorien der Hauptkategorie I	Unterkategorien der Hauptkategorie II	Unterkategorien der Hauptkategorie III
Grundstruktur der AEVO mit ihren vier Handlungsfeldern (vgl. Abschnitt 2.3.1); arbeits- und organisationspsychologische Merkmale; motivations-, persönlichkeits- und lernförderlicher Aufgabengestaltung nach Schaper (2014, S. 377) unter Bezugnahme auf Ulich (2011) (vgl. Abschnitt 2.3.2)	Merkmalsausprägungen von Erklärungsansätzen für das Lernen und Lehren (vgl. Rebmann & Schlömer 2011, S. 3) (vgl. Abschnitt 2.3.2)	Teilkompetenzen von Kompetenzstrukturmodellen in der Ausbilderforschung (vgl. Merkel et al. 2017, S. 117; Ruschel o. J., S. 4; Sloane 2009, S. 11) (vgl. Abschnitt 2.3.2)

Nachdem die Unterkategorien sowie die dazugehörigen Kodierregeln und Abgrenzungen gebildet und in das Datenanalyseprogramm MAXQDA2018 übertragen wurden, erfolgte erstmals ein vollständiger Kodierdurchlauf durch das gesamte Material (*Schritt sechs der strukturierenden Inhaltsanalyse*). Im Anschluss daran wurden das Kategoriensystem und der Kodierleitfaden überarbeitet. Unterkategorien, die sich als nicht als tragfähig für die Analyse erwiesen, weil sie entweder gar nicht oder nur sehr schwach mit Kodierungen geladen waren, wurden aus dem Kategoriensystem entfernt.

Mit dem bereinigten Kategoriensystem und dem überarbeiteten Kodierleitfaden fand dann ein zweiter vollständiger Kodierdurchlauf durch das komplette Material statt. In diesem zweiten vollständigen Kodierdurchlauf wurden für ausgewählte Unterkategorien induktiv strukturgebende Unterkategorien gebildet. Der Anhang 1 zeigt den überarbeiteten Kodierleitfaden mit den final gültigen Kodierregeln, Abgrenzungen sowie Ankerbeispielen.[19]

Das Kategoriensystem besteht aus drei Hauptkategorien mit insgesamt sechzehn Unterkategorien auf der ersten Ebene. Für die erste Hauptkategorie *Ausbildertätigkeiten* wurden acht Unterkategorien zur Ausdifferenzierung gebildet. Die ersten vier Unterkategorien dienen dem Zweck, die mit der ersten Hauptkategorie kodierten Segmente den Handlungsfeldern der AEVO zuzuordnen und damit die in der AEVO enthaltene Struktur in die Auswertung zu integrieren. Die letzten vier Unterkategorien wurden angelegt, um die

---

[19] Im Kodierleitfaden steht HK für Hauptkategorie und UK für Unterkategorie.

kodierten Segmente der ersten Hauptkategorie aus einer arbeitspsychologischen Perspektive auszuwerten und damit die den Ausbilder:innen in den Materialien zugeschriebenen Aufgaben hinsichtlich ihrer Qualitäten bewerten zu können.

Für die zweite Hauptkategorie *Didaktik betrieblicher Ausbildung* wurden vier Unterkategorien gebildet. Diese Kategorien legen jeweils unterschiedliche Schwerpunkt in der Betrachtung des betrieblichen Lernens. Neben dem im Analysematerial transportierten Verständnis von Lernen, Bild des Lernenden, Interaktion zwischen Lehrenden und Lernenden werden auch die den Ausbilder:innen vermittelten didaktischen Modellen betrachtet. Drei der vier Unterkategorien weisen strukturgebende Unterkategorien, d. h. Unterkategorien der zweiten Ebene auf, welche induktiv gebildet wurden. Konkret bedeutet dies, dass für die Unterkategorien Lernen, Bild der Lernenden sowie Interaktion aus den untersuchten Materialien Unterkategorien der zweiten Ordnung gebildet wurden. Ziel dieser Kategorien war es, eine noch stärker differenzierte Beschreibung der in den Materialien beförderten Didaktik zu gewinnen.

Die dritte Hauptkategorie *Kompetenzen betrieblicher Ausbilder:innen* weist ebenfalls vier Unterkategorien auf, welche aus den in Abschnitt 2.2.4 dargestellten Kompetenzstrukturmodell betrieblicher Ausbilder:innen abgeleitet wurden. Mittels dieser Unterkompetenzen sollen die in den Lehr-Lernmaterialien enthaltenden Kompetenzanforderungen bzw. Performanzbeschreibungen systematisiert und differenziert werden. Für die hier gebildeten Unterkategorien wurden ebenfalls strukturgebende Unterkategorien induktiv, d. h. aus dem Analysematerial heraus entwickelt. Diese Unterkategorien zweiter Ordnung dienen der differenzierten Beschreibung des in der AdA beförderten Bildes von beruflicher Handlungskompetenz der betrieblichen Ausbilder:innen.

An den zweiten Kodierdurchlauf schließt sich Schritt sieben der strukturierenden Inhaltsanalyse (*Einfache und komplexe Analysen, Visualisierungen*) an. Bei der inhaltlich strukturierenden qualitativen Inhaltsanalyse wird zwischen sieben verschiedenen Formen der Auswertung differenziert (vgl. Abschnitt 3.2.2). Die Auswertung der Ergebnisse dieser ersten empirischen Erhebung erfolgte als eine kategorienbasierte Auswertung entlang der Hauptkategorien (Analyseform 1). Kennzeichnend für diese Form der Auswertung ist, dass „die Ergebnisse für jede Hauptkategorie […] berichtet werden". (Kuckartz 2018, S. 118). Im Zentrum der Auswertung steht somit die Frage danach, was alles zu den hinter den Hauptkategorien stehenden Fragestellungen gesagt wird. Für die Erreichung dieses Ziels werden die Ergebnisse der den Hauptkategorien zugehörigen Unterkategorien ausgewertet.

Bei der abschließenden Darstellung der Ergebnisse kommt es nicht darauf an, allein die Häufigkeiten der Treffer darzustellen. Vielmehr sollen „die inhaltlichen Ergebnisse in qualitativer Weise" (ebd., S. 118 f.) dargelegt und mit besonders prägnanten Beispielen belegt werden (vgl. ebd., S. 119). Um das Relevante vom weniger Relevanten zu differenzieren, bietet es sich an, die kodierten Segmente der Unterkategorien zusammenzufassen (vgl. Rädiker & Kuckartz 2019, S. 149). Eine allgemeingültige Vorgehensweise gibt es dabei nicht. Vielmehr ist die Form der Zusammenfassung in Abhängigkeit von dem Datenmaterial adäquat auszuwählen. Die kürzeste Form der Zusammenfassung sind die Keywords (vgl.

ebd.). Auch für die strukturierende Inhaltsanalyse, die im Rahmen dieser Studie durchgeführt wurde, wurden die kodierten Segmente der Unterkategorien zusammengefasst. Die Analyseergebnisse der untersuchten Lehr-Lernmaterialien werden im vierten Kapitel im Abschnitt 4.1 vorgestellt.

Im nachfolgenden Abschnitt 3.3 werden die methodischen Grundlagen für die zweite Empiriephase der Studie dargelegt, welche in Form einer zweistufigen Delphi-Befragung angelegt ist.

3.3 Zweite Empiriephase – Delphi-Befragung

In der zweiten Empiriephase sollen künftige Entwicklungen im Feld der AdA mittels einer Delphi-Befragung, also einer Methode der Zukunftsforschung erfasst werden. In der Beruflichen Bildung hat die Zukunftsforschung mit der Etablierung der deutschen Berufsbildungsforschung durch die Gründung des Bundesinstitut für Berufsbildungsforschung (BBF), dem heutigen BIBB, bereits von mehreren Jahrzehnten Einzug gehalten. Heute beschäftigen sich unterschiedliche Verfahren sowie Forschungsansätze der Berufsbildungsforschung mit Fragen der Zukunft der beruflichen Bildung (vgl. Grollmann 2018, S. 161 f.). Zielsetzung der Forschung besteht „darin, einen Beitrag zur rationalen also einer auf empirisch und logisch überprüften Argumenten beruhenden Planung zu leisten." (ebd., S. 161). Die zukunftsbezogene Forschung innerhalb der Berufsbildungsforschung hat sich besonders in den letzten Jahren mit der Früherkennung von veränderten Qualifikationsanforderungen befasst. Hervorzuheben sind hier Arbeiten des durch das BMBF geförderten FrequenzNet (Netzwerk zur Früherkennung von Qualifikationsanforderungen), das vor allem Szenario-Ansätze u. a. in Verbindung mit Delphi-Methoden verwendet (vgl. ebd., S. 163 f.). Trotz des vorab skizzierten Vorkommens der Zukunftsforschung innerhalb der Berufsbildungsforschung ist diese dennoch nicht sonderlich stark ausgeprägt. Aus diesem Grund wird in den nachfolgenden Abschnitten zunächst detailliert in das Feld der Zukunftsforschung eingeführt. In diesem Zusammenhang wird erstens eine Übersicht zum Feld der Zukunftsforschung gegeben und zweitens in die Methodologie der Zukunftsforschung und den Anwendungskontext der Delphi-Befragung eingeführt.

3.3.1 Übersicht zur Zukunftsforschung

Fragen der Zukunft haben eine lange Tradition und interessieren die Menschen seit der Antike (vgl. u. a. Krekel & Ulrich 2000, S. 357; Popp 2012, S. 1). Lange Zeit wurden Zukunftsfragen allein durch spekulative Methoden bearbeitet (vgl. Kreibich 2006, S. 3). Erst ab den 1940er-Jahren entwickelte sich die Zukunftsforschung sukzessive heraus und damit eine „wissenschaftliche Befassung mit möglichen, wünschbaren und wahrscheinlichen Zukunftsentwicklungen und Gestaltungsoptionen sowie deren Voraussetzungen in Vergangenheit und Gegenwart" (ebd.) (vgl. auch Popp 2012, S. 3). Den Vereinigten Staaten von

Amerika wird in Fachdiskursen eine Vorreiterrolle in der Zukunftsforschung zugesprochen, da sie bereits zu Beginn der 1940er-Jahre eine Vielzahl an Think Tanks etablierten, die sich mit Fragen von Zukunft befassten. In Europa hielt die Zukunftsforschung erst kurz nach dem Zweiten Weltkrieg Einzug (vgl. Steinmüller 1997, S. 6 ff.).

Eine Zukunftsforschung unterscheidet sich von anderen Forschungen dadurch, dass Aussagen über Zukünfte nicht unmittelbar überprüft, getestet oder falsifiziert werden können. Oftmals zeigt sich erst nach Jahren oder sogar Jahrzehnten, inwieweit Prognosen oder Empfehlungen als Ergebnisse von Forschungsprozessen zutreffen oder nützlich (gewesen) sind (vgl. Popp 2012, S. 4; Steinmüller 1997, S. 28). Forscher:innen müssen mit diesem hohen Grad an Unsicherheit umgehen können. Da es sich bei der Zukunftsforschung um keine eigene wissenschaftliche Disziplin handelt, können sie sich nicht einmal auf eine robuste Theorie der Zukunftsforschung stützen (vgl. Zweck 2012, S. 59).

Disziplinen sind dadurch gekennzeichnet, dass sie einen anerkannten Korpus an wissenschaftlichem Wissen, spezifische Fragestellungen sowie eigene Forschungsmethoden und Lehrbücher aufweisen (vgl. Stichweh 1994, S. 17 f.). Darüber hinaus sind sie in organisatorische Einheiten wie Fakultäten, Departments, Fächer oder Arbeitsgebiete gegliedert und weisen spezifische Karrierestrukturen für das wissenschaftliche Personal auf (vgl. Balsiger 2005, S. 72).

Im Feld der Zukunftsforschung sind diese Charakteristika nur schwach ausgeprägt oder gar nicht vorzufinden. Erstens existiert keine mit anderen Disziplinen vergleichbare, wissenschaftliche Gemeinschaft (vgl. Zweck 2012, S. 59). Dies zeigt sich im Fehlen institutioneller Strukturen. Es gibt, insbesondere im deutschsprachigen Raum, kaum Einrichtungen der Zukunftsforschung (vgl. Popp & Urbanek 2013, S. 9). Es existieren nur wenige Fachzeitschriften, Fachkongresse oder etablierte Maßstäbe (Code of Conduct) zur Sicherung der wissenschaftlichen Integrität (vgl. Weßner & Schüll 2015, S. 142; Zweck 2012, S. 59). Ferner ist hinsichtlich der Forschungsmethoden zu konstatieren, dass sich die Zukunftsforschung vor allem auf Methoden aus anderen Disziplinen stützt und diese an die spezifischen Bedürfnisse der Zukunftsforschung anpasst (vgl. Gerhold 2012, S. 159; Steinmüller 1997, S. 28).

Nur langsam bildet sich in den letzten Jahren eine Community von Zukunftsforscher:innen heraus, die das Potenzial hat, Zukunftsforschung zu einer eigenen wissenschaftlichen Disziplin zu erheben. Exemplarisch hierfür ist zum einen die Schriftenreihe *Zukunft & Forschung* (vgl. Popp & Urbanek 2013, S. 9). Sie dient der Dokumentation unterschiedlicher Ansätze und Ausprägungsformen der Zukunftsforschung (vgl. ebd.). Zum anderen kann der im Jahr 2010 an der Freien Universität Berlin eingeführte weiterbildende Masterstudiengang *Zukunftsforschung* angeführt werden. Er ist deutschlandweit einzigartig und weltweit einer von nur wenigen (vgl. Haan 2012, S. 25). Auch Ansätze, eigene Gütekriterien für die Zukunftsforschung zu entwickeln (vgl. besonders Gerhold & Schüll 2015, S. 83), zeigen deutlich die Bemühungen, sie als eine wissenschaftliche Disziplin zu etablieren.

Treiber dieser Bemühungen ist besonders der Befund, dass Fragen der Zukunft in „einem Zeitalter des permanenten, oft disruptiven Wandels, einer hohen Volatilität der Märkte, wachsender globaler Verflechtungen und beschleunigter Innovationsprozesse"

(Daheim et al. 2013, S. 80) an Bedeutung gewinnen. Dies gilt nicht nur für Unternehmen, die sich seit dem Beginn der 2000er-Jahre verstärkt Zukunftsfragen zuwenden (vgl. ebd.), sondern auch für andere gesellschaftliche Bereiche, wie z. B. das Bildungswesen. In letzterem werden unter anderem Fragen nach *educational research needs* mit Hilfe der Zukunftsforschung bearbeitet (vgl. Häder & Häder 2000, S. 14).

Festzuhalten ist, dass es sich bei Zukunftsforschung nicht um eine wissenschaftliche Disziplin handelt. Vielmehr ist sie ein Forschungsfeld, das innerhalb einzelner Disziplinen eingeordnet werden kann.

3.3.2 Methodologie der Zukunftsforschung

Eine Zukunftsforschung kommt dort zum Einsatz, wo die Reichweite von kurzfristigen Planungs- und Prognoseinstrumenten endet. Es handelt sich zumeist um Zeitspannen zwischen 5 und 50 Jahren (vgl. Steinmüller 1997, S. 28). Kreibich (2006, S. 12) klassifiziert Zeiträume von 5 bis 20 Jahren als mittelfristig und 20 bis 50 Jahren als langfristig. Wegen dieser zum Teil langen Zeiträume müssen Methoden der Zukunftsforschung gesellschaftliche Transformationsprozesse zumindest berücksichtigen (vgl. ebd., S. 11; Steinmüller 1997, S. 28). Ferner müssen sie einen Austausch zwischen jenen gesellschaftlichen Akteuren ermöglichen, die für die Forschungsfrage(n) relevant sind. Nur so können Zukunftsbilder respektive Zukunftsprognosen entstehen, welche die vielfältigen Facetten des zukünftig Möglichen oder Wünschenswerten berücksichtigen (vgl. Kreibich 2006, S. 16).

Laut Steinmüller (1997, S. 29) sind drei Methodentypen besonders geeignet für die Zukunftsforschung:

- Kreativmethoden wie Brainstormings oder Zukunftswerkstätten
- Formen von Expertenbefragungen (insbesondere Delphi-Befragung)
- Szenario-Techniken

In den letzten Jahrzehnten hat sich das Methodenspektrum der Zukunftsforschung sukzessive erweitert und umfasst nunmehr ca. 200 Methoden (vgl. Kreibich 2006, S. 16). Es handelt sich dabei überwiegend um Modifikationen bereits bestehender Methoden, die an die speziellen Bedürfnisse der Zukunftsforschung angepasst wurden (vgl. Gerhold 2012, S. 159; Steinmüller 1997, S. 28).

In der Vergangenheit gab es einige Versuche, diese Methoden zu systematisieren und damit mehr Sicherheit im Umgang mit diesen zu schaffen (vgl. besonders Steinmüller 1997, S. 30 ff.). Eine umfassende kriteriengeleitete Systematisierung der teilweise außerordentlich komplexen Methoden gelang bislang jedoch nicht (vgl. Kreibich 2006, S. 16; Steinmüller 1997, S. 36). Dies liegt nicht zuletzt daran, dass die Methoden innerhalb unterschiedlicher Disziplinen stark modifiziert werden (vgl. Kreibich 2006, S. 16). Steinmüller (1997, S. 36) verweist auf eine vergleichsweise pragmatische Systematisierung von Gordon (1992). Er ordnet dort ausgewählte Methodentypen der Zukunftsforschung entlang von vier Kriterien (vgl. Tabelle 13).

Tabelle 13: Kategorisierung von Methoden der Zukunftsforschung (Steinmüller 1997, S. 36)

	normativ	explorativ
quantitativ	- Szenarien - quantitative Planungsmethoden	- Szenarien - Zeitreihen und andere Trendextrapolations-methoden - Wechselwirkungsmethode - Modellierung
qualitativ	- Szenarien - Delphimethode - Zukunftswerkstätten und andere partizipative Verfahren - Expertenbefragungen Brainstormings etc. - Utopien und Science-Fiction	- Szenarien - Delphimethode - Expertenbefragungen, Brainstormings etc.

Die in Tabelle 13 dargestellte Systematisierung hat zwei Vorteile. Zum einen greift sie das Gegensatzpaar *qualitativ* und *quantitativ* auf.[20] Zum anderen wird zwischen *normativen* und *explorativen* Methodentypen differenziert und damit eine Unterscheidung zwischen Zukunftsforschung als *Zukunftsgestaltung* und *Zukunftsprognose* vorgenommen (vgl. ebd., S. 33). Nachteilig an dieser Darstellung ist, dass sie den Diskurs um semi-quantitative Methoden in der Zukunftsforschung (vgl. besonders Popper 2008, S. 64 f.) ausklammert und ferner unterschlägt, dass Methoden der Zukunftsforschung häufig eine Verknüpfung zwischen Zukunftsprognose (explorativ) und Zukunftsgestaltung (normativ) schaffen (vgl. Steinmüller 1997, S. 33). Insgesamt bietet sie dennoch einen guten Bezugspunkt, um sich im Feld der Methoden der Zukunftsforschung zu orientieren.

Eine besonders häufig eingesetzte Methode der Zukunftsforschung ist die Delphi-Befragung (vgl. Gerhold 2012, S. 159). In der Systematisierung von Gordon (1992) (vgl. Tabelle 13), aber auch durch andere Autor:innen (vgl. u. a. Baur & Blasius 2014) wird sie eindeutig als qualitative Methode ausgewiesen, die sowohl einen normativen als auch einen explorativen Charakter aufweisen kann. Andere Autoren (vgl. Häder 2014; Niederberger & Renn 2019; Popp 2012) betonen wiederum, dass die Delphi-Befragungen sowohl als qualitative als auch als quantitative Befragungen angelegt sein kann, sie mitunter also integrierendes Potenzial birgt. Im nachfolgenden Abschnitt wird die Delphi-Befragung als eine Methode der Zukunftsforschung näher beschrieben.

3.3.2.1 Delphi-Befragungen als Methode der Zukunftsforschung

Die Delphi-Befragung hat ihren Ursprung in den Vereinigten Staaten von Amerika der 1950er-Jahre und ist eine auf Zukunft ausgerichtete iterative Expertenbefragung (vgl. Kuwan, Ulrich & Westkamp 1998, S. 3; Niederberger & Renn 2019, S. V; Ziglio 1996, S. 4). Sie findet in vier Kontexten Anwendung:

---

20 Insgesamt nehmen jedoch qualitative Forschungsansätze einen größeren Raum in der Zukunftsforschung ein (vgl. Kreibich 2006, S. 16; Popper 2008, S. 66).

1. wenn Sachverhalte erforscht werden sollen, über die nur unsicheres bzw. unvollständiges Wissen existiert (vgl. Häder & Häder 1995, S. 12),
2. wenn besonders kostenintensive Investitionen anstehen (vgl. Häder & Häder 2000, S. 12; Vorgrimler & Wübben 2003, S. 764),
3. wenn Lösungen von Problemen einen größeren Expertenkreis benötigen (vgl. Seeger 1979, S. 29) und
4. wenn Gruppenkommunikationsprozessen durch eine hohe Heterogenität bzw. durch die Dominanz einzelner Expert:innen oder Dissens geprägt sind (vgl. ebd.).

In der Vergangenheit wurde die Delphi-Befragung unter anderem in dem Technologiesektor, in der Politik, in der Organisations- und Personalentwicklung, in dem Gesundheitswesen, aber auch im Bildungswesen eingesetzt (vgl. u. a. Ammon 2009, S. 461 f.; Cuhls 2019, S. 7; Häder & Häder 2000, S. 13 ff.; Niederberger & Renn 2019; Ono & Wedemeyer 1994, S. 290).

In Deutschland wird die Methode seit den 1990er-Jahren verstärkt eingesetzt. Besonders prominent sind die im Auftrag der Bundesregierung durchgeführten Delphi-Studien zur globalen Entwicklung von Wissenschaft und Technologie aus den Jahren 1993, 1995 und 1998 (vgl. Ammon 2009, S. 461; Häder & Häder 2000, S. 13). Mit Fokus auf die berufliche Bildung können exemplarisch Forschungsarbeiten zur Ermittlung zukünftig relevanter Forschungs- und Entwicklungsaufgaben im Bereich der beruflichen Bildung (vgl. Brosi, Krekel & Ulrich 1999; Krekel & Ulrich 2004) angeführt werden oder auch eine Befragung aus den Jahren 1997/98, die sich mit Bildungsfragen im Handwerk beschäftigte (vgl. Kuwan, Ulrich & Westkamp 1998, S. 5). Mit besonderem Fokus auf das betriebliche Bildungspersonal ist eine Studie aus der beruflichen Weiterbildung relevant: In der im Jahr 1996 durchgeführten Studie wurde mit 22 Expert:innen aus der betrieblichen Bildungsarbeit über drei Befragungswellen hinweg ein Qualifikationsprofil der Weiterbildnerin/ des Weiterbildners im Jahr 2000 erarbeitet (vgl. Harteis 2000, S. 6).

In der Vergangenheit wurde die Methode der Delphi-Befragung von einer Vielzahl von Autor:innen definiert. Eine Übersicht über einschlägige Definitionen findet sich bei Häder (2014, S. 20 ff.). Er führt vor allem Definitionen aus dem angloamerikanischen Sprachraum auf. Eine ausgesprochen umfassende deutschsprachige Definition liefern Niederberger und Renn (2019, V):

„Delphi-Verfahren sind strukturierte Gruppenkommunikationsprozesse, in deren Verlauf komplexe Sachverhalte, über die unsicheres und unvollständiges Wissen existiert, durch Expert_innen in einem iterativen Prozess beurteilt werden. Das Besondere ist, dass bei jeder erneuten Befragung die aggregierten Gruppenantworten der vorherigen Befragung zurückgekoppelt werden und die Befragten auf dieser Basis ihre Urteile überdenken und gegebenenfalls revidieren können."

Die vorab angeführten Definitionen zeigt erstens auf, dass es bei der Delphi-Befragung um die iterative Erhebung einer Gruppenmeinung zu einem bestimmten, meist mit Unsicherheiten behafteten Sachverhalt geht. Zweitens wird deutlich, dass durch den Einsatz von

Delphi-Befragungen psychologische Beeinflussungseffekte herkömmlicher Gruppendiskussionen vermieden werden sollen.

Wie Delphi-Befragungen im Einzelfall durchgeführt und ausgewertet werden, ist von ihrem Einsatzgebiet und ihrer Zielsetzung abhängig (vgl. Ammon 2009, S. 463). Es existieren mittlerweile vielfältige Varianten der Methode, sodass eigentlich nicht mehr von der Delphi-Befragung im Singular gesprochen werden kann (vgl. Cuhls 2012, S. 140; Häder & Häder 2000, S. 12; Seeger 1979, S. 6).

Häder und Häder (2014, S. 589 f.), die im deutschsprachigen Raum besonders häufig zitiert werden, identifizieren vier Typen von Delphi-Befragungen: (1) Delphi-Befragungen zur Ideenaggregation, (2) Delphi-Befragungen für eine möglichst exakte Vorhersage eines unsicheren Sachverhalts bzw. für dessen genaue(re) Bestimmung, (3) Delphi-Befragungen zur Ermittlung der Ansichten einer Expertengruppe über einen diffusen Sachverhalt und (4) Delphi-Befragungen zur Konsensbildung unter den Teilnehmer:innen. Neben diesen vier Typen lassen sich eine Vielzahl weiterer Typisierungen finden. Häder (2014, S. 26) stuft die in Tabelle 14 zusammengefassten Typisierungen als besonders relevant ein:

Tabelle 14: Typisierungen von Delphi-Befragungen (vgl. Häder 2014, S. 26)

Autor:innen	Typisierungen
Kenis (1995, S. 1)	1. klassisches Vorhersage-Delphi; 2. Strategie-Delphi mit zahlreichen Untervarianten
Strauss und Zeigler (1975)	1. numerische-Delphi (Festlegung eines minimalen Ranges für die Schätzung oder Vorhersage eines Problems); 2. Strategie-Delphi (sucht Antworten auf gegenwärtige oder zukünftige soziale und politische Probleme); 3. historisches-Delphi (Erklärung vergangener Entscheidungen)
Seeger (1979, S. 20 ff.)	1. Zielfindungs-Delphi; 2. Problemfindungs-Delphi; 3. Maßnahmen- und Strategieplanungs-Delphi; 4. Ideenbewertungs-Delphi; 5. Ideenfindungs-Delphi
Rauch (1979, S. 161)	1. klassische Delphi-Befragung; 2. politische Delphi-Befragung; 3. Entscheidungsorientierte Delphi-Befragungen
Dichtl und Müller (1992, S. 8 f.)	1. Delphi zur Erstellung von Prognosen; 2. Delphi zur Problemlösung; 3. Delphi zur Beurteilung von Problemsituationen: 4. Delphi zur Zielbildung; 5. Delphi zur Ideenfindung; 6. Delphi zur Konsensbildung
Novakowski und Wellar (2008, S. 1486)	1. Delphi-Studien mit innovativem Charakter; 2. Delphi- Studien zur Vorhersage; 3. Delphi-Studien für Policy-Zwecke

Bei Delphi-Befragungen kann nicht nur zwischen unterschiedlichen Typen differenziert werden, sondern auch hinsichtlich der Art der Informationen, die mit ihnen erhoben werden sollen. Eine Auflistung von fünf Informationsarten findet sich bei Vorgrimler und Wübben (2003, 764): (1) *Quantitätsangaben*: In welchem Maße treten Ereignisse ein? (2) *Qualitätsangaben*: Was ist möglich? (3) *Zeitangaben*: Wann treten Ereignisse ein? (4) *Wahrscheinlichkeitsangaben*: Welche Wahrscheinlichkeiten sind den Angaben zu Quantität, Qualität und Zeit zuzuordnen? (5) *Bewertungen*: Sind Entwicklungen oder neue Möglichkeiten unter Berücksichtigung der Auswirkungen wünschenswert?

Bei aller Vielfalt in Bezug auf Einsatzorte, Zielsetzungen und Umsetzungsformen sind Delphi-Befragungen aber durch eine Reihe von *Universalmerkmalen* gekennzeichnet:

- Es handelt sich grundsätzlich um eine schriftliche sowie iterative Expert:innen-Befragung über mehrere Runden.[21]
- Die Antworten der Expert:innen werden nach jeder Befragungsrunde ausgewertet, zusammengeführt und den Expert:innen schriftlich zurückgemeldet.
- Es besteht absolute Anonymität der Einzelantworten und der Expert:innen untereinander[22] (vgl. u. a. Cuhls 2012, S. 149; Döring & Bortz 2016, S. 400; Häder & Häder 2000, S. 15; Steinmüller 2019, S. 35; Vorgrimler & Wübben 2003).

Als wesentliches Unterscheidungsmerkmal von herkömmlichen Befragungen werden vor allem die Merkmale *Rückmeldung* (Feedback) und *Anonymität* angeführt (vgl. Cuhls 2019, S. 7). Das Merkmal der Anonymität wird besonders betont. Es wird angenommen, dass es Expert:innen leichter fällt, unter dem Schutz von Anonymität ein Urteil zu fällen bzw. zu revidieren (vgl. u. a. Köck-Hódi & Mayer 2013, S. 17 f.; Niederberger & Renn 2018, S. 57). Zudem soll damit auch der Einfluss von psychologischen und situativen Faktoren wie beispielsweise Überredung, Abneigung oder Mitläufereffekt reduziert werden (vgl. Ammon 2009, S. 459; Gordon 1972, S. 170; Ono & Wedemeyer 1994, S. 290). Beim Merkmal *Anonymität* steht weniger die Anonymität der Expert:innen als vielmehr die Anonymisierung ihrer Einzelantworten im Mittelpunkt. Oftmals lässt es sich ohnehin auf Grund des kleinen Expertenkreises nicht vermeiden, dass die Expert:innen einander kennen (vgl. Köck-Hódi & Mayer 2013, S. 17 f.).

Dem Merkmal *Rückmeldung* liegt die Annahme zugrunde, dass Expert:innen grundsätzlich fähig sind, unvollständiges und unsicheres Wissen mittels „probabilistischer mentaler Modelle zu rekonstruieren" (Häder & Häder 2014, S. 587). Ist die Rekonstruktion der Expert:innen darüber hinaus an Rückmeldungen zu vorangegangen Einschätzungen anderer Expert:innen gekoppelt, wird ferner angenommen, dass es zu einer Qualifizierung der mentalen Modelle kommt, in dessen Folge die Ergebnisse der nachfolgenden Befragungen höherwertiger sind (vgl. Ammon 2009, S. 459; Häder & Häder 2014, S. 587; Paetz et al. 2011, S. 65; Vorgrimler & Wübben 2003).

Von anderen Formen der Expertenbefragungen unterscheiden sich die Delphi-Befragungen darüber hinaus dadurch, dass es nicht um die Erhebung von Fakten geht, die mittels der Antwortkategorien *ja/nein* beantwortet werden können, sondern um Urteilsprozesse auf der Grundlage von unsicherem Wissen (vgl. Cuhls 2012, S. 144; Häder & Häder 2014, S. 587). Es ist besonders das kommunikative Potenzial von Delphi-Befragungen, das eine Prospektive ermöglicht, indem Zukunftsthemen mittels Thesen zur Diskussion gestellt werden, was einen „Transfer von implizitem zu explizitem und damit ‚sichtbarem', transferierbarem Wissen erzwingt." (Cuhls 2012, S. 141). Dennoch darf nicht

---

21 Cuhls (2012, S. 139 ff.) weist explizit auf die Gefahr hin, Delphi-Befragungen mit Expertenbefragungen zu verwechseln, die zukunftsgerichtet sind, aber keine Wiederholungsrunde aufweisen.
22 Eine Ausnahme bildet hier das sogenannte Gruppendelphi-Verfahren, in welchem „die Anonymität zugunsten eines persönlichen Austausches und der Erfassung inhaltlicher Begründungen für abweichende Urteile aufgegeben und die Expert_innen werden zu einem gemeinsamen Workshop eingeladen [werden]." (Niederberger & Renn 2019, VI).

davon ausgegangen werden, dass Delphi-Befragungen ein exaktes und sich zwingend erfüllendes Bild von Zukunft zeichnen. Delphi-Befragungen bringen im Ergebnis Arbeitsmaterial hervor, dass einer gegenwärtigen Zukunftseinschätzung dient, ohne jedoch heutige und zukünftige Entscheidungen, die auf diesen Einschätzungen beruhen, zu enthalten (vgl. ebd.). Neuhaus (Hervorhebung im Original 2015, S. 21) schreibt in diesem Zusammenhang:

„Zukunftsforscher verstehen ihre Aussagen über zukünftige Sachverhalte als wissenschaftlich erzeugte *Zukunftsbilder*. Auch wissenschaftliche Aussagen über Zukunft sind keine Ab-Bilder einer wie auch immer bereits feststehenden Zukunft, sondern sind in der Gegenwart erschaffene Repräsentationen (Bilder) zukünftiger Sachverhalte, die (noch) kein Teil der Wirklichkeit sind. Auch wenn zukünftige Entwicklungen mehr oder weniger stark durch die gegenwärtige Realität beeinflusst werden, so bleiben ihr Verlauf, ihr Eintreten oder Nichteintreten doch stets grundsätzlich offen (kontingent). Zukünftiges Geschehen ist zwar in hohem Maße Folge heutigen und zukünftigen Entscheidens und Handelns, doch ist es gerade dessen Nicht-Determiniertheit, die es zum Gegenstand von Entscheiden und Handeln macht."

Genauso, wie die Ergebnisse von Delphi-Befragungen nicht als Abbild von Zukunft verstanden werden dürfen, darf die Delphi-Befragung selbst nicht als „eine Universalmethode für alle Fragen der Zukunftsforschung noch [als] ein Notbehelf, wenn keine andere Methode zur Verfügung steht" (Ammon 2009, S. 463) verstanden werden. Die Entscheidung für die Delphi-Befragung als Methode der Zukunftsforschung muss auf der Grundlage einer zuvor festgelegten Zielsetzung erfolgen (vgl. ebd.).

Vorangegangen wurde eine erste Übersicht über die Methode der Delphi-Befragung gegeben, dabei wurde angeführt, dass die Delphi-Befragung als Methode der Zukunftsforschung über die Jahre viele Diversifikation erfahren hat. Es handelt sich dabei meist um Varianten der immer noch weit verbreiteten klassischen Delphi-Befragung, welche eine Art Grundstruktur bildet (vgl. Häder & Häder 2014, S. 588). Nachfolgende Elemente sind charakteristisch für die klassische Delphi-Befragung:

Operationalisierung: Der zu untersuchende Sachverhalt wird mit dem Ziel, Aussagen/Fragestellungen abzuleiten, die den Expert:innen vorgelegt werden können, aufgearbeitet. Diese Aufarbeitung kann durch das Forscherteam (Monitoring-Team) selbst oder mittels einer offenen, qualitativen Befragung von Expert:innen erfolgen (vgl. Häder 2014, S. 24).

Ausarbeitung eines Fragebogens: Im zweiten Schritt erfolgt die Erstellung eines Fragebogens, welche die Einschätzung der befragten Expert:innen zum untersuchenden Sachverhalt aufnehmen soll (vgl. ebd.). Für die Erstellung von Fragebögen einer Delphi-Befragung (pancel-paper oder online Format) gelten die gleichen Kriterien wie bei jeder Fragebogenentwicklung (vgl. Köck-Hódi & Mayer 2013, S. 17).

Aufbereitung und Rückmeldung der Befragungsergebnisse: Nach der Befragung der Expert:innen erfolgt die Aufbereitung der Befragungsergebnisse sowie deren anonymisierte Rückmeldung an die Expert:innen (vgl. Häder 2014, S. 24). Die Rückmeldung kann z. B. in Form von Statistiken, Thesen oder Zusammenfassungen erfolgen (vgl. Ammon 2009,

S. 466 f.; Cuhls 2012, S. 141; Steinmüller 2019, S. 35). Ziel ist es, dass sich die befragten Expert:innen so intensiv wie möglich mit der Rückmeldung auseinandersetzen. Unterstützt werden kann dies, indem die Glaubwürdigkeit des Feedbacks durch eine Offenlegung der Expertenstruktur gestärkt wird (vgl. Häder 2014, S. 100).

Mehrmalige Wiederholung der Befragung: Es folgt eine mehrmalige Wiederholung der Expertenbefragung. Die Anzahl der Wiederholungen variiert und wird von der Komplexität des zu untersuchenden Gegenstandsbereichs sowie dem Änderungsverhalten der Expert:innen beeinflusst (vgl. Seeger 1979, S. 91). Häder (2014, S. 126) hält hinsichtlich der Anzahl der Befragungsrunden fest:

„Als Optimum wird allgemein eine minimale Anzahl von Runden bei einem akzeptablen Maß an erzielter Genauigkeit angesehen. Zumeist spielen pragmatische Argumente – wie die zur Verfügung stehenden Mittel – die entscheidende Rolle bei der Festlegung der Anzahl der Befragungswellen. Praktisch werden die Ergebnisse von Delphi-Befragungen bereits akzeptiert, wenn sie nur einmal wiederholt worden sind."

3.3.2.2 Zusammensetzung und Größe von Delphi-Expertengruppen

Der Entscheidung für die Delphi-Befragung als eine Forschungsmethode folgt die begründungsbedürftige Auswahl des zu befragenden Expertenkreises. Eine Reihe von Autor:innen weisen explizit darauf hin, dass die Zusammensetzung der Expertengruppe die Ergebnisse und die Qualität der Befragung wesentlich beeinflusst (vgl. u. a. Ammon 2009, S. 464 f.; Cuhls 2012, S. 149; Häder 2014, S. 97 ff.; Harteis 2000, S. 20; Köck-Hódi & Mayer 2013, S. 17). Steinmüller (1997, S. 39) schreibt hierzu: „Die Qualität einer Delphi-Studie steht und fällt mit den beteiligten Expert_innen. Sie zu identifizieren und für die Teilnahme zu gewinnen, ist eine oft schwierige und zeitaufwendige Aufgabe."

Nachfolgend wird die wichtige Thematik der Expertenauswahl entlang von drei Punkten konturiert.

Zum Expertenbegriff: Die Expertiseforschung zeigt auf, dass als Expert:innen in der Regel jene Personen bezeichnet werden, die sich dadurch auszeichnen, dass sie in einem bestimmten Gegenstandbereich (auf Dauer) exzellente Leistung erbringen (vgl. Bredl 2005, S. 13; Gruber & Mandl 1996, S. 19). Als Merkmale von Expert:innen führen Gruber und Mandl (1996, S. 19) die nachstehenden sechs Punkte auf: (1) große Wissensbasis, (2) reichhaltige Erfahrung im Umgang mit domänenspezifischen Anforderungen, (3) überdurchschnittlicher Erfolg beim Erkennen und Bearbeiten von Problemen, (4) metakognitive Kontrolle über Handlungen, (5) Effizienz, Fehlerfreiheit und große Genauigkeit der Handlungen und (6) hohe Flexibilität gegenüber neuen Problemsituationen.

Die Auflistung zeigt, dass neben theoretischem Wissen vor allem auch praktische Erfahrungen und ein souveräner Umgang mit Problemsituationen für den Expertenstatus entscheidend sind (vgl. auch Bogner & Menz 2002, S. 46; Bromme & Rambow 2001,

S. 542). Expert:innen sind somit nicht zwingend allein Wissenschaftler:innen (vgl. Seeger 1979, S. 78).

Zur Zusammensetzung der Expert:innen: Die Expert:innen für eine Delphi-Befragung werden von den Forscher:innen gezielt ausgewählt (vgl. Ammon 2009, S. 464; Häder 2014, S. 97; Köck-Hódi & Mayer 2013, S. 16; Vorgrimler & Wübben 2003, S. 765). Wichtig ist, dass alle für die Untersuchung des Sachverhaltes relevanten gesellschaftlichen Personenkreise in der Expertengruppe bestenfalls zu gleichen Anteilen vertreten sind (vgl. Ammon 2009, S. 464 f.; Häder 2014, S. 98). Durch die Gleichverteilung soll verhindert werden, dass ein gesellschaftlicher Personenkreis überdurchschnittlich viel Einfluss auf die Befragungsergebnisse nimmt (vgl. Häder 2014, S. 98 f.). Die Zusammensetzung der Expertengruppe einer Delphi-Befragung kann sich jedoch zwischen den Befragungsrunden verändern, weil sich im Forschungsprozess herausstellt, dass weitere Personen mit anderer Expertise integriert werden müssen oder weil bestimmte Expertenkreise erst in oder nach der ersten Befragungsrunde identifiziert werden (vgl. Niederberger, Käfer & König 2019, S. 318).

Die eigentliche Auswahl der Expert:innen kann durch unterschiedliche Verfahren unterstützt werden. Seeger (1979, S. 80 f.) führt eine Auflistung von Verfahren zur Expertenauswahl an und benennt vier Ansätze: (1) Analysen der Scientific Community mit Fokus auf Institutionen, Organisation, Vereinen und Verbänden die für die Fragestellung relevant sind, (2) Zitieranalysen wichtiger Publikationen zu dem zu untersuchenden Sachverhalt, (3) Analysen von Institutionen- und Expertendatenbanken sowie (4) Schneeballverfahren als Ergänzung, d. h. Nennung von weiteren Expert:innen durch bereits identifizierte Expert:innen (vgl. ebd.).

Zum Umfang des Expertenkreises: Die Empfehlungen für die Größe von Expertengruppen in Delphi-Befragungen variieren in der Literatur stark und reichen von mindestens vier Expert:innen bis hin zur Empfehlung, so viele Expert:innen wie möglich in die Befragung einzubinden (vgl. überblicksartig Häder 2014, S. 100 f.; Niederberger, Käfer & König 2019, S. 318). Letztendlich hängt die Größe der Expertengruppe von der Komplexität des zu untersuchenden Sachverhaltes, von der Expertise der Expert:innen sowie vom Forschungsdesign der Studie ab (vgl. Vorgrimler & Wübben 2003, S. 765 f.). Liegt der Delphi-Befragung ein qualitatives Design zu Grunde, kann in der Regel auf eine große Anzahl von Expert:innen verzichtet werden (vgl. Akremi 2014, S. 277; Häder 2014, S. 102; Harteis 2000, S. 20). Steinmüller (2019, S. 40) weist zudem darauf hin, dass es stets wichtige ist, auch Forschungspragmatische, d. h. konkret zeitliche und kostenbezogene Aspekte bei der Festlegung des Expertenkreises zu berücksichtigen.

Im nächsten Abschnitt wird das Design der zweiten Empiriephase dargestellt. Neben der Expertenauswahl werden auch der Untersuchungsablauf sowie die Datenaufbereitung und Auswertungsmethode vorgestellt.

3.3.3 Delphi-Befragung dieser Studie

3.3.3.1 Sample – Auswahl der Expert:innen

In der zweiten Empiriephase wurde analog zur ersten ein theoriegesteuertes Verfahren der absichtsvollen Stichprobenziehung eingesetzt (vgl. Schreier 2011, S. 249). Auf Basis des durch die theoretische Exploration gewonnenem Wissen wurden drei relevante Expertenkreise identifiziert: Die *erste Gruppe* umfasst Expert:innen aus der Forschung, d. h. Personen, die sich aus einer wissenschaftlichen Perspektive mit Fragen der pädagogischen Qualifizierung von betrieblichen Ausbilder:innen oder deren Handeln im Betrieb beschäftigen. Diese Expert:innen leisten mitunter wichtige Beiträge zur theoretischen Fundierung bzw. zur Modellentwicklung in dem Bereich der Ausbilderqualifizierung. Sie sind unter anderem auch auf einer bildungspolitischen Ebene an der Entwicklung von Reformen sowie Förderprogrammen und -maßnahmen zur Ausbilderqualifizierung beteiligt. Die *zweite Gruppe* setzt sich aus Expert:innen der Berufsbildungspolitik zusammen, die mit unterschiedlichen Interessenschwerpunkten an der Entwicklung von Reformen sowie Förderprogrammen und -maßnahmen oder an politischen Diskussionen zur Ausbilderqualifizierung beteiligt sind. Die *dritte Gruppe* umfasst jene Personen, die aus einer berufspraktischen Perspektive heraus, d. h. durch ihre Arbeit im Betrieb mit Ausbildungsarbeit oder betrieblichen Ausbilder:innen zu tun haben. Personen, die dieser Gruppe zugeordnet werden, gestalten durch ihre Arbeit die betriebliche Ausbildungspraxis entweder unmittelbar als Ausbilder:innen und mittelbar durch eine Arbeit mit Ausbilder:innen.

Bei der Zusammenstellung des Expertenkreises für die Delphi-Befragung wurden die in der Abbildung 9 dargestellten Kriterien und Auswahlinstrumente eingesetzt. Aus der Abbildung 9 geht hervor, dass für die drei Expertengruppen unterschiedliche Kriterien der Fallauswahl herangezogen, aber teilweise gleiche Auswahlinstrumente eingesetzt wurden. Für die *erste Gruppe* der Expert:innen aus der Forschung wurde das Kriterium *Forschungsaktivität auf dem Gebiet der Ausbilderforschung* herangezogen. Als Auswahlinstrument diente primär eine umfassende Literaturrecherche, die bereits im Zusammenhang mit der theoretischen Exploration erfolgte. Daneben wurde auf den Homepages deutscher Hochschulen nach geeigneten Expert:innen für diese Gruppe recherchiert. Im Ergebnis konnte eine Gruppe bestehend aus fünf Wissenschaftler:innen zusammengestellt werden, die das Kriterium der Aktivität im Feld der Ausbilderforschung erfüllen, weil sie entweder gegenwärtig umfassend zu Ausbilder:innen forschen oder in der Vergangenheit in der Ausbilderforschung aktiv gewesen sind.

Für die *zweite Gruppe* der Expert:innen aus der Berufsbildungspolitik, wurde das Auswahlkriterium *Aktivität in der Berufsbildungspolitik* angelegt. Neben einer Internetrecherche auf Seiten einschlägiger Institutionen der Berufsbildungspolitik sowie der Gewerkschaften und Verbände wurde auch die Literaturrecherche als Auswahlinstrument eingesetzt. Schlussendlich wurden fünf Expert:innen ausgewählt, die sich allesamt dadurch auszeichnen, dass sie in unterschiedlichen Institutionen in der Berufsbildungspolitik, teilweise schon mehrere Jahrzehnte tätig sind.

Planung und Durchführung der empirischen Exploration

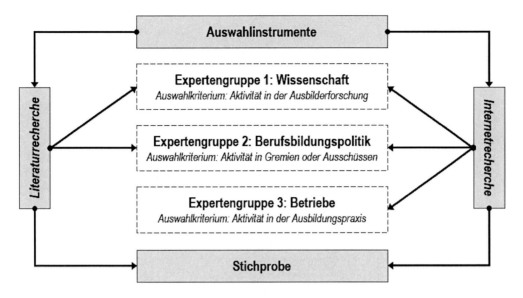

Abbildung 9: Kriterien der Auswahl der Expert:innen für die zweite Empiriephase

Zur Auswahl von Exper:innen aus der *dritten* Gruppe der Ausbildungspraxis wurde das Kriterium *Ausbildungsaktivität im engeren und weiteren Sinne* angewendet. Im engeren Sinne bedeutet, dass eine Person selbst in der betrieblichen Ausbildung haupt- oder nebenberuflich als Ausbilder:in tätig ist. Im weiteren Sinne schließt dieses Kriterium auch jene Personen ein, die z. B. auf der Ebene der Personalabteilungen oder des Human Resources Managements mit Ausbilder:innen und/ oder betrieblicher Ausbildung betraut sind. Die Zusammenstellung dieser Expertengruppe erwies sich als besonders herausfordernd. Ferner ist hier festzuhalten, dass die Auswahl aus forschungsmethodischen Gesichtspunkten nicht unkritisch betrachtet werden darf. Personen der dritten Expertengruppe sind überwiegend dadurch charakterisiert, dass sie dem Thema *Ausbildung* positiv gegenüberstehen und sich deshalb überhaupt erst für eine solche Befragung zur Verfügung stellen. Es handelt sich insofern um eine Positivauswahl, was im vorliegenden Fall gleichwohl insofern unkritisch ist, als die Studie explizit nach den Bedingungen für eine bessere AdA fragt. Die hier gewonnen Expert:innen erfüllten insofern das Auswahlkriterium, als dass diese in ihren Betrieben entweder unmittelbar als hauptverantwortliche Ausbilder:innen mit betrieblichen Ausbildungsaufgaben betraut sind oder aber in übergeordneter Funktion z. B. über ihre Arbeit in der Personalabteilung mit der betrieblichen Ausbildung konfrontiert sind.

Insgesamt wurden siebzehn Expert:innen für die Delphi-Befragung angefragt. Der Tabelle 15 ist die Anzahl der in den einzelnen Runden befragten Expert:innen sowie denen Zuordnung zu ihrer Expertengruppe zu entnehmen. Für die erste Runde konnten vierzehn Expert:innen gewonnen werden. Sie verteilen sich fast gleichmäßig auf die drei Expertengruppen. An der zweiten Runde nahmen nur noch neun Expert:innen teil. Der Rückgang

Kapitel 3

lässt sich auf der Basis der Rückmeldung einzelner Expert:innen begründen, die angaben, dass der zeitliche Aufwand für die Befragung zu hoch sein.

Tabelle 15: Übersicht zu den Expert:innen der Delphi-Befragung

Delphi	Expertengruppe 1: Wissenschaft	Expertengruppe 2: Politik	Expertengruppe 3: Betriebe	Summe
Runde 1	5	5	4	14
Runde 2	3	4	2	9

Nachfolgend wird der Untersuchungsablauf der Delphi-Befragung beschrieben.

3.3.3.2 Untersuchungsablauf

In Abbildung 10 ist der Untersuchungsablauf der Delphi-Befragung abgebildet. Die Delphi-Befragung umfasste zwei Runden. In der *ersten Befragungsrunde* erhielten die Expert:innen den ersten Fragebogen (vgl. Anhang 4) per E-Mail. Nach Bearbeitung und Rücksendung aller Fragebögen erfolgten die anonymisierte Auswertung und die Zusammenfassung der Ergebnisse (vgl. Abschnitt 3.3.2).

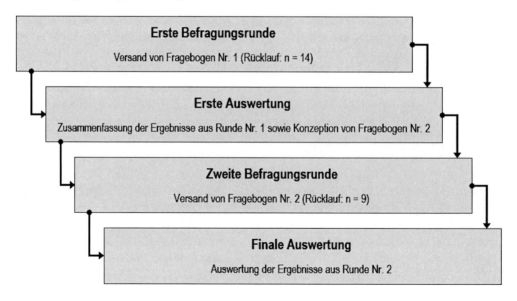

Abbildung 10: Untersuchungsablauf der Delphi-Befragung

In der *zweiten Befragungsrunde* erhielten die Expert:innen per E-Mail einen zweiten Fragebogen (vgl. Anhang 5) per E-Mail. Mittels diesem wurden die Ergebnisse der ersten

Runde rückgekoppelt sowie weitere Fragen bearbeitet. Nachfolgend werden die Erhebungsinstrumente der Delphi-Befragung hinsichtlich ihrer Zielsetzung, ihres Aufbaus und der Absicherung ihrer Qualität (Pre-Test) beschrieben.

3.3.3.3 Erhebungsinstrumente und Pre-Tests

In der Delphi-Befragung wurden zwei Fragebögen (vgl. Anhänge 4 und 5) eingesetzt. Die Fragestellungen, die mit den beiden Erhebungsinstrumenten bearbeitet wurden, sind im Empiriedesign (vgl. Abschnitt 3.1) aufgeführt und den Forschungsdesiderata zugeordnet. Der erste Fragebogen (vgl. Anhang 4) zielt auf die übergeordnete Stellenbeschreibung von Ausbilder:innen im Betrieb ab. Es geht darum, zum einen für die Gegenwart und zum anderen im Hinblick auf mögliche zukünftige Veränderungen folgende Aspekte zu ermitteln:

- Bedeutung, Handlungsspielräume sowie organisationale Einbindung
- Aufgaben und didaktische Handlungsmuster
- benötigte Kompetenzen
- erforderliche Qualifizierungsabschlüsse

Der Fragebogen selbst ist in Form einer Stellenbeschreibung aufgebaut, da dies eine übersichtliche und intuitive Strukturierung der Fragen ermöglicht und den befragten Expert:innen diese Struktur vertraut sein dürfte. Die Stellenbeschreibung ist in zehn Abschnitte gegliedert: (1) hierarchische und organisatorische Einordnung, (2) Befugnisse, (3) Qualifikationsabschlüsse, (4) Aufgaben, (5) Kompetenzen, (6) Lernverständnis im Betrieb, (7) Interaktionsmuster, (8) Auszubildende, (9) Methoden und Medien und (10) Bedeutung. Durch die fragengeleitete Bearbeitung dieser Abschnitte bauen sich parallel zwei Stellenbeschreibungen auf: eine Stellenbeschreibung mit einem Fokus auf die Gegenwart und eine Stellenbeschreibung, aus der mögliche Veränderungen bis zum Jahr 2030 hervorgehen.

Bei der Bearbeitung der Stellenbeschreibung sollten die Expert:innen ihre über den Einzelfall hinausgehenden Vorstellungen über die gegenwärtigen und zukünftigen Situationen von betrieblichen Ausbilder:innen im Betrieb allgemein festhalten. Um dennoch der Heterogenität der Gruppe der betrieblichen Ausbilder:innen (vgl. Abschnitt 2.2.1) Rechnung zu tragen, wurden in den Fragebogen ergänzende Antwortfelder eingearbeitet. Diese ermöglichen es den Expert:innen, Differenzierungen z. B. aufgrund von Betriebsgröße oder zeitlichen Umfängen der Ausbildungstätigkeit (nebenberuflich/hauptberuflich) vorzunehmen. Darüber hinaus erhielten die Expert:innen am Ende des Bogens die Möglichkeit, ihre Aussagen zur Zukunft vor dem Hintergrund der Schlagworte *Digitale Transformation*, *Demografischer Wandel* und *Nachhaltige Entwicklung* zu überdenken und ggf. Ergänzungen vorzunehmen.

Insgesamt liegt mit dem ersten Fragebogen ein komplexes Erhebungsinstrument vor, dessen Bearbeitung von den Expert:innen neben umfassendem Wissen über Ausbilder:innen auch das Antizipieren möglicher zukünftiger Veränderungen abverlangt. Der zweite Fragebogen greift daher die Ergebnisse des ersten Fragebogens auf und ermöglicht den Expert:innen eine Reflexion und Überarbeitung ihrer Antworten. Die Zielsetzung des zweiten Fragebogens ist eine doppelte:

- die Ergebnisse der ersten Befragungsrunde an die Expert:innen zurückspielen und
- Einschätzungen der Expert:innen zu ausgewählten Reformoptionen sowie ein Idealbild zur AdA einholen.

Der zweite Fragebogen (vgl. Anhang 5) besteht entsprechend seiner Zielsetzungen aus zwei Teilen. Im ersten Teil werden die Expert:innen mit den anonymisierten und zusammengefassten Ergebnissen der ersten Befragungsrunde konfrontiert und dazu aufgefordert, ggf. fehlende Aspekte zu ergänzen sowie ggf. Kommentierungen vorzunehmen. Die Ergebnisse sind in Form von zwei Stellenbeschreibungen (je eine für die Gegenwart und die Zukunft) angeordnet. Die ursprünglichen zehn Abschnitte der Stellenbeschreibung wurden im Rahmen der Auswertung zu sieben Stellenelementen zusammengefasst. Der Zusammenfassung konnten die Expert:innen zum einen die aktuellen Ausprägungen der Stellenbeschreibungen der betrieblichen Ausbilder:innen entnehmen und zum anderen konnten sie Prognosen über mögliche Veränderungen in den Stellenbeschreibungen ablesen. In beiden Stellenbeschreibungen kennzeichnen hochgestellten Ziffern die Anzahl der Textstellen, auf die sich die einzelnen Ausprägungen oder Prognosen stützen.

Im zweiten Teil des Fragebogens wurden die Expert:innen dazu aufgefordert, ihre Einschätzungen zu ausgewählten Reformoptionen bezüglich der AdA abzugeben sowie ein Idealbild der AdA mit Schwerpunkt auf die Ausbilderlehrgänge und -eignungsprüfung zu beschreiben. Erstere wurden zum einen aus den Diskussionen rund um die Problembereiche der AdA sowie zum anderen aus den Diskursen rund um die Reformierung der AdA angeleitet (vgl. ausführlich Abschnitte 2.3.3 und 2.3.4). Insgesamt wurden die Expert:innen mit sechs Aussagen konfrontiert und sechs Mal aufgefordert, Stellung zu beziehen. Die folgenden Themen standen zur Diskussion:

- Zukünftige betriebswirtschaftliche und pädagogische Anforderungen an das Ausbildungspersonal
- Einführung einer berufsfeldspezifischen AdA
- Spezialisierung der AdA
- Formelle Qualifizierung der ausbildenden Fachkräfte
- Idealbild eines Ausbilderlehrgangs
- Idealbild einer Ausbildereignungsprüfung

Die Qualität der vorab beschriebenen Erhebungsinstrumente wurde auf zwei Ebenen abgesichert. Auf einer übergeordneten Ebene wurde noch vor der Erstellung der Fragebögen die Unterstützung durch eine Expertin eingeholt (vgl. u. a. Jacob, Heinz & Décieux 2013,

S. 186). Bei der Expertin handelt es sich um eine Person, die auf dem Gebiet *Methoden der empirischen Sozialforschung* ausgewiesen ist. In einem Treffen wurden ihr die Desiderata der Studie sowie erste Vorstellungen zum Ablauf der Delphi-Befragung vorgelegt. Neben allgemeinen Hinweisen für die Durchführung von Delphi-Befragungen erfolgten vertiefende Hinweise zu durchzuführenden Schritten der Delphi-Befragung dieser Studie. Letztere bezogen sich insbesondere auf die Form der Erhebung (Fragebogen oder Interview). Es wurden Möglichkeiten der Ausgestaltung sowie damit verbundene Chancen und Risiken diskutiert. Ferner wurden Hinweise zur Form der Rückkopplung der Befragungsergebnisse gegeben.

Auf Basis dieser Beratung wurden die Fragebögen konzipiert. Beide Fragebögen wurden zudem einem Pre-Test unterzogen. Die Fragebögen dieser Studie wurden insbesondere hinsichtlich der folgenden Kriterien getestet:

- die Struktur und Übersichtlichkeit
- die Verständlichkeit der Anweisungen,
- das anregende Potenzial
- die durchschnittliche Bearbeitungsdauer (vgl. Häder 2015, S. 396; Jacob, Heinz & Décieux 2013, S. 185 f.).

Als Pretester:innen für die Fragebögen wurden gezielt Personen ausgewählt, die in Teilen den befragten Expertenkreis repräsentieren (vgl. Gläser & Laudel 2010, S. 108). Jeder Fragebogen wurde durch zwei Personen getestet. Fragebogen eins durch eine Person aus der Wissenschaft und eine Person, die im Personalbereich eines Unternehmens beschäftigt ist. Der Fragebogen zwei wurde durch zwei Personen aus der Wissenschaft getestet.

Die Durchführungen der Pre-Tests waren für die Delphi-Befragung von hoher Relevanz, weil Fehler in den Fragebögen anders als z. B. bei Interviewleitfäden oder Beobachtungsplänen nicht in der laufenden Befragung behoben werden können. Wird ein ungeeigneter Fragebogen versendet, kann der daraus entstandene Schaden für das Datenmaterial im Regelfall nicht mehr behoben werden (vgl. ebd., S. 107). Für die Delphi-Befragung dieser Studie hätte dies erhebliche Probleme zur Folge gehabt. Zum einen bilden die Ergebnisse der ersten Befragungsrunde eine wichtige Basis für die zweite Runde. Fehler im ersten Fragebogen hätten zu Fehleinschätzungen in der zweiten Befragung geführt. Zum anderen hätte die Delphi-Befragung kein zweites Mal in dieser Form durchgeführt werden, da der Expertenkreis sich aus Personen zusammensetzt (insbesondere Expertengruppe 1 und 2), von denen es nur ausgesprochen wenige gibt.

Insgesamt erwiesen sich die zwei durchgeführten Pre-Tests als gewinnbringend für die Qualität der Fragebögen. Neben wichtigen Formulierungshinweisen wurden missverständlich oder zu komplexe Begriffe identifiziert und konnten entfernt oder durch ergänzende Ausführungen erläutert werden. Auf Grundlage der Pre-Tests wurden ferner eine zusätzliche Frage in den zweiten Fragebogen aufgenommen sowie die Darstellung der Ergebnisse der ersten Befragungsrunde angepasst.

3.3.3.4 Auswertung, Kategoriensysteme und Kodierleitfäden der Befragungen

Das Datenmaterial der zwei Befragungsrunden wurde separat ausgewertet. Nachstehend ist das analysierte Datenmaterial der zweiten Empiriephase aufgeführt:

- Erste Befragungsrunde: 14 Fragebögen
- Zweite Befragungsrunde: 9 Fragebögen

Für die Auswertung des gesamten Datenmaterials wurde, wie auch für das Material der ersten Empiriephase, auf die inhaltliche strukturierende Inhaltsanalyse (vgl. Abschnitt 3.2.2) zurückgegriffen und die Daten wurden mittels Unterstützung des Analyseprogramm MAXQDA2018 ausgewertet.

Wie in der ersten Empiriephase kann auch hier auf eine Aufbereitung des Datenmaterials in Form einer zusammenfassenden und explizierenden Inhaltsanalyse verzichtet werden. Zum einen enthielten die zurückgesendeten Fragebögen kaum Prosa, sondern Stickwortartige oder in kurzen Sätzen zusammenfassende Aussagen zu den gestellten Fragen. Zum anderen bezogen sich die Antworten den Expert:innen fast ausschließlich auf die in der Stellenbeschreibung enthaltenden Fragestellungen. Es gab ebenfalls keine Textstellen, die mit weiterführenden Informationen hätten angereichert werden müssen.

Auswertung, Kategoriensystem und Kodierleitfaden der ersten Befragungsrunde: Bei der Auswertung des Datenmaterials der ersten Befragungsrunde wurde wie folgt vorgegangen. Es wurden zunächst deduktiv Hauptkategorien aus den der ersten Befragungsrunde zu Grunde liegenden Erkenntnisinteressen respektive Fragestellungen abgeleitet (*Schritt zwei der strukturierenden Inhaltsanalyse*) (vgl. Abschnitt 3.1). Die Struktur des Erhebungsinstrumentes, d. h. des Fragebogens in Form einer Stellenbeschreibung (vgl. Abschnitt 3.3.3.3 sowie Anhänge 9) diente hier als Orientierungshilfe für die Herleitung der Hauptkategorien. Aus den insgesamt zehn Abschnitten der Stellenbeschreibung bzw. den dort aufgegriffenen Themenschwerpunkten wurden sieben Hauptkategorien für die Gegenwart sowie sieben Hauptkategorien für die Prognose möglicher Veränderungen bis zu dem Jahr 2030 erstellt. Diesen Hauptkategorien wurden dann jeweils zwei Unterkategorien *allgemein* und *differenziert* zugeordnet, um die im Fragebogen vorgenommene Unterteilung der Antworten nach *allgemein* und *differenziert* in das Kategoriensystem aufzunehmen. Insgesamt wurden 14 Hauptkategorien und 28 Unterkategorien gebildet (vgl. Abbildung 11) und die entsprechenden Kodierregeln festgelegt.

Das gesamte Datenmaterial wurde im Anschluss entlang dieses Kategoriensystems kodiert (*Schritt drei der strukturierenden Inhaltsanalyse*). Im Anschluss an diesen ersten Durchlauf wurde überprüft, inwieweit die Hauptkategorien mit ihren Unterkategorien inhaltlich geladen werden konnten. Es stellte sich heraus, dass die Einführung der Unterkategorien *allgemein* und *differenziert* nicht zielführend war. Zum einen wurde durch die Expert:innen in den Antworten selbst kaum differenziert. Zum anderen waren die Aussagen, die der Unterkategorie *differenziert* zugeordnet wurden, von so allgemeiner Natur, dass diese auch der Unterkategorie *allgemein* zugeordnet werden konnten. Aus diesem

Grund wurden die Unterkategorien wieder aufgelöst und alle kodieren Textsegmente allein den Hauptkategorien I bis XIV und damit differenziert nach Gegenwart und Zukunft zugeordnet.[23]

Abbildung 11: Aufbau des Kategoriensystems vor und nach dem ersten Kodierdurchlauf

Im Anschluss daran erfolgte in einem zweiten Kodierdurchlauf die induktive Herleitung von Unterkategorie (*Schritt fünf der strukturierenden Inhaltsanalyse*). Zu diesem Zweck wurden die bereits kodierten Textstellen der einzelnen Hauptkategorien betrachtet und unter Festlegung eines mittleren bis geringen Abstraktionsniveaus Unterkategorien gebildet und den kodierten Textstellen zugeordnet. Als Regel für die Bildung dieser Kategorien wurde bestimmt, dass einer Unterkategorie mindestens zwei kodierte Segmente zugeordnet werden müssen. Ausgenommen von diesem Vorgehen waren die Unterkategorien der Hauptkategorien (Zukunft). Auf Grund der vergleichsweisen geringen Anzahl an kodier-

---

23 Zur strukturierteren Ergebnisdarstellung wurde die Nummerierung der Hauptkategorien zu einem späteren Zeitpunkt geringfügig angepasst (vgl. Anhang 2).

ten Segmenten der Hauptkategorien *Zukunft* (insgesamt 139 Kodierungen zu den Stellenbeschreibungen inklusive Kommentierungen) wurden hier vereinzelt auch Unterkategorien auf der Basis eines kodierten Segments gebildet.

Schlussendlich ist mit der deduktiven Bildung der Hauptkategorien sowie der induktiven Bildung von Unterkategorien ein hierarchisches Kategoriensystem entstanden. Dieses wurde mittels Kodierleitfaden und der darin enthaltenen Kodierregeln, Abgrenzungen und Ankerbeispielen näher beschrieben. Nach der Fertigstellung des Kodierleitfadens wurde das gesamte Datenmaterial erneut kodiert. In diesem Zusammenhang wurde erstens das Kodierergebnis des zweiten Kodierprozesses sowie die Zuordnung der kodierten Segmente zu den Unterkategorien überprüft und angepasst. Zweitens wurde der Kodierleitfaden überarbeitet.

Der Anhang 2 zeigt den überarbeiteten Kodierleitfaden mit den final gültigen Kodierregeln, Abgrenzungen sowie Ankerbeispielen. Neben den 14 Hauptkategorien und den 94 Unterkategorien sind in dem Kodierleitfaden Überschriften eingeführt. Es handelt sich hierbei nicht um weitere Unterkategorien, sondern um strukturierende Elemente, welche die Orientierung im Leitfaden sowie die Darstellung der Auswertungsergebnisse unterstützen. Mit Blick auf die 94 Unterkategorien ist anzumerken, dass auf eine Zusammenfassung mehrerer Unterkategorien zu einer Unterkategorie höheren Abstraktionsgrades in vielen Fällen verzichtet wurde. Die Bildung der Unterkategorien richtete sich vor allem an der Ladung der Hauptkategorien. Für jene Hauptkategorien, die sich auf die Gegenwart beziehen, wurden in der Tendenz erst ab vier oder mehr Kodierungen Unterkategorien gebildet. In einigen wenigen Fällen wurden bereits ab zwei Kodierungen Unterkategorien gebildet. Dies diente dem Zweck, eine differenziertere Stellenbeschreibung erstellen zu können. Da die Hauptkategorien, die sich auf die Zukunft beziehen, insgesamt weniger Kodierungen ausweisen, wurden hier auch häufiger Unterkategorien gebildet, die lediglich mit zwei Kodierungen versehen wurden. Insgesamt wurde darauf geachtet, dass Unterkategorien nur dann gebildet wurden, wenn durch sie auch ein differenzierteres Bild der Stellenbeschreibung gewonnen werden konnte.

Die Auswertung der Ergebnisse der ersten Runde der Delphi-Befragung werden, wie bei der Auswertung der Dokumentenanalyse, entlang der Hauptkategorien dargestellt und somit die Struktur der Stellenbeschreibung nachgezeichnet. Zugleich werden die Ergebnisse der Dokumentenanalyse ausgewählter AEVO-Lehr-Lernmaterialien in die Auswertung, respektive die Interpretation der Stellenbeschreibung eingebunden und damit das Desiderat 1 und das Desiderat 2 miteinander verbunden.

Auswertung, Kategoriensystem und Kodierleitfaden der zweiten Befragungsrunde: Das Datenmaterial der zweiten Befragungsrunde (vgl. Abschnitt 3.3.3) wurde in zwei separaten Schritten ausgewertet. Im ersten Schritt wurden die Ergänzungen sowie Kommentare der Expert:innen zu den Ergebnissen der ersten Befragungsrunde ausgewertet (Teil I des zweiten Fragebogens). Die neun zurückgesendeten Fragebögen der zweiten Befragungsrunde wurden hierzu zunächst in die für die erste Befragungsrunde angelegte MAXQDA-Datei hochgeladen. Von den neun Fragebögen enthielten fünf Fragebögen Ergänzungen sowie Kommentierungen. Zur Dokumentation der Ergänzungen und Kommentierungen wurde das in MAXQDA angelegte Kategoriensystem pro Hauptkategorie um die Unterkategorie

Kommentierung D2 erweitert. Die in den Fragebögen enthaltenden Kodierungen wurden der jeweils passenden Unterkategorie *Kommentierung D2* zugeordnet. Die von den Expert:innen vorgenommenen Ergänzungen konnten in die bereits bestehenden Unterkategorien eingeordnet werden. Zum Zwecke der Rückverfolgung der als Ergänzung vorgenommen Kodierungen wurden diese farblich in MAXQDA markiert.

Für das Datenmaterial des zweiten Teils des Fragebogens wurde ein neues Kategoriensystem mit dazugehörigem Kodierleitfaden entwickelt. Dabei wurde wie folgt vorgegangen. In einem ersten Schritt wurden zunächst deduktiv Hauptkategorien gebildet (*Schritt zwei der strukturierenden Inhaltsanalyse*). Die Bildung der Hauptkategorien orientierte sich an den im Fragebogen abgefragten Themenfeldern (vgl. Abschnitt 3.3.3.3). Die insgesamt sechs Themenfelder wurden unter drei Überschriften zusammengefasst, welche die Hauptkategorien des Kodierleitfadens bilden. Im Anschluss daran wurde das gesamte Datenmaterial entlang dieser drei Hauptkategorein kodiert (*Schritt drei der strukturierenden Inhaltsanalyse*). Wie in der ersten Empiriephase wurde erneut der *Schritt vier der strukturierenden Inhaltsanalyse* ausgelassen und unmittelbar die induktive Bildung von Unterkategorien aus dem Material vorgenommen (*Schritt fünf der strukturierenden Inhaltsanalyse*). Nach der Bildung der Unterkategorien wurden der gesamte Kodierprozess wiederholt und Anpassungen der Unterkategorien vorgenommen. Im Ergebnis ist ein Kategoriensystem entstanden (vgl. Anhang 3), das aus drei Hauptkategorien und zehn Unterkategorien besteht. Die aus der strukturierenden Inhaltsanalyse gewonnenen Ergebnisse werden entlang der Hauptkategorien dargestellt. Analog zum Auswertungsvorgehen der ersten Befragungsrunde werden auch hier die Ergebnisse der Dokumentenanalyse in die Auswertung bzw. die Interpretation der Stellenbeschreibung eingebunden und damit das Desiderat 1 und das Desiderat 3 miteinander verbunden.

3.4 Gütekriterien

Ein wichtiger Standard empirischer Forschung besteht darin, eine Einschätzung der Forschungsergebnisse mittels Gütekriterien vornehmen zu können (Kuckartz 2018, S. 202; vgl. Mayring 2002, S. 140).

> „*Gütekriterien* sind die Prüfkriterien […], anhand derer die Qualität wissenschaftlicher Forschung konkret beurteilt werden kann. Sie dienen dazu, die Umsetzung der Standards in Forschungsprozessen zu überprüfen und damit einen Qualitätsanspruch operationalisierbar zu machen." (Hervorhebung im Original Gerhold et al. 2015, S. 12).

Die Auswahl der Güterkriterien ist immer an der Vorgehensweise sowie den Zielen der Forschungsarbeit auszurichten. Für quantitative Forschungsarbeiten gelten andere Maßstäbe als für qualitative Forschungsarbeiten (vgl. u. a. Lamnek 2010, S. 128). Klassische Gütekriterien der quantitativen Forschung sind Validität, Reliabilität, Objektivität/Intersubjektivität und Repräsentativität (vgl. Burzan 2015, S. 28 f.; Steinke 2010, S. 319). Eine einfache Übertragung dieser Gütekriterien auf ein qualitatives Forschungsdesign ist im Regelfall nicht möglich und wäre auch epistemologisch problematisch (vgl. Kuckartz 2018, S. 202; Mayring 2002, S. 140; Steinke 2010, S. 319).

Nach welchen Güterkriterien qualitative Forschung bewertet werden kann und soll, ist trotz der seit Mitte der 1980er-Jahre bestehenden Diskussionen bis heute nicht abschließend geklärt (vgl. Flick 2011, S. 487 ff.). An die Stelle klassischer Gütekriterien, wie bei der quantitativen Forschung, tritt in der qualitativen Forschung vielmehr ein Diskussionskorridor. Dieser erstreckt sich von einer vergleichsweise starken Orientierung an den Gütekriterien quantitativen Forschung, über die selektive Aufnahme von Gütekriterien aus der quantitativen Forschung bis hin zur vollkommenden Ablehnung zentraler Begriffe wie Validität und Reliabilität (vgl. besonders Steinke 2010, S. 319 ff.).

Die Gütekriterien qualitativer Forschung sind hinsichtlich ihres Charakters wesentlich dynamischer und werden zumeist erst im Forschungsprozess selbst festgelegt. Mayring (2002, S. 140) schreibt hierzu:

„Darüber hinaus wird man sich bei qualitativer Forschung darauf einstellen müssen, dass die Geltungsbegründung der Ergebnisse viel flexibler sein muss. Man kann nicht einfach ein paar Kennwerte errechnen, man muss mehr argumentativ vorgehen. Es müssen Belege angeführt und diskutiert werden, die die Qualität der Forschung erweisen können […], der Prozess der Begründbarkeit und Verallgemeinerbarkeit der Ergebnisse […] rücken in den Vordergrund."

Als Kernkriterien qualitativer Forschung haben sich in den letzten Jahren sieben Kriterien (vgl. Tabelle 16) herauskristallisiert. Diese Kriterien sind in ihrer Anwendung „*untersuchungsspezifisch* – d. h. je nach Fragestellung, Gegenstand und verwendeter Methode" (Hervorhebung im Original Steinke 2010, S. 324) zu konkretisieren, zu modifizieren und sofern notwendig durch andere Kriterien zu ergänzen oder zu ersetzen (vgl. ebd.).

Für den Bereich der Zukunftsforschung werden nur randständig eigene Gütekriterien diskutiert (vgl. besonders. Gerhold & Schüll 2015). Die Kriterien sind dabei angelehnt an die Kriterien von Steinke (2010, S. 323 ff.) (vgl. Tabelle 16) und „beziehen sich [ebenfalls] gleichermaßen auf den Prozess sowie auf die Dokumentation der wissenschaftlichen Arbeit." (Gerhold & Schüll 2015, S. 83). In der hier vorliegenden Studie werden deshalb die Kriterien von Steinke (2010) herangezogen. Diese lassen sich sowohl auf die erste empirische Exploration in Form der Dokumentenanalyse sowie wegen ihrer großen Überschneidung mit den Ausführungen von Gerhold und Schüll (2015) auch für die zweite empirische Exploration, d. h. die Delphi-Studie anwenden.

Intersubjektivität Nachvollziehbarkeit: „Nachvollziehbarkeit ist ein Kernkonzept wissenschaftlichen Arbeitens." (Schüll & Gerhold 2015, S. 94). Das Gütekriterium der *Nachvollziehbarkeit* wird in der Studie erfüllt, indem zu Beginn der Arbeit die Forschungsdesiderata, die dazugehörigen Forschungsfragen, die wesentlichen Annahmen, die dieser Arbeit zu Grunde liegen sowie die zu entwickelnden Kernergebnisse der Studie offengelegt wurden (vgl. Abschnitt 1.2).

Tabelle 16: Kernkriterien qualitativer Forschung (Steinke 2010, S. 323 ff.)

Beschreibung	Maßnahmen
Intersubjektivität Nachvollziehbarkeit	
Die Ergebnisse sowie die Vorgehensweise des Forschungsprozesses sind für Dritte nicht am Forschungsprozess beteiligte Personen nachvollziehbar.	Intersubjektive Überprüfbarkeit kann sichergestellt werden durch die Dokumentation des Forschungsprozesses, d. h. konkret die Dokumentation der: Vorverständnisse/ Erwartung der Forschenden, Erhebungsmethode, Transkriptionsregeln, Daten, Auswertungsmethode/n sowie Informationsquellen.
Indikation des Forschungsprozesses	
Das Vorgehen im Forschungsprozess wird dem Erkenntnisinteresse der Forschung gerecht.	Die Indikation des Forschungsprozesses kann durch die Gegenstandsangemessenheit der Methodenwahl sowie u. a. durch die Gegenstandsangemessenheit der Transkriptionsregeln und der Samplingstrategie sichergestellt werden.
empirische Verankerung	
Die im Forschungsprozess entwickelten Thesen oder Theorien sind empirisch belegbar.	Empirische Verankerung kann sichergestellt werden, indem Hypothesen und Theoriebildung durch selbst erhobene Daten oder Textbelege begründet werden.
Limitation	
Die Ergebnisse des Forschungsprozesses sind weitestgehend verallgemeinerbar.	Limitation kann u. a. dadurch erfüllt werden, indem die Ergebnisse nach abweichender, negativer sowie extremer Fälle gefiltert werden.
Kohärenz	
Die im Forschungsprozess generierte Theorien sind in sich konsistent.	Kohärenz kann erfüllt werden, indem Widersprüche und noch ungelöste Fragen offengelegt werden.
Relevanz	
Die Ergebnisse des Forschungsprozesses sind gesellschaftlich relevant.	Relevanz kann sichergestellt werden, indem u. a. zu Beginn des Forschungsprozesses hinterfragt wird, ob die zu untersuchende Fragestellung relevant ist, und am Ende der Forschung kritisch überprüft wird, inwieweit die gewonnenen Ergebnisse für den untersuchten Gegenstandsbereich genutzt werden können.
reflektierte Subjektivität	
Die Rolle der Forscherin bzw. des Forschers als Subjekt mit eigenen Forschungsinteressen, eigener Biografie und Vorannehmen wird im Forschungsprozess reflektiert.	Reflektive Subjektivität kann insbesondere sichergestellt werden, indem der Forschungsprozess durch Selbstbeobachtung und regelmäßige Selbstreflexionen begleitet wird.

Darüber hinaus wurde das Zusammenspiel zwischen den theoretischen und den empirischen Explorationen in einem Untersuchungsdesign (vgl. Abbildung 1) beschrieben. Ferner wurde offengelegt, durch welche theoretischen Zugänge die Forschungsdesiderata dieser Studie bearbeitet werden (vgl. Abschnitt 2.1). Die empirische Exploration wird in einem Empiriedesign (vgl. Abschnitt 3.1) dargestellt. Mit Fokus auf sie ist ferner anzuführen, dass die Samples der beiden Explorationen dieser Studie sowie die Kriterien und Auswahlinstrumente für die Zusammenstellung transparent gemacht wurden (vgl. Abschnitt 3.2.1 und 3.3.3.1). Ferner wird mit Blick auf die Ergebnisse der empirischen Exploration darauf geachtet, die Auswertungsverfahren und damit auch die Bildung der Kodierleitfäden als Filter- und Strukturierungsinstrumente des Datenmaterials offenzulegen (vgl. Abschnitte 3.2.4 und 3.3.3.4).

Indikation des Forschungsprozesses: In einem ersten Schritt wurde dieses Kriterium erfüllt, indem nur solche Methoden im Forschungsprozess eingesetzt wurden, die für die Forschungsfragen, den Forschungsgegenstand sowie die Rahmenbedingungen der Forschung angemessen sind. Dies ist besonders für den Bereich der Zukunftsforschung relevant. Zum einen ist es wichtig insofern, als dort das Spektrum an Forschungsmethoden und -verfahren ausgesprochen vielfältig ist, zum anderen darum, weil in die Forschungspraxis kaum Diskurse um die Methodenauswahl in der Zukunftsforschung geführt werden (vgl. Gerhold 2015, S. 112).

Im Wissen darum wurde die Auswahl der Delphi-Methode als Erhebungsinstrument der zweiten Empiriephase durch eine Auseinandersetzung mit der Zukunftsforschung, ihren spezifischen Herausforderungen und Methoden begleitet (vgl. Abschnitt 3.3.2). Fragen der Umsetzung der Delphi-Methode in dieser Studie wurden zudem mit einer Expertin für empirische Sozialforschung diskutiert (vgl. Abschnitt 3.3.3.3) und damit sichergestellt, dass das vorgesehene Design auch dem Erkenntnisinteresse der Arbeit dient. Ferner erfolgte eine kritische Auseinandersetzung mit der Delphi-Methode in Abschnitt 3.3.2.1. Mit Blick auf die in der ersten empirischen Exploration durchgeführte Dokumentenanalyse wurde besonders in Abschnitt 1.2 dargelegt, warum die Bearbeitung des zweiten Forschungsdesiderates auf diese Weise durchzuführen ist. Eine Übersicht der Zuordnung der Erhebungsmethoden zu den zu untersuchenden Fragestellungen bzw. Desideraten wurde ferner in einem Empiriedesign (vgl. Abschnitt 3.1) offengelegt.

Neben der Auswahl der Methoden wurde auch die Auswahl der zu untersuchenden Materialien (Dokumentenanalyse) sowie die in die Delphi-Befragung einzubeziehenden Expert:innen ausführlich dargelegt und kriteriengeleitet begründet (vgl. Abschnitt 3.2.1 und 3.3.3.1). Die Auswahl der Expert:innen wurde zudem im Kontext der Delphi-Methode aufgearbeitet (vgl. Abschnitt 3.3.2.2).

Empirische Verankerung: Durch das Kriterium der empirischen Verankerung soll sichergestellt werden, dass neu entwickelte Theorien oder Thesen auf empirischen Grundlagen fußen. Eine Grundlage für die Erfüllung dieses Kriteriums ist eine systematische Datenanalyse (vgl. Steinke 2010, S. 328). Durch den Einsatz der qualitativen Inhaltsanalyse wird ein solches systematisches Vorgehen in dieser Studie gewährleistet (vgl. überblicksartig Abschnitt 3.2.2). So wurde sowohl für die Dokumentenanalyse (erste empirische Exploration) als auch im Rahmen der Delphi-Befragung (zweite empirische Exploration) die inhaltlich-strukturierende Inhaltsanalyse eingesetzt. Entlang von mehreren Kodierschleifen wurde aus den vorhandenen Materialien das für die Bearbeitung der Forschungsfragen notwendige Datenmaterial extrahiert. Zugleich wurde nach jeder Verallgemeinerung überprüft, ob die zuvor gebildete Kategoriendefinition noch auf das Textmaterial anwendbar ist. Im Zusammenhang mit der Ergebnisdarstellung im Kapitel 4 werden für die Interpretationsschlüsse besonders relevante Textstellen aus dem Datenmaterial durch eine konkrete Bezugnahme auf das empirische Material belegt.

Limitation: Das Kriterium der Limitation bzw. der Verallgemeinerbarkeit wird in dieser Studie primär über die Sample-Zusammenstellung der beiden empirischen Explorationen eingelöst. Für das Sample der ersten empirischen Exploration (Dokumentenanalyse) wurde erstens begründet, warum AEVO-Lehr-Lernmaterialien herangezogen werden, um die AdA möglichst repräsentativ zu untersuchen (vgl. Anschnitt 1.2). Zudem wurden Auswahlkriterien angesetzt, die sicherstellen sollen, dass die untersuchten Materialien einerseits den aktuellen Stand der AEVO widerspiegeln sowie andererseits durch ihre Zugänglichkeit auch die Praxis der Qualifizierung der betrieblichen Ausbilder:innen prägen können. Durch das letzte Merkmal der Häufigkeit wurde ferner versucht, vor allem jene Materialien in den Blick zu nehmen, die besonders stark die Qualifizierungspraxis der AdA prägen (vgl. Abschnitt 3.2.1). Bei der Auswahl der Expert:innen für die zweite empirische Exploration (Delphi-Befragung) wurde erstens darauf geachtet, dass alle für die Untersuchung relevanten Expertengruppen in die Befragung eingebunden werden (vgl. Abschnitt 3.3.3.1). Über die Rückkopplung der Ergebnisse wurde ferner eine Validierung der Antworten der Expert:innen aus der ersten Befragungsrunde gewährleistet und damit zugleich die Möglichkeit eingeräumt, Kommentierungen und Ergänzungen vorzunehmen. Über diese Validierung kann die Bildung von allgemeingültigeren Aussagen unterstützt werden.

Kohärenz: Mit dem Ziel, ungelöste Fragen und Widersprüche, die insbesondere bei der Interpretation der Forschungsergebnisse entstehen, offenzulegen, wurden erstens die Ergebnisse der Dokumentenanalyse der drei untersuchten AEVO-Lehr-Lernmaterialien zunächst separat ausgewertet, um Kohärenzen und Spezifika aufzeigen zu können. Erst im Anschluss daran wurden die Ergebnisse zu einem Gesamtbild der AdA zusammengefasst (vgl. Abschnitt 4.1). Zweitens wurden die Ergebnisse der Delphi-Befragung, d. h. zu den Stellenbeschreibungen der betrieblichen Ausbilder:innen (vgl. Abschnitt 4.2 und 4.3) sowie zu den Reformdiskussionen und Idealvorstellungen der AdA (vgl. Abschnitt 4.4) jeweils zunächst entlang der gebildeten Hauptkategorien ausgewertet. Erst im Anschluss daran (vgl. Kapitel 5) erfolgte eine kategorienübergreifende Auswertung sowie zum Abschluss eine Gesamtbetrachtung aller Ausführungen der Studie.

Relevanz: Als vorletztes Kriterium ist *Relevanz* anzuführen. Die Einschätzung wissenschaftlicher Relevanz erfolgt stets in einem wissenschafts- als auch gesellschaftsbezogenen historischen Kontext und kann im Zeitverlauf Umdeutungen erfahren. Als wichtige Kriterien im Wissenschaftsbetrieb gelten unter anderem die Problemrelevanz, der Neuheitsgrad sowie die Originalität der Forschungen (vgl. Weimert & Zweck 2015, S. 133).

In der vorliegenden Studie wird das Kriterium der *Relevanz* an zwei Stellen aufgezeigt. Zum einen wird zu Beginn der Arbeit (Abschnitt 1.1) der Forschungsstand aufgearbeitet und unter Bezugnahme auf die drei Forschungsdesiderata verdeutlicht, warum es wichtig ist, im Feld der Ausbilderforschung tätig zu werden. Zum anderen wird die Relevanz der Ergebnisse am Ende der Studie (Kapitel 5) im Rahmen einer Zusammenführung aller Ergebnisse dargestellt und Implikationen für die Ausbilderforschung abgeleitet.

Reflektierte Subjektivität: Die Autorin dieser Studie hat die Arbeit neben ihrer Tätigkeit für das Drittmittelprojekt „Geschäftsmodell- und Kompetenzentwicklung für nachhaltiges Wirtschaften im Handel" (GEKONAWI) erstellt. Ziel dieses Projektes war die Konzeptionierung und Erprobung einer Modulfortbildung für das Ausbildungspersonal im Handel (vgl. besonders Kiepe et al. 2019). Die Arbeit in dem Projekt hatte dabei auch Implikationen für die hier vorliegende Studie. So sind einige in der Arbeit genutzte Zugänge wie insbesondere der kompetenztheoretische und der professionstheoretische Zugang angelehnt an das Projekt. In diesem wurde ferner das Instrument der Stellenbeschreibung eingesetzt und umfassend erprobt.

Dem Kriterium der reflektiven Subjektivität wurde im Rahmen dieser Studie Rechnung getragen, indem erstens die Erhebungsinstrumente der Delphi-Befragung einem Pretest unterzogen wurden. Auf diese Art wurde sichergestellt, dass die in den Erhebungsinstrumenten getroffenen Formulierungen sowie die getroffenen Annahmen verständlich und nachvollziehbar sind. Der Pretest wurde durch jeweils kompetente Personen durchgeführt und die Instrumente daran anschließend angepasst. Ferner liegt der Delphi-Methode selbst ein reflektives bzw. validierendes Moment zu Grunde. So wurden die Ergebnisse der ersten Befragungsrunde der Delphi-Befragung durch die Autorin der Studie interpretiert und dann an die Expert:innen zurückgespiegelt. Diese hatte so die Möglichkeit, die vorgenommene Interpretation zu reflektieren, zu kommentieren und zu ergänzen.

4 Ergebnisse der empirischen Exploration

Nachfolgend werden die Auswertungsergebnisse der Dokumentenanalyse von ausgewählten AEVO-Lehr-Lernmaterialien (erste Empiriephase) und der zweistufigen Delphi-Befragung (zweite Empiriephase) vorgestellt. In beiden Empiriephasen wurde das Datenmaterial mittels einer strukturierenden Inhaltsanalyse ausgewertet (vgl. Kategoriensysteme in den Anhängen 2 und 3). Nachfolgend werden die Auswertungsergebnisse der empirischen Exploration und damit die drei Kernergebnisse der Studie vorgestellt:

- Eine übergeordnete Stellenbeschreibung von betrieblichen Ausbilder:innen sowie mögliche zukünftige Veränderungen in der Stellenbeschreibung.
- Eine strukturierte Beschreibung ausgewählter AEVO-Lehr-Lernmaterialien.
- Eine Diskussion zu Reformoptionen der AdA sowie die Erstellung eines Idealbildes der Ausbilderlehrgänge und der Ausbildereignungsprüfung.

4.1 Ergebnisse der Dokumentenanalyse ausgewählter AEVO-Lehr-Lernmaterialien

In den nachfolgenden Abschnitten werden die Befunde der Dokumentenanalyse entlang der drei zu untersuchenden Fragestellungen dargelegt:

- Welche Annahmen über die Ausbildungstätigkeit und ihre konkrete Ausgestaltung liegen den AEVO-Lehr-Lernmaterialien zu Grunde?
- Welches Verständnis von Didaktik liegt den AEVO-Lehr-Lernmaterialien zu Grunde?
- Welches Verständnis von beruflicher Handlungskompetenz der betrieblichen Ausbilder:innen liegt den AEVO-Lehr-Lernmaterialien zu Grunde?

Eine Übersicht der Verteilung der Kodierungen auf die Kategorien sowie die AEVO-Lehr-Lernmaterialien wurde als Code-Matrix aus MAXQDA generiert und ist in der Tabelle 17 dargestellt. Die in Klammern gesetzten und gefetteten Ziffern stellen die Gesamtzahl der Kodierungen für jedes AEVO-Lehr-Lernmaterialien dar. Die übrigen Ziffern zeigen auf, wie sich die Gesamtzahl der Kodierungen je Lehr-Lernmaterial auf die Haupt- und Unterkategorien und damit auf die Analyseschwerpunkte verteilt.

Bereits die erste Sichtung des Materials (vgl. Abschnitt 3.2.3) zeigte, dass sich die drei zu untersuchenden AEVO-Lehr-Lernmaterialien von Eiling und Schlotthauer (2016), Jacobs und Preuße (2018) sowie Küper und Mendizábal (2018) hinsichtlich ihres Seitenumfangs, bezüglich der enthaltenen Übungseinheiten sowie weiterer Strukturmerkmale in Teilen erheblich voneinander unterscheiden. Damit liegen den Materialien teilweise unterschiedliche Ausgangsbedingungen für die Kodierung zu Grunde. So bildet beispielsweise das Material von Eiling und Schlotthauer (2016) umfassende Handlungsfälle sowie Lernziele und Lernzielchecks ab, welche im Kodierprozess aufgenommen wurden und damit zu einer stärkeren Ladung einzelner Kategorien führten.

Tabelle 17: Übersicht zur Verteilung der Kodierungen auf die Kategorien und die AEVO-Lehr-Lernmaterialien

Analyseschwerpunkte / Analyseeinheiten	Eiling und Schlotthauer (2016): Material 1 (556)	Jacobs und Preuße (2018): Material 2 (213)	Küper und Mendizábal (2018): Material 3 (274)
H I Ausbildertätigkeit	163	124	185
Handlungsfeld I	5	2	10
Handlungsfeld II	21	13	27
Handlungsfeld III	34	32	34
Handlungsfeld IV	7	6	10
Sinnhaftigkeit	15	8	14
Autonomie	11	9	8
Soziale Interaktion	47	36	60
Ganzheitlichkeit	23	18	22
H II Didaktik	77	38	55
Lernen	39	15	30
Didaktische Modelle	0	0	6
Interaktion	27	20	12
Bild der Lernenden	11	3	7
H III Kompetenz	316	51	34
Fachkompetenz	176	15	5
Methodenkompetenz	123	14	9
Selbstkompetenz	1	11	14
Sozialkompetenz	16	11	6

In der Tabelle 17 sind alle Kodierungen der Dokumentenanalyse zusammengefasst. Hier wird erstens deutlich, dass alle drei Hauptkategorien des Kodierleitfadens (*Ausbildungstätigkeit*, *Didaktik* und *Kompetenz*) durch jedes untersuchte Material mit Kodierungen versehen werden konnten. Mit Blick auf die Anzahl der Kodierungen fällt ferner auf, dass das Material von Eiling und Schlotthauer (2016) (fortan bezeichnet als AEVO Lehr-Lernmaterial 1) mit 556 Kodierungen von insgesamt 1.043 Kodierungen die meisten Kodierungen aufweist. Besonders ausgeprägt ist die *Hauptkategorie III „Kompetenz"*, welche über die Hälfte aller Kodierungen (316 Kodierungen) des ersten Materials umfasst. Ein Großteil der hier gewonnenen Kodierungen konnte aus der Untersuchung der umfassenden Handlungsfälle entnommen werden. Mit insgesamt 274 Kodierungen folgt das Material von Küper und Mendizábal (2018) (fortan bezeichnet als AEVO-Lehr-Lernmaterial 3). *Die Hauptkategorie I „Ausbildertätigkeit"* ist hier besonders stark ausgeprägt (185 Kodierungen). Dies ist nicht zuletzt durch den hohen Umfang des Materials und den darin enthaltenen Ausführungen zu den Tätigkeiten betrieblicher Ausbilder:innen begründet. Dem gegenüber ist *die Hauptkategorie III „Kompetenzen"* nur sehr schwach ausgeprägt (34 Kodierungen), was insbesondere an den kaum vorhandenen Übungseinheiten und den daraus ableitbaren Kompetenzanforderungen liegt. Das Material von Jacobs und Preuße (2018) (fortan bezeichnet als AEVO-Lehr-Lernmaterial 2) weist mit insgesamt 213 die wenigsten Kodierungen auf. Mit Ausnahme der *Hauptkategorie III* (51 Kodierungen) trifft dies auf alle Hauptkategorien zu und verwundert insofern nicht, als dass es sich um das Material mit dem insgesamt geringsten Umfang handelt.

In den nachfolgenden drei Abschnitten werden die Auswertungsergebnisse der Dokumentenanalyse entlang der drei übergeordneten Fragestellungen (vgl. Empiriedesign in Abschnitt 3.1) vorgestellt. Mit Blick auf das Auswertungsvorgehen ist hervorzuheben, dass die Ergebnisse der Dokumentenanalyse in einem ersten Schritt jeweils separat, d. h. für alle drei AEVO-Lehr-Lernmaterialien einzeln ausgewertet wurden. Dies diente dem Zweck, mögliche Widersprüche zwischen den Materialien offenzulegen. Die Einzelauswertungen zeigten jedoch, dass zwischen den Materialien keine Widersprüche vorliegen. Vielmehr kann unter Rückbezug auf die erste Sichtung der Materialien (vgl. Abschnitt 3.2.3) darauf verwiesen werden, dass diese zwar in ihrem Umfang sowie mit Blick auf die in ihnen enthaltenen Übungseinheiten variieren, sich aber inhaltlich nicht widersprechen. D. h., die Materialien setzen die Inhalte der AEVO sowie des Rahmenplans des BiBB in ähnlicher Weise um. Sie decken sich damit zu weiten Teilen oder ergänzen einander. Eine isolierte Betrachtung der Analyseeinheiten verliert somit ihre Grundlage. Aus diesem Grund werden nachfolgend die Auswertungsergebnisse der Materialien zusammengefasst vorgestellt und wird nur vereinzelt auf prägnante Ausprägungen der einzelnen Materialien eingegangen.

4.1.1 Tätigkeitsprofile betrieblicher Ausbilder:innen

Erkenntnisse über die der AdA zugrundeliegenden Tätigkeiten von den betrieblichen Ausbilder:innen werden über die Auswertung der *Hauptkategorie I „Ausbildertätigkeit"* gewonnen (vgl. Anhang 1). Verbunden mit dieser Hauptkategorie ist die Beantwortung der Forschungsfrage:

- Welche Annahmen über die Ausbildungstätigkeit und ihre konkrete Ausgestaltung liegen den AEVO-Lehr-Lernmaterialien zu Grunde?

Zum Zwecke einer übersichtlicheren Analyse und Beschreibung der in den Materialien identifizierten Tätigkeiten wurden diese zu Arbeitssystemen zusammengefasst und den vier Handlungsfeldern der AEVO (vgl. zu den Handlungsfeldern Abschnitt 2.3.1) zugeordnet.

Der Begriff *Arbeitssystem* beschreibt „ein auf längere Zeit bestehendes Netzwerk von beruflichen Handlungen [...], die nach spezifischen Mustern organisiert sind

(z. B. Arbeitsteilung, Standardisierung, kreative Freiräume), denen jeweils bestimmte Bedeutungen zugrunde liegen (z. B. Effizienz, Kundenzufriedenheit, Sicherheit und Gesundheit, Umweltschutz, Qualität) und deren Funktionalität auf jeweils individuellen Eigenschaften von Mitarbeiter:innen (z. B. Kompetenzen, Qualifikationen, Einstellungen, Überzeugungen, Motiven) beruh[t]." (Kiepe et al. 2019, S. 83).

Ausschlaggebend für die Bündelung von Tätigkeiten zu einem Arbeitssystem ist, dass die Tätigkeiten in einem ähnlichen Bedeutungszusammenhang stehen, indem sie beispielsweise hinsichtlich ihrer Zielsetzung, des beteiligten Personenkreises oder des Zeitpunktes innerhalb des Ausbildungsprozesses Ähnlichkeiten aufweisen. Ein Großteil der Arbeitssysteme der Materialien weist die gleiche Bezeichnung auf. Dies liegt daran, dass die dort gebündelten Tätigkeiten deckungsgleich oder sehr ähnlich sind. Unterschiede zeigen sich vor allem auf einer übergeordneten Ebene hinsichtlich der Anzahl der Arbeitssysteme. Während für das Material 1 zwölf Arbeitssysteme gebildet wurden sind es für die Materialien 2 und 3 nur jeweils elf Arbeitssysteme.

Aus der Zusammenfassung der Auswertungsergebnisse der drei AEVO-Lehr-Lernmaterialien wurde die nachfolgende Übersicht für alle Materialien (vgl. Tabelle 18) entwickelt. Bei der Zusammenfassung der Ergebnisse der Materialien wurde eine Anpassung vorgenommen, um Redundanzen in den Handlungsfeldern zu vermeiden, welche sich aus der induktiven Bildung der Arbeitssysteme aus den Materialien ergaben. So wurde das Arbeitssystem *Grundlagen der Ausbildung schaffen* (Material 3) aufgelöst und die Tätigkeiten in das Arbeitsfeld *Ausbildungsplanung vornehmen* integriert.

Die Tabelle 18 zeigt, dass die aus den Materialien gewonnenen Erkenntnisse zu den Aufgaben betrieblicher Ausbilder:innen auf 13 Arbeitssystemen und insgesamt 201 Kodierungen basieren. Die Arbeitssysteme verteilen sich auf alle vier Handlungsfelder der AEVO (vgl. Abschnitt 2.3.1). In der rechten Spalte ist ferner angeführt, wie viele Kodierungen die einzelnen Arbeitssysteme umfassen (kursive Ziffer vor der Klammer). Die kursiven Ziffern in den Klammern zeigen auf, wie sich die Kodierungen auf die Materialien verteilen. Die gefetteten Ziffern in der rechten Spalte weisen die Anzahl der Arbeitssysteme für die Handlungsfelder aus. Das Handlungsfeld eins (Ausbildungsvoraussetzungen prüfen und Ausbildung planen) umfasst die zwei Arbeitssysteme *mit Partnern zusammenarbeiten I* sowie *Ausbildungsplanung vornehmen*. Mit insgesamt nur 16 Kodierungen, die sich fast gleichmäßig auf die Arbeitssysteme verteilen, ist es das in den Materialien am schwächsten ausgeprägte Handlungsfeld. Besonders auffällig ist zudem, dass das erste Arbeitssystem allein durch Kodierungen aus dem dritten Lehr-Lernmaterial geladen ist. Mit drei Arbeitssystemen und insgesamt 60 Kodierungen ist das zweite Handlungsfeld (Ausbildung vorbereiten und bei der Einstellung von Auszubildenden mitwirken) am zweitstärksten in den Materialien vertreten. Am stärksten ausgeprägt ist hier das Arbeitssystem *Akquise und Einstellung vornehmen* (37 Kodierungen). Danach folgt *mit Partnern zusammenarbeiten II* (14 Kodierungen). Den Abschluss bildet *(Ausbildungs-)Pläne erstellen* (9 Kodierungen). Mit 102 Kodierungen folgt dann das Handlungsfeld 3 (Ausbildung durchführen). Es ist in allen Materialien als das deutlich am stärksten ausgeprägte Handlungsfeld vertreten und umfasst 6 Arbeitssysteme. Mit knapp etwas über die Hälfte (53) aller Kodierungen in diesem Handlungsfeld ist das Arbeitssystem *Methoden und Medien einsetzen* im untersuchten Material vertreten.

Tabelle 18: Übersicht zu den Arbeitssystemen und den ihnen zugeordneten Kodierungen

Handlungsfelder	13 Arbeitssysteme *201*
H1	mit Partnern zusammenarbeiten I *7 (L1: 0, L2: 0, L3: 7)*
H1	Ausbildungsplanung vornehmen *9 (L1: 5, L2: 2, L3: 2)*
Summe H1	2
H2	Akquise und Einstellung vornehmen *37 (L1: 11, L2: 9, L3: 17)*
H2	mit Partnern zusammenarbeiten II *14 (L1: 6, L2: 2, L3: 6)*
H2	(Ausbildungs-)Pläne erstellen *9 (L1: 4, L2: 2, L3: 3)*
Summe H2	3
H3	Methoden und Medien einsetzen *53 (L1: 15, L2: 18, L3: 20)*
H3	Entwicklung fördern *20 (L1: 7, L2: 5, L3: 8)*
H3	Lernprozesse gestalten/begleiten *14 (L1: 4, L2: 5, L3: 5)*
H3	Probezeit begleiten/gestalten *8 (L1: 3, L2: 2, L3: 3)*
H3	Konflikte managen *5 (L1: 3, L2: 2, L3: 0)*
H3	Lernort überprüfen und Inhalte zuordnen *2 (L1: 2, L2: 0, L3: 0)*
Summe H3	6
H4	Abschlussprüfung begleiten *15 (L1: 5, L2: 4, L3: 6)*
H4	Ausbildung abschließen *8 (L1: 2, L2: 2, L3: 4)*
Summe H4	2

Auffällig ist hier, dass es in allen Materialien das Arbeitssystem ist, das jeweils die meisten Kodierungen aufweist. Das zweite Arbeitssystem *Entwicklung fördern* weist hingegen nur noch 20 Kodierungen auf. Mit weiter abnehmender Kodierungsanzahl folgen die Arbeitssystem *Lernprozesse gestalten/begleiten* (14 Kodierungen) sowie *Probezeit begleiten/gestalten* (8 Kodierungen). Die letzten beiden Arbeitssysteme im dritten Handlungsfeld sind *Konflikte managen* (5 Kodierungen) sowie *Lernort überprüfen und Inhalte zuordnen* (2 Kodierungen). Ersteres der beiden ist nur durch Kodierungen in den Materialien 1 und 2 vertreten, und letzteres ist ausschließlich im Material 1 vertreten. Das letzte Handlungsfeld 4 (Ausbildung abschließen) ist mit insgesamt 23 Kodierungen am zweitschwächsten in den Materialien enthalten. Es umfasst die zwei Arbeitssysteme *Abschlussprüfung begleiten* (15 Kodierungen) sowie *Ausbildung abschließen* (8 Kodierungen).

In einer ersten Deutung der Analyseergebnisse ist auf die Verteilung der Kodierungen auf die vier Handlungsfelder einzugehen. Die starke Dominanz des dritten Handlungsfeldes ist hier insofern nicht überraschend, als das auch im BIBB Rahmenplan von 2009 dem Handlungsfeld drei der größte Zeitumfang (45 Prozent der Lehrgangsdauer) im Rahmen der Ausbilderlehrgänge zugesprochen wird (vgl. BiBB 2009, S. 7). Mit Blick auf die Verteilung der Lehrgangsdauer auf die übrigen Handlungsfelder kann keine eindeutig Parallele zur Verteilung der Lehrgangsdauer gezogen werden. So werden dem Handlungsfeld eins und zwei im Rahmenlehrplan des BiBB jeweils 20 Prozent der Lehrgangsdauer zugeschrieben und dem Handlungsfeld vier nur 15 Prozent (vgl. ebd.). Die Auswertung der Materialien zeigt jedoch, dass das Handlungsfeld eins mit weniger Kodierungen und Arbeitssystemen im Material vertreten ist als das Handlungsfeld vier. Dies ist u. a. darin zu begründen, dass die Anzahl der Kodierungen nicht zwingend einen direkten Aufschluss über die Komplexität der Tätigkeiten bzw. den damit verbundenen Lehrgangsinhalten und damit wiederum auf die benötigte Lehrgangszeit zulässt.

Eine Detailansicht zu den in den 13 Arbeitssystemen (vgl. Tabelle 18) enthaltenen Tätigkeiten liefert die Tabelle 19. Sie dokumentiert ferner die für alle Materialien zusammengefassten Ausprägungen der Arbeitssysteme hinsichtlich arbeits- und organisationspsychologischer Merkmale von motivations-, persönlichkeits- und lernförderlicher Aufgabengestaltungen (Ganzheitlichkeit, Autonomie, Soziale Interaktion, Sinnhaftigkeit) (vgl. Abschnitt 2.3.2). In der rechten Spalte der Tabelle 19 weisen die Ziffern in den Klammern aus, durch wie viele Kodierungen die Merkmalsausprägungen in den Arbeitssystemen vertreten sind. In der letzten Zeile der Tabelle ist in gefetteten und eingeklammerten Ziffern das Gesamtaufkommen der einzelnen Merkmalsausprägungen ausgewiesen. Damit bildet die Tabelle 19 eine wesentliche Grundlage, um die in den Materialien enthaltenen Annahmen über die qualitative Ausprägung der betrieblichen Ausbildungstätigkeit beurteilen zu können.

Tabelle 19: Detailansicht zu den identifizierten Tätigkeiten betrieblicher Ausbilder:innen

Handlungsfeld 1 – Ausbildungsvoraussetzung prüfen und Ausbildung planen	
(1) mit Partnern zusammenarbeiten I	inhaltliche und zeitliche Abstimmung mit der Schule sowie Zusammenarbeit im Zuge des Berufsgrundbildungsjahres; Austausch mit zuständigen Stellen; Kooperation mit überbetrieblichen Lernorten, dem Betriebsrat, der Jugend- und Auszubildendenvertretung sowie Partnern der Einstiegsqualifizierung; Einbindung der Eltern in Ausbildung _Merkmale:_ Ganzheitlichkeit (0), Autonomie (0), Soziale Interaktion (7), Sinnhaftigkeit (2)
(2) Ausbildungsplanung vornehmen	quantitative Personalplanung; Ausbildungsangebot überprüfen und Ausbildungsberufe auswählen; Qualifizierungsbausteine für Berufsvorbereitung entwickeln/anpassen; Ausbildungsstätte prüfen _Merkmale:_ Ganzheitlichkeit (3), Autonomie (3), Soziale Interaktion (0), Sinnhaftigkeit (2)
Handlungsfeld 2 – Ausbildung vorbereiten und bei der Einstellung von Auszubildenden mitwirken	
(3) Akquise und Einstellung vornehmen	Entwicklung und Anpassung unternehmensspezifischer Anforderungsprofile; Auswahlkriterien ableiten, Agentur für Arbeit mit Auszubildenden-Akquise beauftragen; Nachfrage nach Ausbildungsplätzen abschätzen und Zielgruppe abklären; Stellenanzeigen entwickeln/schalten; Bewerberansprache; Eingang von Bewerbungsunterlagen bestätigen/analysieren und Bewerber:innen einladen (Vorauswahl treffen); Eignungstests auswählen; Vorstellungsgespräche sowie Mini-Assessment-Center vorbereiten und durchführen; Absagen versenden; Bewerber:innen und Betriebsrat über Stellenzusage informieren; Ausbildungsvertrag erstellen und an zuständige Stellen übermitteln; Auszubildende bei Berufsschule, Sozialversicherung und ggf. externen Bildungseinrichtungen anmelden; ärztliche Bescheinigung bei minderjährigen Auszubildenden prüfen _Merkmale:_ Ganzheitlichkeit (5), Autonomie (8), Soziale Interaktion (23), Sinnhaftigkeit (1)
(4) mit Partnern zusammenarbeiten II	Kooperationsbedarf ermitteln; Zusammenarbeit mit Betriebsrat abstimmen; inhaltliche und zeitliche Abstimmung mit Berufsschule; zuständige Stellen bei Fragen kontaktieren; Kontaktpflege zu Eltern; Schulen und Bundesagentur für Arbeit bei Berufsberatung unterstützen; Zusammenarbeit mit

	Gewerkschaften/Berufsgenossenschaften, anderen Betrieben und überbetrieblichen Ausbildungseinrichtungen; Kooperation mit Hochschulen und Akademien *Merkmale:* Ganzheitlichkeit (0), Autonomie (0), Soziale Interaktion (14), Sinnhaftigkeit (3)
(5) (Ausbildungs-) Pläne erstellen	Betrieblichen Ausbildungsplan erstellen und individuelle Ausbildungspläne ableiten; Ausbildungsplan bei zuständigen Stellen einreichen; Einsatzpläne erstellen; Unterrichtspläne erstellen; Belegpläne erstellen; ggf. Planung der Betreuung im Ausland vornehmen *Merkmale:* Ganzheitlichkeit (4), Autonomie (3), Soziale Interaktion (2), Sinnhaftigkeit (0)
Handlungsfeld 3 – Ausbildung durchführen	
(6) Methoden und Medien einsetzen	Methoden und Medieneinsatz festlegen und mit Ausbildungsinhalten abstimmen; Sozialformen festlegen/umsetzen; Kurzvorträge halten; Präsentationen einsetzen; Planung, Vorbereitung sowie Einsatz von Lernaufträgen, Planspielen, Rollenspielen, Projektmethode, Vier-Stufen-Methode, Leittextmethode, Kreativtechniken, Fallmethode; Blitzlicht, Kartenabfrage, Mind-Maps, Computer-based-Training, Expertenbefragungen; Planung und Durchführung von Moderationen, Gruppendiskussionen und Einzelgesprächen *Merkmale:* Ganzheitlichkeit (33), Autonomie (6), Soziale Interaktion (47), Sinnhaftigkeit (0)
(7) Entwicklung fördern	Eingliederung der Auszubildenden in Betrieb unterstützen; Erfolgskontrollen durchführen; Zwischenprüfung auswerten; Fördermaßnahmen bei Lernproblemen anbieten; Ausbildungsnachweise prüfen; Beurteilungskriterien/-system festlegen; Beurteilung vornehmen; Beurteilungs-/Fördergespräche führen; interkulturelle Fördermöglichkeiten anbieten; talentierte Auszubildende fördern *Merkmale:* Ganzheitlichkeit (6), Autonomie (3), Soziale Interaktion (14), Sinnhaftigkeit (9)
(8) Lernprozesse gestalten/begleiten	Bestimmen und Formulieren von Lernzielen; didaktische Aufbereitung von Lerninhalten; Lern- und Arbeitsaufgaben erstellen; Fachabteilungen regelmäßig überprüfen; Lernprozesse begleiten; Feedback im Lernprozess geben *Merkmale:* Ganzheitlichkeit (3), Autonomie (3), Soziale Interaktion (4), Sinnhaftigkeit (1)
(9) Probezeit begleiten/gestalten	Einführung in Ausbildung gestalten; Probezeit gestalten; Probezeit beurteilen und Feedbackgespräch am Ende der Probezeit führen *Merkmale:* Ganzheitlichkeit (2), Autonomie (2), Soziale Interaktion (8), Sinnhaftigkeit (4)
(10) Konflikte managen	Verhaltensgrundsätze erarbeiten; Beratungsstellen konsultieren und Beratungsangebote vermitteln; Konfliktbewältigung unterstützen *Merkmale:* Ganzheitlichkeit (2), Autonomie (0), Soziale Interaktion (5), Sinnhaftigkeit (2)
(11) Lernorte überprüfen und Inhalte zuordnen	Lernorte auswählen; Prüfung von Kriterien sowie inhaltliche Zuordnung bei der Lernortauswahl *Merkmale:* Ganzheitlichkeit (1), Autonomie (0), Soziale Interaktion (0), Sinnhaftigkeit (1)
Handlungsfeld 4 – Ausbildung abschließen	
(12) Abschlussprüfung begleiten	Unterstützung bei Prüfungsvorbereitung; Hilfestellung bei Prüfungsangst; Zwischenprüfung auswerten und Ergebnisse besprechen; Auszubildende zur Abschlussprüfung anmelden; in Prüfungsausschüssen mitarbeiten; Ursachenanalyse bei nicht bestandener Abschlussprüfung vornehmen *Merkmale:* Ganzheitlichkeit (4), Autonomie (0), Soziale Interaktion (14), Sinnhaftigkeit (9)
(13) Ausbildung abschließen	Entwürfe von Arbeitszeugnissen/ Arbeitszeugnisse erstellen; Abschlussgespräch am Ende der Ausbildung führen; über berufliche Entwicklungswege sowie Fort- und Weiterbildungsmöglichkeiten informieren *Merkmale:* Ganzheitlichkeit (0), Autonomie (0), Soziale Interaktion (5), Sinnhaftigkeit (3)
Ganzheitlichkeit (63), Autonomie (28), soziale Interaktion (143), Sinnhaftigkeit (37)	

Aus der Tabelle 19 kann erstens das Gesamtaufkommen der Merkmalsausprägungen in den Materialien entnommen werden. Hier zeigt sich, dass das Merkmal *Soziale Interaktion* mit Abstand am stärksten (143 von 271 Kodierungen) in den Materialien vertreten ist. Die Merkmalsausprägung wurde immer dann einer Tätigkeit zugeordnet, wenn diese im Zusammenhang mit sozialer Interaktion bzw. Kooperation steht, respektive soziale Interaktion eine wesentliche Voraussetzung für die Bewältigung dieser Tätigkeit ist. Danach folgt das Merkmal der *Ganzheitlichkeit* (63 Kodierungen). Es wurde allen Tätigkeiten zugesprochen, die planende, ausführende und kontrollierende Elemente enthalten.

Das Schlusslicht bilden die Merkmale *Sinnhaftigkeit* (37 Kodierungen) und *Autonomie* (28 Kodierungen). Ersteres wurde immer dann einer Tätigkeit zugeordnet, wenn diese eine soziale Komponente aufweist, d. h. die Übernahme von Verantwortung/Fürsorge für Gesellschaft und Individuen. Letzteres Merkmal wurde dann vergeben, wenn Tätigkeiten mit Entscheidungsfreiheiten verbunden waren, entweder, weil Ausbilder:innen Entscheidungen eigenständig treffen dürfen/müssen oder aber zwischen Entscheidungsoptionen wählen dürfen/müssen.

Mit Fokus auf die Verteilung der Merkmalsausprägungen auf die Arbeitssysteme sind besonders vier Arbeitssysteme hervorzuheben. So ist erstens zu erkennen, dass das im dritten Handlungsfeld enthaltene Arbeitssystem *Methoden und Medien einsetzen* die meisten Kodierungen (86) hierzu ausweist. Dies verwundert insofern nicht, als es das Arbeitssystem mit den meisten Kodierungen zu den enthaltenen Tätigkeiten ist (vgl. Tabelle 18). Besonders dominant ist das Merkmale *Soziale Interaktion* (47 Kodierungen). Zu begründen ist dies damit, dass der Methoden- und Medieneinsatz immer eine Interaktion mit Auszubildenden als Voraussetzung hat. Aber auch das Merkmal *Ganzheitlichkeit* ist bemerkenswert häufig (33 Kodierungen) vertreten und dies über alle drei untersuchten Materialien hinweg. Das der Methoden- und Medieneinsatz mit planenden, durchführenden und prüfenden Tätigkeiten verbunden ist, verdeutlicht auch die Detailansicht in der Tabelle 19.

Das Arbeitssystem mit den zweitmeisten Kodierungen (37) ist das System *Akquise und Einstellung vornehmen*, welches dem zweiten Handlungsfeld zugeordnet ist. Hier ist es die Merkmalsausprägung *Soziale Interaktion*, welche den Großteil der Kodierungen (23) für sich beansprucht. Die Detailansicht (vgl. Tabelle 19) zu den hier zugeordneten Aufgaben erklärt diese Häufigkeit, indem sie vor allem vielfältige Interaktionspartner im Zusammenhang mit der Akquise und Einstellung anführt. Ferner ist das Arbeitssystem *Akquise und Einstellung vornehmen* jenes, welches am stärksten (8 Kodierungen) durch das Merkmal Autonomie geprägt ist. Es sind dabei häufig Entscheidungen, die die Ausbilder:innen zusammen mit anderen Personen z. B. anderen Ausbilder:innen treffen, indem sie z. B. gemeinsam Auszubildende einstellen.

Das Arbeitssystem mit den drittmeisten Kodierungen (32) ist *Entwicklung fördern* aus dem Handlungsfeld drei. Neben dem Merkmal *Soziale Interaktion* (14 Kodierungen), ist es auch eines von zwei Arbeitssystemen, das am stärksten durch das Merkmal *Sinnhaftigkeit* (9 Kodierungen) geprägt ist. Hinsichtlich des letzten Merkmals ist anzuführen, dass ein Teil der Tätigkeiten in besonderer Weise auf die Verantwortung der Ausbilder:innen hinweist. Im Zentrum stehen hier die Auszubildenden als Individuen, denen gegenüber die Ausbilder:innen eine Fürsorgepflicht haben, die über das reine Ausbilden hinausweist.

Das vierte und letzte hier aufzuführende Arbeitssystem ist *Abschlussprüfung begleiten* (27 Kodierungen) aus dem Handlungsfeld vier. Neben *Sinnhaftigkeit* (9 Kodierungen) ist hier vor allem das Merkmal *Soziale Interaktion* (14 Kodierungen) am stärksten vertreten.

Analog zum vorangegangen Arbeitssystem zeigte sich auch ihr eine besondere Fürsorgepflicht der Ausbilder:innen gegenüber den Auszubildenden, indem beispielsweise eine Aufgabe in der Ursachenanalyse und Bekämpfung von Problemen bei Abschlussprüfungen besteht.

Die Verteilung der Merkmalsausprägungen auf die übrigen Arbeitssysteme liegt in einer Spannweite zwischen 17 Kodierungen (*Mit Partnern zusammenarbeiten II*) und zwei Kodierungen (*Lernorte überprüfen und Inhalte zuordnen*).

In einer ersten Kommentierung zu den Merkmalsausprägungen ist anzuführen, dass die Auswertungsergebnisse insofern wenig überraschen, als dass betriebliche Ausbildung ein sozialer Prozess ist, der automatisch eine Vielzahl an Interaktionen, insbesondere mit Auszubildenden mit sich bringt. Insofern war die starke Präsenz des Merkmals *soziale Interaktion* erwartbar. Auch die geringe Ausprägung des Merkmals *Autonomie* war in gewisser Weise erwartbar. So ließen die Ausführungen der theoretischen Exploration bereits erkennen, dass betriebliche Ausbilder:innen nicht als Teil der Unternehmensstrategie reflektiert werden (vgl. Abschnitt 2.2.4). Insofern scheint es nur konsequent, dass die identifizierten Tätigkeiten nur wenig Entscheidungsmöglichkeiten und damit Möglichkeiten zur Partizipation aufweisen. In diesem Zusammenhang ist mit Blick auf die in Tabelle 19 angeführten einzelnen Tätigkeiten ferner hervorzuheben, dass die in den Arbeitssystemen enthaltenen Aufgaben primär operativen Charakter aufweisen und allein auf die Vorbereitung, die Planung, die Umsetzung sowie den Abschluss betrieblicher Ausbildung ausgerichtet sind. Strategische Aufgaben, die auf eine Verknüpfung von betrieblicher Ausbildung und strategischer Unternehmensentwicklung verweisen, sind wie zu erwarten nicht zu finden.

4.1.2 Beförderte Didaktik

Aufschluss über die in der AdA beförderte Didaktik liefert die Auswertung der *Hauptkategorie II „Didaktik"* (vgl. Anhang 1). Mittels ihrer Auswertung wird die folgende zentrale Forschungsfrage beantwortet:

- Welches Verständnis von Didaktik liegt den AEVO-Lehr-Lernmaterialien zu Grunde?

Aus der Zusammenfassung der Auswertungsergebnisse der drei AEVO-Lehr-Lernmaterialien konnte die nachfolgende Übersicht für alle Materialien (vgl. Tabelle 20) gewonnen werden. Die Tabelle greift die Struktur des Kategoriensystems (vgl. Anhang 1) auf. Die gefetteten Ziffern in der linken Spalte *Didaktikdimension* weisen aus, wie viele Kodierungen die Unterkategorien zur Hauptkategorie Didaktik jeweils umfassen. Die gefetteten Ziffern in den Klammern zeigen zudem auf, wie sich die Kodierungen auf die Materialien verteilen. Die kursiven Ziffern in der rechten Spalte dokumentieren, auf wie viele Kodierungen die aufgeführten Aussagen in den Tabellen, d. h. zu den strukturgebenden Unterkategorien (Ausprägungen) zurückzuführen sind. In Klammern wird zudem markiert, wie sich die Kodierungen auf die drei Materialien verteilen. Die Tabelle 20 beschreibt das in der AdA beförderte Verständnis von Didaktik auf Basis von 170 Kodierungen. Mit Blick auf die Auswertungsergebnisse der ersten Unterkategorie „Interaktion" (59 Kodierungen) kann festgehalten werden, dass die Materialien ein multidimensionales Bild von Ausbilder:innen zeichnen.

Tabelle 20: Zusammenfassung der Kodierungen zur Didaktik

Didaktikdimensionen	Ausprägungen
Interaktion 59 (L1: 27, L2: 20, L3: 12)	Bild der Lehrenden *43* (L1: 20, L2: 16, L3: 7) Coach, Organisator, Motivator, Planer von Lern- und Arbeitsaufgaben, schafft Rahmenbedingungen für das Lernen, Berater, Personalentwickler, Erzieher, Lernberater, Lernförderer, Moderator, Unterstützer, Vorbild, Vorgesetzter, Unterweiser, Persönlichkeitsentwickler, Vermittler von Inhalten; Ansprechpartner, Steuerer des Lernprozesses, Beförderer von Handlungsfähigkeit; Fachmann, Lehrer, Bezugsperson, Anwalt der Auszubildenden, Arbeitnehmer Beziehung zwischen Lehrenden und Lernenden *16* (L1: 7, L2: 4, L3: 5) - unterschiedliche situativ anzuwendende Führungsstile (human, laissez-faire, autoritär, kooperativ) als Beziehungsbasis zwischen Lehrenden und Lernenden - hohe Bedeutung von Feedback der Lehrenden an Lernende - klare Regeln zwischen Lehrenden und Lernenden - vertrauensvolle Beziehung - Anerkennung, Motivation sowie Aktivierung der Lernenden durch die Lehrenden - Wechselwirkung zwischen Lehrenden und Lernenden - Handeln der Lehrenden beeinflusst Lernende
Bild der Lernenden 21 (L1: 11, L2: 3, L3: 7)	Merkmale von Lernenden *11* (L1: 6, L2: *1*, L3: 4) - unterschiedlich Lerntypen (visuell, auditiv, verbal, haptisch) - individuelles Lernverhalten der Auszubildenden - Leistungsfähigkeit unterliegt einem Biorhythmus - Aufteilung des Gehirns in zwei Leistungsbereiche (links rational und rechts kreativ) - Informationsfilterungsprozess des Gehirns - individuelle Vorerfahrungen, körperliche und seelische Ausgangsbedingungen für Lernprozess Rolle der Lernenden im Lernprozess *10* (L1: 5, L2: 2, L3: 3) - Selbstständigkeit der Lernenden im Lernprozess befördern - Lernende im Lernprozess ernstnehmen und einbinden - Lernenden (Gestaltungs-)Freiräume im Lernprozess lassen - Lernenden Eigenverantwortung im Lernprozess übertragen
Lernen 84 (L1: 39, L2: 315, L3: 30)	Definition Lernen *19* (L1: 12, L2: 3, L3: 4) - Lernen als lebenslanger Prozess - Lernen als personengebundener und individueller Prozess - Veränderung von Fertigkeiten, Kenntnissen; Wissen und Verhaltensweisen (kognitiver, psychomotorischer und affektiver Lernbereich) über längeren Zeitraum - Lernen ist Fertigkeiten aneignen, Verstehen, Informationen speichern, Erfahrungen machen, verstehen und behalten *Ablauf von Lernprozessen* 22 (L1: 6, L2: 8, L3: 8) - unterschiedliche situativ anzuwendende Lernformen (durch Versuch-Irrtum, Verstärkung, Nachahmung, operante Konditionierung, Einsicht, Handlungsregulation) - unterschiedliche Lerntheorien (verhaltenstheoretisch, kognitiv, handlungstheoretisch)

	- Lernprozess als Ausbau kognitiver Wissensnetzwerke (Verbindungen zwischen Synapsen) - Lernprozess ist mehrstufig (Information aufnehmen, bearbeiten/speichern, absichern/anwenden) Unterstützung von Lernen 43 (L1: *21*, L2: *4*, L3: *18*) - Freiräume und schaffen - Selbstständigkeit im Lernprozess fördern - unterschiedliche Lernbereiche (kognitiv, affektiv und psychomotorisch) und Sinnesorgane ansprechen - Schwierigkeitsgrad schrittweise erhöhen - beide Gehirnhälften ansprechen - Inhalte gehirngerecht aufarbeiten/strukturieren (Einsatz von Mind-Maps) - Fallbeispiele und Eselsbrücken nutzen - Lerninhalte mit Emotionen, Erfahrungen, Assoziationen, Bildern und Interesse verbinden - Lerninhalte über einen längeren Zeitraum wiederholen - Inhalte in Zusammenhängen darstellen - Feedback im Lernprozess geben - handlungsorientierte Methoden einsetzen (Methoden- und Medienvielfalt) - Lernziele aufzeigen - Lernaufträge nutzen - Lernende in Teams arbeiten lassen
Didaktische Modelle (L3: **6**)	- Balance der didaktischen Elemente (Lernziele, Lerninhalten, Lernmedien, Lernmethoden, Zeit, Ort, Voraussetzungen, der Lehrenden und Lernenden) - didaktisches Dreieck (Ausbilder:in, Auszubildende und Inhalt)

Dieses *Bild der Lehrenden* weist sowohl erzieherische als auch betreuerische Komponenten auf, z. B. Ausbilder:innen als Erzieher:innen, Vorbild, Lernbegleiter:innen, Persönlichkeitsentwickler:innen oder Berater:innen. Ferner wird markiert, dass Ausbilder:innen planerische und organisatorische Aufgaben in der Ausbildung wahrnehmen, z. B. Ausbilder:innen als Organisator:innen oder Planer:innen von Lern- und Arbeitsaufgaben. Dieser erste Befund spiegelt damit den aktuellen und vor allem wissenschaftlichen Diskurs zur den Rollenprofilen betrieblicher Ausbilder:innen wider, indem er verdeutlicht, dass Ausbilder:innen nicht nur eine spezifische Rolle, sondern gleich mehrere Rollen im Lernprozess einnehmen (vgl. besonders Bahl & Diettrich 2008).

Mit Fokus auf die *Beziehung zwischen Lehrenden und Lernenden* zeigen die Materialien, dass diese durch unterschiedliche und situativ anzuwendende Führungsstile geprägt sein sollte. Ferner wird deutlich, dass die Vorstellung einer ausgeprägten Reziprozität in der Beziehung zwischen Lehrenden und Lernenden vermittelt wird. Letzteres findet u. a. seinen Ausdruck in der Anerkenntnis der Wichtigkeit eines gegenseitigen Feedbacks zwischen Lehrenden und Lernenden sowie einer auf Vertrauen beruhenden Beziehung zwischen ihnen.

Für die zweite *Unterkategorie „Bild des Lernenden"* (21 Kodierungen) ist festzuhalten, dass die Materialien auf die Individualität von Lernenden verweisen (*Merkmale von Lernenden*). Es wird deutlich, dass es unterschiedliche Lerntypen (visuell, auditiv, haptisch und verbal) gibt und das Lernende mit individuellen Vorerfahrungen sowie körperlichen und seelischen Ausgangsbedingungen in Lernprozesse eintreten. Ferner wird aufgezeigt, dass die Leistungsfähigkeit von Lernenden natürlichen Schwankungen unterliegt.

Mit Blick auf die *Rolle der Lernenden im Lernprozess* ist zu erkennen, dass Lernende selbstständig und eigenverantwortlich agieren sollen und ihnen hierfür entsprechende Freiräume im Lernprozess einzuräumen sind.

Für die *Unterkategorie „Lernen"*, welche die meisten Kodierungen (81) beinhaltet, kann hinsichtlich der dem Material zu Grunde liegenden *Definition von Lernen* festgehalten werden, dass Lernen als eine Veränderung, respektive als eine Erweiterung von Fertigkeiten, Fähigkeiten, Kenntnissen und Einstellungen ausgewiesen wird. Lernen ist dabei kein einmaliger Vorgang, sondern ein lebenslanger Prozess. Hinsichtlich des *Ablaufs von Lernprozessen* wird deutlich, dass es unterschiedliche Lernformen gibt, welche situativ anzuwenden sind. Genannt werden u. a. Lernen durch Versuch und Irrtum, Lernen durch Einsicht sowie Lernen durch Nachahmung. Lernen, respektive der Ablauf von Lernen, ist dabei als individueller Prozess zu verstehen. Allgemeingültige Schemata für das Lernen existieren nicht, obwohl durchaus theoretische Erklärungsansätze für Lernprozesse vorlägen. Mit Blick auf die im untersuchten Material aufgeführten Maßnahmen zur *Unterstützung von Lernen* konnte schließlich eine Vielzahl von Maßnahmen (insgesamt 43 Kodierungen im gesamten Material) identifiziert werden. Neben Handlungsempfehlungen, die vornehmlich die Rahmenbedingungen betrieblichen Lernens fokussieren und u. a. deutlich machen, dass das Lernen durch Freiräume und die Möglichkeit zum Austausch mit anderen Lernenden (Teamarbeit) unterstützt werden kann, gibt es auch Maßnahmen, welche die Ansprache der Auszubildenden in den Blick nehmen. Hier zeigt sich mitunter, dass Auszubildende durch möglichst viele Sinnesorgane anzusprechen sind sowie mittels Feedback ein kontinuierlicher Austauschprozess zu gewährleisten ist. Mit Fokus auf die Lerninhalte wird besonders die gehirngerechte Aufarbeitung betont, indem beispielsweise auf Visualisierungen, Mind-Maps oder Eselsbrücken verwiesen wird. Aus den Empfehlungen geht auch hervor, dass Lernen ein aktiver und handlungsorientierter Prozess ist, der durch die Vorgabe von Lernzielen strukturiert und durch einen vielfältigen Methodeneinsatz sowie dem Anknüpfen an Erfahrungen und Emotionen der Lernenden unterstützt werden sollte.

Ausführungen zur Unterkategorie *„Didaktische Modelle"* konnten nur im Material 3 identifiziert werden (6 Kodierungen). Aus den kodierten Textstellen geht hervor, dass ein Verständnis vom Zusammenspiel didaktischer Elemente (Lernziele, Lerninhalte, Lernmethoden, Lernmedien, Zeit, Ort) befördert wird, welches auf eine Balance zwischen diesen ausgerichtet ist. Ausbilder:innen müssen diese Elemente gezielt aussuchen und kombinieren, um einen hinreichend störungsfreien Lehr-Lernprozess zu gewährleisten. Damit verbunden wird ferner die Idee des *Didaktischen Dreiecks* aufgegriffen. Im Fokus stehen hier die Beziehungen zwischen Ausbilder:innen, Auszubildenden und Inhalten. Dieses Beziehungs-Dreieck muss frei von Störungen sein, um negative Effekte auf den Lehr-Lernprozess zu vermeiden.

Insgesamt ist mit Blick auf die Auswertungsergebnisse festzuhalten, dass ein Didaktikverständnis zu erkennen ist, das den State of the Art beruflicher Didaktik widerspiegelt. (vgl. u. a. Bahl & Diettrich 2008; Baumgartner 2015, S. 111 f.; Gössling & Sloane 2013, S. 246 ff.). Anzumerken ist in diesem Zusammenhang allerdings auch, dass der State of the Art der beruflichen Didaktik nicht, oder zumindest nicht erkennbar, an übergeordnete und didaktische Positionen, wie u. a. die bildungstheoretische Didaktik, die kybernetisch-informatorische oder die kritisch-kommunikative Didaktik zurückgebunden wird (vgl. u. a. Gudjons & Winkel 2015; Klafki 1980). Ferner ist nicht zu erkennen, dass die didaktischen Leitlinien der beruflichen Bildung, wie z. B. die Handlungsorientierung, die Geschäfts- und Arbeitsprozessorientierung oder didaktisch-curriculare Prinzipien (vgl. überblicksartig Wilbers 2019) explizit aufgegriffen und im Didaktikverständnis der untersuchten Materialien aufgearbeitet und reflektiert werden. Vielmehr scheint sich der State of the Art der beruflichen Didaktik vorallem auf einer begrifflichen Ebene wiederzufinden, wenn etwa von Ausbilder:innen als Lernprozessbegleiter:innen, von Lernendenorientierung oder vom selbstregulierten Lernen gesprochen wird. Lediglich im Material 3 konnte mit dem didaktischen Dreieck ein in seiner Komplexität reduziertes didaktisches Modell (vgl. Euler 2003) identifiziert werden.

4.1.3 Berufliche Handlungskompetenz

Erkenntnisse über die in der AdA beförderten Vorstellungen zur beruflichen Handlungskompetenz der betrieblichen Ausbilder:innen werden über die Auswertung der *Hauptkategorie III „Kompetenz betrieblicher Ausbilder:innen"* (vgl. Anhang 1) gewonnen. Im Zentrum dieser Kategorie steht die Beantwortung der Frage:

- Welches Verständnis von beruflicher Handlungskompetenz der betrieblichen Ausbilder:innen liegt den AEVO-Lehr-Lernmaterialien zu Grunde?

Für die untersuchten Materialien wurde diese letzte Hauptkategorie auffallend disparat kodiert. Die meisten Kodierungen verzeichnet das AEVO-Lehr-Lernmaterial 1 (316 von 401 insgesamt Kodierungen). Die Auswertungsergebnisse aller Materialien wurden in der Tabelle 21 zusammengefasst. Die gefetteten Ziffern in der linken Spalte *Teilkompetenzen* weisen aus, wie viele Kodierungen die Unterkategorien zur Hauptkategorie *Kompetenzen betrieblicher Ausbilder:innen* jeweils umfassen. Die gefetteten Ziffern in den Klammern zeigen zudem auf, wie sich die Kodierungen auf die Materialien verteilen. Die kursiven Ziffern in der rechten Spalte dokumentieren, auf wie viele Kodierungen die aufgeführten Aussagen in den Tabellen, d. h. zu den strukturgebenden Unterkategorien (Ausprägungen) zurückzuführen sind. In Klammern wird zudem markiert, wie sich die Kodierungen auf die drei Materialien verteilen.

Zu den Ergebnissen aus der Auswertung der ersten Unterkategorie „*Fachkompetenz*" ist in einem ersten Schritt festzuhalten, dass hier mit Abstand die meisten Kodierungen vorliegen (196 von insgesamt 401 Kodierungen). Ein Großteil der Kodierungen (130, davon 114 im Material 1) entfällt auf das *berufs- und arbeitspädagogische Wissen*. Die hier vorgenommenen Kodierungen konnten zu 33 Wissensgruppen zusammengefasst werden. Diese Wissensgruppen weisen eine große Spannbreite des *berufs- und arbeitspädagogischen Wissens* auf. Sie umfasst zum einen Grundlagenwissen rund um die berufliche Ausbildung, wie z. B. Wissen über Ausbildungskosten oder die Grundstruktur und die Akteure des Berufsbildungssystems. Zum anderen können Wissensbestände identifiziert werden, die sich primär auf die Durchführung der betrieblichen Ausbildung beziehen. Dazu gehört u. a. das Wissen über Ausbildungspläne oder den Umgang mit Ausbildungskonflikten. Ferner lassen sich Wissensbestände identifizieren, die primär dem Ausbildungsabschluss zugeordnet werden können. Dazu gehört beispielsweise Wissen zur Abschlussprüfung, zur Erstellung von Zeugnissen sowie zu Fort- und Weiterbildungsmöglichkeiten für Auszubildende.

Tabelle 21: Zusammenfassung der Kodierungen zum Kompetenzprofil

Teilkompetenzen	Ausprägungen
Fachkompetenz **196** (L1: **176**, L2: **15**, L3: **5**)	*berufs- und arbeitspädagogisches Wissen 130* (L1: *114*, L2: *13*, L3: *3*) - gesellschaftliche u. unternehmensbezogene Vor- u. Nachteile von Ausbildung, Ausbildungsgründe, Ausbildungskosten, Berufsformen - Möglichkeiten der Bewerberrekrutierung sowie Instrumente und Auswahlkriterien) - Grundstruktur des deutschen Berufsbildungssystems, duales System und seine Mitwirkenden - Strategien der Arbeitsorganisationsveränderung - Schultypen, Jugendkunde - Unterscheidung schulischen und betrieblichen Lernens, betriebliche Lernorte, außerbetriebliche Lernorte - betriebliche Anforderungen an Ausbildungsberufe - Pläne der Berufsausbildung und deren Einsatz - Funktion und Aufbau von Ausbildungsordnung und Plänen der Ausbildung - Ziele und betriebsinterne Maßnahmen der Berufsausbildungsvorbereitung - Probezeit (Bedeutung und Grundlagen der Ausgestaltung) - berufliche Handlungskompetenz, Schlüsselqualifikationen, Modell vollständiger Handlung - Ausbildung im Ausland (Dokumentation und Anrechnung von Kenntnissen) - Ausbildungskonflikte, Lernprobleme, Prüfungsangst, Ausbildungsabbrüche, Ausbildungsmängel (Ursachen und Handlungsmöglichkeiten) - Kommunikationsprozesse (Ablauf und Grundsätze) - Persönlichkeitsentwicklung - Abschlussprüfungen (Funktion, Formalitäten, Zulassung, Bestehensvoraussetzungen) - Arbeit im Prüfungsausschuss (Gründe, Zusammensetzung, Anforderung an Mitglieder) - Maßnahmen der Prüfungsvorbereitung - Leistungskontrollen (Zielsetzung, Instrumente), Beurteilung der Auszubildenden (Grundsätze, Fehler, Beurteilungsgespräch) - Zeugnisse (Zeugnisarten und Grundsätze der Zeugniserstellung) - Ausbildungsverkürzung sowie Beendigung und Übernahme - Gründe und Formen der internen Ausbildungsabstimmung - Fort- und Weiterbildung sowie Zusatzqualifikationen (Angebot und Anbieter) - Wissen über andere Kulturen *berufsdidaktisches Wissen 37* (L1: *36*, L2: *1*, L3: *0*) - Gestaltungskriterien von Lern- und Arbeitsaufgaben - Didaktische Prinzipien, Lernziele (Unterscheidung, Formulierung), Sozialformen - Lernpsychologische- und biologische Aspekte, Motivationsmöglichkeiten von Auszubildenden

		- praktisches Anleiten, Feedback (Anlässe und Zielsetzung), Führungsstile - Wissen über Vor- und Nachteile, Funktionen, Auswahlkriterien, Ablauf, Rolle der Ausbilder:innen sowie Maßnahmen der Vorbereitung im Zusammenhang mit Medien- und Methodeneinsatz (u. a. Kurzvorträge, Moderation, Planspiel, Rollenspiel, Vier-Stufenmethode, Leittext, Rollenspiel, Lehrgespräch, Projektmethode) *juristisches Wissen 29 (L1: 26, L2: 1, L3: 2)* - wesentliche Rechtsquellen und Normen des Berufsbildungsrechts, privates und öffentliches Recht - gesetzliche Mitwirkungsrechte von Betriebsrat und Jugend-/Auszubildendenvertretung - Pflichten von Ausbilder:innen - Ausbildungsverträge (Mindestinhalte, Verstöße) - rechtliche Eignungsanforderungen an Ausbildungsstätte und Ausbildende - rechtliche Voraussetzung für Ausbildung im Ausland - rechtliche Grundlagen für die Abschlussprüfung - rechtliche Anlässe für Beurteilung von Auszubildenden - Folgen von rechtlichen Verstößen
Methodenkompetenz **146** (L1: **123**, L2: **14**, L3: **9**)		*Gestaltungs- und Problemlösefähigkeit im Umgang mit Auszubildenden 45 (L1: 43, L2: 1, L3: 1)* - bei Auszubildendenauswahl mitwirken (Unterlagen analysieren und Kriterien der Auswahl herleiten) - Anforderungsprofile für Auszubildende erstellen - Probleme und Konflikte von Auszubildenden und Ausbildungsgruppen erkennen und lösen - Fördermaßnahmen herleiten und umsetzen - Zusatzqualifikationen anbieten - Verkürzung der Ausbildungsdauer erwägen - Leistungsbeurteilung durchführen - Qualifikations- und Tätigkeitsprofile erstellen - Prüfungsvorbereitung ausgestalten und Prüfungsvoraussetzung prüfen - Übernahmemöglichkeiten prüfen, Eingliederung und Weiterbildung organisieren - Lernprozesse nach lernpsychologischen Merkmalen ausgestalten - Handlungsfähigkeit ausbilden - pädagogisches Geschick *Gestaltungs- und Problemlösefähigkeit mit Blick auf die Ausgestaltung betrieblicher Ausbildung 44 (L1: 34, L2: 7, L3: 3)* - unternehmerische u. individuelle Vor- und Nachteile der Ausbildung berücksichtigen und fördern - betriebliche Anforderungen an Ausbildung berücksichtigen - Personen und Aufgaben der Ausbildung zuordnen, Ausbildungsorte auswählen - Aufgabe und Funktion der zuständigen Stellen beachten - Arbeitsplatzgestaltung vornehmen - Eignung der Ausbildungsstätte, Ausbilder:innen sowie überbetrieblicher Ausbildungsorte prüfen - Zusammenarbeit mit Schulen und Abteilungen sowie weiteren Partnern - planvoll und systematisch handeln, Pläne für die Ausbildung erstellen - Defizite in Fachabteilung ausgleichen - Berufsausbildungsvorbereitung gestalten - Analyse inhaltlicher Vorgaben vornehmen, Lernziele festlegen - Qualifikationsbausteine erstellen - Organisation rund um die Abschlussprüfung vornehmen, Fragen der Zulassung prüfen - Ausbildungsmarketing aufbauen

Kapitel 4

	- Ausbildungszeugnisse erstellen - Umsetzung von Ausbildung im Ausland ermöglichen - Einstellungsanträge ausfüllen *Gestaltung und Problemlösefähigkeit im Umgang mit juristischen Fragen 20* (L1: *18*, L2: *1*, L3: *1*) - rechtliche Grundlagen analysieren und Vorgaben abgleichen - Mitbestimmungsrechte des Betriebsrates berücksichtigen - Pausenzeitregelungen auf Basis gesetzlicher Bestimmungen umsetzen - Jugend- und Arbeitsschutz berücksichtigen - rechtliche Grundlagen bei der Vorbereitung des Ausbildungsvertrags beachten - rechtliche Voraussetzung für Ausbildung im Ausland prüfen - Fragen der Zulassung prüfen *Anwendungsfähigkeit von Methoden, Medien, Grundsätzen und Instrumenten 37* (L1: *28*, L2: *5*, L3: *4*) - Medien (u. a. Pinnwand, Folien, Flip-Chart, Video, PowerPoint) und Methoden (u. a. Brainstorming, Vier-Stufen Methode, Planspiel, Rollenspiel, Projektarbeit, Leittext) zielgruppengerecht ein-/umsetzen - Kommunikationsgrundsätze anwenden - Kurzvorträge halten - Didaktische Prinzipien berücksichtigen - Leitfragen entwickeln, Lernziele entwickeln - Kontrollinstrumente einsetzen - Kreativitätstechniken anwenden - Ergebnisse visualisieren und präsentieren - Lern- und Arbeitstechniken anwenden, Lern- und Arbeitsaufgaben gestalten, Fragemethoden
Sozialkompetenz **33** (L1: **16**, L2: **11**, L3: **6**)	*Team- und Kooperationsfähigkeit 10* (L1: *6*, L2: *2*, L3: *2*) - in Gruppen arbeiten, Teamarbeit, Gruppen anleiten - mit Partnern und Institutionen der Ausbildung zusammenarbeiten, mit Berufsschule kooperieren - Eltern in Ausbildung einbinden *Empathie 7* (L1: *1*, L2: *5*, L3: *1*) - in andere Kulturen hineinversetzen - in andere Menschen hineinversetzen - Gerechtigkeitsempfinden, Toleranz - Bereitschaft anderen zu helfen, Gleichbehandlung *Kommunikationsfähigkeit 11* (L1: *8*, L2: *1*, L3: *2*) - Gruppenkommunikation und Gruppenmoderation - Beurteilungsgespräche führen - Präzise Fragen stellen, abstrakte Fragetechniken anwenden - aktiv zuhören, Feedback geben *Kritik- und Konfliktfähigkeit 5* (L1: *1*, L2: *3*, L3: *1*) - Konflikte erkennen und entschärfen - Kritik üben - Besonnen und ausgeglichen reagieren

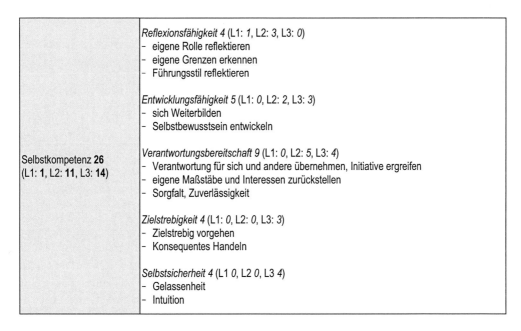

Aussagen zu *berufsdidaktischem Wissen* sind nur mit 37 Kodierungen in den Materialien enthalten. Davon entfallen allein 36 Kodierungen auf das Material 1. Die im Material hierzu vorgenommenen Kodierungen wurden zu zehn Wissensgruppen zusammengefasst. Diese beinhalten vor allem basales Wissen, das unmittelbar für die Ausgestaltung betrieblicher Lernprozesse wichtig ist, wie z. B. Methoden- und Medienwissen oder Wissen über Sozialformen und didaktische Prinzipien.

Juristisches Wissen ist mit dem geringsten Umfang im Material vorhanden (29 Kodierungen, davon 26 im Material 1). Hier wurden ebenfalls zehn Wissensgruppen gebildet. Die aufgeführten Wissensbestände sollen sicherstellen, dass Ausbilder:innen nicht gegen grundlegendes Recht im Rahmen der Ausbildung verstoßen bzw. dessen Einhaltung prüfen können, indem sie u. a. die wesentlichen Rechtsquellen kennen und auch die Mitwirkungsrechte anderer an der Ausbildung beteiligter Personenkreise.

Als zweite Unterkategorie ist die „Methodenkompetenz" anzuführen mit insgesamt 146 (davon 123 in Material 1) Kodierungen ist sie in den untersuchten Materialien am zweithäufigsten vertreten. Sie umfasst erstens Kodierungen zu *Gestaltungs- und Problemlösungsfähigkeit im Umgang mit Auszubildenden*. Hier konnten 13 Kompetenzgruppen (insgesamt 45 Kodierungen, davon 43 in Material 1) gebildet werden. Diese Kompetenzgruppen verweisen auf die Fähigkeit eines sicheren Umgangs mit Auszubildenden in allen Phasen der Ausbildung. Dies betrifft neben der Auswahl der Auszubildenden auch deren Unterstützung im Lernprozess sowie in der Phase ihres Ausbildungsabschlusses und Übergangs.

Auf Basis von 44 Kodierungen (34 in Material 1) wurden ferner 23 Kompetenzgruppen zur *Gestaltungs- und Problemlösungsfähigkeit mit Blick auf die Ausgestaltung betrieblicher Ausbildung* gebildet. Diese zielen zum einen auf grundlegende organisatorische und planerische Fähigkeiten in Bezug auf die betriebliche Ausbildung, wie beispielsweise die Fähigkeit, die Aufgabenverteilung im Rahmen der Ausbildung auszuwählen. Darüber hinaus lassen sich Fähigkeiten identifizieren, die sich auf die Umsetzung und Ausgestaltung der Berufsausbildung beziehen. Neben der Fähigkeit, geeignete Ausbildungsorte auszuwählen, zählen dazu u. a. auch jene Fähigkeiten, Lernziele festzulegen, die Zusammenarbeit mit Partnern der Berufsausbildung auszugestalten sowie eine Ausbildung im Ausland umzusetzen.

Aussagen zu der *Gestaltungs- und Problemlösungsfähigkeit im Umgang mit juristischen Fragen* konnten auf Grundlage von 20 Kodierungen (18 im Material 1) zu sieben Kompetenzgruppen zusammengefasst werden. Die Kompetenzgruppen verweisen auf die Fähigkeit, juristisches Wissen zur betrieblichen Ausbildung anwenden zu können. Dies betrifft neben grundlegenden analytischen Fähigkeiten u. a. auch die Anwendung rechtlicher Grundlagen wie z. B. Arbeits- und Jugendschutz.

Als letzte Facette der „*Methodenkompetenz*" sind die Ausführungen zur *Anwendungsfähigkeit von Methoden, Medien, Grundsätzen und Instrumenten* zu betrachten. Hier wurden auf Basis von 37 Kodierungen (28 in Material 1) 15 Kompetenzgruppen gebildet. Die Ausführungen korrespondieren stark mit jenen Ausführungen zum *berufsdidaktischen Wissen*. So werden vornehmlich Fähigkeiten aufgeführt, die auf die Anwendung bzw. Nutzung von Methoden, Medien oder didaktischen Prinzipien, Fragetechniken oder Entwicklungsleitlinien abzielen.

Als eine erste Zwischenerkenntnis ist hier festzuhalten, dass die hohe Präsenz der fachlichen Kompetenz insofern erwartbar war, als dass das übergeordnete Ziel der pädagogischen Mindestqualifizierung darin besteht, Ausbilder:innen für ihre Ausbildertätigkeit zu qualifizieren. Dazu muss offenbar eine umfassende Wissensbasis über das Ausbilden geschaffen werden. Die fast annähernd so große Präsenz der Methodenkompetenz lässt sich dadurch erklären, dass sie auf die fachliche Kompetenz referiert, indem sie aufzeigt, dass Wissen in überlegtes, systematisches und planvolles Handeln überführt werden kann. Methodenkompetenz ist damit in gewisser Weise eine Spiegelung der Fachkompetenz.

Mit deutlich weniger Kodierungen als die vorangegangenen Unterkategorien sind die letzten beiden Unterkategorien im Material angelegt. Die vorletzte Unterkategorie „*Sozialkompetenz*" umfasst 33 Kodierungen (16 in Material 1, 11 in Material 2, 6 in Material 3). Die Kodierungen entfallen dabei auf vier Ausprägungen von Sozialkompetenz. Die erste ist *Team- und Kooperationsfähigkeit* (insgesamt 10 Kodierungen). Hier wird deutlich auf die Fähigkeit sowie Bereitschaft der Ausbilder:innen zur Team- und Gruppenarbeit sowie zur Kooperation mit an der Ausbildung beteiligten Personenkreisen verwiesen. Die zweite ist *Empathie* (insgesamt 7 Kodierungen). Sie umfasst auch Aspekte wie z. B. Toleranz oder Gerechtigkeitsempfinden. Als drittes ist die Facette der Kommunikationsfähigkeit (11 Kodierungen) anzuführen. Sie beinhaltet nicht nur Fähigkeiten des Sprechens wie z. B. das Beherrschen von Fragetechniken, sondern auch die Fähigkeit des aktiven Zuhörens. Als letztes ist die Kritik- und Konfliktfähigkeit (5 insgesamt Kodierungen) anzuführen.

Die letzte Unterkategorie ist die „*Selbstkompetenz*". Sie umfasst nur 26 Kodierungen, die sich fast gleichmäßig auf die Materialien 2 und 3 verteilen. Es konnten aus den Materialien insgesamt fünf Ausprägungen von Selbstkompetenz gefiltert werden. Erstens *Reflexionsfähigkeit* (insgesamt 4 Kodierungen). Dies umfasst vor allem Selbstreflexion.

Zweitens persönliche sowie fachliche *Entwicklungsfähigkeit* (5 Kodierungen). Drittens *Verantwortungsbereitschaft* (9 Kodierungen), gegenüber sich selbst, aber auch gegenüber anderen Personen und dem Unternehmen. Viertens *Zielstrebigkeit* (4 Kodierungen), vor allem im Handeln, und abschließend *Selbstsicherheit* (4 Kodierungen), was auch Gelassenheit und Intuition beinhaltet.

Die Unterrepräsentation dieser letzten beiden Teilkompetenzen erklärt sich darüber, dass Sozial- und Selbstkompetenz wahrscheinlich deshalb vernachlässigt werden, weil die Auswahl von Ausbilder:innen meist das Auswahlkriterium der grundsätzlichen Bereitschaft zur Ausbildung sowie grundlegende soziale und persönliche Fähigkeiten (pädagogisches Geschick) zum Ausbilden zu Grunde liegt. Dies bestätigt nicht zuletzt die SIAP Studie, dort heißt es an einer Stelle:

„Das in den Fallstudien dominierende Kriterium war – die fachliche Qualifikation immer vorausgesetzt – dass die Fachkraft von ihrer Persönlichkeit her für diese Tätigkeit geeignet scheint, d.h. einen ‚guten Draht' zu jungen Menschen besitzt und das nötige pädagogische Geschick von sich aus mitbringt." (Bahl et al. 2012, S. 28).

4.1.4 Zusammenfassung und Diskussion

Das Ziel der ersten Empiriephase der Studie ist die Bearbeitung des Desiderats 2, welches sich auf den Bereich der Ausbildung der Ausbilder:innen bezieht. Der Kernbefund des Desiderats ist, dass bisher detaillierte Untersuchungen über die in der AdA zu Grunde gelegte Aufgabenstrukturen, das Verständnis von beruflicher Handlungskompetenz sowie die Vorstellungen von betrieblicher Ausbildungsdidaktik fehlen (vgl. Abschnitt 1.2).

Bearbeitet wurde das Desiderat mittels einer Dokumentenanalyse ausgewählter AEVO-Lehr-Lernmaterialien (vgl. Abschnitt 3.2.1). Es handelt sich damit um solche Materialien, die eine steuernde Funktion im Qualifizierungsprozess haben. Erstens dienen sie häufig als eine Grundlage der Planung und Durchführung der Ausbilderlehrgänge. Zweitens können AEVO-Lehr-Lernmaterialien zur individuellen Vorbereitung auf die Ausbildereignungsprüfung genutzt werden. Darüber hinaus spiegeln sie die Kultur und Praxis der AdA wider. Im Fokus der Dokumentenanalyse stand die Bearbeitung von drei übergeordneten Fragestellungen. Nachfolgend werden die Ergebnisse der Auswertung entlang der Fragestellungen zusammengefasst und im Kontext der Ausführung der empirischen Exploration (vgl. Kapitel 2) diskutiert:

- Erste Frage: Welche Annahmen über die Ausbildungstätigkeit und ihre konkrete Ausgestaltung liegen den AEVO-Lehr-Lernmaterialien zu Grunde?

Die Dokumentenanalyse hat gezeigt, dass den untersuchten AEVO-Lehr-Lernmaterialien analog zur AEVO und dem Rahmenplan des BiBB (vgl. BiBB 2009) ein allgemeingültiges Aufgabenprofil zu Grunde liegt. Dieses enthält planende, organisierende durchführende sowie abschließende Aufgaben im Zusammenhang mit der betrieblichen Ausbildung. Damit stehen die Ausführungen der Materialien in einem Kontrast zu dem Befund aus der Ausbildungspraxis, welcher aufzeigt, dass Aufgabenprofile von Ausbilder:innen sehr heterogen sind (vgl. Brünner 2014; Gössling & Sloane 2013, S. 239; Wittwer 2006, S. 403). Studien wie insbesondere die von Brünner (2014) haben eine Vielzahl von Aufgabenprofilen offengelegt. Diese reichen von ausschließlich mikrodidaktische Aufgabenprofilen im Zusammenhang mit der Ausbildung einzelner Personen (typischerweise ausbildende Fachkräfte) bis hin zu Aufgabenprofilen, die vornehmlich makrodidaktische Planungs- und Entscheidungsaufgaben umfassen (typischerweise Ausbildungsleiter:innen) (vgl. ebd., S. 222 ff.) (vgl. auch Abschnitt 2.2.2).

Zugleich lässt sich dennoch insofern in den Materialien eine Schwerpunktsetzung finden, als dass dort jene Aufgaben, die im Zusammenhang mit der Durchführung der betrieblichen Ausbildung (Handlungsfeld drei) stehen, dominieren. Hier zeigt sich ebenfalls die Orientierung der Materialen an den Vorgaben der AEVO sowie des BiBB-Rahmenplans (vgl. BiBB 2009, S. 7). Die im Handlungsfeld drei vertretenen Aufgaben sind dabei vor allem Aufgaben, die in der Regel durch die ausbildenden Fachkräfte (vgl. Brünner 2014, S. 229) realisiert werden. Diese sind wiederum nicht verpflichtet, die Ausbildereignungsprüfung abzulegen (vgl. Lauterbach & Neß 1999, S. 50). Personen, die die Prüfung abgelegt haben, werden hingegen häufig mit Aufgaben konfrontiert, die nicht im Bereich des dritten Handlungsfeldes liegen (vgl. Gössling & Sloane 2013, S. 237).

Die AEVO-Lehr-Lernmaterialien reproduzieren also insgesamt zwei Problematiken, die bereits in der AEVO und im Rahmenplan angelegt sind. Erstens bilden sie nicht die Heterogenität der Aufgabeprofile betrieblicher Ausbilder:innen ab. Zweitens bilden sie im Schwerpunkt Aufgaben ab, die häufig von den ausbildenden Fachkräften erfüllt werden. Der Versuch, diese Problematiken aufzulösen, wurde bereits in der Vergangenheit mittels erster Reformüberlegungen zur AdA unternommen. Die Überlegungen zielen erstens auf eine berufsfeldspezifische AdA (vgl. ebd.) sowie auf eine Spezialisierung der AdA u. a. nach mikro- und makrodidaktischen Aufgabenprofilen (vgl. ebd., S. 239) ab. Zweitens liegen erste Ansätze sowie Versuche zu einer niedrigschwelligen und an die speziellen Bedürfnisse der ausbildenden Fachkräfte angepassten pädagogischen Qualifizierung vor (vgl. Brünner et al. 2013, S. 15 f.; Jansen & Blötz 2012, S. 52).

Insgesamt sind die Reformüberlegungen jedoch noch sehr unausgereift, und es wird auch Größtenteils nicht hinreichend deutlich, an welcher Eingriffsstelle der AdA etwa auf Verordnungsebene oder Ebene der Lehrgänge die Überlegungen konkret ansetzen. Gössling und Sloane (2013, S. 255) verweisen zwar darauf, dass man besonders die AEVO zukünftig bewusst offenhalten sollte, um in den Ausbilderlehrgängen „Spielraum für regionale Profilbildung" (ebd.) und eine Ausrichtung der AdA an den spezifischen Belangen einzelner Domänen und Branchen zu unterstützt. Hier ist allerdings kritisch anzumerken, dass die Anbieter:innen diese Möglichkeiten auch gegenwärtig schon haben (vgl. Friede 2013, S. 32). Bisher vollkommen unberücksichtigt in den Reformüberlegungen sind jedoch die AEVO-Lehr-Lernmaterialien. Ihre wichtige Funktion im Qualifizierungsprozess der betrieblichen Ausbilder:innen ist bisher unbestritten.

Zu untersuchen ist deshalb, inwiefern eine Ausrichtung der AEVO-Lehr-Lernmaterialien an den spezifischen Aufgabeprofilen und den Berufsdomänen der Ausbilder:innen einen Beitrag dazu leisten könnte, eine an den spezifischen Qualifikationsbedarfen der Ausbilder:innen ausgerichtete Mindestqualifizierung zu unterstützen. Denkbar wäre beispielsweise die Integration von vielfältigen und alle vier Handlungsfelder der AEVO umfassenden Fallstudien in die Materialien, die den Nutzer:innen dieser Materialien als jeweils spezifische Reflexionsgrundlage der Inhalte dienen können.

Als zweite wesentliche Erkenntnis ergibt sich aus der Untersuchung der Materialien, dass Ausbilder:innen nicht auf Tätigkeiten vorbereitet werden, die auf die Verbindung von betrieblicher Ausbildungsarbeit und unternehmensstrategischer Mitgestaltung abzielen. Die Tätigkeiten der Ausbilder:innen stellen vielmehr eine Reproduktion bestehender Ausbildungsstrukturen dar. Diese zeigt sich besonders deutlich in der Detailansicht zu den Aufgaben (vgl. Tabelle 19 in Abschnitt 4.1.1). Dass betriebliche Ausbildung unternehmensstrategisch nicht reflektiert wird, ist schon länger durch andere Untersuchungen bekannt (vgl. u. a. Bahl et al. 2011; Bahl 2011, S. 19; Bahl et al. 2012). Dieser Befund gewinnt allerdings vor dem Hintergrund gesellschaftlicher Veränderungsprozesse, die auch Unternehmen vor die Herausforderung stellen, ihre Geschäftsmodelle insbesondere unter Mitwirken ihrer Mitarbeiter:innen anzupassen, deutlich an Brisanz (vgl. u. a. Schlömer et al. 2017). Gegenwärtig liegen zwar erste Ansätze vor, die aufzeigen, wie betriebliche Ausbildung und Unternehmensentwicklung mittels Geschäftsmodellentwicklung miteinander verbunden werden können (vgl. besonders Kiepe et al. 2019).

Für eine umfassende Beteiligung betrieblicher Ausbildung an strategischer Unternehmensentwicklung braucht es jedoch weitere Untersuchungen, welche erstens die Eingriffsstellen betrieblicher Ausbildung als Instrument der Unternehmensentwicklung offenlegen und zweitens aufzeigen, mit welchen konkreten Aufgaben Ausbilder:innen im Kontext dieser Eingriffsstellen konfrontiert werden.

- Zweite Frage: Welches Verständnis von Didaktik liegt den AEVO-Lehr-Lernmaterialien zu Grunde?

In der theoretischen Exploration dieser Studie wurde aufgezeigt, dass sich in den letzten Jahrzehnten eine AdA-Lehrgangskultur entwickelt hat, die primär durch eine instruktionsorientierte Didaktik, wie insbesondere die N-Stufen-Methode, dominiert wird. Diese Didaktik ist zwar für eine kompetenzorientierte Ausbildungspraxis ungeeignet, wird jedoch in den Ausbildereignungsprüfungen abgefragt und deshalb in den Lehrgängen vermittelt (vgl. u. a. Bahl & Brünner 2013, S. 528; Gössling & Sloane 2013, S. 254) (vgl. auch Abschnitt 2.3.3). Analog dazu konnte mit Blick auf die Ausbildungspraxis offengelegt werden, dass Ausbilder:innen sich stark am traditionellen Muster der Unterweisung orientieren (vgl. Bahl & Brünner 2013, 531; Ebbinghaus 2009, S. 41; Grimm-Vonken, Müller & Schröter 2011, S. 21; Pätzold 2008, S. 324 f.). Das seit einigen Jahren fokussierte Leitbild der Ausbilder:innen als Lernprozessbegleiter:innen bleibt damit in der Regel eine „Wunsch-Vorstellung [...] der Berufs- und Betriebspädagogik" (vgl. u. a. Bahl & Diettrich 2008) (vgl. Abschnitt 2.2.3).

Die aus der Dokumentenanalyse gewonnenen Ergebnisse stellen ein Kontrastprogramm zu den vorangegangenen Erkenntnissen der theoretischen Exploration dar. So bilden die untersuchten Materialien zumindest auf einer begrifflichen Ebene durchaus den aktuellen Stand der beruflichen Didaktik ab, der von einer reinen Instruktionsdidaktik abweicht. Dies überrascht insofern nicht, als dass sich die Materialen an der aktuellen AEVO aus dem Jahr 2009 orientieren (vgl. Abschnitt 3.2.3) und diese sich wiederum am State of the Art beruflicher Didaktik orientiert, respektive diesen auch widerspiegelt (vgl. u. a. Baumgartner 2015, S. 111 f.; Gössling & Sloane 2013, S. 246 ff.) (vgl. Abschnitt 2.3.1).

So ist erstens ein multidimensionales Ausbilderbild in den Materialien angelegt, welches auch das pädagogisch geprägte Rollenbild von Ausbilder:innen als Lernprozessbegleiter:innen betont. Zweitens weisen die Materialien eine starke Lernendenorientierung auf, indem vor allem auf die Individualität der Lernenden im Lernprozess verwiesen und aufgezeigt wird, dass deren Bedürfnisse sowie Vorerfahrungen und Vorwissen bei der Gestaltung, d. h. der Aufbereitung und Bereitstellung der Lerninhalte sowie Methodenauswahl zu berücksichtigen sind. Drittens werden den Lernenden Eigenverantwortung und Selbstständigkeit im Rahmen des Lernprozesses zugesprochen. Hinsichtlich der Ausgestaltung der Lernprozesse wird aus den Materialien ersichtlich, dass didaktische Entscheidungen wie beispielsweise der Führungsstil oder die Methoden- und Medienauswahl durch Ausbilder:innen unter Berücksichtigung der aktuellen Situation im Lernprozess zu treffen sind. Insofern kann von der Beförderung einer situationsorientierten Didaktik gesprochen werden. Wichtig ist dabei das Zusammenspiel didaktischer Elemente (Lernziele, Lerninhalte, Lernmethoden, Lernmedien, Zeit, Ort). Das in den Materialien beförderte Verständnis von Lernen setzt ferner bei den lernenden Individuen an. Obwohl sich Aussagen in den Materialien finden lassen, die Lernen als Verhaltensveränderung begreifen, wird in weiteren Ausführungen ersichtlich, dass Lernen primär als ein individueller und sich stetig fortsetzender Prozess beschrieben wird, der unterschiedliche Lernbereich erfasst (vgl. zu den Einzelergebnissen Abschnitt 4.1.2).

Als wesentliche Erkenntnis der Dokumentenanalyse ist die Disparität zwischen dem in den Materialien festgeschriebenen State of the Art beruflicher Didaktik und der überwiegend vorherrschenden instruktionsorientierten Didaktik in den Ausbilderlehrgängen sowie der Ausbildungspraxis hervorzuheben. Sie belegt, dass die AEVO-Lehr-Lernmaterialien keine durchschlagende Strahlkraft auf die Didaktik der Ausbilderlehrgänge haben.

Für die AEVO wurde der gleiche Befund schon vor mehreren Jahren gestellt (vgl. Baumgartner 2015, S. 111 f.; Gössling & Sloane 2013, S. 246 f.). Die Rahmenlehrpläne (vgl. besonders BiBB 2009), mittels derer sich die Umsetzung einer zeitgemäßen Didaktik in den Lehrgängen unterstützen ließe, schweigen sich bis heute zu detaillierten didaktischen und vor allem verpflichtenden Leitlinien für die Lehrgangsgestaltung aus (vgl. Gössling & Sloane 2013, S. 246 f.; Pätzold 1980, S. 839).

Wie schwierig es jedoch ist, über die Verordnung sowie die Rahmenpläne Einfluss auf die Ausbilderlehrgänge zu nehmen verdeutlicht Friede (2013, S. 32)

„Die Möglichkeiten des Staates, durch die Verordnungen und darauf bezogene Rahmen(stoff-)pläne auf die Durchführung von Lehrgängen Einfluss zu nehmen, sind relativ gering. Das Subsidiaritätsprinzip des Staates in der Berufsausbildung, die analoge Anwendung des Konsensprinzips bei der Verabschiedung von Ausbildungsordnungen, das Prinzip der Freiwilligkeit der Teilnahme an Weiterbildungsveranstaltungen, das Prinzip der Pluralität von Anbietern im quartären Sektor und das Prinzip der Gestaltungsoffenheit gegenüber neueren didaktischen Entwicklungen, gegenüber den Bedürfnissen von Teilnehmern, von Betrieben, von Branchen und von Regionen verhindern eine stärkere steuernde und kontrollierende Rolle des Staates."

Die Anbieter:innen der Ausbilderlehrgänge stehen zugleich in einem so starken preislichen Wettbewerb, dass unverbindliche didaktische Leitlinien zu Gunsten kurzweiliger und damit preislich attraktiverer Lehrgänge, die vor allem auf die Prüfung vorbereiten, zurückgestellt werden (vgl. Baumgartner 2015, S. 114; Noß 2000, S. 86; Wittwer 1997, S. 378).

Im Wissen um die vorangegangenen Ausführungen scheint es zukünftig wichtig zu sein, zu untersuchen, welche Möglichkeiten es gibt, den aktuellen Stand beruflicher Didaktik in die Ausbilderlehrgänge zu implementiert. Einen Ausgangspunkt für die Untersuchung bildet auch die Entwicklung umfassender didaktischer Leitlinien für die Ausgestaltung der Lehrgänge, eventuell auch in Zusammenarbeit mit den Lehrgangsanbieter:innen.

- Dritte Frage: Welches Verständnis von beruflicher Handlungskompetenz der betrieblichen Ausbilder:innen liegt den AEVO-Lehr-Lernmaterialien zu Grunde?

Die theoretische Exploration hat gezeigt, dass für betriebliche Ausbilder:innen spätestens mit der Verabschiedung der aktuellen AEVO aus dem Jahr 2009 eine umfassende berufliche Handlungskompetenz als Grundlage ihrer betrieblichen Ausbildungstätigkeit gefordert wird (vgl. u. a. Gössling & Sloane 2013, S. 251). In der Vergangenheit haben sich eine Reihe von Kompetenzmodellen (vgl. u. a. Merkel et al. 2017, S. 117; Ruschel o. J., S. 4; Sloane 2009, S. 11) entwickelt, die vor allem in Anlehnung an die Teilkompetenzen der KMK (2007) bzw. in Anlehnung an Roth (1976, S. 180) vier Teilkompetenzen beruflicher Handlungskompetenz betrieblicher Ausbilder:innen, wenn auch teilweise mit unterschiedlichen Bezeichnungen, ausweisen. Es handelt sich dabei um *Fach-, Sozial-, Selbst-* und *Methodenkompetenz*. Allen diesen Teilkompetenzen wird in den angeführten Kompetenzmodellen eine gleichwertige Bedeutung beigemessen (vgl. Abschnitt 2.2.4).

Im Zuge der Dokumentenanalyse dieser Studie konnte ebenfalls ein Modell beruflicher Handlungskompetenz betrieblicher Ausbilder:innen entwickelt werden. Anders als die in den Kompetenzmodellen der theoretischen Exploration postulierte Gleichwertigkeit der Teilkompetenzen betrieblicher Handlungskompetenz zeigen die Ergebnisse jedoch deutlich, dass Ausbilder:innen in den untersuchten Materialien vor allem als Inhaber:innen von Fachwissen und dort insbesondere von *berufs- und arbeitspädagogisches Wissensbeständen* aufgefasst werden. Ferner konnte offengelegt werden, dass auch die Teilkompetenz *Methodenkompetenz* im Material sehr ausgeprägt vertreten ist. Sie umfasst vor allem eine *Gestaltungs- und Problemlösefähigkeit im Umgang mit Auszubildenden*, sowie *mit Blick auf die Ausgestaltung betrieblicher Ausbildung* weißt sie insgesamt aus, dass Ausbilder:innen auf Grundlage von Fachwissen auch fähig sind, systematisch und planvoll zu handeln. Neben Kodierungen zur Fachkompetenz und Methodenkompetenz umfassen die Kodierungen zur beruflichen Handlungskompetenz auch Sozial- und Selbstkompetenz. Auffällig ist diesbezüglich jedoch, dass letztere im Vergleich zu den ersten beiden Kompetenzen im Material nur selten angelegt sind. Es handelt sich vor allem um übergeordnete, d. h. im Kontext der Ausbildung ausdifferenzierte Ausführungen. So wird hinsichtlich der Sozialkompetenz (33 Kodierungen) auf *Team- und Kooperationsfähigkeit, Empathie, Kommunikationsfähigkeit* und *Kritik- und Konfliktfähigkeit* verwiesen. Selbstkompetenz (26 Kodierungen) ist mit allgemeinen Ausführungen zu *Reflexionsfähigkeit, Entwicklungsfähigkeit, Verantwortungsbereitschaft, Zielstrebigkeit und Selbstsicherheit* im Material angelegt.

Als Erklärungsmuster für diese Unterrepräsentation wurde bereits in Abschnitt 4.1.3 angeführt, dass Sozial- und Selbstkompetenz meist grundlegende Auswahlkriterien für Ausbilder:innen seitens der Unternehmen sind (vgl. ebd.) und deshalb wahrscheinlich in der AdA selbst vernachlässigt werden.

Die Vernachlässigung der Selbst- und Sozialkompetenzen ist gleichwohl insofern problematisch, als dass damit postuliert wird, dass Ausbilder:innen immer schon über ausgeprägte Selbst- und Sozialkompetenzen verfügen, auf deren Basis sie auch ausbilden können. Diese Annahme ist erstens deshalb falsch, weil in vielen vor allem kleinen Betrieben, die nach wie vor die Mehrheit der Ausbildungsbetriebe in Deutschland bilden (vgl. ebd.)., in der Regel nicht zwischen einer Vielzahl von Mitarbeiter:innen jene ausgewählt werden können, die sich durch besondere Sozial- und Selbstkompetenz auszeichnen. Hier übernehmen nicht selten die Inhaber:innen selbst die Ausbildung. Zweitens liegt dieser Annahme die Vorstellung zu Grunde, dass Selbst- und Sozialkompetenzen allgemeine Kompetenzen sind. Ihre vielschichtige Ausdifferenzierung vor allem mit Blick auf unterschiedliche Herausforderungen im Kontext der Ausbildung bleibt in der Tendenz vollkommen unberücksichtigt.

Zukünftig gilt es deshalb, die Sozial- und Selbstkompetenz in der AdA stärker zu fokussieren. In diesem Zusammenhang wird es auch zwingend notwendig werden, mittels empirischer Studien zu untersuchen, wie sich Sozial- und Selbstkompetenz im Kontext betrieblicher Ausbildung konkret ausgestalten und wie sie befördert werden können.

4.2 Ergebnisse zur gegenwartsbezogenen Stellenbeschreibung betrieblicher Ausbilder:innen

Im Fokus der ersten Welle der Delphi-Befragung stand die Herleitung eines gegenwartsbezogenen Stellenprofils betrieblicher Ausbilder:innen, das zusammenfassend die übergeordneten Anforderungen, das pädagogische Handeln der Ausbilder:innen sowie die Bedingungen und Voraussetzungen betrieblichen Ausbildens beschreibt. Ferner sollten mögliche Entwicklungslinien in diesem Stellenprofil bis zum Jahr 2030 identifiziert werden (Desiderat 1).

Zu diesem Zweck wurde das Erhebungsinstrument entlang der Kategorien einer Stellenbeschreibung konzipiert und in einen Fragebogen überführt. Der Fragebogen ist in zehn Abschnitte aufgeteilt: (1) hierarchische und organisatorische Einordnung, (2) Befugnisse, (3) Qualifikationsabschlüsse, (4) Aufgaben, (5) Kompetenzen, (6) Lernverständnis im Betrieb, (7) Interaktionsmuster, (8) Auszubildende, (9) Methoden und Medien sowie (10) Bedeutung. Durch die Bearbeitung dieser Abschnitte wurden zwei Stellenprofile generiert. Ein Profil der Gegenwart und ein Profil, aus dem mögliche Veränderungen bis zum Jahr 2030 hervorgehen (vgl. auch Abschnitt 3.3.3.3). Ausgewertet wurden die Ergebnisse entlang von 14 Hauptkategorien. Wobei sich jeweils sieben Kategorien (I; III; V; VII; IX; XI; XIII) auf die Gegenwart und sieben Kategorien (II; IV; VI; VIII; X; XII; XIV) auf die Zukunft beziehen (vgl. Anhang 2). Die erste Befragungsrunde hatte einen Sampleumfang von n=14 Expert:innen. In einer zweiten Befragungsrunde wurden die Befragungsergebnisse in einem zweiten Erhebungsinstrument an die Expert:innen zurückgespiegelt und diese dazu aufgefordert, Ergänzungen sowie Kommentierungen vorzunehmen. Dieser zweite Fragebogen hatte einen Sampleumfang von n=9. Das dort gewonnene Datenmaterial zu den Stellenprofilen betrieblicher Ausbilder:innen wurde mittels des Kategoriensystem der ersten Befragungsrunde ausgewertet.

In den nachfolgenden Abschnitten 4.2.1 bis einschließlich 4.2.5 werden die Ergebnisse der ersten Befragungsrunde sowie die Ergänzungen und Kommentierungen aus der zweiten Befragungsrunde vorgestellt und vor dem Hintergrund der Ausführungen der theoretischen Exploration sowie der Ergebnisse der Dokumentenanalyse diskutiert. Am Ende eines jeden Abschnittes erfolgt zudem eine Zusammenfassung der Auswertungsergebnisse der betrachteten sieben Hauptkategorien. In diesem Zuge werden auch die Gesamtanzahl sowie die Verteilung der Kodierungen der Hauptkategorien auf die Unterkategorien dargestellt. Basierend auf den ausgewerteten Daten wird so sukzessive in fünf Schritten und entlang von fünf Dimensionen eine umfassende Gegenwartsbeschreibung zum Ausbilderhandeln und zur Ausbildereignung im Betrieb hergeleitet, das abschließend in Abschnitt 4.2.6 im Gesamtbild betrachtet wird.

4.2.1 Hierarchische und organisatorische Einordnung

Am Anfang des Stellenprofils steht die organisatorische Verortung der Ausbilder:innen im Unternehmen sowie die Analyse der ihnen zugeschriebenen Befugnisse mittels der Auswertung der Hauptkategorie I *Gegenwart-hierarchische und organisatorische Einordnung* (vgl. Anhang 2).

Die Expertenaussagen weisen dabei auf die Problematik der Heterogenität in der Zuordnung. Hierzu heißt es u. a., dass Ausbilder:innen nach „Branche, Betriebsgröße und Ausbildungsberuf" (D1.E6.Abs1)[24] sehr unterschiedlich in der Unternehmensorganisation

---

24 *D1* bezeichnet die Ergebnisse der ersten Delphi-Runde. *E* bezeichnet die Expertin oder den Experten. *Abs* bezeichnet den Absatz im untersuchten Dokument.

verortet sind, so dass keine valide Aussage über ihre Einordnung getroffen werden kann (vgl. u. a. D1.E9.Abs1; D1.E14.Abs1).

Hier wird eine grundlegende Problematik der Ausbilderforschung sichtbar, die auch schon in früheren Studien (vgl. u. a. Bauer et al. 2008; Brater & Wagner 2008; Brünner 2014) herausgearbeitet wurde. Für Ausbilder:innen lassen sich die „Aufgabengebiete und Funktionen, Stellungen sowie Positionen […] nicht in gleicher Weise eindeutig abgrenzen und definieren […], wie das beispielsweise für schulisches Lehrpersonen der Fall ist" (Brünner 2014, S. 10).

Entlang der Kategorien *Personalstruktur*, *Vorbildung* und *Aufgabenschwerpunkte* liefern beispielsweise Autoren wie Brater und Wagner (2008, S. 7) einen branchentypisierenden Überblick über die Heterogenität der organisatorischen Einordnung von Ausbilder:innen. Diese Heterogenität findet zugleich ihren Ausdruck in den vielfältigen und fast nicht mehr überschaubaren Bezeichnungen für die Ausbilder:innen (vgl. besonders Brünner 2014, S. 7).

Trotz dieser ausgeprägten Zuordnungsproblematik konnten aus den Expertenantworten übergeordnete hierarchische Zuordnungen der betrieblichen Ausbilder:innen bzw. der betrieblichen Ausbildung entnommen werden. Erstens zeigte sich, dass betriebliche Ausbildungstätigkeit, insbesondere in Kleinstbetrieben und mittleren Betrieben wie beispielsweise Handwerksbetrieben, durch die *Inhaber:innen, respektive die Geschäftsleitung* geleistet wird (vgl. u. a. D1.E7.Abs1; D1.E11.Abs1). Die hier vorgenommene Zuordnung kann insofern als typisch betrachtet werden, als dass ein Großteil der ausbildenden Unternehmen in Deutschland (195.789 im Jahr 2016) zur Gruppe der Kleinstbetriebe zählt, die nicht mehr als neun Beschäftigte haben (vgl. BiBB 2020a, S. 205).

Zweitens konnte eine *Zuordnung zur Ausbildungsabteilung oder Personalbereich* offengelegt werden, wie die nachfolgenden Kodierungen zeigen:

- „[A]lle Ausbilder sind der Ausbildungsleitung untergeordnet." (D1.E1.Abs2)
- „Ausbilder nach BBiG sind in der Personalabteilung eingesetzt." (D1.E5.Abs1)

Als dritte Positionierung ergab sich die *Zuordnung zur (Fach)Abteilung*. Verwiesen wird in diesem Zusammenhang auf Mitarbeiter:innen, die neben ihrer Arbeit als Fachkraft auch eine betriebliche Ausbildungsarbeit leisten (vgl. u. a. D1.E1.Abs1; D1.E3.Abs1; D1.E13.Abs1).

Diese letzten beiden Positionierungen können ebenfalls als erwartbar, respektive als typische Einordnung behandelt werden. So ist erstens, trotz fehlender umfassender Daten, seit Jahrzehnten bekannt, dass ein Großteil der betrieblichen Ausbildungsarbeit durch die sogenannten ausbildenden Fachkräfte gleistet wird, die typischerweise in den Fachabteilungen angesiedelt sind (vgl. u. a. Schlottau 2005, S. 32). Problematisch ist an ihrer Position die fehlende Verpflichtung zu einer pädagogischen Qualifizierung (vgl. Lauterbach & Neß 2000, S. 50).

Die dritte Zuordnung der betrieblichen Ausbilder:innen zur Ausbildungsabteilung bzw. zum Personalbereich dürfte wohl vornehmlich Ausbilder:innen betreffen, die ihre

Ausbildungstätigkeit hauptberuflich ausführen und eine entsprechende pädagogische Eignung hierfür nachweisen können. Sie fungieren meist auch als Koordinator:innen und Ansprechpartner:innen für die ausbildenden Fachkräfte (vgl. Brünner 2014, S. 229). Untersuchungen des BiBB identifizieren für diese Gruppe allerdings nur einen geringen Umfang. So zeigt eine Betriebsumfrage unter 2.599 Betrieben aus dem Jahr 2007, dass lediglich sieben Prozent aller Betriebe hauptamtliche Ausbilder:innen beschäftigen (vgl. Salss 2007, S. 29 zitiert nach Bahl et al. 2011, S. 9).

Die Ausführungen der Expert:innen sowie die Erkenntnisse der theoretischen Exploration lassen den Schluss zu, dass die organisatorische Einordnung der betrieblichen Ausbilder:innen nicht einheitlich in den Unternehmen festgelegt ist. Anders als bei anderen Berufsgruppen fehlt dem betrieblichen Ausbildungspersonal damit eine wesentliche Grundlage, um sich als Personenkreis, dessen Arbeit streng genommen nicht einmal verberuflicht ist (vgl. Meyer 2008, S. 7), unternehmensübergreifend z. B. in regionalen Verbänden stärker zu organisieren und vor allem eine gemeinsame Identität herauszubilden. So ist davon auszugehen, dass beispielsweise ausbildende Betriebsinhaber:innen andere Rahmenbedingungen, ein anderes Selbstverständnis als Ausbilder:innen haben sowie teilweise auch andere Zielsetzungen in der Ausbildung verfolgen, als dies bei ausbildenden Fachkräften der Fall ist. Daraus kann abgeleitet werden, dass wahrscheinlich kein einheitliches Selbstverständnis/ Selbstbewusstsein der betrieblichen Ausbilder:innen als eine Basis, um beispielsweise gemeinsame Interessen durchzusetzen, existiert.

Die Heterogenität in der organisatorischen Einordnung macht es zudem sehr schwierig, eine umfassende und einheitliche pädagogische Professionalisierung der Ausbilder:innen zu realisieren. So gibt es keine universellen Eingriffsstellen in den Unternehmen, in denen eine Professionalisierung ansetzen könnte. Auch sind die Bedingungen eines Professionalisierungsprozesses uneinheitlich. Angefangen bei den individuellen Voraussetzungen der Ausbilder:innen, z. B. die Vorbildung über den zeitlichen Freiraum für die Ausbildungstätigkeit bis hin zu den Befugnissen, die die Ausbilder:innen im Unternehmen haben. Die gegenwärtig fehlende pädagogische Professionalisierung ist damit auch ein Ausdruck der heterogenen hierarchischen und organisatorischen Einordnung der Ausbilder:innen, und zugleich verstärkt sie die schwache Position von Ausbilder:innen in den Unternehmen (vgl. überblicksartig Bahl et al. 2012).

Die Folgen der schwachen Position, die die Ausbilder:innen in den Unternehmen haben, zeigen nicht zuletzt die Ausführungen der Expert:innen zu den *Befugnissen* von Ausbilder:innen. Genannt werden hier vor allem die Befugnisse gegenüber den Auszubildenden (dies umfasst Weisungsbefugnisse und disziplinarische Befugnisse) (vgl. u. a. D1.E6.Abs2; D1.E9.Abs2). Nur durch Einzelne (5 Kodierungen) werden eingeschränkte materielle Befugnisse oder Weisungsbefugnisse gegenüber anderen Ausbilder:innen angeführt (vgl. u. a. D1.E9.Abs2; D1.E4.Abs2; D1.E8.Abs1). Insgesamt ist zu erkennen, dass Ausbilder:innen nur ein Minimum an Befugnissen für die Ausbildung zugesprochen bekommen.

"Befugnisse der Ausbilder bestehen in der Wahrnehmung von Ausbildungsaufgaben, um den Auszubildenden die in den Berufsbildungsplänen vorgesehenen Positionen der jeweiligen Ausbildungsberufe zu vermitteln. Dies schließt ein die personenbezogene, ggf. disziplinarische Betreuung der Azubis, die Kooperation mit der Berufsschule und die Mitarbeit in Berufsbildungsausschüssen." (D1.E8.Abs2).

Die Befunde zu den Befugnissen betrieblicher Ausbilder:innen passen dabei zu den Ausführungen der SIAP-Studie. Die Studie zeigt, dass Ausbilder:innen zwar mit Blick auf die „praktischen Durchführung" der Ausbildung eine hohe Autonomie wahrnehmen (ebd., S. 29), ihnen aber im Regelfall keine zusätzlichen Mittel für die Ausbildung zur Verfügung stehen (vgl. ebd., S. 29 f.). Problematisch ist dieser Befund insofern, als dass sich aus ihm ableiten lässt, dass betriebliche Ausbildung größtenteils auf der Grundlage von Befugnissen bzw. Ressourcen bewältigt wird, die ohnehin vorliegen und meist anderweitig verplant sind. Ausbildung ist damit im elementaren Maße auf das Engagement der Ausbilder:innen angewiesen.

In der nachfolgenden Tabelle 22 sind die Auswertungsergebnisse zur hierarchischen und organisatorischen Einordnung der Ausbilder:innen zusammengefasst. Die gefettete Ziffer in der linken Spalte weist aus, wie viele Kodierungen insgesamt auf diese Dimension der Stellenbeschreibung entfallen. Die übrigen Ziffern dokumentieren, auf wie viele Kodierungen die zusammengefassten Expertenaussagen zur Dimension fußen.

Tabelle 22: Zusammenfassung der Kodierungen zur hierarchischen und organisatorischen Einordnung

Dimension der Stellenbeschreibung	Zusammengefasste Expertenaussagen	
hierarchische und organisatorische Einordnung 43	- *Ausbildung durch Betriebsinhaber:in*: insbesondere in Kleinbetrieben sowie im Handwerk 5 - *Zuordnung zur Ausbildungsabteilung oder Personalbereich*: entweder direkt zugeordnet oder hierarchisch untergeordnet 12 - *Zuordnung zu (Fach)Abteilung*: Mitarbeiter:innen in Fachabteilung oder Teamleitung 7 - *keine Zuordnung* 7	*Befugnisse im Rahmen der Ausbildung*: insbesondere Weisungsbefugnisse gegenüber Auszubildenden; vereinzelt begrenzte materielle Befugnisse, Gestaltungsbefugnisse im Kontext der Ausbildung sowie Weisungsbefugnisse gegenüber anderen Ausbilder:innen 12

4.2.2 Anforderungen und Erwartungen

Die Qualifikations- und Kompetenzanforderungen an Ausbilder:innen sind weitere wichtige Elemente der Stellenbeschreibung. Aussagen zu den notwendigen Qualifikationsabschlüssen wurden der Hauptkategorie III *Gegenwart – Qualifikationsabschlüsse* zugeordnet (vgl. Anhang 2).

Hier zeigt sich erstens, dass der *berufsfachlichen Qualifikation* eine besonders hohe Bedeutung durch die Expert:innen zugeschrieben wird (17 Kodierungen). Es handelt sich vor allem um Aussagen zur klassischen Berufsausbildung bzw. zu Abschlussprüfung in einer dem Ausbildungsberuf (vgl. u. a. D1.E12.Abs3; D1.E10.Abs3; D1.E5.Abs3). Ferner werden vereinzelt (jeweils 4 Kodierungen) weiterführende berufliche Abschlüsse wie der Meisterbrief (vgl. u. a. D1.E6.Abs3) und eine mehrjährige Berufserfahrung (vgl. u. a. D1.E13.Abs3) angeführt.

Bereits frühere Studien verweisen auf die hohe Bedeutung der berufsfachlichen Qualifikation als wichtige Qualifikationsanforderung seitens der Unternehmen (vgl. Bahl et al. 2012, S. 28; Brünner 2014, S. 131; Ebbinghaus 2009, S. 34). Die starke Dominanz der beruflichen Ausbildung könnte darin begründet liegen, dass diese im BBiG §30 Abs.1 explizit als berufsfachliche Grundlage genannt wird und damit für die Unternehmen eine eindeutige Orientierung bei der Auswahl ihrer Ausbilder:innen bietet.

Mit elf Kodierungen wird ferner die Bedeutung der *pädagogischen Qualifikation* betont. Damit ist einerseits die *pädagogische Qualifikation auf Ebene der AEVO* (vgl. u. a. D1.E1.Abs3; D1.E8.Abs3; D1.E10.Abs3) (6 Kodierungen) sowie andererseits die *pädagogische Qualifikation auf Ebene des DQR* (Deutscher Qualifikationsrahmen) (5 Kodierungen) gemeint. Letzteres umfasst als pädagogische Höherqualifizierungen auch die beiden Aufstiegsfortbildungen geprüfte:r Aus- und Weiterbildungspädagogin/ -pädagoge (IHK) sowie geprüfte:r Berufspädagogin/ -pädagoge (IHK) (vgl. u. a. D1.E4.Abs3; D1.E1.14.Abs3). Die insgesamt schwächere Ausprägung der pädagogischen Qualifizierung im Vergleich zur berufsfachlichen Qualifikation könnte darauf zurückzuführen sein, dass der § 6 Abs. 4 der AEVO nach wie vor die Möglichkeit bietet, die Zuerkennung der Ausbildereignung nach AEVO auch ohne Ablegen einer Ausbildereignungsprüfung zu erhalten – eine Möglichkeit, die im Jahr 2018 fast 40.000 Ausbilder:innen in Anspruch genommen haben (vgl. BiBB 2020a, S. 172).

Ferner ist hinsichtlich der pädagogischen Qualifizierung anzumerken, dass die Nennung einer pädagogischen Höherqualifizierung (Qualifizierung auf DQR Niveau) einen Kontrast zu bisherigen Forschungen darstellt, wonach die pädagogische Qualifikation zwar anerkannt, aber in der Regel nur auf Ebene der AEVO eingefordert wird (vgl. Bahl et al. 2012; Beicht et al. 2009; Brater & Wagner 2008; Brünner 2014; Ulmer & Jablonka 2007). Ferner konnte in den letzten Jahren nur eine geringe Nachfrage nach den vorab genannten Aufstiegsfortbildungen der IHK verzeichnet werden. So haben im Jahr 2019 deutschlandweit insgesamt nur 291 Personen jeweils eine der beiden Aufstiegsfortbildungen in Anspruch genommen (vgl. DIHK 2019, S. 8). Untersuchungen zur Aufstiegsfortbildung geprüfte:r Berufspädagogin/ -pädagoge (IHK) verweisen vor allem auf inhaltliche Passungsprobleme sowie die prüfungsrechtlichen Regularien, die einer Diffusion dieses Bildungsangebotes im Wege stehen (vgl. f-bb 2020).

Den Schluss, dass übergeordnete Problemlagen in der Qualifizierung der betrieblichen Ausbilder:innen vorliegen, lassen die Kodierungen der Unterkategorie *mangelnde Aussagekraft von Qualifikationsabschlüssen* zu (vgl. D1.E7.Abs3; D1.E11.Abs3; D1.E2.Abs3). Die hier summierten Aussagen sind anschlussfähig an die seit Jahren geübte Kritik gegenüber der AdA. Sie weist die AdA eher als eine Berechtigung denn als eine Befähigung der betrieblichen Ausbilder:innen aus (vgl. Bahl & Brünner 2013, S. 525). Grundlage hierfür sind die vielfältigen Problemlagen der AdA, wonach erstens in den Lehrgängen eine tradierte Didaktik befördert wird (vgl. u. a. Baumgartner 2015, S. 113), zweitens die Fachrichtungen der Ausbilder:innen in der Ausbilderqualifizierung nicht aufgegriffen werden, wodurch es zu Anwendungs- und Transferproblemen kommt (vgl. Bahl & Brünner 2013, S. 525; Brünner 2011, S. 7; Kutt 1980, S. 832; Sloane 2006, S. 462), sowie drittens durch die Möglichkeit der Zuerkennung der Ausbildereignung (§ 6 Abs. 4 der AEVO) Verwässerungseffekte in der AdA vorliegen (vgl. u. a. Baumgartner 2015, S. 112; Schlömer et al. 2019, S. 495).

Ferner wird in den Expertenkommentierungen eine Grundsätzliche Problematik der AdA thematisiert, die ihren Geltungsbereich tangiert und besonders schwer wiegt:

„Der Grundwiderspruch bleibt, dass diejenigen, die die betriebliche Ausbildungsarbeit in der Breite machen, kaum oder nicht pädagogisch professionalisiert sind. Innerbetrieblich würde ich das hauptberufliche Ausbildungspersonal in der Rolle sehen hier als Multiplikatoren zu wirken, von ihrer Ausbildung her (insb. AEVO), wird dies jedoch wenig befördert, weil eher die eigene Ausbildungstätigkeit im Vordergrund steht, die jedoch überwiegend andere machen" (D2.E9.Abs2).[25]

Die Kommentierung verweist auf die fehlende Verpflichtung der ausbildenden Fachkräfte zu einer pädagogischen Mindestqualifizierung (vgl. Lauterbach & Neß 2000, S. 50), was besonders vor dem Hintergrund kritisch ist, als dass es sich um die größte Lehrendengruppe der betrieblichen Ausbildung handelt (vgl. u. a. Schlottau 2005, S. 32; Schmidt-Hackenberg et al. 1999).

Die durch die Auswertung der Hauptkategorie III gewonnenen Erkenntnisse zeigen hinsichtlich der pädagogischen Qualifizierung der betrieblichen Ausbilder:innen einen deutlichen Forschungs- und Entwicklungsbedarf. Dieser betrifft die pädagogische Höherqualifizierung auf DQR-Niveau und dort u. a. die Frage danach, welche Qualifizierungsbedarfe die Betriebe und die Ausbilder:innen haben (vgl. f-bb 2020). Dies betrifft aber auch die Ebene der Mindestqualifizierung, wo gegenwärtig nur rudimentäre Diskurse zu einer berufsfeldspezifischen AdA, einer Spezialisierung der AdA sowie der pädagogischen Qualifizierung für ausbildende Fachkräfte geführt werden (vgl. u. a. Brünner et al. 2013; Gössling & Sloane 2013; Sloane 2006).

Im deutlichen Widerspruch zu diesem Forschungsbedarf stehen allerdings die geringen Forschungsaktivtäten im Feld der Ausbilderqualifizierung, die nicht im Ansatz vergleichbar sind mit jener Forschung in 1970er- und 1980er-Jahren (vgl. Brünner 2014, S. 32; Gössling & Sloane 2013, S. 241 f.; Pätzold 1980, S. 858; Sloane 2006, S. 460). Gegenwärtig werden allenfalls Kleinstudien zur pädagogischen Qualifizierung (vgl. besonders Brünner 2014, S. 31 ff.) u. a. in Form von Evaluationsstudien zu bestehenden Qualifizierungsangeboten (vgl. f-bb 2020) oder einzelnen kleineren Forschungsprojekte beispielsweise zur Qualifizierung der ausbildenden Fachkräfte durchgeführt (vgl. u. a. Brünner et al. 2013). Diese geringe Forschungsaktivität kann einerseits als Ausdruck dafür gelten, dass insgesamt die Ausbilderforschung seit den 1990er-Jahren merklich zurückgegangen ist, was vermutlich auch mit der Aussetzung der Anwendung der AEVO zusammenhängt (vgl. Falk & Zedler 2009, S. 20). Zum anderen spiegelt sich hier wider, dass die pädagogische Ausbil-

---

25 *D2* bezeichnet die Ergebnisse der zweiten Delphi-Runde.

derqualifizierung ein bildungspolitisch sehr sensibles Feld ist (vgl. u. a. Friede 2013). Besonders schwer wiegt der Befund zu der aktuellen Ausbilderforschung vor dem Hintergrund, dass in den letzten Jahrzehnten insgesamt ein Forschungsanstieg an deutschen Hochschulen zu verzeichnen ist. Exemplarisch lässt sich dies an der Höhe der Drittmittelquoten verdeutlichen, welche sich zwischen den Jahren 2006 und 2017 fast verdoppelt haben (vgl. Destatis o. J.).

Die Auswertung der *Hauptkategorie V Gegenwart – Kompetenzen* (vgl. Anhang 2) führt zu einer Übersicht jener Kompetenzen, über die Ausbilder:innen idealerweise verfügen sollten.[26] Die meisten Kodierungen (32) entfallen auf die *Sozialkompetenz*. Diese verweisen auf unterschiedliche Fähigkeiten, Fertigkeiten und Bereitschaften von Ausbilder:innen, die insbesondere im Zusammenhang zur Arbeit mit den Auszubildenden stehen. Hierzu zählen: *Freude und Interesse*, das umfasst auch das Interesse an anderen Kulturen (vgl. u. a. D1.E13.Abs5; D1.E6.Abs 5), *Offenheit und Wertschätzung* (vgl. u. a. D1.E5.Abs5; D1.E13.Abs5), *Motivations- und Überzeugungskraft* (vgl. u. a. D1.E13.Abs5), *Kommunikationsfähigkeit* (vgl. u. a. D1.E6.Abs5), *Kritik- und Konfliktfähigkeit* (vgl. u. a. D1.E7.Abs5; D2.E4.Abs5), *Geduld* (vgl. u. a. D1.E1.Abs5) sowie *Empathie* (vgl. u. a. D1.E11.Abs5).

Die hier offengelegte Dominanz der Sozialkompetenz steht einerseits in einem deutlichen Kontrast zu ihrer schwachen Präsenz in der AdA, wie die in dieser Studie durchgeführte Dokumentenanalyse (vgl. Abschnitt 4.1.3) gezeigt hat. Andererseits spiegelt sich in ihr aber auch deutlich der soziale Charakter betrieblichen Ausbilderhandelns wider (vgl. Abschnitt 4.1.1). Insgesamt erhärtet sich die bereits im Zuge der Dokumentenanalyse unter Bezugnahme auf die SIAP-Studie (vgl. Bahl et al. 2012, S. 28) getroffene Annahme, dass die Sozialkompetenz als eine Basiskompetenz behandelt wird, die Ausbilder:innen grundsätzlich mitbringen müssen und die gewisser Maßen ein zentrales Auswahlkriterium, aber nicht Ausbildungsschwerpunkt der pädagogischen Qualifizierung ist.

Mit 22 Kodierungen ist die Methodenkompetenz am zweithäufigsten vertreten. Sie umfasst erstens die *Gestaltungs- und Problemlösungsfähigkeit*. Die hier zugeordneten Aussagen belegen, dass Ausbilder:innen über analytische und konzeptionelle Kompetenzen, insbesondere im Zusammenhang mit der Gestaltung betrieblicher Lernprozesse verfügen sollten. Sie beinhaltet z. B. die Fähigkeit, „die Arbeitsprozesse im jeweiligen Betrieb in Teilschritte runterzubrechen, die sich für eine situationsangemessene Vermittlung an die Auszubildenden eignen" (D1.E7.Abs5), die Ausgestaltung betrieblicher Lernsituationen (vgl. D1.E9.Abs5), die Fähigkeit, Lernaufträge aus dem betrieblichen Ausbildungsprozess abzuleiten, oder aber auch die „Fähigkeit, die abstrakten Inhalte der Ausbildungsordnung mit den betrieblichen Arbeitsprozessen abzugleichen" (D2.E7.Abs4).

Zweitens umfasst Methodenkompetenz auch eine *didaktische Kompetenz*, die sich u. a. in der Fähigkeit zeigt, Inhalte zu visualisieren (vgl. D1.E1.Abs5). Drittens sind hier auch

---

[26] An dieser Stelle durchbricht der Fragebogen (vgl. Anhang 4) die Logik einer übergeordneten Stellenbeschreibung, weil nach einem Idealbild und nicht nach einem übergeordneten Bild gefragt wird. Für die Ergebnisse der Studie sind die daraus resultierenden Folgen insofern zu vernachlässigen, als dass die Frage nach den Kompetenzen nicht den Fragebogen einleitet. Es kann davon ausgegangen werden, dass die Expert:innen bereits durch die vorangegangenen Fragen geframt sind.

Aussagen zur *Umsetzungs- und Organisationsfähigkeit* zugeordnet (vgl. u. a. D1.E6.Abs6; D1.E13.Abs5).

Die Erkenntnisse, die zur Methodenkompetenz gewonnen werden konnten, waren erwartbar, weil auch in den untersuchten AEVO-Lehr-Lernmaterialien der Methodenkompetenz ein hoher Stellenwert zugesprochen wurde (vgl. Abschnitt 4.1.3). Analog zur Auswertung der Materialien ist auch hier zu erkennen, dass Planungs-, Gestaltungs- und Organisationsfähigkeiten für die Ausgestaltung der betrieblichen Lernprozesse wichtig sind.

Die dritte Teilkompetenz ist die Fachkompetenz. Sie ist mit 18 Kodierungen vertreten. Enthalten sind hier vor allem Ausführungen (14 Kodierungen), die auf berufsfachliches Wissen verweisen (vgl. u. a. D1.E9.Abs5; D1.E11.Abs5; D1.E12.Abs5). Nur vereinzelt (4 Kodierungen) wird *pädagogisches und didaktisches Wissen* angeführt (vgl. u. a. D1.E8.Abs5; D1.E13.Abs5).

Die Expertenausführungen zur Fachkompetenz waren einerseits erwartbar. So spiegelt die starke Nennung des berufsfachlichen Wissens die in der Ausbildungspraxis zu beobachtende hohe Bedeutung der berufsfachlichen Qualifikation wider (vgl. Bahl et al. 2012, S. 28; Brünner 2014, S. 131; Ebbinghaus 2009, S. 34). Andererseits ist verwunderlich, dass die Expert:innen insgesamt die Bedeutung einer pädagogischen Qualifizierung betonen, aber kaum pädagogische bzw. didaktische Wissensbestände anführen, und das, obwohl diese auch in den Lehr-Lernmaterialien eine dominierende Rolle einnehmen (vgl. Abschnitt 4.1.3). Dem schließt sich zugleich die Frage an, worauf die von den Expert:innen angeführte Methodenkompetenz fußt.

Abschließend ist die Selbstkompetenz anzuführen. Hier konnten 15 Kodierungen vorgenommen werden, die sich gleichmäßig auf *Reflexions- und Veränderungsbereitschaft* (vgl. u. a. D1.E7.Abs5; D1.E8.Abs5), *Verantwortungsbewusstsein* (gegenüber sich selbst und dritten Personen) (vgl. u. a. D1.E5.Abs5; D1.E10.Abs5) sowie *Begeisterungsfähigkeit* u. a. in Form von Freude, Spaß (vgl. D1.E5.Abs5) sowie *Motivation für die Ausbildung* (vgl. D1.E7.Abs3) beziehen. Bei der Betrachtung der Selbstkompetenz fällt deutlich auf, was auch bei den anderen Teilkompetenzen auffällig ist: In den Kompetenzbeschreibungen wird nur vereinzelt explizit auf den Arbeitskontext des betrieblichen Ausbilderhandelns verwiesen. Dies kommentiert auch eine Expertin/ ein Experte: „Die Kompetenzen sind jetzt sehr allgemein und abstrakt formuliert. Sie könnten genau so auch auf Lehrkräfte an Berufsschulen zutreffen, oder nicht?" (D2.E7.Abs4).

Der im Kommentar aufgeworfene Befund verstärkt sich noch mit Blick auf die in Abschnitt 2.2.4 dieser Studie aufgearbeiteten Kompetenzmodelle der beruflichen Handlungskompetenz der betrieblichen Ausbilder:innen (vgl. u. a. Merkel et al. 2017, S. 117; Ruschel o. J., S. 4; Sloane 2009, S. 11) sowie mit Blick auf die Ergebnisse der Dokumentenanalyse und dort primär mit Fokus auf die Sozial- und Selbstkompetenz. Dies lässt insgesamt auf bisher noch fehlende Untersuchungen zur Ausdifferenzierung und Kontextualisierung der Kompetenzanforderungen an die Ausbilder:innen schließen. Im Kontext der Lehrerbildung sind differenzierte und auf breiten empirischen Untersuchungen fußende Kompetenzmodelle hingegen seit Jahren verbreitet und bilden eine wichtige Grundlage für die Professionalisierungsprozesse der Lehrkräfte (vgl. u. a. Baumert & Kunter 2011). Für das betriebliche Ausbildungspersonal liegen solche umfassenden Modelle als Grundlage für die pädagogische Qualifizierung nicht vor.

In der Tabelle 23 sind die Auswertungsergebnisse zu den Qualifikation- und Kompetenzanforderungen an die betrieblichen Ausbilder:innen zusammengefasst. Die gefettete Ziffer in der linken Spalte weist aus, wie viele Kodierungen insgesamt auf diese Dimension der Stellenbeschreibung entfallen.

Tabelle 23: Zusammenfassung der Kodierungen zu den Qualifikations- und Kompetenzanforderungen

Dimension der Stellenbeschreibung	Geclusterte und zusammengefasste Expertenaussagen	
Anforderungen und Erwartungen an die Ausbilder:innen 125	**Qualifikationsabschlüsse 38**	
	- *berufsfachliche Qualifikation*: insbesondere Berufsausbildung und -erfahrung, teilweise weiterführende berufliche Abschlüsse (Meistertitel) 17 - *pädagogische Qualifikation auf Ebene der AEVO* 6 - *pädagogische Qualifikation auf Ebene des DQR 5–7* 5 - *Fort- und Weiterbildung*: Allgemeine Betonung der Wichtigkeit 4 - *Abitur oder Hochschulabschluss* 2 - *mangelnde Aussagekraft von Qualifikationsabschlüssen* 4	
	Kompetenzanforderungen 87	
	Sozialkompetenz - *Freude und Interesse*: insbesondere an Arbeit mit jungen Menschen 5 - *Offenheit und Wertschätzung*: u. a. im Umgang mit Lernschwächen 5 - *Motivations- und Überzeugungskraft* 5 - *Kommunikationsfähigkeit* 3 - *Kritik- und Konfliktfähigkeit* 4 - *Geduld* 3 - *Empathie* 5 - *Sozialkompetenz-Allgemein* 2	**Methodenkompetenz** - *Methodenkompetenz-Allgemein* 2 - *Didaktische Kompetenz*: insbesondere zur Wissensvermittlung 7 - *Umsetzungs- und Organisationsfähigkeit* 5 - *Gestaltungs- und Problemlösungsfähigkeit*: insbesondere konzeptionelle und analytische zu betrieblichem Lernen 8
	Fachkompetenz - *fachliches Wissen*: insbesondere berufliches Fachwissen, auch berufliches Erfahrungswissen 14 - *pädagogisches und didaktisches Wissen*: zur Arbeitsanalyse, Berufsausbildungsplanung, Evaluation und Leistungserfassung 4	**Selbstkompetenz** - *Reflexions- und Veränderungsbereitschaft*: Selbstreflexion, Rollenreflexion 5 - *Verantwortungsbewusstsein* 5 - *Begeisterungsfähigkeit*: Freude, Spaß; Begeisterung und Motivation für Ausbildertätigkeit 5

Die fett hinterlegten Ziffern in der rechten Spalte weisen aus, auf wie viele Kodierungen die einzelnen Cluster der Dimensionen fußen. Die übrigen Ziffern dokumentieren, auf wie vielen Kodierungen die zusammengefassten Expertenaussagen zu den Clustern fußen.

4.2.3 Wichtigste Aufgaben

Die Kodierungen der Hauptkategorie VII *Gegenwart – Aufgaben betrieblicher Ausbilder:innen* (vgl. Anhang 2) werden entlang von Unterstützungs- und Kernprozessen geteilt dargestellt.[27] Die Unterscheidung zwischen Kern- und Unterstützungsprozessen stammt aus der Prozessorganisation und geht insbesondere auf Porter (1985) zurück. Kernprozesse werden dort verstanden als jene Prozesse, die unmittelbar einen Anteil an der Wertschöpfung von Unternehmen und der Erbringung von Kundenleistungen haben. Unterstützungsprozesse leisten hingegen nur einen mittelbaren Beitrag zur Wertschöpfung (vgl. Gaitanides 2013, S. 138 ff.; Porter 1985, p. 33 ff.).

Angelegt an diese Unterscheidung werden der Ebene der *Unterstützungsprozesse* jene Aufgaben der betrieblichen Ausbilder:innen zugeordnet, welche die Grundlage für die Durchführung der betrieblichen Ausbildung schaffen, aber nicht unmittelbar die Durchführung der Ausbildung im direkten Kontakt mit den Auszubildenden betreffen.

Dazu zählen besonders häufig (12 Kodierungen) Aufgaben, die das *Mitwirken im Auswahl- und Einstellungsprozess* von Auszubildenden betreffen (vgl. u. a. D1.E9.Abs4; D1.E4.Abs2; D1.E10.Abs2). Mit jeweils zehn Kodierungen werden auch Aufgaben im Zusammenhang mit der *Erstellung von Plänen*, insbesondere Ausbildungsplänen (vgl. u. a. D1.E3.Abs2; D1.E5.Abs4; D1.E6.Abs4) sowie im Zusammenhang mit *Austausch und Kooperation* u. a. mit Schulen (vgl. u. a. D1.E8.Abs4; D1.E12.Abs4; D1.E13.Abs4) als wichtige Aufgaben von Ausbilder:innen genannt. Weiter werden Aufgaben der *Evaluation und des Controllings der Ausbildung* (vgl. D1.E9.Abs4; D1.E13.Abs4) sowie der *Überwachung und Einhaltung*, insbesondere von Schutzvorschriften wie beispielsweise dem Arbeitsschutz (vgl. u. a. D1.E4.Abs2; D1.E1.Abs4; D1.E13.Abs4) angeführt. Andere Unterkategorien verweisen auf die *Mitarbeit in Ausschüssen*, insbesondere Prüfungsausschüssen (vgl. u. a. D1.E5.Abs4; D1.E9.Abs4; D1.E12.Abs4), das *Erstellen offizieller Dokumente*, insbesondere Arbeitszeugnisse (vgl. u. a. D1.E5.Abs4; D1.E13.Abs4) sowie auf die *Weiterentwicklung der Ausbildung*. Die letzte umfasst auch die eigene pädagogische Professionalisierung sowie die Qualifizierung von nebenberuflichen Ausbilder:innen (vgl. D1.E9.Abs4). Die Ausführungen zu den Unterstützungsprozessen abschließend, sind Tätigkeiten der *Bewerbung der Ausbildung*, u. a in Form von „Repräsentation des Ausbildungsbetriebes/Unternehmens auf Messen und weiteren öffentlichen Veranstaltungen" (D1.E13.Abs4) sowie Aufgaben des *Entwickelns und Bereitstellens von Lernmitteln-*, u. a. die Erstellung von Lernaufgaben (vgl. D1.E3.Abs2; D1.E6.Abs4) anzuführen.

Der Ebene der Kernprozesse werden alle Aufgaben zugeordnet, die unmittelbare Arbeit mit den Auszubildenden betreffen. Die Auswertung zeigt die meisten Aufgaben (14 Kodierungen) im Zusammenhang mit der *pädagogischen Gesprächsführung*. Dies umfasst neben dem Führen von Feedbackgesprächen (vgl. u. a. D1.E1.Abs2; D1.E10.Abs2) u. a. auch Problem- bzw. Konfliktgespräche (vgl. u. a. D1.E5.Abs4; D1.E1.Abs2; D1.E9.Abs4), Beur-

---

27 Hier wurde die Logik des Fragebogens erneut durchbrochen, indem nicht nach den typischen Aufgaben, sondern nach den wichtigsten Aufgaben (vgl. Anhang 4) gefragt wurde.

teilungsgespräche (vgl. D1.E10.Abs2), Entwicklungsgespräche (vgl. D1.E4.Abs4) sowie Beratungsgespräche zur Weiterbildung (vgl. D1.E4.Abs4). Deutlich wird auch, dass es zu den wichtigsten Aufgaben von Ausbilder:innen gehört, *Auszubildende zu kontrollieren* sowie *Auszubildende zu begleiten und zu betreuen*. Ersteres umfasst u. a. die Kontrolle von Berichtsheften (vgl. u. a. D1.E1.Abs4; D1.E13.Abs4) sowie die Durchführung von Lernzielerfolgskontrollen (vgl. u. a. D1.E5.Abs2; D1.E6.Abs4). Letzteres umfasst neben der fachlichen auch die persönliche Betreuung inklusive der Phase des Übergangs in ein reguläres Beschäftigungsverhältnis (vgl. D1.E5.Abs2; D1.E9.Abs4). Zu den Kernprozessen gehören ferner Aufgaben der *Vermittlung von Inhalten*. Dies umfasst sowohl berufsfachliche Inhalte (vgl. D1.E1.Abs2) als auch überfachliche Kompetenzen (vgl. D1.E13.Abs4), allgemein wirtschaftliches Denken und Handeln (vgl. D1.E13.Abs4) sowie praktische Kenntnisse (vgl. D1.E6.Abs4). Desweiteren sind Aufgaben zu nennen, die im Zusammenhang mit dem *Beurteilen und Bewerten von Auszubildenden* sowohl hinsichtlich ihrer fachlichen als auch ihrer sozialen Kompetenz stehen (vgl. u. a. D1.E4.Abs4; D1.E13.Abs4). Abschließend ist die Unterkategorie *Auszubildende unterstützen und motivieren* anzuführen. Neben Unterstützung der Auszubildenden bei Lernschwierigkeiten (vgl. D1.E10.Abs4), bei der Prüfungsvorbereitung (vgl. D1.E13.Abs4) sowie bei der betriebsorientierten Persönlichkeits- und individuellen Kompetenzentwicklung (vgl. D1.E13.Abs4; D1.E3.Abs4) werden hier ferner Kodierungen aufgenommen, die sich auf Motivationsarbeit auch im Sinne von „Lust auf die Ausbildung auf den Beruf machen" (D2.E11.Abs3) sowie auf Präventionsarbeit zum Schutz vor Burnout sowie Boreout beziehen (vgl. D1.E9.Abs4).

Zu den Ausführungen der Ausbilder:innen kann übergeordnet festgehalten werden, dass dort besonders häufig jene Tätigkeiten vertreten sind, die dem Handlungsfeld drei (Ausbildung durchführen) der AEVO zuzuordnen sind. Die starke Präsenz des dritten Handlungsfeldes kündigt sich bereits mit Blick in den Rahmenplan des BiBB (vgl. BiBB 2009, S. 7) sowie in der Dokumentenanalyse (vgl. Abschnitt 4.1.1) an. Analog zu den Ergebnissen der Dokumentenanalyse ist auch in den Expertenantworten deutlich der Umfang an sozialer Interaktion der Ausbilder:innen zu erkennen. Auffällig ist auch, dass keine Aufgaben angeführt werden, welche die Ausbildung und die Unternehmensentwicklung aufeinander beziehen. Dieser letzte Befund ist ebenfalls anschlussfähig an die Ergebnisse der Dokumentenanalyse (vgl. Abschnitt 4.1.4) sowie jene Untersuchungen, die bereits in der Vergangenheit herausgestellt haben, dass betriebliche Ausbildungstätigkeit nicht als Teil der Unternehmensstrategie reflektiert wird (vgl. u. a. Bahl et al. 2011; Bahl 2011, S. 19; Bahl et al. 2012). Besonders im Wissen um die Ausführungen zu den gesellschaftlichen Transformationsprozessen (vgl. Abschnitt 2.4) ist auf der Basis der Expertenantworten kritisch zu hinterfragen, inwiefern Betriebe bzw. die betriebliche Ausbildung auf diese Transformationen heute überhaupt reflektieren. So wird insbesondere in den Diskursen zu einer nachhaltigen Entwicklung sowie zur digitalen Transformation betont, dass Unternehmen u. a. vor dem Hintergrund veränderter Lebens- und Konsumweisen agieren (vgl. Paech 2005, S. 89 f.; Speck 2016, S. 7; Stengel 2011, S. 140) sowie durch digitale Dienstleistungen und Produkte eine höhere Kundenorientierung, Kundenbindung und Kostenreduktion realisieren können (vgl. Franken & Franken 2018, S. 99). Zugleich steigt der Wettbewerbsdruck auf Grund sinkender Markteintrittsbarrieren (vgl. Franken & Cutmore-Beinlich

2018, S. 57). Vor diesem Hintergrund wird es für Unternehmen zukünftig wichtiger, ihre Geschäftsmodelle zu überdenken und anzupassen (vgl. besonders Kiepe et al. 2019, S. 13). Die erfolgreiche Entwicklung sowie Umsetzung solcher zukunftsfähigen Geschäftsmodelle ist maßgeblich von „kompetenten Mitarbeiter/-innen in sämtlichen Arbeitsbereichen und auf allen Hierarchieebenen" (ebd., S. 14) abhängig. Im besten Falle werden schon in der Ausbildung die Grundlagen für die Partizipation an der Entwicklung von Geschäftsmodellen gelegt und damit zugleich das innovative Potenzial und die Kreativität der Auszubildenden als wichtige Unternehmensressource genutzt (vgl. ebd.; Schlömer et al. 2017). Gegenwärtig ist jedoch weder in den Expertenantworten noch in der Dokumentenanalyse sowie in den Diskursen über Ausbilder:innen zu erkennen, dass im Rahmen betrieblicher Ausbildung dieses Potenzial aktiviert und entwickelt wird. Dieser Befund könnte eine mögliche Folge fehlender Kenntnisse darüber sein, wie im Rahmen von der betrieblichen Ausbildung, respektive durch welche konkreten Handlungen und Tätigkeiten von Ausbilder:innen die Auszubildenden zur Partizipation an der Entwicklung von Geschäftsmodellen unterstützt sowie befähigt werden können.

Mit Fokus auf die Ebene der Unterstützungsprozesse ist bemerkenswert, dass hier besonders häufig auf Aufgaben im Kontext des *Mitwirkens im Auswahl- und Einstellungsprozess* von Auszubildenden vertreten sind. Auch in der Dokumentenanalyse (vgl. Abschnitt 4.1.1) ist es eines der am stärksten ausgeprägten Arbeitssysteme. Andersherum fällt aber auch auf, dass durch die Expert:innen Aufgaben der *Weiterentwicklung der Ausbildung* angeführt werden, die nicht in der Dokumentenanalyse identifiziert wurden. Dies betrifft besonders jene Aufgaben, die auf die eigene pädagogische Professionalisierung der Ausbilder:innen sowie die Qualifizierung von nebenberuflichen Ausbilder:innen verweist (vgl. D1.E9.Abs4). Hier ist zu erkennen, dass die pädagogische Qualifizierung des betrieblichen Ausbildungspersonals in Teilen informell in den Unternehmen selbst stattfindet, dies aber nicht auf der Ebene der pädagogischen Qualifizierung reflektiert wird. Dies wiegt vor allem vor dem Hintergrund besonders schwer, dass die informelle Ausbildung bzw. das Lernen über die Anweisung pädagogisch qualifizierter Ausbilder:innen für den Großteil der ausbildenden Fachkräfte häufig die einzige Form des pädagogischen Inputs sind. Zugleich ist die pädagogische Ausbildung anderer an der Ausbildung beteiligter Personen sowie das Vorantreiben der eigenen pädagogischen Professionalität mit spezifischen Kompetenzanforderungen und Herausforderungen verbunden, die eigentlich im Kontext der Ausbilderqualifizierung reflektiert und aufgenommen werden müssten.

Für die Tätigkeiten, die den Kernprozessen zugeordnet wurden, ist im Wesentlichen festzuhalten, dass es sich um jene Tätigkeiten handelt, die in der Dokumentenanalyse dem Handlungsfeld drei (Ausbildung durchführen) zugeordnet wurden (vgl. Abschnitt 4.1.1). Besonders ausgeprägt sind Aufgaben, die mit der pädagogischen Gesprächsführung in Zusammenhang stehen. Hier wird die Ausprägung sozialer Interaktion im Ausbilderhandeln besonders sichtbar.

Auffällig ist in diesem Kontext auch, dass das in der Dokumentenanalyse mit den meisten Kodierungen vertretene Arbeitssystem *Methoden und Medien einsetzen* sich nicht in den Expertenantworten widerspiegelt. Dies könnte daran liegen, dass der Methoden- und Medieneinsatz nicht als für sich stehende Tätigkeiten eingestuft wird, sondern vielmehr

Ergebnisse der empirischen Exploration

Bestandteil anderer Aufgaben ist. Die Tabelle 24 fasst die Ergebnisse zu den wichtigsten Aufgaben der betrieblichen Ausbilder:innen zusammen.

Tabelle 24: Zusammenfassung der Kodierungen zu den wichtigsten Aufgaben

Dimension der Stellenbeschreibung	Geclusterte und zusammengefasste Expertenaussagen
wichtigste Aufgaben 135	**Aufgaben der Unterstützungsprozesse 76**
	- *Mitwirken im Auswahl- und Einstellungsprozess*: insb. Bewerbungsprozess gestalten, Auswahlgespräche in Teams führen, bei Auswahlentscheidung mitwirken 12 - *Erstellung von Plänen*: insb. Ausbildungsplänen 10 - *Austausch und Kooperation*: insb. mit Schulen sowie weiteren Partnern z. B. Kammern und Ausbilderarbeitskreis 10 - *Evaluation und Controlling der Ausbildung*: insb. Evaluation der Ausbildung sowie vereinzelt Überwachung des Berufsbildes und Überprüfung des Ausbildungsbedarfs 7 - *Überwachung und Einhaltung*: insb. von Schutzvorschriften für Auszubildende u. a. Arbeitsschutz, Jugendschutz- und Arbeitszeitgesetz 7 - *Mitarbeit in Ausschüssen*: insb. Prüfungsausschüsse 6 - *Erstellen offizieller Dokumente*: insb. Arbeitszeugnisse 5 - *Weiterentwicklung der Ausbildung*: Weiterentwicklung der Ausbildungspläne, Verzahnung von Aus- und Weiterbildung sowie pädagogische Professionalisierung 5 - *Planen und Vorbereiten der Ausbildung – allgemein* 5 - *Bewerbung der Ausbildung*: insb. Außendarstellung u. a. auf Messen, aber auch im Unternehmen Akzeptanz für Ausbildung schaffen 4 - *Entwickeln und Bereitstellen von Lernmitteln*: Lehr- und Lernarrangements, Lernziele, Lerninhalte und Lernaufgaben 5
	Aufgaben der Kernprozesse 59
	- *pädagogische Gespräche führen*: Feedbackgespräche, Problem- bzw. Konfliktgespräche, Beurteilungsgespräche, Entwicklungsgespräche, Weiterbildungsberatung, Mitarbeitergespräche 14 - *Auszubildende kontrollieren*: Berichtshefte/ Ausbildungsnachweise prüfen, Lernerfolgskontrollen 10 - *Auszubildende begleiten und betreuen*: fachlich, hinsichtlich der schulischen Entwicklung und in der Phase des Übergangs in reguläres Beschäftigungsverhältnis 9 - *Vermittlung von Inhalten*: ausbildungsrelevante Inhalte, weiterführende überfachliche Kompetenzen, allgemein wirtschaftliches Denken und Handeln sowie praktische Kenntnisse 7 - *Ausbildung durchführen und abschließen – allgemein* 6 - *Auszubildende beurteilen und bewerten*: Leistungsbewertung, Lernfortschritte, Bewertung fachlicher und sozialer Kompetenz 6 - *Auszubildende unterstützen und motivieren*: insb. bei der Prüfungsvorbereitung, bei Lernschwierigkeiten sowie motivieren für Ausbildung und den Beruf 7

Die gefettete Ziffer in der linken Spalte weist aus, wie viele Kodierungen insgesamt auf diese Dimensionen der Stellenbeschreibung entfallen. Die fett hinterlegten Ziffern in der rechten Spalte weisen aus, auf wie viele Kodierungen die einzelnen Cluster der Dimensionen fußen. Die übrigen Ziffern dokumentieren, auf wie vielen Kodierungen die zusammengefassten Expertenaussagen zu den Clustern fußen.

4.2.4 Betriebliches Lernen

Eine Übersicht zum betrieblichen Lernen liefern die Hauptkategorie IX *Gegenwart – Bedingungen betrieblichen Lernens* sowie die Hauptkategorie XI *Gegenwart – Auszubildende* (vgl. Anhang 2). Alle Kodierungen, die das Lernverständnis, die Interaktion zwischen Ausbilder:innen und Auszubildenden sowie den Methoden- und Medieneinsatz betreffen, werden der Hauptkategorie IX *Gegenwart – Bedingungen betrieblichen Lernens* zugeordnet.

Zum *Lernverständnis* führen die Expert:innen schwerpunktmäßig (10 Kodierungen) aus, dass sie betriebliches Lernen *als praktisches Lernen in der Arbeit*, d. h. als „Learning by Doing" (vgl. u. a. D1.E1.Abs9; D1.E7.Abs6) sowie als „Fit machen" (D1.E14.Abs6) der Auszubildenden für die Arbeit im Unternehmen verstehen. In Ansätzen (3 Kodierungen) sind auch Ausführungen zur *Handlungs- und Prozessorientierung* des betrieblichen Lernens zu finden (vgl. u. a. D1.E6.Abs6). Insgesamt wird durch die Expertenantworten der praxisorientiere Charakter des betrieblichen Lernens betont. Es wird damit indirekt der Eindruck erweckt, dass die Lernorte Schule und Betrieb in der dualen Ausbildung zwei voneinander unabhängige Bildungsziele verfolgen. Auf die Verzahnung betrieblichen und schulischen Lernens mit dem Ziel, die berufliche Handlungsfähigkeit zu befördern (vgl. KMK 2007), wird nicht verwiesen.

Die nur schwache Ausprägung der *Handlungs- und Prozessorientierung* des betrieblichen Lernens lässt sich über eine der Expertenkommentierung erklären:

> „[P]rozess- und Handlungsorientierung in der Ausbildung erfordern, dass die Ausbilder selbst aktuelle betriebliche Prozesse und Handlungsanforderungen kennen (und nicht bloß die von gestern) und darin involviert sind. In separaten Ausbildungsabteilungen von Großbetrieben ist dies mitunter nicht gegeben." (D2.E9.Abs5)

Dieser Befund ist insofern akut, als dass die *Handlungs- und Prozessorientierung* ein Kernelement der betrieblichen Ausbildung ist, was auch in der AEVO von 2009 eingeschrieben ist. Insgesamt zeichnet sich hier ein Qualifizierungsbedarf der betrieblichen Ausbilder:innen ab. Besonders vor dem Hintergrund von zukünftigen Transformationsprozessen dürfte sich dieser Qualifizierungsbedarf noch weiter verschärfen und könnte auch auf Ausbilder:innen zutreffen, die gegenwärtig einen guten Überblick über die bestehenden Arbeits- und Geschäftsprozesse ihrer Unternehmen haben.

So werden sich im Zuge der Ausrichtungen der Unternehmen an der Leitidee der nachhaltigen Entwicklung nicht nur die Geschäftsmodelle anpassen müssen, sondern damit verbunden auch die Arbeits- und Geschäftsprozesse der Unternehmen verändern (vgl. Schaltegger & Hasenmüller 2005, S. 5; Schneidewind & Palzkill 2012, S. 10). Auch im Zuge der Digitalisierung kommt es zu Veränderungen in den Arbeits- und Geschäftsprozessen von Unternehmen, was nicht zuletzt auf ein verändertes Zusammenspiel zwischen menschlichem Arbeitshandeln und Maschinen/-Software bzw. implementierten Teilintelligenzen zurückzuführen ist (vgl. Hirsch-Kreinsen 2018, S. 18; Sloane et al. 2018, S. 5).

Hinsichtlich der in den Betrieben vorherrschenden Didaktik dokumentieren die Aussagen der befragten Expert:innen ein modernes Didaktikverständnis, wie es bereits in der AEVO von 2009 eingeschrieben ist (vgl. u. a. Bahl & Diettrich 2008; Baumgartner 2015, S. 111 f.; Gössling & Sloane 2013, S. 246 ff.) und auch im Zuge der Auswertung der Dokumentenanalyse in den untersuchten Materialien zu erkennen gewesen war (vgl. Abschnitt 4.1.2). So wird hinsichtlich der *Interaktion zwischen den Ausbilder:innen und den Auszubildenden* auf die *Selbstständigkeit und Eigenverantwortung* der Ausbildenden im Lernprozess verwiesen, die allein oder in Gruppen Lerninhalte selbstständig aufarbeiten (vgl. u. a. D1.E2.Abs7; D1.E7.Abs7; D1.E13.Abs7). Ausbilder:innen übernehmen dabei eine *pädagogische Rolle* als Lernbegleiter:innen (vgl. D1.E6.Abs7; D1.E12.Abs7), Erzieher:innen (vgl. D1.E5.Abs7), Bezugspersonen (vgl. D1.E5.Abs7), aber auch Autoritäten (vgl. D1.E8.Abs7). Besonders wichtig (11 Kodierungen) ist dabei eine auf *Vertrauen und Augenhöhe* beruhende Beziehung zwischen Lehrenden und Lernenden (vgl. u. a. D1.E6.Abs7; D1.E8.Abs7; D1.E11.Abs7; D1.E13.Abs7).

Der die Interaktion zwischen Lehrenden und Lernenden wird dabei durch einen vielfältigen Methoden- und Medieneinsatz begleitet. Neben auf *Selbstständigkeit abzielende Methoden* (16 Kodierungen) werden insbesondere (21 Kodierungen) *instruktionsorientierte Methoden* angeführt. Erstere umfassen besonders die Projektmethode (vgl. u. a. D1.E4.Abs9; D1.E12.Abs7) sowie die Leittextmethode (vgl. u. a. D1.E5.Abs9; D1.E11.Abs9), vereinzelt werden auch Methoden wie das Planspiel (vgl. D1.E12.Abs9), das Rollenspiel oder Lern- und Arbeitsaufgaben (vgl. D1.E6.Abs9) genannt. Zu letzteren Methoden zählen u. a. die Vier-Stufen-Methode (vgl. u. a. D1.E5.Abs9; D1.E6.Abs9), das Vormachen-Nachmachen (vgl. u. a. D1.E1.Abs9) sowie die Unterweisung (vgl. D1.E6.Abs9).

Auffällig in den Expertenantworten ist vor allem die hohe Präsenz der *auf Selbstständigkeit abzielenden Methoden*, was im Widerspruch zu Untersuchungen der Vergangenheit steht, welche aufzeigen, dass komplexe Methoden wie z. B die Projektarbeit eher selten die betriebliche Ausbildungspraxis prägen (vgl. Ebbinghaus 2009, S. 41; Grimm-Vonken, Müller & Schröter 2011, S. 21; Pätzold et al. 2003, S. 244 ff.; Schlömer et al. 2019, S. 507), während instruktionsorientierte Methoden wie das Vormachen und Nachmachen oder die Vier-Stufen-Methode die Ausbildungspraxis dominieren (vgl. Bahl & Brünner 2013, 531; Grimm-Vonken, Müller & Schröter 2011, S. 21; Lauterbach & Neß 2000, S. 52; Pätzold et al. 2003, S. 244).Wichtig ist mit Blick auf den Methodeneinsatz auch der Befund, dass er sich während der Ausbildung ändert und sich damit der Entwicklung der Auszubildenden anpasst.

„Die aufgeführten Punkte bei Methodeneinsatz sind [seit] jeher gleich von Lehrjahr eins mit instruktionsorientierten Methoden bis Lehrjahr drei zu auf Selbstständigkeit abzielende Methoden." (D2.E11.Abs5)

Mit Blick auf den Medieneinsatz wird ein ausgeprägter Einsatz *digitaler Medien* (13 Kodierungen) konstatiert. Dazu zählen neben Laptops (vgl. u. a. D1.E13.Abs9), Lernsoftwares (vgl. u. a. D1.E6.Abs9), Lernplattformen (vgl. u. a. D1.E13.Abs9), Lernvideos (vgl. u. a.

D1.E6.Abs9), Beamer und Whiteboard (vgl. u. a. D1.E13.Abs9) auch Online-Meetings (vgl. D2.E4.Abs3) sowie die Arbeit mit 3D-Drucken (vgl. u. a. D1.E12.Abs9).

Die Nutzung von *analogen Medien* wie Papier (vgl. D1.E3.Abs9; D1.E12.Abs9), Fachbüchern oder Produktblätter (vgl. D1.E6.Abs9) wird hingegen kaum (5 Kodierungen) angeführt. Die Expertenaussagen verweisen also insgesamt auf einen im betrieblichen Lernen weit vorangeschrittenen Digitalisierungsprozess. Dies ist besonders vor dem Hintergrund interessant, dass der Einsatz von digitalen Medien im dualen System in den letzten Jahren u. a. im Kontext von Lernortkooperationen eine wachsende Bedeutung eingenommen hat (vgl. BMBF 2020b). Für den Lernort Schule wird in diesem Zusammenhang zugleich wiederholt konstatiert, dass sowohl eine digitale Infrastruktur als auch eine umfassende digitale Kompetenz der Lehrkräfte fehlen, um die geforderten Digitalisierungsprozesse zu vollziehen (vgl. u. a. Wilbers 2012). Der Lernort Betrieb scheint, nach den Aussagen der Expert:innen, diese Problematik nicht so ausgeprägt aufzuweisen, obwohl annähernd 50 Prozent aller Ausbilder:innen in Deutschland 50 Jahre oder älter sind (vgl. BiBB 2020a, S. 174) und damit nicht zu jener Generation gehören, die selbst unter Einsatz digitaler Medien ausgebildet wurde.

Die Auswertung der Hauptkategorie XI *Gegenwart – Auszubildende* (vgl. Anhang 2) transportiert ein von Heterogenität geprägtes Bild der Auszubildenden. Es umfasst erstens eine *heterogene schulische Vorbildung*, primär bestehend aus Schüler:innen mit einem Hauptschulabschluss (vgl. D1.E5.Abs8; D1.E2.Abs8), einem Realschulabschluss (vgl. u. a. D1.E12.Abs8; D1.E5.Abs8) oder einer Hochschulzugangsberechtigung (vgl. u. a. D1.E12.Abs8; D1.E5.Abs8). Zweitens werden Unterschiede in den *psychischen und physischen Voraussetzungen* der Auszubildenden aufgezeigt. Die Bandbreite reicht von Auszubildenden mit Behinderung, Lernbeeinträchtigung (vgl. D1.E7.Abs8) oder nicht gefestigter Persönlichkeitsstruktur (vgl. D1.E4.Abs8) bis hin zu sehr leistungsstarken (vgl. D1.E6.Abs8) sowie physisch und psychisch stabilen Auszubildenden (D1.E4.Abs8). Auch die *Lernvoraussetzungen sowie die Motivation* für die Ausbildung sind unterschiedlich ausgeprägt. Diese Spannbreite reicht von Schüler:innen mit mangelhafter schulischer Vorbildung, (vgl. D1.E11.Abs8; D1.E12.Abs8; D1.E6.Abs8), fehlenden Sprachkenntnissen (vgl. D1.E12.Abs8) und Schüler:innen mit Motivationsproblemen (vgl. D1.E5.Abs8; D1.E1.Abs8) bis hin zu hoch motivierten und ehrgeizigen Auszubildenden (vgl. D1.E4.Abs8; D1.E12.Abs8) sowie solchen Auszubildenden, die vor allem über eine ausgeprägte digitale Kompetenz verfügen (vgl. D1.E10.Abs8).

Als letzter wesentlicher Punkt ist anzuführen, dass die Auswertung der Expertenantworten belegt, dass die kulturellen Hintergründe der Auszubildenden „sehr gemischt" (D1.E4.Abs8) sind, von Auszubildenden mit deutscher Herkunft (vgl. u. a. D1.E13.Abs8) über Auszubildende mit Migrationshintergrund (vgl. u. a. D1.E12.Abs8) bis hin zu Geflüchteten (vgl. D1.E7.Abs8). Zu erkennen ist auch, dass die Interkulturalität in den letzten Jahren zugenommen hat (vgl. u. a. D1.E11.Abs8; D1.10.Abs8).

In der Gesamtbetrachtung weisen die Ausführungen zu den Auszubildenden darauf hin, dass sich die betriebliche Ausbildung bereits heute mit einer hohen und vor allem vielschichtigen Heterogenität der Lernenden konfrontiert sieht, wie sie u. a. im Zusammenhang mit dem demografischen Wandel angeführt wird (vgl. u. a. Deller et al. 2008,

S. 179; Dunczyk et al. 2008, S. 86; Pfeiffer & Kaiser 2009, S. 32). In diesem Kontext ist deutlich zu erkennen, wie anspruchsvoll und herausfordernd die betriebliche Ausbildungsarbeit für die Ausbilder:innen ist, die besonders im Vergleich zu den Lehrkräften an den Berufsschulen kaum auf diese Arbeit vorbereitet werden. Während Lehrkräfte an den berufsbildenden Schulen im Rahmen einer dreiphasigen Lehrerbildung aus Studium, Vorbereitungsdienst sowie berufsbegleitender Fort- und Weiterbildungen für die Arbeit mit dieser heterogenen Gruppe von Lernenden vorbereit werden (vgl. Kultusministerkonferenz o. J.), durchlaufen Ausbilder:innen im Regelfall einen Ausbilderlehrgang, dessen Zeitempfehlung bei gerade einmal 115 Stunden liegt (vgl. BiBB 2009, S. 6), die in der Lehrgangspraxis in vielen Fällen nicht einmal angesetzt werden (vgl. Brünner 2011, S. 8). Zudem konnte in der Vergangenheit offengelegt werden, dass in den Lehrgängen vor allem eine instruktionsorientierte Universaldidaktik vermittelt wird (vgl. u. a. Bahl & Brünner 2013, S. 528; Gössling & Sloane 2013, S. 254). Spezielle Didaktiken, die den Erfordernissen gerecht werden und auf den Umgang mit förderbedürftigen oder aber auch besonders Leistungsstarken Auszubildenden vorbereiten, sind hingegen nicht zu erkennen. Im Wissen darum liegt die Schlussfolgerung nahe, dass Ausbilder:innen gegenwärtig nicht auf den Umgang mit dieser Heterogenität der Auszubildenden vorbereitet werden.

In der Tabelle 25 sind die Auswertungsergebnisse zum betrieblichen Lernen zusammengefasst. Die gefettete Ziffer in der linken Spalte weist aus, wie viele Kodierungen insgesamt auf diese Dimension der Stellenbeschreibung entfallen. Die fett hinterlegten Ziffern in der rechten Spalte weisen aus, auf wie viele Kodierungen die einzelnen Cluster der Dimensionen fußen. Die übrigen Ziffern dokumentieren, auf wie vielen Kodierungen die zusammengefassten Expertenaussagen zu den Clustern fußen.

Tabelle 25: Zusammenfassung der Kodierungen zu den Bedingungen betrieblichen Lernens

Dimension der Stellenbeschreibung	Geclusterte und zusammengefasste Expertenaussagen		
	Bedingungen betrieblichen Lernens 89		
	Lernverständnis *Lernen als praktisches Lernen in der Arbeit*: Learning by Doing, Fitmachen für die betriebliche Arbeit unter Nutzung von Alltagsdidaktik sowie Ergänzung zum und Anknüpfung an den Lernort Schule 10 *Handlungs- und Prozessorientierung*: Verweis auf Prinzip der vollständigen Handlung 3		
betriebliches Lernen 147	**Interaktion** - *Selbstständigkeit*: Verantwortungsübernahme im Lernprozess sowie selbstständige Gruppenarbeit 4 - *pädagogische Rolle der Ausbilder:innen*: Lernbegleiter:innen, Erzieher:innen, Bezugspersonen, Autoritäten und Orientierungshilfen 6 - *Vertrauen und Augenhöhe*: besondere Bedeutung von Vertrauen, aber auch Wertschätzung sowie Arbeit auf Augenhöhe 11	**Methodeneinsatz** - *instruktionsorientierte Methoden* (insb. Vier-Stufen-Methode, Vormachen-Nachmachen Unterweisung) 21 - *auf Selbstständigkeit abzielende Methoden*: insb. Projektmethode, Leittextmethode und Planspiel 16	**Medieneinsatz** - *digitale Medien*: vielfältiger Medieneinsatz; u. a. Lernplattformen, Lernvideos, Whiteboard, online-Meetingräume und 3D-Druck 13 - *analoge Medien*: Papier, Fachbücher und Produktblätter 5

	Auszubildende 58
	- *heterogene schulische Vorbildung:* Haupt-/Realschulabschluss, Hochschulzugangsberechtigung sowie Hochschulabbrecher 21 - *Heterogenität – allgemein* 2 - *psychische und physische Voraussetzungen:* von Auszubildenden mit Behinderung, Lernbeeinträchtigung, nicht gefestigter Persönlichkeitsstruktur bis hin zu leistungsstarken, physisch sowie psychisch stabilen Auszubildenden 13 - *Erwartungen:* insb. hohe Erwartungen an Wertschätzung und Gerechtigkeit in Ausbildung 3 - *Motivation für Ausbildung:* zum einen hochmotivierte und fleißige und zum anderen unmotivierte und fehlendes Engagement 4 - *kultureller Hintergrund:* Auszubildende mit verschiedentlichen kulturellen Herkünften, Migrant:innen und Flüchtlinge; in Tendenz Zunahme der Interkulturalität 9 - *Lernvoraussetzungen:* insb. mangelnde schulische Grundkenntnisse sowie vereinzelt Schachprobleme und hohe digitale Kompetenz 6

4.2.5 Bedeutung betrieblicher Ausbilder:innen

Die Auswertungsergebnisse der Hauptkategorie XIII *Gegenwart – Bedeutung der Stelle der betrieblichen Ausbilder:innen* (vgl. Anhang 2) weisen erstens mit sehr schwacher Ausprägung (3 von 18 Kodierungen) einen *Bedeutungsverlust* der betrieblichen Ausbildung aus. Neben der Akademisierung werden hier Kosten- und Risikogründe angeführt (vgl. D1.E7.Abs10). In starkem Kontrast dazu stehen jene 10 Kodierungen, die die Bedeutung der betrieblichen Ausbildung als ein *Instrument der Fachkräftesicherung* hervorheben. Hierzu heißt es beispielsweise:

„Durch den Mangel an Fachkräften wird es zunehmend wichtiger, selber auszubilden und gut ausgebildete Mitarbeiter an das Unternehmen zu binden. Hier spielt der Ausbilder in der Anfangszeit die zentrale Rolle." (D1.E10.Abs10).

Weitere Ausführungen weisen mit insgesamt fünf Kodierungen auf die Funktion der betrieblichen Ausbildung als ein *Marketings- und Innovationsinstrument* (vgl. D1.E2.Abs10; D1.E5.Abs10) sowie auf den gesellschaftlichen Beitrag hin, den Unternehmen durch Ausbildung leisten (vgl. D1.E9.Abs10).

Insgesamt bestätigt die Auswertung der Expertenantworten die Befunde unterschiedlicher Studien, die bereits in der Vergangenheit die hohe Bedeutung der betrieblichen Ausbildung als ein Instrument der Fachkräftesicherung für Unternehmen benannt haben (vgl. u. a. Ebbinghaus 2009, S. 24 ff., 2018a, S. 5; Jansen et al. 2015, S. 14; Neu, Elsholz & Jaich 2017, S. 10 ff.). Die Akademisierungstendenzen der letzten Jahre spiegeln sich hingegen kaum in den Expertenantworten wider. Dies lässt sich wohl auch dadurch erklären, dass die betriebliche Ausbildung, die vor allem ein mittleres Qualifikationsniveau abbildet (vgl. BiBB 2018, S. 10; Neu, Elsholz & Jaich 2017, S. 4 f.), nach wie vor ausreichend auf die betriebliche Facharbeit vorbereitet und zudem die Möglichkeit bietet, die betriebliche Ausbildung an den betriebsspezifischen Bedürfnissen auszurichten (vgl. Dietzen, Lewalder & Wünsche 2013, S. 92 f.).

In der nachfolgenden Tabelle 26 sind die Auswertungsergebnisse der Hauptkategorie XIII zusammengefasst. Die fett hinterlegte Ziffer in der linken Spalte weist aus, wie viele Kodierungen insgesamt auf diese Dimension der Stellenbeschreibung entfallen. Die übrigen Ziffern verdeutlichen, auf wie viele Kodierungen die zusammengefassten Expertenaussagen zur Dimension basieren.

Tabelle 26: Zusammenfassung der Kodierungen zur gegenwärtigen Bedeutung der betrieblichen Ausbildung

Dimension der Stellenbeschreibung	Zusammengefasste Expertenaussagen	
Bedeutungen betrieblicher Ausbildung 18	- *Bedeutungs-verlust* 3	- *Bedeutung als Instrument der Fachkräftesicherung*: besonders im Kontext von Fachkräftemangel 10
		- *Bedeutung als Marketing- und Innovationsinstrument*: wichtig für die Außendarstellung sowie Ideenaggregation durch ausgebildete Fachkräfte 3
		- *Bedeutung durch gesellschaftlichen Beitrag*: Ausbildung als gesellschaftliche Verantwortung 2

4.2.6 Zusammenfassung und Diskussion

Im Fokus der zweiten Empiriephase der Studie stand die Bearbeitung von Desiderat 1, welches sich auf das Ausbilderhandeln und die Ausbildereignung im Betrieb bezieht. Es knüpft unmittelbar an das Dilemma der betrieblichen Ausbilder:innen an: Einerseits werden sie als rechtlich notwendige Bedingung dualer Ausbildung ordnungspolitisch durch das BBiG ausgewiesen und ihre Mindestqualifizierung durch die AEVO reglementiert. Andererseits werden Ausbilder:innen in doppelter Hinsicht unterschätzt. Erstens wird ihnen im Unternehmen keine strategische Bedeutung beigemessen und zweitens fehlt allgemein eine Anerkennung ihrer pädagogischen Arbeit im Betrieb.

Im Zuge der theoretischen Exploration konnte verdeutlicht werden, dass bisher vorliegende isolierte und spezialisierte Forschungen zu den Ausbilder:innen nicht ausreichen, um den vorangegangenen Befund zu verstehen. Es braucht einen systemisch-ganzheitlichen Zugang, mit dem die wechselseitigen Abhängigkeiten zwischen den Erwartungen, Voraussetzungen und Möglichkeiten des Systems *Ausbildungsbetrieb* auf der einen Seite und den typischen Zuständen, Rollen und Beiträgen von Ausbilder:innen auf der anderen Seite auch vor dem Hintergrund gegenwärtiger und zukünftiger Transformationsmuster verstanden und verbessert werden können. Als forschungsmethodischer Zugang wurde daher ein Fragebogen in Form einer Stellenbeschreibung verwendet. Mit diesem Instrument lassen sich die Systemerwartungen an sowie die typischen Interaktionsmuster und die typischen Komponenteneigenschaften von Ausbilder:innen abbilden. Der Fragebogen wurde im Rahmen einer zweistufigen Delphi-Befragung eingesetzt und durch ausgewählte Expert:innen aus Wissenschaft, Politik und Wirtschaft bearbeitet.

In den vorangegangenen Abschnitten 4.2.1 bis einschließlich 4.2.5 wurden die von den Expert:innen ausgefüllten gegenwartsbezogenen Stellenbeschreibungen betrieblicher Ausbilder:innen ausgewertet und die Ergebnisse entlang der einzelnen Abschnitte der Stellenbeschreibung vorgestellt und mit Rückbezug auf die Ausführungen der theoretischen Exploration sowie die Ergebnisse der Dokumentenanalyse (erste empirische Exploration) diskutiert. Im Ergebnis ist die in Tabelle 27 abgebildete Stellenbeschreibung der betrieblichen Ausbilder:innen entstanden. In der Zusammenfassung sind sowohl die Expertenaussagen als auch deren Rückbindung an die theoretische Exploration sowie ggf. die Dokumentenanalyse abgebildet. Die Ausführungen, die nummeriert sind, stellen die Befunde der Auswertung dar und werden ggf. mit Unterpunkten erweitert. Jene Ausführungen, die mit einem Pfeil versehen sind, stellen Schlussfolgerungen zu den Befunden dar.

Auf Grundlage dieser Zusammenfassung kann nun die erste von zwei Fragestellungen des Forschungsdesiderates 1 beantwortet werden:

- Welche Ausprägungen von Stellenbeschreibungen betrieblicher Ausbilder:innen beschreiben Expert:innen aus Forschung, Praxis und Berufsbildungspolitik?

Tabelle 27: Zusammenfassung der empirischen und theoretische gestützten Befunde sowie Schlussfolgerungen zur gegenwartsbezogenen Stellenbeschreibung

Dimension der Stellenbeschreibung	Einzelbefunde (nummeriert), Schlussfolgerungen, Anschluss an Theorie-/Literaturdiskurs und Dokumentenanalyse

hierarchische und organisatorische Einordnung	1. hierarchische Einordnung ist sehr heterogen verteilt, abhängig von Branchenzugehörigkeit, Personalstruktur, Vorbildung, Betriebsgröße
	  • Betriebsinhaber:innen (Kleinstbetriebe)
	  • Ausbildungs-/Personalabteilung (hauptamtlichen Ausbilder:innen)
	  • Fachabteilung (ausbildende Fachkräfte)
	⇨ Grundlage für Organisation der Ausbilder:innen fehlt
	⇨ Herausbildung von beruflicher Identität und Selbstbewusstseins erschwert
	⇨ Geschwächte Position der Ausbilder:innen in Unternehmen
	
	2. Befugnisse ggü. Auszubildenden, jedoch kaum weiterführende Befugnisse
	⇨ Ausbildung von Engagement und Ressourceneinsatz der Ausbilder:innen abhängig
	
	<u>Anschluss an Theorie- und Literaturdiskussion:</u> (vgl. Bahl et al. 2012, S. 29; Bauer et al. 2008; Brater & Wagner 2008; Brünner 2014, S. 299; Salss 2007, S. 29; Schlottau 2005, S. 32)

Anforderungen und Erwartungen an die Ausbilder:innen	3. Dominanz berufsfachlicher Qualifikation (besonders Ausbildung), schwächere Präsenz der pädagogischen Qualifizierung
	⇨ Folgen des § 30 Abs. 1. BBiG sowie des § 6 Abs. 4 AEVO
	
	4. pädagogische Qualifikation auf Ebene der AEVO eher Berechtigung als Befähigung sowie geringe Nachfrage nach pädagogischer Höherqualifizierung
	  • fehlende Aussagekraft pädagogischer Qualifikation
	  • Passungsproblematik pädagogischer Höherqualifizierung
	⇨ Forschungs- und Entwicklungsbedarf zur pädagogischen Qualifizierung
	  • seit Mitte der 1990er-Jahre kaum Forschung als Folge der Aussetzung der AEVO sowie der bildungspolitischen Sensibilität der Thematik
	  • starker Kontrast zur Gesamtentwicklung der Hochschulforschung

	Anschluss an Theorie- und Literaturdiskussion: (vgl. Bahl et al. 2012, S. 28; Bahl & Brünner 2013, S. 525; Baumgartner 2015, S. 113; Brünner 2014, 32; 131; DIHK 2019, S. 8; Ebbinghaus 2009, S. 34; Falk & Zedler 2009, S. 20; f-bb 2020; Lauterbach & Neß 1999, S. 50; Schlömer et al. 2019, S. 495; Sloane 2006, S. 462; Ulmer & Jablonka 2007)
	5. primär nicht kontextualisierte Kompetenzbeschreibungen: (1) Sozialkompetenz, (2) Methodenkompetenz, (3) Fachkompetenz (primär berufliches Fachwissen), (4) Selbstkompetenz ⇨ Sozialkompetenz als Basiskompetenz betrieblicher Ausbilder:innen ⇨ fehlende Untersuchungen zur Ausdifferenzierung/Kontextualisierung der Kompetenzanforderungen als Basis pädagogischer Qualifizierung *Anschluss an Theorie- und Literaturdiskussion:* (vgl. Bahl et al. 2012, S. 28; Merkel et al. 2017, S. 117; Ruschel o. J., S. 4; Sloane 2009, S. 11) *Anschluss oder Widerspruch zu den Ergebnissen der Dokumentenanalyse:* (vgl. Abschnitt 4.1.1 und 4.1.3)
Wichtigste Aufgaben	6. Aufgaben der Planung, der Durchführungen, des Abschlusses der betrieblichen Ausbildung ⇨ keine Reflexion auf Transformationsprozesse, da unersichtlich, dass durch betriebliche Ausbildung Geschäftsmodellentwicklung/ Unternehmensentwicklung unterstützt wird ⇨ möglicherweise fehlende Kenntnisse über konkrete Handlungen und Tätigkeiten von Ausbilder:innen, die Auszubildende zu Partizipation an der Entwicklung von Geschäftsmodellen unterstützt/ befähigen können 7. Unterstützungsprozesse: besonders häufig Aufgaben des Mitwirkens im Auswahl- und Einstellungsprozess von Auszubildenden, Aufgaben der eignen pädagogischen Professionalisierung sowie die Qualifizierung anderer Ausbilder:innen ⇨ informell pädagogische Qualifikation in den Unternehmen bleibt auf Ebene der pädagogischen Qualifizierung unreflektiert; problematisch, da häufig einzige Qualifikation für ausbildende Fachkräfte ⇨ pädagogische Qualifikation muss Reflexion über spezifische Kompetenzanforderungen der eigenen Professionalisierung sowie der informellen pädagogischen Ausbildung anderer Ausbilder:innen aufnehmen 8. Kernprozesse: primär Aufgaben aus Handlungsfeld drei, ausgeprägt pädagogische Gesprächsführung, keine Aufgaben des Methoden- und Medieneinsatzes ⇨ Methoden und Medieneinsatz als Bestandteil anderer Tätigkeiten *Anschluss an Theorie- und Literaturdiskussion:* (vgl. Bahl et al. 2011; Bahl 2011, S. 19; Bahl et al. 2012; BiBB 2009, S. 7) *Anschluss oder Widerspruch zu den Ergebnissen der Dokumentenanalyse:* (vgl. Abschnitt 4.1.1)
Betriebliches Lernen	9. betriebliches Lernen primär verstanden als praktisches Lernen in der Arbeit, nur in Ansätzen Handlungs- und Prozessorientierung angeführt ⇨ Verbindung zwischen betrieblichem und schulischem Lernen mit dem Ziel, berufliche Handlungsfähigkeit zu befördern, nicht erkennbar ⇨ Qualifizierungsbedarf der Ausbilder:innen, der sich vor dem Hintergrund von Transformationsprozessen bzw. der Veränderungen in den Geschäftsmodellen/ Arbeits- und Geschäftsprozessen verstärkt 10. modernes Didaktikverständnis, vielfältiger Methodeneinsatz, ausgeprägter Einsatz digitaler Medien

	⇨ widersprüchlich zu Befunden, die für die Ausbildungspraxis eine starke Dominanz instruktionsorientierter Methoden aufzeigen ⇨ Medieneinsatz besonders in Abgrenzung zum Lernort Schule weit fortgeschrittener Digitalisierungsprozess, besonders vor dem Hintergrund der Altersstruktur der Ausbilder:innen bemerkenswert 11. vielschichtige Heterogenität der Auszubildenden ⇨ bereits heute Auswirkungen des demografischen Wandels mit Blick auf die Auszubildenden zu erkennen ⇨ Ausbilder:innen besonders im Vergleich mit Lehrkräften an berufsbildenden Schulen nicht ausreichend auf diese Heterogenität vorbereitet *Anschluss an Theorie- und Literaturdiskussion:* (vgl. Bahl & Brünner 2013, S. 528; Bahl & Diettrich 2008; Baumgartner 2015, S. 111 f.; BiBB 2009, S. 7, 2020a, S. 174; Deller et al. 2008, S. 179; Dunczyk et al. 2008, S. 86; Ebbinghaus 2009, S. 41; Gössling & Sloane 2013, S. 246 ff.; Grimm-Vonken, Müller & Schröter 2011, S. 21; Hirsch-Kreinsen 2018, S. 18; KMK 2007; Kultusministerkonferenz o. J.; Pätzold et al. 2003, S. 244; Pfeiffer & Kaiser 2009, S. 32; Schaltegger & Hasenmüller 2005, S. 5; Schneidewind & Palzkill 2012, S. 10; Sloane et al. 2018, S. 5; Wilbers 2012) *Anschluss oder Widerspruch zu den Ergebnissen der Dokumentenanalyse:* (vgl. Abschnitt 4.1.2)
Bedeutung	12. hohe Bedeutung betrieblicher Ausbildung als Instrument der Fachkräftesicherung ⇨ kaum Auswirkungen der Akademisierungstendenzen der letzten Jahre ⇨ mittleres Qualifikationsniveau betrieblicher Ausbildung deckt nach wie vor den Qualifizierungsbedarf von Unternehmen *Anschluss an Theorie- und Literaturdiskussion:* (vgl. BiBB 2018, S. 10; Ebbinghaus 2009, S. 24 ff., 2018a, S. 5; Jansen et al. 2015, S. 14; Neu, Elsholz & Jaich 2017, S. 4 ff.)

In der Tabelle 27 sind die Befunde sowie Schlussfolgerungen zur gegenwartsbezogenen Stellenbeschreibung der betrieblichen Ausbilder:innen enthalten. Aus dieser Stellenbeschreibung gehen insgesamt zwölf Befunde hervor, mittels derer das gegenwärtige pädagogische, respektive professionelle Handeln von betrieblichen Ausbilder:innen sowie die Ausgangsbedingungen dieses Handelns in Form von institutionellen Rahmenbedingungen sowie Qualifikations- und Kompetenzanforderungen beschrieben werden können. Bis hier hin wurden die Befunde separat voneinander, d. h. entlang von fünf Dimensionen der Stellenbeschreibung diskutiert sowie Schlussfolgerungen aus ihnen abgeleitet. Im Sinne des im Desiderats I beschriebenen Anspruchs, die isolierte Betrachtung der Erwartungen, Voraussetzungen und Möglichkeiten des Ausbildungsbetriebes auf der einen Seite und den typischen Zuständen, Rollen und Beiträgen von Ausbilder:innen auf der anderen Seite aufzuheben und stattdessen eine ganzheitliche Betrachtung von Ausbilderhandeln und -eignung im Betrieb zu ermöglichen, werden nun übergeordnete charakteristische Merkmale der Stellenbeschreibung aus Tabelle 27 dargelegt und in diesem Zusammenhang einzelne Dimensionen aufeinander bezogen.

Insgesamt können drei wesentliche Charakteristika identifiziert werden: Als ein *erstes* Merkmal ist festzuhalten, dass Ausbilder:innen als *vielfältig geforderte Pädagog:innen* beschrieben werden. So ist zum einen mit Blick auf die Dimension *wichtigste Aufgaben* zu erkennen, dass das Ausbilderhandeln durch sowohl planende und durchführende als auch abschließende Aufgaben des betrieblichen Ausbildens sowie Aufgaben der eigenen pädagogischen Professionalisierung sowie des Qualifizierens von nebenberuflichen Ausbilder:innen geprägt ist. Die Dimension *betriebliches Lernen* zeigt zudem auf, dass sie in betrieblichen Lernprozessen zum einen mit einer vielfältigen Heterogenität von Auszubildenden konfrontiert sind, was besondere pädagogische Herausforderungen der Ausbildungsgestaltung mit sich bringt. Zum anderen ist eine stark ausgeprägte pädagogische Rolle der betrieblichen Ausbilder:innen im betrieblichen Lernprozess zu erkennen, welche durch einen vielfältigen Methodeneinsatz sowie den Einsatz von digitalen Medien geprägt ist.

Als *zweites* charakteristisches Merkmal ist anzuführen, dass Ausbilder:innen als *sozial kompetente Fachkräfte* ausgewiesen werden. Dies zeigt sich zum einen mit Blick auf die Dimension *Anforderungen und Erwartungen*. Hier wird ersichtlich, dass die berufsfachliche Qualifikation wesentliche Grundlage betrieblichen Ausbilderhandelns ist bzw. die pädagogische Qualifikation und insbesondere die Höherqualifizierung einen untergeordneten Stellenwert einnehmen. Mit Blick auf die Kompetenzanforderungen verstärkt sich dieser Eindruck insofern, als dass erstens der sozialen Kompetenz die höchste Bedeutung zugeschrieben wird und zweitens mit Blick auf die Fachkompetenz zu erkennen ist, dass das berufliche Fachwissen als wesentliche Basis des Ausbilderhandelns ausgewiesen wird. Aus der Dimension *hierarchische und organisatorische Einordnung* wird ferner ersichtlich, dass der Ausbildungsauftrag der betrieblichen Ausbilder:innen nicht durch umfassende Befugnisse oder Ressourcen unterstützt wird. Vielmehr müssen sie ihr Ausbilderhandeln im Wesentlichen im Rahmen ihrer Befugnisse als Fachkräfte ausführen.

Das *dritte* Merkmal weist Ausbilder:innen als in seiner *strategischen Bedeutung unreflektierten Personenkreis* aus. Mit Blick auf die Dimension *Bedeutung* ist zu erkennen, wie wichtig die betriebliche Ausbildung für die Sicherung des Fachkräftebedarfs und damit verbunden, wie strategisch bedeutungsvoll das pädagogische Handeln von Ausbilder:innen für Unternehmen und deren Wettbewerbsfähigkeit ist. Zugleich ist aber besonders mit Fokus auf die Dimensionen *wichtigste Aufgaben* sowie *hierarchische und organisatorische Einordnung* zu erkennen, dass sie in ihrer strategischen Bedeutung unreflektiert bleiben, erstens, weil sich ihre wichtigsten Aufgaben vornehmlich auf die Reproduktion von bestehenden Ausbildungsstrukturen beziehen und damit keinen Beitrag zu der strategischen Unternehmensentwicklung leisten und zweitens, weil Ausbilder:innen wegen der beschränkten Befugnisse innerhalb der betrieblichen Ausbildung wesentliche personelle und materielle Grundlagen für die Realisierung einer Ausbildung fehlen, mit welcher eine unternehmensstrategische Neuausrichtung befördert werden kann.

4.3 Ergebnisse zu den Entwicklungslinien der Stellenbeschreibung betrieblicher Ausbilder:innen

In den vorangegangenen Abschnitten wurde auf der Grundlage der Auswertung des ersten sowie des zweiten Fragebogens eine gegenwartsbezogene Stellenbeschreibung der betrieblichen Ausbilder:innen erstellt und diskutiert. Nachfolgenden werden jene aus dem Datenmaterial gewonnenen Ergebnisse vorgestellt, die mögliche Entwicklungslinien bis zu dem Jahr 2030 in diesem Stellenprofil sichtbar machen. Erneut werden am Ende eines jeden Abschnittes die Ergebnisse tabellarisch zusammengefasst und die Anzahl der Kodierungen im Detail aufgezeigt. Auf der Basis der ausgewerteten Daten wird so sukzessive ein umfassendes Entwicklungsbild zu dem Ausbilderhandeln und der Ausbildereignung im Betrieb hergeleitet, das abschließend in Abschnitt 4.3.6 in einem Gesamtbild betrachtet und diskutiert wird. Die gewonnenen Ergebnisse zu den Entwicklungslinien der Stellenbeschreibung sind dabei nur insofern eingeschränkt aussagekräftig, als dass nur insgesamt 139 Kodierungen (inklusive Kommentierungen) zu ihnen vorliegen. Die Ergebnisse sind deshalb vor allem als erste Tendenzen zu bewerten, die im Rahmen weiterer Untersuchungen zu überprüfen, auszudifferenzieren und zu erweitern sind.

4.3.1 Entwicklungslinien in der hierarchischen und organisatorischen Einordnung

Am Anfang steht die Betrachtung von möglichen Entwicklungen in der hierarchischen Einordnung der betrieblichen Ausbilder:innen im Unternehmen sowie möglicher Entwicklungen hinsichtlich ihrer Befugnisse bis zum Jahr 2030. Hierzu werden die Kodierungen der Hauptkategorie II – *Zukunft hierarchische und organisatorische Einordnung* (vgl. Anhang 2) ausgewertet.

Mit Fokus auf die hierarchische Einordnung konnten aus dem Datenmaterial zwei Entwicklungslinien herausgearbeitet werden. Einerseits ist eine *Zentralisierung der Ausbildung* (2 Kodierungen) zu erkennen. In diesem Zusammenhang wird von den Expert:innen eine Zuordnung der Ausbilder:innen zur Personalabteilung bzw. Personalentwicklung angeführt (vgl. D1.E6.Abs1 und D1.E8.Abs1). Andererseits wird eine *Dezentralisierung der Ausbildung* (2 Kodierungen) und damit verbunden die hierarchische Einordnung der Ausbildung auf der operativen Ebene wie den (Fach)Abteilungen angeführt (vgl. u. a. D1.E5.Abs1; D1.E9.Abs1). Laut Expertenkommentierung spräche für ein Voranschreiten der Zentralisierung der Ausbildung die „fortschreitenden Möglichkeiten der Digitalisierung" (D2.E11.Abs1). Für die Ausweitung der „Dezentralisierung könnten individuelle strukturierte Ausbildungsprozesse zugeschnitten auf den jeweiligen Azubi sprechen." (D2.E11.Abs1).

Eine Zentralisierung der betrieblichen Ausbildung hätte zur Folge, dass die dort tätigen Ausbilder:innen ihrer Ausbildungsarbeit fernab der eigentlichen Arbeits- und Geschäftsprozesse der Betriebe vollziehen würden. Sie könnten dabei zugleich eine übergeordnete Perspektive auf die Ausbildung einnehmen, die es ihnen u. a. erlaubt, übergeordnete Entwicklungen wie z. B. den Personal- und Qualifizierungsbedarf im Unternehmen im Blick zu behalten. Eine Dezentralisierung der Ausbildung hätte vice versa zur Folge, dass die Ausbilder:innen zwar stark ausgerichtet an Arbeits- und Geschäftsprozessen ausbilden könnten, ihnen aber zugleich der Gesamtüberblick u. a. über das Ausbildungsgeschehen in den anderen (Fach)Abteilungen fehlt.

Obwohl aus den Expertenantworten auch für die Zukunft keine einheitliche hierarchische Einordnung betrieblicher Ausbilder:innen hervorgeht lassen die Antworten dennoch auf eine stärkere Differenziertheit in der hierarchischen Einordnung schließen. Die Zentralisierung sowie die Dezentralisierung sind dabei mit jeweils spezifischen Aufgaben und Anforderungen an das betriebliche Ausbildungspersonal verbunden. Daraus ergeben sich unterschiedliche Qualifikationsanforderungen, auf die eine pädagogische Qualifizierung zukünftig entlang von speziell zugeschnittenen Profilen vorbereiten sollte.

Mit Blick auf die Befugnisse von Ausbilder:innen wird vor allem eine Entwicklung hin zu *mehr Verantwortungsübernahme* u. a. (Selbst-)Führungsverantwortung (vgl. D1.E9.Abs1) deutlich. Ferner wird angeführt, dass der Umfang der Verantwortungsübernahme steigt, je mehr Ausbilder:innen mit Aufgaben aus der Personalentwicklung oder mit anderen Planungsaufgaben betraut sind (vgl. D2.E8.Abs1). Nur eine Kodierung geht explizit auf die Befugnisse der Ausbilder:innen ein. Dort wird darauf hingewiesen, dass die Frage nach den Befugnissen von den betrieblichen Ausbilder:innen zukünftig stark „von den bildungspolitischen Weichenstellungen für das Ausbildungspersonal" (D1.E14.Abs2) abhängig ist. Zukünftig bedeutender könnte auch sein, „gezielte Qualifizierungsansätze [...] zumindest [für] das hauptberufliche Ausbildungspersonal zu stärken" (D1.E14.Abs2), um dieses überhaupt in die Lage zu versetzen, ihre Befugnisse wahrzunehmen sowie auch einfordern zu können (vgl. D1.E14.Abs2). Im Zusammenhang mit der letzten Kommentierung wird sichtbar, dass die pädagogische Professionalisierung zukünftig eine noch wichtigere Funktion in der Stärkung der Position der betrieblichen Ausbilder:innen in den Unternehmen einnehmen könnte, weil sie sie dazu befähigen kann, ihre Interessen im Betrieb zu stärken sowie adäquate Rahmenbedingungen für die Durchführung der betrieblichen Ausbildung zu schaffen. Pädagogische Professionalisierung ist damit nicht mehr nur ein Instrument zur Sicherung der Qualität der betrieblichen Berufsausbildung (vgl. ebd.), sie ist zugleich ein Instrument, das den Ausbilder:innen hilft, ihre Sichtbarkeit sowie die Sichtbarkeit ihrer Ausbildungstätigkeit im Unternehmen zu verstärken. Sie ist ein Instrument des Empowerments.

In der Tabelle 28 sind die Auswertungsergebnisse zu den Entwicklungslinien in der hierarchischen und organisatorischen Einordnung von Ausbilder:innen zusammengefasst.

Tabelle 28: Zusammenfassung der Kodierungen zu den Entwicklungslinien in der hierarchischen und organisatorischen Einordnung

Dimension der Stellenbeschreibung	Zusammengefasste Expertenaussagen	
hierarchische und organisatorische Einordnung 10	- *Zentralisierung der Ausbildung*: Zuordnung zur Personalabteilung oder Betriebsleitung 2 - *Dezentralisierung der Ausbildung*: weitere Abflachung der Hierarchie sowie Bewährung des dezentralen Systems 2	- *mehr Verantwortung*: Selbst- und Führungsverantwortung, Verantwortungsübernahme in der Weiterbildung sowie für offene und handlungsorientierte Lernformen in der Arbeit, das heißt, die Übernahme sowie Gewinnung von Befugnissen ist an Professionalisierung und bildungspolitische Entwicklungen gebunden 6

Die gefettete Ziffer in der linken Spalte weist aus, wie viele Kodierungen insgesamt auf diese Dimension der Stellenbeschreibung entfallen. Die übrigen Ziffern dokumentieren, auf wie vielen Kodierungen die zusammengefassten Expertenaussagen zur Dimension fußen.

4.3.2 Entwicklungslinien zukünftiger Anforderungen und Erwartungen

Aussagen zu möglichen zukünftigen Veränderungen in den Anforderungen und Erwartungen an die betrieblichen Ausbilder:innen ergeben sich über die Auswertung der Hauptkategorien IV und VI. Die erste Hauptkategorie IV *Zukunft – Qualifikationsabschlüsse* (vgl. Anhang 2) weist einen Bedeutungsanstieg der *pädagogischen Qualifikation* aus (8 Kodierungen). Er umfasst in (5 Kodierungen) Qualifizierungen der DQR-Stufe 5 bis 8, wie die nachfolgenden Ausführungen der Expert:innen zeigen:

„Ich wünsche mir, dass sich in den kommenden Jahren oberhalb der AEVO noch ein Fortbildungsabschluss ‚Lernprozessbegleitung' o.ä. installieren lässt (auf DQR 5), der auf breiter Akzeptanz stößt. Überlegungen dazu sind auf bundespolitischer Ebene im Gang." (D1.E7.Abs3)

„Der gewerkschaftliche Drang, vieles zu reglementieren[,] wird sich vermutlich auch in der Ausbildung weiter breit machen. Ich gehe davon aus, dass die gesetzlichen Anforderungen an die Mindestqualifikation der Ausbilder steigen wird. Also im Ergebnis ab einer bestimmten Unternehmensgröße Ausbilder weitergehende Qualifikationen in der Berufs- und Arbeitspädagogik benötigen." (D1.E5.Abs2)

Die Tendenz zur pädagogischen Höherqualifizierung hat sich dabei schon in der gegenwartsbezogenen Stellenbeschreibung abgezeichnet und wird auch seit einigen Jahren in wissenschaftlichen Diskursen betont. Dort heißt es u. a., dass „die pädagogische gegenüber der fachlichen Befähigung an Bedeutung gewinnt" (Diettrich & Harm 2018, S. 16), weil eine „breit ausgebildete pädagogisch-didaktische Professionalität gefragt sein [wird]" (Diettrich 2017, S. 325).

Zugleich wurde bereits in den Ausführungen zur gegenwartsbezogenen Stellenbeschreibung unter besonderer Bezugnahme auf die beiden Aufstiegsfortbildungen geprüfte:r Aus- und Weiterbildungspädagogin/ -pädagoge (IHK) sowie geprüfte:r Berufspädagogin/ -pädagoge (IHK) ausgeführt, dass das gegenwärtige pädagogische Qualifizierungsangebot nicht den aktuellen Qualifizierungsbedarf der Ausbilder:innen abdeckt (vgl. Abschnitt 4.2.2), ein Befund, den einige Expert:innen auch für die Zukunft anführen:

„Der Aus- und Weiterbildungspädagoge trifft nicht den Bedarf der breiten betrieblichen Gruppe der Ausbilder/-innen, sondern nur einer kleinen Gruppe von Ausbilder/-innen, die in Großunternehmen und bei Dienstleistern tätig sind." (D1.E7.Abs3).

„[I]ch bin skeptisch, ob sich ein Bedeutungsanstieg pädagogischer Qualifizierung tatsächlich durchsetzt: Erstens zeigen das die Zahlen – geringe Akzeptanz von bereits existierenden Fortbildungsabschlüssen für Ausbilder (geprüfter Berufspädagoge, geprüfter Aus- und Weiterbildungspädagoge)." (D2.E8.Abs2).

Wie auch schon bei der gegenwartsbezogenen Stellenbeschreibung (vgl. Abschnitt 4.2.2) zeigt sich hier ein Forschungs- und Entwicklungsbedarf, der zukünftig vor dem Hintergrund der steigenden Bedeutung der pädagogischen Qualifizierung sogar noch ansteigen dürfte und sowohl die pädagogische Höherqualifizierung als auch die pädagogische Mindestqualifizierung betrifft. Neben Fragen der Entwicklung der pädagogischen Qualifizierung könnten zukünftig zudem auch Fragen von Anrechenbarkeit wichtiger werden. Hierzu schreibt eine Expertin/ ein Experte:

„Gerade für Qualifikationen im Bereich betrieblicher Ausbildung wäre interessant, ob akademisches Niveau (DQR Stufen 6–8) nicht auch auf außeruniversitärem Wege erreicht werden können, indem entsprechend non-formal, vielleicht informell erworbenen Kompetenzen anerkannt werden" (D1.E9.Abs3).

Die Frage nach der Anrechenbarkeit ist dabei insgesamt zukünftig stärker in den Blick zu nehmen, indem beispielsweise die Möglichkeit untersucht wird, inwiefern eine pädagogische Höherqualifizierung über eine Vielzahl kleinerer Qualifizierungsformate und damit sukzessive realisiert werden kann. Die Möglichkeit der Anrechenbarkeit hätte nicht nur den Vorteil, dass Ausbilder:innen stärker individuelle und nach ihren Bedürfnissen ausgerichtete Schwerpunkte setzen könnten. Zugleich könnten sie die Höherqualifizierung auch besser nach ihren zeitlichen Kapazitäten ausrichten, was besonders vor dem Hintergrund, dass ein Großteil der Ausbilder:innen nebenamtlich beschäftigt ist (vgl. ebd.), entscheidend für die Akzeptanz und Durchsetzung einer pädagogischen Höherqualifizierung sein könnte.

Die Auswertungsergebnisse der Hauptkategorie VI *Zukunft – Kompetenz* (vgl. Anhang 2) zeigen mögliche Entwicklungslinien in den Kompetenzanforderungen an betriebliche Ausbilder:innen auf. Aus den Expertenantworten ergibt sich, dass insbesondere mit einem Bedeutungsanstieg der *Sozialkompetenz* gerechnet wird (10 Kodierungen). Dies umfasst einen *Bedeutungsanstieg von Empathie und Offenheit*. Insgesamt weisen die Ausführungen darauf hin, dass Ausbilder:innen über vertiefende „Soft Skills" (D1.E6.Abs5) besonders hinsichtlich der Auszubildenden verfügen müssen. Dazu zählen insbesondere Einfühlungsvermögen und Offenheit (vgl. u. a. D1.E11.Abs8; D1.E1.Abs8), aber auch Sensibilität (vgl. D1.E1.Abs5) und Toleranz gegenüber den Auszubildenden (vgl. u. a. D1.E11.Abs8). Zweitens konnte hinsichtlich der *Selbstkompetenz* ein *Bedeutungsanstieg der Flexibilität und Lernbereitschaft* der Ausbilder:innen prognostiziert werden (6 Kodierungen) (vgl. u. a. D1.E4.Abs1; D1.E7.Abs5; D1.E9.Abs1).

Auffällig ist hier, dass beide für die Zukunft am stärksten in der Bedeutung wachsenden Kompetenzen auch jene sind, die gegenwärtig kaum im Rahmen der pädagogischen Qualifizierung abgebildet werden, wie die Dokumentenanalyse deutlich gezeigt hat (vgl. Abschnitt 4.1.3). Im Zuge der Dokumentenanalyse wurde bereits dafür argumentiert, die

Sozial- und Selbstkompetenz zukünftig stärker in der pädagogischen Qualifizierung abzubilden (vgl. Abschnitt 4.1.4), eine Forderung, die sich nun noch verstärkt. Für die *Methodenkompetenz* (5 Kodierungen) wurde erstens ein *Bedeutungsanstieg von Medien und Methodenkompetenz* in Aussicht gestellt (vgl. D1.E4.Abs1; D1.E11.Abs5). Ferner ist ein *Bedeutungsanstieg* der *Vermittlungs- und Gestaltungskompetenz* im Zusammenhang mit betrieblichen Lernprozessen ersichtlich (vgl. D1.E10.Abs5; D1.E2.Abs5). Zur *Fachkompetenz* verweist lediglich eine Kodierung auf den *Bedeutungsanstieg von interdisziplinärem Wissen* im Zusammenhang mit der Komplexitätszunahme von Technologien und Produkten (vgl. D1.E4.Abs1).

Die nur schwache Ausprägung der Fachkompetenz ist auffallend besonders vor dem Hintergrund vielfältiger Studien, die aufzeigen, dass vor allem im Kontext digitaler Transformation und nachhaltiger Entwicklung die Bedeutung von u. a interdisziplinärem sowie systemübergreifendem Wissen steigt, das auch im Zuge der betrieblichen Ausbildung zu befördern ist (vgl. u. a. acatech 2016; Haan 2008; Zinke 2019).

Analog zu den Ausführungen der Gegenwartsanalyse kann auch hier angemerkt werden, dass es sich um übergeordnete und nicht explizit auf den betrieblichen Ausbildungsprozess bezogene Ausführungen zu Ausbilderkompetenzen handelt, die in Summe auch in anderen Untersuchungen angeführt werden (vgl. Bethscheider & Wullenweber 2018; Breiter, Howe & Härtel 2018, S. 28; Dietrich 2018, S. 30; Grimm-Vonken, Müller & Schröter 2011; Riese-Meyer & Biffar 2011; Ulmer & Jablonka 2007, S. 7). Hier zeigt sich erneut, dass ein Forschungsbedarf besteht, um zu umfassenden, auf die Ausbildung bezogenen sowie zukunftsbezogenen Kompetenzmodellen für die betrieblichen Ausbilder:innen zu gelangen, die als eine Grundlage für deren Professionalisierungsprozesse verwendet werden können.

Die Auswertungsergebnisse zu den zukünftigen Qualifikations- und Kompetenzanforderungen sind in der Die gefetteten Ziffern in der linken Spalte weisen aus, wie viele Kodierungen insgesamt auf diese Dimension der Stellenbeschreibung entfallen. Die fett hinterlegten Ziffern in der rechten Spalte weisen aus, auf wie viele Kodierungen die einzelnen Cluster der Dimensionen fußen. Die übrigen Ziffern dokumentieren, auf wie vielen Kodierungen die zusammengefassten Expertenaussagen zu den Clustern fußen.

Tabelle 29 zusammengefasst. Die gefetteten Ziffern in der linken Spalte weisen aus, wie viele Kodierungen insgesamt auf diese Dimension der Stellenbeschreibung entfallen. Die fett hinterlegten Ziffern in der rechten Spalte weisen aus, auf wie viele Kodierungen die einzelnen Cluster der Dimensionen fußen. Die übrigen Ziffern dokumentieren, auf wie vielen Kodierungen die zusammengefassten Expertenaussagen zu den Clustern fußen.

Tabelle 29: Zusammenfassung der Kodierungen zu den Entwicklungslinien der Qualifikations- und Kompetenzanforderungen

Dimension der Stellenbeschreibung	Geclusterte und zusammengefasste Expertenaussagen	
Anforderungen und Erwartungen an die Ausbilder:innen 34	**Qualifikationsabschlüsse 12**	
	- *Bedeutungsanstieg pädagogischer Qualifikation:* Ausweitung der pädagogischen Mindestqualifizierung u. a. pädagogische Qualifizierung auf DQR-Stufe 5–8 8 - *Bedeutungsanstieg Hochschulabschluss:* Zum einen höhere Ansprüche an Ausbilder:innen zum anderen mehr Bachelor-Absolventen als ausbildende Fachkräfte 2 - *Bedeutungsanstieg Fort- und Weiterbildung* 2	
	Kompetenzanforderungen 22	
	Sozialkompetenz - *Bedeutungsanstieg Empathie und Offenheit:* umfasst auch Toleranz und Sensibilität, insbesondere gegenüber den Auszubildenden 10	Selbstkompetenz - *Bedeutungsanstieg Flexibilität und Lernbereitschaft:* insbesondere Bereitschaft und Fähigkeit zum Selbstlernen 6
	Methodenkompetenz - *Bedeutungsanstieg von Medien- und Methodenkompetenz* 3 - *Bedeutungsanstieg Vermittlungs- und Gestaltungskompetenz:* U. a. Umsetzung von problembased-learning 2	Fachkompetenz - *Bedeutungsanstieg interdisziplinäres Wissen* 1

4.3.3 Entwicklungslinien zu den wichtigsten Aufgaben

Durch die Auswertung der Hauptkategorie VI *Zukunft – Aufgaben betrieblicher Ausbilder:innen* (vgl. Anhang 2) können mögliche Veränderungen in den wichtigsten Aufgaben der betrieblichen Ausbilder:innen untersucht werden.

Für die Aufgaben, die den *Unterstützungsprozessen* der betrieblichen Ausbildung zugeordnet werden, wurde (6 von 10 Kodierungen) eine *Zunahme und Ausweitung von Controlling- und Entwicklungsarbeit* prognostiziert. Dies betrifft die „Analyse von (künftiger) Berufsarbeit" (D1.E8.Abs4), die Evaluation und Weiterentwicklung der Aus- und Weiterbildung mit dem Ziel, dass die Ausbildung nicht nur eine „Reproduktion des Bestehenden" (D1.E9.Abs4.Erweiterung)[28] ist, sondern auch „die menschlichen Voraussetzungen für das Entstehen von Neuem" (ebd.) schafft. Ferner wird die „Organisationsentwicklung hin zu einer Lernkultur als wichtiges zukünftiges Betätigungsfeld" (D1.E9.Abs2) angeführt sowie die Curriculumarbeit. Abschließend ist die Übernahme einer Multiplikatorenfunktion im Rahmen der Entwicklung von Führungskräften relevant, in welcher Ausbilder:innen ihre pädagogischen Fähigkeiten dazu nutzen, die pädagogischen Fähigkeiten des Führungskräftenachwuchses zu fördern (vgl. D1.E9.Abs2).

Aus den vorangegangenen Ausführungen wird in der Tendenz ersichtlich, dass die Ausbildungsarbeit zukünftig in einem stärkeren Zusammenhang mit organisationaler sowie

---

28 *Erweiterung* weist hier aus, dass es sich um zusätzliche Angaben in Bezug auf die Transformationsprozesse handelt.

personeller Entwicklungsarbeit steht. Auch erkennbar ist der Befund, dass durch die betriebliche Ausbildung Innovationsprozesse im Unternehmen angestoßen werden sollen. Besonders mit Blick auf den letzten Punkt wird der Ausbildung durch die Expert:innen eine Funktion zugesprochen, die bislang nicht erkennbar war, die aber zukünftig besonders vor dem Hintergrund von digitaler Transformation und nachhaltiger Entwicklung wichtiger wird, wenn nicht sogar einen entscheidenden Wettbewerbsfaktor von Unternehmen darstellt (vgl. u. a. Kiepe et al. 2019; Schlömer 2017; Schlömer et al. 2017). So können Unternehmen über die betriebliche Ausbildung nicht nur ihr Fachkräftepotenzial abdecken, sondern zugleich auch das in der Ausbildung bzw. in den Auszubildenden inkorporierte innovative Potenzial für notwendige unternehmensstrategische Veränderungsprozesse aktivieren und nutzen. Zugleich werden durch die Ausbildung, die nicht mehr allein auf die Reproduktion der bestehenden Strukturen ausgerichtet ist, auch Fachkräfte entwickelt, die langfristig an der Entwicklung ihres Unternehmens partizipieren können (vgl. besonders Kiepe et al. 2019, S. 14 ff.).

Im Zusammenhang mit den *Kernprozessen* wurde ansatzweise deutlich (11 Kodierungen) hervorgehoben, dass Ausbilder:innen zukünftig stärker mit Aufgaben der *individuellen und ganzheitlichen Betreuung* von Auszubildenden befasst sein könnten. Dies beinhaltet zum einen die Analyse der Voraussetzungen (vgl. D1.E8.Abs4) sowie der Potentiale der Auszubildenden (vgl. D1.E4.Abs4), deren individualisierte und ganzheitliche Kompetenz- und Persönlichkeitsentwicklung (vgl. u. a. D1.E4.Abs4) sowie eine ausgeweitete Fürsorgearbeit, die durch individualisierte Gesprächsführung gestützt wird (vgl. D1.E1.Abs1; D1.E8.Abs4). Hier spiegelt sich wider, was mit Blick auf den demografischen Wandel bereits in der theoretischen Exploration offengelegt wurde (vgl. u. a. BiBB 2018, S. 10; Deller et al. 2008, S. 179; Dunczyk et al. 2008, S. 86; Hofmann & König 2017; Pfeiffer & Kaiser 2009, S. 32) und sich auch mit Blick auf die gegenwartsbezogene Stellenbeschreibung (vgl. Abschnitt 0) abzeichnete: Ausbilder:innen werden zukünftig wahrscheinlich mit heterogenen Auszubildenden konfrontiert sein. Es werden einerseits Auszubildende sein, die einen besonderen Unterstützungsbedarf haben, weil sie u. a. sprachliche, schulische, psychische oder physische Probleme aufweisen. Andererseits werden besonders im Kontext dualer Studiengänge auch Lernende in die Betriebe kommen, deren Potenziale in besonderer Weise gefördert werden müssen. Es wird dabei eine entscheidende Aufgabe der Ausbilder:innen sein, den jeweiligen Unterstützungs- und Förderbedarf zu ermitteln sowie individuelle Förder- und Entwicklungspläne für die Auszubildenden zu erstellen, um das vorhandene Fachkräftepotenzial auch nutzen zu können.

Darüber hinaus transportieren die Aussagen der Expert:innen, dass zukünftig auch Aufgaben im *Umgang mit Digitalisierung in der Ausbildung* zu bewältigen sind. Dies umfasst einerseits den Umgang mit digitalen Medien in der betrieblichen Ausbildung, wie z. B. die Produktion von Lernvideos oder die Arbeit mit Lernplattformen (vgl. D2.E9.Abs3). Dazu gehört aber auch die „Vermittlung digitaler Kompetenzen" (D1.E12.Abs4) sowie die Vermittlung „zwischen Technik und Bildung" (D1.E4.Abs4). Zum anderen könnte es zukünftig eine wichtige Aufgabe von Ausbilder:innen sein, die Folgen von sowie die Möglichkeiten durch die Digitalisierung im Rahmen der betrieblichen Ausbildung zu berücksichtigen. Dazu gehört, „mittels digitaler Unterstützung noch mehr Handlungsorientierung in die Ausbildungsprozesse" (D1.E11.Abs4) einfließen zu lassen sowie durch eine curriculare Entwicklungsarbeit der betrieblichen Ausbildungspläne die zukünftig durch die Digitalisierung verursachten Veränderungen in den betrieblichen Arbeits- und Geschäftsprozesse zu berücksichtigen (vgl. D2.E9.Abs3).

Die Ausführungen der Expert:innen zu den Entwicklungen in den Aufgaben im Kontext von Digitalisierungsprozessen zeichnen die gegenwärtigen Diskurse zur digitalen Transformation ab, wonach nicht nur digitale Kompetenzen bzw. der Umgang mit neuen Technologien wichtiger wird, sondern es durch die „echtzeitfähige, intelligente, horizontale und vertikale Vernetzung von Menschen, Maschinen, Objekten und IKT-Systemen zum dynamischen Management von komplexen Systemen" (Bertenrath, Klös & Stettes 2016, S. 3) auch zu umfassenden Veränderungen in den Arbeits- und Geschäftsprozessen der Unternehmen kommt, die mit neuen Aufgaben und neuen Anforderungen für die Arbeitskraft Mensch verbunden sind (vgl. Hirsch-Kreinsen 2018, S. 18; Sloane et al. 2018, S. 5).

In der Tabelle 30 sind die Auswertungsergebnisse zu den Entwicklungslinien der wichtigsten Aufgaben der betrieblichen Ausbilder:innen enthalten. Die gefettete Ziffer in der linken Spalte weist aus, wie viele Kodierungen insgesamt auf diese Dimension der Stellenbeschreibung entfallen. Die fett hinterlegten Ziffern in der rechten Spalte weisen aus, auf wie viele Kodierungen die einzelnen Cluster der Dimension fußen. Die übrigen Ziffern dokumentieren, auf wie vielen Kodierungen die zusammengefassten Expertenaussagen zu den Clustern fußen.

Tabelle 30: Zusammenfassung der Kodierungen zu den Entwicklungslinien der wichtigsten Aufgaben betrieblicher Ausbilder:innen

Dimension der Stellenbeschreibung	Geclusterte und zusammengefasste Expertenaussagen
wichtigste Aufgaben 27	**Aufgaben der Unterstützungsprozesse 10**
	- *Zunahme und Ausweitung von Controlling- und Entwicklungsarbeit*: Analyse von zukünftiger Berufsarbeit, Evaluation und Entwicklung der Aus- und Weiterbildung, Organisationsentwicklung sowie pädagogische Führungskräfteentwicklung 6 - *Gestaltung von Technik und Arbeit*: Projektmanagement mit technischen Systemen sowie allgemein Mitwirkung an der Gestaltung von Arbeit und Technik 2 - *Zunahme Abstimmungs- und Kooperationsarbeit*: Kooperation mit Schulen und anderen Ausbilder:innen 2
	Aufgaben der Kernprozesse 17
	- *individuellere und ganzheitlichere Betreuung*: insbesondere Förderung und Unterstützung der Entwicklung der Auszubildenden 11 - *Umgang mit Digitalisierung in der Ausbildung*: zum einen Einsatz digitaler Medien im betrieblichen Lernen und Vermittlung digitaler Kompetenzen, zum anderen Umsetzung von mehr Handlungsorientierung und Berücksichtigung von Veränderungen in den Arbeits- und Geschäftsprozessen durch curriculare Weiterentwicklung 6

4.3.4 Entwicklungslinien betrieblichen Lernens

In der Hauptkategorie X *Zukunft – Bedingungen betrieblichen Lernens* (vgl. Anhang 2) sind jene Aussagen der Expert:innen enthalten, aus denen eine Beschreibung und Interpretation zur Zukunft des betrieblichen Lernens gewonnen werden kann. Hinsichtlich der Veränderungen des *Lernverständnisses* konnte aus den Expertenausführungen einerseits eine *Komplexitätszunahme und Verzahnung* in betrieblichen Lernprozessen identifiziert werden. Dies umfasst u. a. komplexere Lern- und Arbeitsaufgaben (vgl. D1.E6.Abs2) sowie eine stärkere Verschränkung „zwischen schulischem Lernen und der Anwendung im Betrieb" (D1.E10.Abs6). Ferner kann ein *Bedeutungsanstieg des Lernens in Teams* angeführt werden. Dies betrifft neben „virtuellen Teams" (D1.E6.Abs2) auch die interdisziplinäre Teamarbeit (vgl. D1.E7.Abs9) sowie das kollaborative Arbeiten (vgl. D1.E14.Abs6). Besonders auffällig ist in diesem Zusammenhang der Kontrast zu den Ausführungen der gegenwartbezogenen Stellenbeschreibung (vgl. Abschnitt 4.2.4). Dem dort vertretenen Learning by Doing Charakter der betrieblichen Ausbildung tritt nun ein komplexeres Lernverständnis entgegen, das mit mehr organisations- und Abstimmungsarbeit für die Ausbilder:innen verbunden ist. Diese müssen zukünftig in der betrieblichen Ausbildung u. a. „formale Settings mit [...] informellen Settings [...] verbinden" (D2.E9.Abs1).

Veränderungen in der Didaktik des betrieblichen Lernens zeigen sich in der *Interaktion zwischen Ausbilder:innen und Auszubildenden*. Hier wird erstens eine *individuellere Betreuung* der Auszubildenden markiert. Sie umfasst neben der Orientierung der betrieblichen Aus- und Weiterbildungsprozesse an individuellen fachlichen, persönlichen sowie entwicklungsbezogenen Bedürfnissen der Auszubildenden (vgl. D1.E9.Abs6; D1.E8.Abs6; D1.E11.Abs6) auch mehr Individual- sowie 360-Grad-Feedback für Auszubildende, um deren heterogener Kompetenzentwicklung gerecht werden zu können (vgl. D1.E8.Abs9). Zugleich wird aber auch ein *verstärktes eigenverantwortliches Lernen und Arbeiten* der Auszubildenden prognostiziert. Dies umfasst das Selbstlernen in Seminaren, das Blended-Learning (vgl. D1.E10.Abs9), die Zunahme weitestgehend eigenständiger innovations- und problemlösungsorientierter Arbeiten in eigenverantwortlichen Aufgabenbereichen (vgl. D1.E2.Abs6; D1.E6.Abs7) sowie allgemein eine „[f]rühere und stärkere Einbindung von Auszubildenden in betriebliche Problemlöse- und Entwicklungsprozesse" (D1.E2.Abs6). Die Basis der Interaktion zwischen Ausbilder:innen und Auszubildenden ist zukünftig verstärkt die Rolle der *Ausbilder:innen als Lernbegleiter:innen* (vgl. D1.E4.Abs1; D1.E11.Abs7). Sie beinhaltet vor allem eine Ausbildung auf Augenhöhe (vgl. D1.E10.Abs7) sowie eine ausgeprägte Vertrauensbasis zwischen Ausbilder:innen und Auszubildenden (vgl. D1.E11.Abs7).

Begleitet wird die Interaktion von Ausbilder:innen und Auszubildenden einerseits durch eine *Bedeutungszunahme von auf Selbstständigkeit abzielenden Methoden*. Explizit ist hier die Projektmethode anzuführen (vgl. u. a. vgl. D1.E6.Abs9; D1.E7.Abs9). Andererseits wird ein verstärkter Einsatz *digitaler Medien* wie z. B. Lernvideos (vgl. D1.E6.Abs9) oder künstlicher Intelligenz (vgl. D1.E9.Abs7) vermutet. Insgesamt ist für die Interaktion zwischen Ausbilder:innen und Auszubildenden zukünftig ein Spannungsfeld zwischen einerseits einer sehr engen und individuellen Betreuung und andererseits einem stärkeren

Selbstlernprozess der Auszubildenden zu erkennen. Ausbilder:innen müssen dieses Spannungsfeld ausbalancieren, indem sie jeweils individuell für ihrer Auszubildenden prüfen, welchen Grad an persönlicher und umfassender Betreuung bzw. welchen Grad an Selbstständigkeit sie ansetzen müssen bzw. können.

Aussagen zu möglichen zukünftigen Veränderungen der Auszubildenden können der Hauptkategorie XII *Zukunft – Auszubildende* (vgl. Anhang 2) entnommen werden. Hier zeichnet sich insgesamt ein *Anstieg jener Heterogenität* der Auszubildenden ab, die bereits in der gegenwartsbezogenen Stellenbeschreibung (vgl. Abschnitt 4.2.4) zu erkennen war (vgl. u. a. D1.E2.Abs8; D1.E3.Abs8; D1.E7.Abs5; D1.E8.Abs2). In Ansätzen zeichnet sich dabei auch ab, dass die Schere zwischen den besonders förderbedürftigen Auszubildenden und den besonders leistungsstarken Auszubildenden weiter zunimmt. So wird explizit auf den *Anstieg des Förder- und Entwicklungsbedarfs* verwiesen. Neben sprachlichem Unterstützungsbedarf (vgl. D1.E1.Abs8) zählt dazu auch die kulturelle Verständigung (vgl. D1.E6.Abs8) sowie die Unterstützung bei der Aufarbeitung von fehlenden schulischen Grundkenntnissen (vgl. u. a. D1.E10.Abs2). Zugleich wird aber auch aufgezeigt, dass Lernende in die betriebliche Ausbildung eintreten, die das Potenzial haben, zu studieren, und die man über entsprechende Fördermaßnahmen wie z. B. Werkstudententätigkeiten auch weiterhin an das Unternehmen binden kann und auch sollte (vgl. D2.E9.Abs6).

In der nachfolgenden Tabelle 31 sind die Ergebnisse zu den Entwicklungslinien des betrieblichen Lernens zusammengefasst. Die gefettete Ziffer in der linken Spalte weist aus, wie viele Kodierungen insgesamt auf diese Dimension der Stellenbeschreibung entfallen. Die fett hinterlegten Ziffern in der rechten Spalte weisen aus, auf wie vielen Kodierungen die einzelnen Cluster der Dimension fußen. Die übrigen Ziffern dokumentieren, auf wie vielen Kodierungen die zusammengefassten Expertenaussagen zu den Clustern fußen.

Tabelle 31: Zusammenfassung der Kodierungen zu den Entwicklungslinien betrieblichen Lernens

Dimension der Stellenbeschreibung	Geclusterte und zusammengefasste Expertenaussagen		
betriebliches Lernen 46	**Bedingungen betrieblichen Lernens 33**		
	Lernverständnis - *Komplexitätszunahme und Verzahnung:* komplexere Lern- und Arbeitsaufgaben, stärkere Verzahnung der Lernorte Betrieb und Schule, Bedeutungszunahme von Lernen am Arbeitsplatz 4 - *Bedeutungsanstieg Lernen in Teams:* umfasst auch interdisziplinäre Teamarbeit 3		
	Interaktion - *individuellere Betreuung der Auszubildenden:* umfasst Berücksichtigung individueller Kompetenzentwicklung sowie umfassendes Feedback an Auszubildende 5 - *verstärktes eigenverantwortliches Lernen und Arbeiten:* umfasst Selbstlernen in Seminaren, Blended-Learning sowie eigenständiges innovations- und problemlösungsorientiertes Arbeiten 6	**Methodeneinsatz** - *Bedeutungsanstieg auf Selbstständigkeit abzielender Methoden:* insbesondere Projektlernen 4	**Medieneinsatz** - *Bedeutungsanstieg digitaler Medien* 8

	- *zunehmend Ausbilder:innen als Lernbegleiter:innen:* umfasst auch Vertrauensbasis und Ausbildung auf Augenhöhe 3		
	Auszubildende 13		
	- *Anstieg der Heterogenität* 6 - *Anstieg des Förder- und Entwicklungsbedarfs:* insbesondere Förderbedarf bei Sprachproblemen, der kulturellen Verständigung sowie der Aufarbeitung schulischer Defizite, aber auch langfristige Personalentwicklung mit dem Ziel, leistungsstarke Auszubildende zu halten 7		

4.3.5 Entwicklungslinien zur Bedeutung betrieblicher Ausbilder:innen

Kodierungen, die auf die mögliche zukünftige Entwicklung der Bedeutung der betrieblichen Ausbilder:innen, respektive der betrieblichen Ausbildungsarbeit verweisen, wurden der Hauptkategorie XIV *Zukunft – Bedeutung der Stelle der betrieblichen Ausbilder:innen* (vgl. Anhang 2) zugeordnet. Anders als noch in der gegenwartsbezogenen Stellenbeschreibung (vgl. Abschnitt 4.2.5) ist die Bedeutung der betrieblichen Ausbilder:innen bzw. der betrieblichen Ausbildung als Instrument der Fachkräftesicherung nicht mehr bedingungslos und dominant. So zeigen die Expert:innen einerseits auf, dass die betriebliche Ausbildung durch Outsourcingprozesse (vgl. D1.E7.Abs10; D1.E14.Abs1) sowie durch die Akademisierung (vgl. D1.E9.Abs10; D1.E8.Abs10) einen *Bedeutungsverlust* erleidet (4 Kodierungen). Mit nur einer Kodierung mehr betonen fünf Expertenaussagen u. a. mit Bezug auf den demografischen Wandel die zukünftige Stärke der Ausbildung als Instrument der Fachkräftesicherung und in diesem Zusammenhang auch die Bedeutung der betrieblichen Ausbilder:innen. Exemplarisch ist die nachfolgende Aussage:

> „Aufgrund der zunehmenden Schwierigkeiten bei der Rekrutierung von Fachkräften wird die Bedeutung des Ausbilders für den Erfolg des Unternehmens zunehmen. Lediglich Betriebe[,]die eine attraktive Ausbildung und nachfolgende Beschäftigung anbieten können, werden noch leistungsstarke Schüler/Schülerinnen für eine Ausbildung gewinnen können." (D1.E6.Abs10_Erweiterung).

Relativiert werden die Aussagen zur Funktion der Ausbildung durch zwei Expertenaussagen, die darauf hinweisen, dass sich die betriebliche Ausbildung anpassen muss, wenn sie zukünftig relevant bleiben möchte, indem beispielsweise hybride Formate wie das duale Studium oder eine stärker digitalisierte und im Verbund organisierte Ausbildung in das Portfolio integriert werden. Gerade die Bedeutung dualer Studiengänge hat sich in den letzten zwanzig Jahren deutlich gesteigert und ist vor dem Hintergrund steigender Anforderungen an die Fachkräfte zu einer ernst zu nehmenden Alternative für die duale Ausbildung geworden. Dies zeigt sich nicht zuletzt auch die Gesamtzahl der dual Studierenden, die zwischen den Jahren 2004 und 2019 von 40.982 auf 108.202 Studierenden gestiegen ist, sondern auch in der Anzahl der Unternehmen, die ein duales Studium anbieten. Mit 51.060 Unternehmen im Jahr 2019 hat sich die Anzahl in Deutschland innerhalb von 15

Jahren nahezu verdreifacht (vgl. ebd.). In den korrespondierenden Expertenkommentierungen heißt es:

„Betriebliche Bildung bleibt wichtig, allerdings zeichnet sich ab, dass sich die Formate ändern. Auf manche Tätigkeiten von erfahrenen Industriekaufleuten [...] bereitet inzwischen vielleicht ein duales Studium vor, mit den gleichen Funktionen, aber unter anderen Rahmenbedingungen. Betriebliches Bildungspersonal ist auch hier der Schlüssel für die Qualität." (D2.E9.Abs7).

„Vielleicht lassen sich durch digitale Formate auch Verbundausbildungen realisieren, die orts- und zeitunabhängig sind." (D1.E11.Abs10.Erweiterung).

Die Auswertung der Expertenantworten führt zusammenfassend zur Prognose, dass die betriebliche Ausbildung zukünftig wichtig ist, aber ein Entwicklungsprojekt darstellt, das u. a. an veränderte Qualifikationsanforderungen oder auch -formate angepasst werden muss. In diesem Zusammenhang ist auch zu betonen, dass die betrieblichen Ausbilder:innen als Kernstücke der Ausbildung befähigt, gefördert und unterstützt werden müssen, um diese Entwicklung tragen zu können. Neben einer guten pädagogischen und auch fachlichen Qualifizierung gehört dazu auch die grundständige Anerkennung der Ausbildungsarbeit und damit verbunden der Arbeit, die Ausbilder:innen in den Unternehmen leisten. Eine Expertenkommentierung schreibt hierzu:

„Die Bedeutung betrieblicher Ausbildung steht in Abhängigkeit mit Wertschätzung. Solange sich der z.T. fehlende Respekt vor der Arbeit als Ausbilder in den Unternehmen fehlt, sehe ich keinen Bedeutungsanstieg." (D2.E11.Abs7).

In der Tabelle 32 sind die Auswertungsergebnisse zur Bedeutung des betrieblichen Ausbilderhandelns zusammengefasst. Die fett hinterlegte Ziffer in der linken Spalte weist aus, wie viele Kodierungen insgesamt auf diese Dimension der Stellenbeschreibung entfallen. Die übrigen Ziffern verdeutlichen, auf wie vielen Kodierungen die zusammengefassten Expertenaussagen zur Dimension basieren.

Tabelle 32: Zusammenfassung der Kodierungen zu den Entwicklungslinien der Bedeutung betrieblicher Ausbildung

Dimension der Stellenbeschreibung	Zusammengefasste Expertenaussagen	
Bedeutungen betrieblicher Ausbildung 11	Bedeutungsverlust: anhaltender Trend zum Outsourcing und Substitution durch Akademisierung 4	Bedeutungserhalt: Ausbildung weiterhin Marketing- und Innovationsinstrument sowie Bedeutungserhalt durch angepasste Ausbildungsformate 2
		Bedeutungsanstieg: als Instrument der Fachkräftesicherung 5

4.3.6 Zusammenfassung und Diskussion

In den vorangegangen Abschnitten 4.3.1 bis einschließlich 4.3.5 wurde die im Rahmen der Delphi-Befragung erhobenen Prognosen zu den Veränderungen der Stellenbeschreibungen betriebliche Ausbilder:innen bis zum Jahr 2030 vorgestellt und vor dem Hintergrund der Ausführungen der theoretischen Exploration, der Dokumentenanalyse ausgewählter AVO-Lehr-Lernmaterialien sowie auch im Wissen um die Ausführungen zu gegenwartsbezogenen Stellenbeschreibungen diskutiert. Damit wurde nun auch die zweite Fragestellung zum ersten Forschungsdesiderat dieser Arbeit (vgl. Abschnitt 1.2.) beantwortet:

- Welche zukünftigen Veränderungen in den Stellenbeschreibungen betrieblicher Ausbilder:innen erwarten die Expert:innen?

Im Ergebnis ist die in Tabelle 33 abgebildete Zusammenfassung zu den Entwicklungslinien in der Stellenbeschreibung der betrieblichen Ausbilder:innen entstanden. In der Zusammenfassung sind sowohl die Expertenaussagen als auch deren Rückbindung an die theoretische Exploration sowie ggf. die Dokumentenanalyse abgebildet. Die Ausführungen, die nummeriert sind, stellen die Befunde der Auswertung dar und werden ggf. mit Unterpunkten erweitert. Jene Ausführungen, die mit einem Pfeil versehen sind, stellen Schlussfolgerungen zu den Befunden dar.

Tabelle 33: Zusammenfassung der empirisch und theoretisch gestützten Befunde sowie Schlussfolgerungen zu den Entwicklungslinien der Stellenbeschreibung

Dimensionen der Stellenbeschreibung	Einzelbefunde (nummeriert), Schlussfolgerungen, Anschluss an Theorie-/Literaturdiskurs und Dokumentenanalyse
hierarchische und organisatorische Einordnung	1. Zentralisierung und Dezentralisierung der Ausbildung ⇨ Zentralisierung: Ausbildungstätigkeit fernab der Arbeits- und Geschäftsprozesse der Betriebe, übergeordnete Perspektive auf Ausbildung ⇨ Dezentralisierung: Ausbildung auf Ebene der Arbeits- und Geschäftsprozesse der Betriebe angesiedelt, fehlende betriebliche Gesamtübersicht ⇨ insgesamt stärkere Differenziertheit in der hierarchischen Einordnung ⇨ spezifische Ausbildungsaufgaben und Qualifikationsanforderungen der einzelnen Positionen
Anforderungen und Erwartungen an die Ausbilder:innen	2. mehr Verantwortungsübernahme der Ausbilder:innen im Betrieb, zugleich Zunahme der Befugnisse abhängig von pädagogischer Professionalisierung und Politik ⇨ pädagogische Professionalisierung ist Instrument des Empowerments 3. Bedeutungsanstieg pädagogischer Qualifikation, zugleich fehlendes bedarfsgerechtes Qualifizierungsangebot ⇨ verstärkter Forschungs- und Entwicklungsbedarf zu pädagogischer Höherqualifizierung sowie pädagogischer Mindestqualifizierung 4. Bedeutungsanstieg von Fragen zur Anrechenbarkeit informeller Qualifikationen auf die pädagogische Qualifikation ⇨ Forschungsbedarf zur pädagogischen Höherqualifizierung durch Vielzahl kleinerer und teilweise frei zu wählender Qualifizierungsformate für eine zeitlich flexiblere und stärker akzeptierte Höherqualifizierung

Ergebnisse der empirischen Exploration

	Anschluss an Theorie- und Literaturdiskussion: (vgl. Diettrich 2017, S. 325; Diettrich & Harm 2018, S. 16)
	5. übergeordnete (nicht kontextualisierte) Kompetenzbeschreibungen: (1) Sozialkompetenz, (2) Selbstkompetenz, (3) Methodenkompetenz, (4) Fachkompetenz ⇨ Sozial- und Selbstkompetenz kaum in pädagogischer Qualifizierung abgebildet, durch Bedeutungsanstieg steigt jedoch die Notwendigkeit ⇨ schwache Ausprägung der Fachkompetenz steht im Widerspruch zum Bedeutungsanstieg pädagogischer Qualifizierung auf DQR-Niveau ⇨ Forschungsbedarf zu Ausbilderkompetenzen mit dem Ziel, detaillierte und zukunftsbezogenen Kompetenzmodellen als Grundlage für die pädagogische Qualifizierung betrieblicher Ausbilder:innen zu gewinnen *Anschluss an Theorie- und Literaturdiskussion:* (vgl. acatech 2016; Bethscheider & Wullenweber 2018; Breiter, Howe & Härtel 2018, S. 28; Dietrich 2018, S. 30; Grimm-Vonken, Müller & Schröter 2011; Haan 2008; Riese-Meyer & Biffar 2011; Ulmer & Jablonka 2007, S. 7; Zinke 2019) *Anschluss oder Widerspruch zu den Ergebnissen der Dokumentenanalyse:* (vgl. Abschnitt 4.1.3)
Wichtigste Aufgaben	6. Unterstützungsprozesse: Ausweitung von Controlling- und Entwicklungsarbeit ⇨ Ausbildungsarbeit zielt zukünftig nicht mehr nur auf Reproduktion bestehender Strukturen 7. Kernprozesse: Ausweitung Aufgaben der individuellen und ganzheitlichen Betreuung von Auszubildenden, Aufgaben im Umgang mit Digitalisierung in der Ausbildung ⇨ zur Nutzung des Fachkräftepotenzials sind Unterstützungs- und Förderbedarfe von Auszubildenden zu ermitteln ⇨ Folgen von Digitalisierung für betriebliche Ausbildung sind durch Ausbilder:innen abzuschätzen *Anschluss an Theorie- und Literaturdiskussion:* (vgl. BiBB 2018, S. 10; BMBF 2017; Deller et al. 2008, S. 179; Dunczyk et al. 2008, S. 86; Hirsch-Kreinsen 2018, S. 18; Hofmann & König 2017; Pfeiffer & Kaiser 2009, S. 32; Schlömer 2017; Schlömer et al. 2017; Sloane et al. 2018, S. 5) *Anschluss oder Widerspruch zu den Ergebnissen der Dokumentenanalyse:* (vgl. Abschnitt 4.2.4)
Betriebliches Lernen	8. Komplexitätszunahme betrieblichen Lernens und Ausbildens ⇨ Kontrast zur gegenwartbezogenen Stellenbeschreibung und dem dort vertretenen Learning by Doing Charakter betrieblicher Ausbildung 9. modernes Didaktikverständnis noch stärker vertreten, verstärkter Einsatz von auf Selbstständigkeit abzielenden Methoden, verstärkter Einsatz digitaler Medien ⇨ Spannungsfeld zwischen einer sehr engen und individuellen Auszubildendenbetreuung und andererseits einem stärkeren Selbstlernprozess der Auszubildenden 10. weiterer Anstieg der Heterogenität der Auszubildenden ⇨ Schere zwischen förderbedürftigen und leistungsstarken Auszubildenden nimmt weiter zu *Anschluss oder Widerspruch zu den Ergebnissen der Dokumentenanalyse:* (vgl. Abschnitt 4.2.4)
Bedeutungen betrieblicher Ausbildung	11. Bedeutung betrieblicher Ausbildung als Instrument der Fachkräftesicherung ist zukünftig nicht mehr bedingungslos und dominant. ⇨ Ausbildung ist Entwicklungsprojekt ⇨ Ausbilder:innen als Schlüsselakteure müssen anerkannt sowie gefördert werden *Anschluss an Theorie- und Literaturdiskussion:* (vgl. Hofmann et al. 2020, S. 11 f.)

In der Tabelle 33 sind zukünftige Entwicklungslinien in der Stellenbeschreibung der betrieblichen Ausbilder:innen abgebildet. Analog zum Vorgehen der Zusammenfassung der gegenwartsbezogenen Stellenbeschreibung (vgl. Abschnitt 4.2.6) gilt es auch hier, die bisher unverbundenen Einzelbefunde von Ausbilderhandeln und Ausbildereinung im Sinne einer ganzheitlichen Betrachtung des professionellen Handelns der betrieblichen Ausbilder:innen sowie der Ausgangsbedingungen dieses Handelns durch eine die Dimensionen übergreifende Herausarbeitung von charakteristischen Merkmalen zu gewährleisten. Es können zwei wesentliche charakteristische Merkmale in den Entwicklungslinien identifiziert werden.

Als *erstes* Merkmal ist anzuführen, dass Ausbilder:innen als *professionalisierungsbedürftige Pädagog:innen* beschrieben werden. So wird erstens mit Blick auf die Dimensionen *betriebliches Lernen* sowie *wichtigste Aufgaben* prognostiziert, dass Ausbilder:innen zukünftig mit erhöhten pädagogischen Anforderungen konfrontiert sein werden. Zum einen ergibt sich der Befund, weil eine Komplexitätszunahme des betrieblichen Lernens sowie ein Anstieg der Heterogenität der Auszubildenden und damit verbunden eine individuellere Betreuung prognostiziert werden. Zum anderen zeichnet sich ab, dass betriebliche Ausbildung zukünftig nicht mehr nur bestehende Strukturen reproduzieren soll, sondern sich an neue gesellschaftliche Herausforderungen anpassen muss sowie einen unternehmensstrategischen Beitrag zur Bewältigung dieser Herausforderungen leisten soll. Zweitens wird mit Blick auf die Dimension *Anforderungen und Erwartungen* sichtbar, dass die pädagogische Qualifikation der betrieblichen Ausbilder:innen im Allgemeinen sowie die pädagogische Höherqualifizierung im Speziellen zukünftig einen höheren Stellenwert einnehmen.

Als *zweites* wesentliches erkennbares Merkmal ist anzuführen, dass Ausbilder:innen als *berufspädagogische Entwickler:innen* beschrieben werden. Dies zeigt sich übergeordnet mit Blick auf die Dimension *Bedeutung*. Hier wird aufgezeigt, dass die betriebliche Ausbildung zukünftig weiterentwickelt und angepasst werden muss, um ihre Funktion als Instrument der Fachkräftesicherung zu behalten. Die Ausführungen zur Dimension *wichtigste Aufgaben* konkretisieren dies und verweisen auf eine mögliche Zunahme der Entwicklungsaufgaben der betrieblichen Ausbilder:innen. Letztere beziehen sich neben der Anpassung der betrieblichen Ausbildung an veränderte Rahmenbedingungen auch auf die Unternehmensentwicklung, die durch die Ausbildung angestoßen werden kann. Ferner wird mit Blick auf die Dimension *hierarchische und organisatorische Einordnung* deutlich, dass betriebliche Ausbilder:innen die Rahmenbedingungen ihres Ausbilderhandelns auf der Basis ihrer berufspädagogischen Professionalität mitentwickeln müssen, um über jene Befugnisse und Ressourcen zu verfügen, die sie für die Ausübung ihrer Ausbildungstätigkeit benötigen.

4.4 Ergebnisse zur Zukunft der Ausbildung der Ausbilder:innen

Ein weiteres Ziel der Delphi-Befragung bestand darin, neue Reformdiskussionen über die Ausbildung der Ausbilder:innen vor dem Hintergrund zukünftig veränderter pädagogischer und betriebswirtschaftlicher Anforderungen in der betrieblichen Ausbildung anzustoßen bzw. bestehende Debatten weiterzuführen.

In den folgenden Abschnitten werden diese Auswertungsergebnisse vorgestellt und unter Rückbezug auf die Ausführungen der theoretischen Exploration sowie der Ergebnisse zu den Stellenbeschreibungen und der Dokumentenanalyse diskutiert. Am Ende eines jeden Abschnittes erfolgt eine Zusammenfassung der Auswertungsergebnisse der betrachteten drei Hauptkategorien (vgl. Anhang 3). In diesem Zuge werden auch die Gesamtanzahl sowie die Verteilung der Kodierungen der Hauptkategorien auf die Unterkategorien detailliert dargestellt. Am Ende entsteht ein Gesamtbild der AdA, aus dem sich übergeordnete Befunde zu einer zukünftigen AdA ableiten lassen.

4.4.1 Betriebswirtschaftliche und pädagogische Ansprüche

Ein Ausgangspunkt des Diskurses über eine zukünftige AdA ist die Einordnung und die Bewertung der zukünftigen betriebswirtschaftlichen Anforderungen (insbesondere Fachkräftesicherung und Personalentwicklung für Unternehmen) sowie der zukünftigen pädagogischen Anforderungen (insbesondere Erziehung und Persönlichkeitsentwicklung der Auszubildenden). Die von den Expert:innen hierzu getätigten Aussagen wurden mittels der Hauptkategorie I *betriebswirtschaftliche und pädagogische Anforderungen* (vgl. Anhang 3) erfasst.

Die Auswertung zeigt erstens einen erhöhten *Leistungsdruck betrieblicher Ausbildung als Instrument der Fachkräftesicherung* (5 Kodierungen). In diesem Zusammenhang wird vornehmlich die Arbeit der Ausbilder:innen als Personalentwickler:innen fokussiert. Es wird angeführt, dass die betriebliche Ausbildung über die Entwicklung von Fachkräften auch zukünftig ein wichtiger Wettbewerbsfaktor für Unternehmen sein wird (vgl. D2.E7.Z45). Die im Rahmen der Ausbildung zu befördernden Tätigkeitsprofile werden jedoch an Komplexität gewinnen und müssen zugleich vor dem Hintergrund einer strategischen Ausrichtung des Unternehmens kontinuierlich hinterfragt, neujustiert und in kürzeren Zeitspannen vermittelt werden (vgl. D2.E6.Z18; D2.E9.Z18; D2.E12.Z19).

In 13 Kodierungen wird auf *erhöhte pädagogische Anforderungen* im Rahmen der Ausbildung verwiesen und in diesem Zusammenhang die Arbeit der Ausbilder:innen als Pädagog:innen fokussiert. Die Kodierungen belegen u. a., dass „der pädagogische Anspruch wichtiger wird" (D2.E9.Z18), insbesondere mit Blick auf die Betreuung der Auszubildenden. Neben der Arbeit mit „unterschiedlichen Lernniveaus" (D2.E13.Z18) umfasst dies eine stärker „individualisierte Ausbildung" (D2.E11.Z18), die Ausbildung von „Praktikanten, Studenten" (D2.E9.Z40), das Lernen in „interdisziplinären Lerngruppen", den „Umgang mit psychischen Belastungen" (D2.E4.Z40), die Stärkung der Auszubildenden als

Menschen diesseits künstlicher Intelligenz (vgl. D2.E9.Z18) sowie eine stärkere berufsbiografische Hinwendung zu den Auszubildenden, um diese vom Ausbildungsabbruch zu schützen (vgl. D2.E8.Z18). Betont wird auch, dass Ausbilder:innen in ihrer Funktion als „Wissensvermittler" (D2.E13.Z18) zugunsten der Funktion als „Betreuer" (D2.E12.Z51) oder „Lernbegleiter" (D2.E13.Z18) aufgeben. Neben der Schwerpunksetzung auf die Auszubildenden wird der erhöhte pädagogische Anspruch auch über die zeitlichen und räumlichen Rahmenbedingungen sowie den Methodeneinsatz begründet. In Bezug auf ersteres zeigt das Datenmaterial die Herausforderung der „Teilzeitausbildung" (D2.E6.Z41) sowie des „Ausbilden[s] auf Distanz durch verstärkte Home-Office-Regelungen" (D2.E6.Z18). Hinsichtlich des Methodeneinsatzes werden „Methodenmix" (D2.E12.Z18), „neue Ausbildungsmethoden" (ebd.) sowie der Einsatz von „Methoden des selbstgesteuerten Lernens" (D2.E4.Z40) angeführt.

Aus den vorangegangenen Ausführungen ist ein Anstieg des betriebswirtschaftlichen sowie vor allem pädagogischen Anspruchs gegenüber den Ausbilder:innen ersichtlich, was bereits mit Blick auf die Auswertung der Entwicklungslinien zu den Stellenbeschreibungen als ein Befund zu erkennen war (vgl. Abschnitt 4.3.6). Im Kern lassen die Ergebnisse einen Schluss zu, der sich ebenfalls bereits in den Entwicklungslinien abzeichnete, hier aber differenzierter betrachtet werden kann, nämlich, dass die betriebliche Ausbildung zukünftig in vielerlei Hinsicht ein Entwicklungsprojekt ist. Erstens muss sie sich selbst an veränderte betriebswirtschaftliche sowie pädagogische Anforderungen anpassen, wenn sie als Instrument der Fachkräftesicherung weiterhin von Bedeutung sein möchte. Das bedeutet, dass sie sich einerseits kontinuierlich inhaltlich an neue und in der Tendenz komplexere Tätigkeitsprofile von Fachkräften ausrichten muss, wie sie bereits heute schon in vielfältigen Studien skizziert werden mit Stichworten wie beispielsweise: interdisziplinäres Denken und Handeln, Beherrschung komplexer Arbeitsinhalte, Problemlösungs- und Optimierungskompetenz, Entwicklungskompetenz, Anwendungskompetenz von IT-Systeme, hohe Soziale und Kommunikationskompetenz, Durchdringen von Geschäftsprozessen und deren Zusammenhängen, systemübergreifendes Denken, unternehmerische Haltung und Fähigkeiten oder Umgang mit Daten (vgl. u. a. acatech 2016, S. 12; BiBB 2003, S. 4; BMWi 2016; Haan 2008, S. 32; Sloane et al. 2018, S. 6 ff.; Zinke 2019, S. 71 ff.). Die Studien zeigen auch, dass die betriebliche Ausbildung einen wichtigen Ansatzpunkt für Unternehmen sowie die Mitarbeiter:innen ist, diesen veränderten Anforderungen zu begegnen. Zinke (2019, S. 13) schreibt in diesem Zusammenhang:

„Die Digitalisierung der Arbeitswelt verändert das Beschäftigungssystem in Deutschland und führt zu einem anhaltenden Prozess quantitativer und qualitativer Verschiebungen bei der Ausübung von Erwerbsberufen nach Wirtschaftsbereichen und Branchen. Beschäftigte müssen sich immer häufiger durch Fortbildung und Stellenwechsel mit diesen Veränderungen arrangieren. Die staatlich anerkannten Ausbildungsberufe innerhalb des dualen Berufsbildungssystems sind dabei das Fundament, das diese Flexibilität ermöglicht und auch künftig ermöglichen soll."

Neben den Tätigkeitsprofilen unterliegen auch die Ausbildungsformate selbst einem Veränderungsdruck, was eine Auseinandersetzung mit Formaten wie z. B. der Teilzeitausbildung, Ausbildung im Homeoffice oder dualen Studiengängen notwendig werden lässt. Die Teilzeitausbildung ist dabei bereits seit dem Jahr 2005 im BBiG verankert und wurde im Rahmen des Gesetzes zur Modernisierung und Stärkung der beruflichen Bildung im Januar 2020 sogar noch erweitert, um die Teilzeitberufsausbildung für einen größeren Personenkreis zu öffnen und gleichzeitig attraktiver auszugestalten (vgl. BiBB o. J.c). Das Thema Ausbildung im Homeoffice, das bisher in der beruflichen Bildung keine große Rolle eingenommen hat, obwohl nicht explizit im BBIG festgeschrieben ist, dass eine Ausbildung im Homeoffice untersagt ist, hat vor allem im Kontext der Corona-Pandemie deutlich an Bedeutung gewonnen. Für viele Unternehmen stellt die Arbeit im Homeoffice gegenwärtig die einzige Form dar, die Arbeits- und Geschäftsprozesse aufrecht zu erhalten (vgl. BiBB o. J.a). Die Bedeutung der betrieblichen Ausbildung als ein Teil eines dualen Studiums steigt seit Jahren, wie nicht zuletzt die Entwicklung der Zahlen der dualen Studiengänge und der dual Studierenden zeigen (vgl. besonders Hofmann et al. 2020).

Ferner muss sich betriebliche Ausbildung *didaktisch* und *methodisch* anpassen, wenn sie erstens den heterogenen Auszubildenden – bestehend aus förder- und unterstützungsbedürftigen sowie leistungsstarken Auszubildenden – gerecht werden möchte, um das Fachkräftepotenzial des Ausbildungsmarktes nutzen zu können (vgl. u. a. Armutat 2018; BiBB 2018, S. 10; Hofmann & König 2017; Pfeiffer & Kaiser 2009, S. 32; Ulmer, Weiß & Zöller 2012, S. 11). Zweitens ergibt sich aus den veränderten Tätigkeitsprofilen sowie den damit zusammenhängenden Kompetenzanforderungen die Notwendigkeit didaktisch und methodischer Anpassungen, um die Grundlage für zukunftsfähige Berufsbiografien zu schaffen.

Zweitens kann durch die betriebliche Ausbildung selbst eine Entwicklung angestoßen werden. So kann durch die Schaffung von Gestaltungsfreiräumen und unternehmensstrategischen Partizipationsmöglichkeiten in der Ausbildung sowie der Förderung einer heterogenen Auszubildendenschaft das innovative Potenzial der Ausbildung bzw. der Auszubildenden aktiviert und gehoben werden. Damit kann die betriebliche Ausbildung einen entscheidenden Beitrag zu der Unternehmensentwicklung und damit zur Konkurrenzfähigkeit von Unternehmen leisten, was mit Blick auf veränderte Wettbewerbsbedingungen in immer volatilen und durchlässigeren Märkten, die nicht nur im Zusammenhang mit technischen Innovationen immer transparenter werden, ein strategischer Wettbewerbsvorteil sein kann (vgl. u. a. Franken & Cutmore-Beinlich 2018, S. 57; Spath 2013).

Drittens leitet sich auch ein Entwicklungsbedarf für die Qualifizierung der Ausbilder:innen ab. Dieser umfasst sowohl die pädagogische Vorbereitung auf die veränderten/steigenden didaktischen und methodischen Anforderungen. Es wird aber auch darum gehen, betriebliche Ausbilder:innen auf die inhaltliche Neuausrichtung der Ausbildung bzw. die Beförderung neuer Tätigkeitsprofile vorzubereiten. Dies wird umso wichtiger, als dass ein Großteil der betrieblichen Ausbilder:innen fünfzig Jahre und älter ist (vgl. BiBB 2020a, S. 174) und deren berufsfachliche Qualifikation damit bereits einige Jahrzehnte zurückliegt.

Der vorab offengelegte Charakter der betrieblichen Ausbildung als ein Entwicklungsprojekt wird begleitet durch einen *ökonomischen Legitimationsdruck*. Die Expertenaussagen weisen darauf hin, dass die betriebliche Ausbildung vor dem Hintergrund von Entwicklungen wie z. B. der Wirtschaftskrise, der Corona-Pandemie oder einer zunehmenden Leistungsverdichtung der Beschäftigten zukünftig verstärkt einen Kostendruck sowie einem Wettbewerbsdruck mit Ausbildungsalternativen ausgesetzt sein wird:

> „Mit zunehmendem Wettbewerbsdruck und angesichts der Wirtschaftskrise in Folge der Corona-Pandemie wird sich die Investition in betriebliche Ausbilderstellen legitimieren müssen. […] Ausbilder/-innen müssen begründen können, warum es sich lohnt, ihnen Zeit für die Ausbildung zu gewähren und diese nicht ‚nebenher' noch irgendwie mit zu erledigen, warum Unternehmen in ihre Weiterbildung investieren sollten etc." (D2.E7.Z18).

Für die betriebliche Ausbildung ist ein Legitimationsdruck, der sich vor allem aus den mit der Ausbildung verbundenen Kosten ergibt, nicht neu. Untersuchungen wie nicht zuletzt die Kosten- und Nutzenanalyse der betrieblichen Ausbildung 2017/18 durch das BiBB (vgl. BiBB 2020b) dokumentieren, dass die betriebliche Ausbildung insgesamt mit Nettokosten im Milliardenbereich verbunden ist. Für das Jahr 2017 belaufen sich diese auf 8,4 Milliarden Euro bei 1,3 Millionen Auszubildenden (vgl. ebd., S. 19). Hier zeigt sich, dass eine betriebliche Ausbildung eine Investitionsbereitschaft der ausbildenden Unternehmen voraussetzt.[29]

Zugleich zeigt sich mit Blick auf die Entwicklung der Nettokosten der Ausbildung, dass diese seit ihrer ersten Erhebung Anfang der 1980er-Jahre sukzessive angestiegen sind (vgl. ebd., S. 29), was nicht zuletzt auf steigende Ausbildungsvergütungen (vgl. BiBB 2020a, S. 219), die ansteigenden Suchkosten nach geeigneten Bewerber:innen sowie die veränderten Anforderungen an das Ausbildungspersonal zurückzuführen ist (vgl. BiBB 2020b, S. 4). Mit Blick auf die Expertenaussagen zu den pädagogischen und betriebswirtschaftlichen Anforderungen an die betriebliche Ausbildung lässt sich schlussfolgern, dass die Ausbildungskosten auch zukünftig ansteigen werden, was eine höhere Investitionsbereitschaft der Unternehmen voraussetzt. Als Gegengewicht zu dieser Entwicklung muss eine stärkere Reflexion darüber einsetzen, welcher strategische Nutzen durch eine betriebliche Ausbildung generiert werden kann. Gemeint ist damit nicht nur, dass beispielsweise Einarbeitungskosten externer Fachkräfte wegfallen. Es geht vor allem darum, das innovative Potenzial zu erkennen und als Teil der Unternehmensstrategie zu sehen.

In der Tabelle 34 sind die Auswertungsergebnisse zur Hauptkategorie I zusammengefasst. Die fett hinterlegte Ziffer in der linken Spalte weist aus, wie viele Kodierungen insgesamt auf die Anforderungen an Ausbilder:innen entfallen. Die übrigen Ziffern

---

29 In der Vergangenheit wurde dabei nicht zuletzt durch die Aussetzung der Anwendung der AEVO zwischen August 2003 und Juli 2009 versucht, die mit der Ausbildung verbundenen Kosten zu senken, um die Ausbildungsbeteiligung der Unternehmen um jährlich 20.000 zusätzliche Ausbildungsstellen zu erhöhen (vgl. Rudel 2007, S. 24; Zedler 2008, S. 306, 2009, S. 14). Dieser Versuch scheiterte, weil erstens der Anstieg der Ausbildungsbeteiligung weit hinter den Erwartungen zurückblieb und sich die Aussetzung der Anwendung der AEVO zweitens negativ auf die Ausbildungsqualität auswirkte (vgl. Ulmer et al. 2008, S. 4).

verdeutlichen, auf wie vielen Kodierungen die zusammengefassten Expertenaussagen basieren.

Tabelle 34: Zusammenfassung der Kodierungen der Entwicklungslinien betriebswirtschaftlicher und pädagogischer Anforderungen an Ausbilder:innen

Anforderungen an Ausbilder:innen	Zusammenfassung zu den Expertenaussagen	
betriebswirtschaftliche und pädagogische Anforderungen 20	erhöhter Leistungsdruck betrieblicher Ausbildung als Instrument der Fachkräftesicherung: Ausbildung als wichtiger Wettbewerbsfaktor, Vermittlung komplexer Tätigkeitsprofile, Anpassung der Ausbildung und kurze Vermittlungszeiten 5	erhöhte pädagogische Anforderungen: Insbesondere hinsichtlich der Auszubildenden, veränderte zeitliche und räumliche Rahmenbedingungen, Methodeneinsatz 13
	ökonomischer Legitimationsdruck betrieblicher Ausbildung: unter anderem vor dem Hintergrund von zunehmendem Wettbewerbs- und Kostendruck 2	

4.4.2 Reformdiskussion zur Ausbildung der Ausbilder:innen

Hinsichtlich der Ausgestaltung einer zukünftigen AdA wurden in der Befragung zwei unterschiedliche Ebenen untersucht. Die erste Ebene legt den Schwerpunkt auf die übergeordneten Fragestellungen, welche die inhaltliche Ausrichtung sowie den Geltungsbereich der AdA betreffen. Hier geht es darum, dass die Expert:innen zum einen Stellung zu der Ausrichtung der AdA beziehen, indem sie die Möglichkeit einer berufsfeldspezifischen AdA sowie einer Spezialisierung der AdA bewerten. Damit wird auf bereits bestehende Reformdiskussionen rund um die AdA rekurriert, die vornehmlich auf Gössling und Sloane (2013) sowie Sloane (2006) zurückzuführen sind.

Der gegenwärtige Diskussionsstand verweist einerseits auf Überlegungen zu einer berufsfeldspezifischen AdA vor dem Hintergrund von Transferproblemen der Lehrgangsinhalte in die Ausbildungspraxis (vgl. u. a. ebd., S. 462) sowie Überlegungen zu einer Spezialisierung der AdA vor dem Hintergrund, dass diese gegenwärtig ein übergeordnetes Aufgabenprofil abbildet, das primär auf „traditionelle" (ebd., S. 472) Aufgaben vorbereitet, aber nicht die Differenziertheit der Aufgabenprofile betrieblichen Ausbilder:innen (vgl. überblicksartig Brünner 2014) abbildet. Erste Überlegungen weisen diesbezüglich in die Richtung, die AEVO als eine grundlegende Verordnung der AdA bewusst offen zu halten und so „die Notwendigkeit […] [einer] betriebsspezifische[n] Präzisierungen der Vorgabe vorzunehmen" (Gössling & Sloane 2013, S. 255) sowie unterschiedliche Aufgabenprofile in Form von zwei mikrodidaktischen Profilen und einem makrodidaktischen Profil in die AdA zu implementieren (vgl. ebd., S. 237). Andererseits geht es darum, dass die Expert:innen sich zum Geltungsbereich der AdA äußern. Im Mittelpunkt steht hier der Diskurs um eine mögliche, niedrigschwellige formelle pädagogische Qualifizierung der ausbildenden Fachkräfte, deren Notwendigkeit sich bereits abzeichnet (vgl. Brünner et al. 2013), deren Umsetzung aber zugleich auch einen finanziellen Aufwand für Unternehmen bedeutet und damit ein potenzielles Ausbildungshemmnis darstellt.

Sämtliche Aussagen der Expert:innen zur Bewertung der Idee einer berufsfeldspezifischen AdA, einer Spezialisierung der AdA sowie einer pädagogischen Qualifizierung für ausbildende Fachkräfte wurden in der Hauptkategorie II *Ausrichtung und Geltungsbereich der AdA* (vgl. Anhang 3) zusammengeführt. Als Auswertungsergebnis konnten zwei Positionen identifiziert werden. Die erste Position lässt sich als *Beständigkeit der AdA* beschreiben. Die in ihr enthaltenen Aussagen verweisen darauf, dass hinsichtlich der gegenwärtigen Ausrichtung sowie des Geltungsbereichs der AdA kein Anpassungsbedarf besteht. Betont wird, dass der Vorteil der gegenwärtigen AdA in ihrer Kompaktheit, ihrer Niedrigschwelligkeit und berufsübergreifenden Allgemeingültigkeit liegt (vgl. D2.E6.Z23). Das Ausbildungspersonal, das „häufig für mehrere Berufsfelder zuständig" (D2.E9.Z22) ist, wird somit gut vorbereitet, weil die Ausbildung im Kern immer gleich ist und in jedem Betrieb die gleichen Rechtsgrundlagen sowie pädagogischen Prinzipien angesetzt werden können (vgl. D2.E4.Z22). Die pädagogische Mindestqualifizierung für ausbildende Fachkräfte wird vor allem wegen der damit verbundenen Kosten als deutliches Ausbildungshemmnis abgewiesen (vgl. u. a. D2.E6.Z31; D2.E8.Z.30). Hierzu heißt es:

> „Das ist keine gute Idee. Die Hürden für betriebliche Ausbildung würden immer weiter steigen und immer mehr Betriebe könnten aus der dualen Ausbildung aussteigen. Die Ausbildungsbetriebsquote und das Ausbildungsplatzangebot würden deutlich sinken." (D2.E6.Z31).

Die in dieser ersten Position zusammengetragenen Aussagen der Expert:innen bilden eine ablehnende Haltung gegenüber Veränderungen an der AdA ab. Diese Position ist wohl historisch damit zu begründen, dass der pädagogischen Mindestqualifizierung seit ihrer Festlegung im BBiG im Jahre 1969 bzw. mit der Verabschiedung der AEVO im Jahre 1972 ein universelles und am „idealen Ausbildungsverlauf" (Friede 2013, S. 44) orientiertes Aufgabenprofil zu Grunde liegt (vgl. u. a. Bahl & Brünner 2018, S. 366; Baumgartner 2015, S. 114; Ulmer 2019, S. 134). Ferner wurde eine branchenspezifische Auslegung nicht zuletzt aus „Gründen der Durchsetzbarkeit, Akzeptanz und Umsetzbarkeit" (Friede 2013, S. 15 f.) seit dem Bestehen der AVO nicht vorgenommen. Friede (2013, S. 16) schreibt in diesem Zusammenhang:

> „Hinweise auf Versuche, branchenspezifische Verordnungen mit spezifischen Inhalten zu entwerfen, lassen sich nicht finden. Der § 21 des BBiG von 1969 hätte es ermöglicht, eine Verordnung zum Nachweis erweiterter fachlicher Kenntnisse zu verabschieden, was ein Beitrag zur Lösung des Problems der fachlichen Ausbildung der Ausbilder gewesen wäre. Eine derartige Verordnung ist aber niemals in Angriff genommen worden und die Novellierung des BBiG von 2005 enthält diese Möglichkeit nicht mehr."

Auch die ausbildenden Fachkräfte sind seit jeher von einer Verpflichtung zur pädagogischen Mindestqualifizierung befreit. Zugleich hat die Mindestqualifizierung, deren Ziel es ist, die Qualität der betrieblichen Ausbildung über eine bundeseinheitliche Verordnung zu steuern und damit die Qualität zu erhöhen (vgl. DBR 1969, S. 5), diese Zielsetzung trotz fehlender Spezialisierung, berufsfeldspezifischer Auslegung sowie Einbezug der ausbildenden Fachkräfte erreicht. Dies zeigen, wenn auch nur ex negativo, die Untersuchungen zur Aussetzung der AEVO zwischen den Jahren 2003 und 2009 (vgl. Ulmer et al. 2008). Hinzu kommt, dass die gegenwärtige AdA mit der ihr zu Grunde liegenden AEVO, den Rahmenplänen, der Ausbildereignungsprüfung sowie den Lehrgängen zur Vorbereitung auf die Prüfung ein Gesamtkonstrukt ist, das über die letzten Jahrzehnte mühselig gewachsen ist und letztlich eine „politisch durchsetzbare Kompromissformel" (Friede 2013, S. 19) darstellt, welche die divergierenden Anforderungen an die Mindestqualifizierung auffängt (vgl. Ebbinghaus 2011, S. 126 ff.; Friede 2013, S. 19; Gössling & Sloane 2013, S. 234).

Im Wissen um diese Punkte ist eine ablehnende Haltung gegenüber einer branchenspezifischen AdA, einer Spezialisierung der AdA sowie einer AdA für ausbildende Fachkräfte zunächst nachvollziehbar, auch wenn in der Vergangenheit bereits Kritik gegenüber dieser AdA geäußert und Veränderungsbedarf ausgesprochen wurde (vgl. überblicksartig Kiepe 2019). So weisen mehrere Untersuchungen darauf hin, dass die von der jeweiligen Berufspraxis der Ausbilder:innen losgelöste Beförderung von berufs- und arbeitspädagogischen Inhalten zu Anwendungs- und Transferproblemen in der Ausbildungspraxis führt (vgl. ebd., S. 532; Sloane 2006, S. 462) und bei den Teilnehmer:innen selber „Befremden über die Tatsache zu spüren [ist], dass einem Ausbilder seine Eignung per Zertifikat getrennt von der Fachlichkeit verliehen werden kann." (Bahl & Brünner 2013, S. 527).

Diese Kritik wird vor dem Hintergrund gegenwärtiger und zukünftiger gesellschaftlicher Entwicklungen wohl an Relevanz gewinnen und darf nicht mehr länger ignoriert werden. So zeigen unterschiedliche Studien, dass Unternehmen u. a. im Zusammenhang mit digitaler Transformation, nachhaltiger Entwicklung sowie demografischem Wandel bereits gegenwärtig sowie zukünftig verstärkt vor große Herausforderungen gestellt sind, die auch die Ausbildung von Fachkräften adressieren. Betroffen ist damit auch das gesamte betriebliche Ausbildungspersonal, d. h. die ausbildenden Fachkräfte, die unmittelbar am Arbeitsplatz ausbilden. Die Anforderungen, die dabei auf Unternehmen zukommen, sind nicht gleich, sondern u. a. abhängig vom Berufsfeld, der Branche oder aber auch der grundsätzlichen Strategie, welche die Unternehmen zum Umgang mit diesen Herausforderungen einschlagen. Daraus ergeben sich spezifische Anforderungen an die jeweilige betriebliche Ausbildung und damit auch an die Ausbilder:innen. So zeigen beispielsweise Untersuchungen des BiBB (2019), dass durch den demografischen Wandel sowie die digitale Transformation bestimmte Berufsfelder im besonderen Maße durch einen Fachkräftemangel bedroht sind. Durch die Alterung der Gesellschaft haben besonders Pflegeberufe mit einem Fachkräftemangel zu kämpfen. Im Zuge der Digitalisierung werden vor allem Berufsgruppen, die im Zusammenhang mit Informatik-, Informations-, Kommunikationstechnik, IT- Systemanalyse, Anwenderberatung und IT-Vertrieb sowie Softwareentwicklung und Programmierung stehen, verstärkt gefragt werden und deshalb vor besonderen Rekrutierungsherausforderungen stehen (vgl. ebd.). Zugleich ergeben sich auf der Grundlage der unterschiedlichen Kompetenzanforderungen in den einzelnen Berufsgruppen unterschiedliche Rekrutierungsstrategien und damit auch heterogene Gruppen von Auszubildenden für die Unternehmen. Weitere Untersuchungen zeigen auf, dass Digitalisierungsprozesse nicht alle Unternehmen im gleichen Maße durchdringen und vor die Herausforderung stellt, ihre Wertschöpfung zu digitalisieren bzw. der Digitalisierungsgrad und die damit verbundenen veränderten Anforderungen an die Komponente Arbeitskraft stark variieren (vgl. u. a. BMWi 2018, S. 6; Zinke 2019, S. 11). Überdurchschnittlich stark sind vor allem Dienstleistungsunternehmen betroffen (vgl. BMWi 2018, S. 6).

Mit Fokus auf eine nachhaltige Entwicklung stehen Unternehmen unterschiedliche und zum Teil disparate Strategien des nachhaltigen Wirtschaftens zur Verfügung, denen jeweils „spezifische Auffassungen über die Bedeutung und Auslegung des Nachhaltigkeitsbegriffs in Relation zur Betriebswirtschaftslehre zugrunde" (Schlömer et al. 2019) liegen und die jeweils mit unterschiedlichen Konsequenzen für die Geschäftsmodelle und damit die Ausgestaltung der Arbeits- und Geschäftsprozesse der Unternehmen verbunden sind. So macht es durchaus einen Unterschied, ob ein Unternehmen den *technischen* Weg der Nachhaltigkeit (Effizienzstrategie, Konsistenzstrategie) betritt (vgl. u. a. Jänicke 1984; McDonough & Braungart 2002) oder den *kulturellen* Weg der Nachhaltigkeit (Suffizienzstrategie) einschlägt (vgl. besonders Beschorner 2015; Pfriem 2004; Schneidewind 2012).

Vor allem die Umsetzung der Suffizienzstrategie, die u. a. durch Geschäftsmodellentwicklung in Unternehmen realisiert werden kann, bedingt die Mitgestaltung und Partizipation der Mitarbeiter:innen (vgl. BMBF 2017; Schlömer 2017; Schlömer et al. 2017).

Aussagen der Expert:innen, die auf die Anerkenntnis einer branchenspezifischen AdA, einer Spezialisierung der AdA sowie einer AdA für ausbildende Fachkräfte verweisen, wurden der zweiten Position zugeordnet. Die Aussagen der Expert:innen zeigen vor allem einen Veränderungsbedarf auf, der auf einer berufsfeldübergreifenden Basisqualifikation aufbaut. Hierzu heißt es u. a.:

„Für mich würde eine Spezialisierung nur Sinn machen als Aufbaukurs. Die Grundlagenvermittlung halte ich für alle sinnvoll." (D2.E13.Z26).

„[V]ielleicht könnte man 2 Teile initiieren, einen Teil allgemeines (durchaus gemischte Gruppen, manchmal auch hilfreich) und einen Teil Spezialisierung (fachrichtungsspezifisch – Austausch unter Gleichgesinnten) Könnte ich mir gut vorstellen." (D2.E12.Z23).

„Die Grundlagen der AdA Prüfung sind völlig berufsunabhängig und können aus meiner Sicht gemeinsam vermittelt werden und zu einer Prüfung hinführen. Sinnvoll in Ergänzung wäre sicher ein Praxisanteil, in dem berufsspezifisch geübt werden kann, wie Leninhalte bestmöglich in der Praxis vermittelt werden könnten." (D2.E13.Z22).

Aus den Expertenantworten lässt sich das Konzept einer modularisierten AdA ableiten, das ein berufsfeldübergreifendes Basismodul umfasst, welches durch entsprechende Aufbaumodule, die einerseits berufsfeldspezifische Vertiefungen sowie andererseits Spezialisierungen wie beispielsweise eine sonderpädagogische Qualifizierung ermöglichen, erweitert werden kann. Die Idee einer modularisierten AdA ist bereits bei Sloane (2006) zu finden. Er sieht als Ausgangspunkt seines Konzeptes die Beförderung eines mikrodidaktischen Aufgabenprofils, wie es klassischerweise bei nebenberuflichen Ausbilder:innen vorzufinden ist, das durch makrodidaktische Module, die auf managementbezogene Aufgabe vorbereiten, ergänzt werden kann (vgl. Sloane 2006, S. 472 f.).

Die Idee einer modularisierten AdA mit einem Basismodul und ergänzenden berufsfeldspezifischen sowie spezialisierenden Modulen ist insofern interessant, als dass das Basismodul sicherstellt, dass Ausbilder:innen bis zu einem gewissen Grad in allen Berufsfeldern gleich gut ausbilden können und damit auch ohne Umqualifizierung den Ausbildungsbetrieb wechseln können. Zum anderen werden die Ausbilder:innen durch die Aufbaumodule dabei unterstützt, den spezifischen Anforderungen des Berufsfeldes stärker gerecht zu werden sowie für ihre Arbeit besonders relevante Qualifikationsschwerpunkte setzen zu können. Wie genau die Umsetzung eines solchen Qualifizierungskonzeptes auszugestalten ist und welche Risiken und Chancen damit im Einzelnen verbunden sind, sind Fragen, denen u. a. im Rahmen von Modellversuchsforschung nachgegangen werden kann. Vor allem in den Anfängen der Ausbilderforschung wurde die Modellversuchsforschung eingesetzt, um Fragen der Ausbilderqualifizierung und dabei insbesondere Möglichkeiten zu untersuchen, Dozierende dieser Lehrgänge zu unterstützen (vgl. Gössling & Sloane 2013, S. 241; Pätzold 1980, S. 858).

Hinsichtlich einer AdA für *ausbildende Fachkräfte* verweisen die Expertenantworten auf die Notwendigkeit einer pädagogischen Qualifizierung auf niedrigschwelligem Niveau. Im Datenmaterial heißt es hierzu:

„Ich könnte mir eine Kurzform für das Fachpersonal vorstellen mit einer Vertiefung zu den Lernmethoden + gesetzlichen Bestimmungen. Alle Inhalte müssen aus meiner Sicht nicht seitens der Fachkräfte bearbeitet werden." (D2.E13.Z30).

„Die berufspädagogischen Inhalte des Handlungsfeldes 3 könnten als Teilqualifikation durch eine praktische Prüfung bei der IHK nachgewiesen und später auf die AEVO angerechnet werden. Die AOK Rheinland ist diesen Weg bereits erfolgreich gegangen und hat (2012 oder 2013?) dafür den Hermann-Schmidt-Preis bekommen." (D2.E7.Z31).

Die Ausführungen der Expert:innen weisen dabei in eine Richtung, die sich bereits in jüngeren Forschungsprojekten abzeichnet (vgl. u. a. Brünner et al. 2013; Jansen & Blötz 2012). Erprobt werden dort vor allem Qualifizierungen mit verkürzter Lehrgangsdauer, die besonders Fragen und Inhalte der Ausbildung am Arbeitsplatz adressieren und damit jene Aufgaben fokussieren, die in der Ausbildungspraxis im Regelfall den ausbildenden Fachkräften zufallen (vgl. Brünner 2014, S. 229). Ein entscheidender Vorteil der verkürzten Formate dürfte vor allem in dem geringen Zeit- und Kostenaufwand für die Unternehmen liegen, was besonders mit Blick auf die Größenordnung der Gruppe der ausbildenden Fachkräfte entscheidend für die Durchsetzbarkeit eines Qualifizierungsangebotes ist. Auch Fragen der Anrechenbarkeit auf eine Mindestqualifizierung nach AEVO, wie sie teilweise bereits in einigen Erprobungen angelegt sind (vgl. Jansen & Blötz 2012), sind von hoher Wichtigkeit für die Akzeptanz solcher Qualifizierungsangebote. Ihre Relevanz reflektiert sich zum einen darin, eine „Qualifikationskonkurrenz zur AEVO-Fortbildung zu vermeiden" (vgl. ebd., S. 51), andererseits darin, weil nicht selten ausbildende Fachkräfte nach mehreren Jahren ihrer Ausbildungstätigkeit die offizielle Position der gemeldeten Ausbilder:innen annehmen und damit nur noch eine Teilqualifizierung nachholen müssen. Umfassende Evaluationen zu den bisher erprobten Qualifizierungskonzepten liegen allerdings nicht vor (vgl. Brünner et al. 2013, S. 21 ff.). Analog zu den Möglichkeiten einer berufsfeldspezifischen AdA sowie einer Spezialisierung der AdA wäre auch hier der Einsatz von Modellversuchsforschung zur weiteren Erprobung und Ausdifferenzierung denkbar.

In der Tabelle 35 sind die Auswertungsergebnisse zur Hauptkategorie II zusammengefasst. Die fett hinterlegte Ziffer in der linken Spalte weist aus, wie viele Kodierungen insgesamt auf die Reformdiskurse zur AdA entfallen. Die übrigen Ziffern verdeutlichen, auf wie vielen Kodierungen die zusammengefassten Expertenaussagen basieren.

Tabelle 35: Zusammenfassung der Kodierungen zur Ausrichtung und zum Geltungsbereich der AdA

Refomdiskurse zur AdA	Zusammenfassung der Expertenaussagen	
Ausrichtung und Geltungsbereich der AdA 25	Beständigkeit der AdA: keine Veränderungen in der AdA, insbesondere, weil gegenwärtige AdA die Qualifizierungsbedarfe deckt und die Qualifizierung von Fachkräften ein Ausbildungshemmnis ist 9	- Spezialisierung oberhalb der Grundqualifizierung: die Grundlagenvermittlung ist wichtig eine Spezialisierung oberhalb davon ist sinnvoll 5 - Teilweise berufsfeldspezifische Ausbildung: berufsfeldübergreifende Grundlagen und berufsfeldspezifischer Teil z. B. in Form eines Praxisanteils 5 - reduzierte Ausbildung für Fachkräfte: Kurzform für das Fachpersonal mit Schwerpunkt auf ihr Ausbilderhandeln z. B. Handlungsfeld drei der AEVO und basale rechtliche Grundlagen 6

4.4.3 Zukunft der Ausbilderlehrgänge und der Ausbildereignungsprüfung

Die zweite Ebene der Betrachtung der AdA legt den Schwerpunkt auf Fragestellungen, welche die Ausgestaltung der Ausbilderlehrgänge sowie der Ausbildereignungsprüfung betreffen. Die Expert:innen wurden in diesem Zusammenhang nach ihren Idealvorstellungen eines Ausbilderlehrgangs sowie einer Ausbildereignungsprüfung befragt. Damit wurde der bisher nur rudimentär geführte Diskurs um eine Veränderung in Bezug auf beide aufgegriffen (vgl. besonders Gössling & Sloane 2013, S. 254). Die gegenwärtigen Ausführungen zu den Lehrgängen weisen primär auf die Notwendigkeit hin, berufliche Handlungssituationen umfassend zu erproben und zu reflektieren, um so dem häufig rein fachtheoretischen Unterricht eine handlungspraktische Komponente entgegenzustellen (vgl. ebd.). Die Ausbildereignungsprüfung, deren Steuerungsfunktion für die Ausbilderlehrgänge immer wieder betont wird (vgl. Brünner 2012a, S. 247), soll durch offenere und handlungsorientiertere Prüfungsformate wie insbesondere die Portfolioprüfung geprägt werden (vgl. Gössling & Sloane 2013, S. 255).

Die aus dem Datenmaterial gewonnenen Aussagen der Expert:innen zu ihren Idealvorstellungen der Ausbilderlehrgänge und der Ausbildereignungsprüfung sind in der Hauptkategorie III *Ausgestaltung der Ausbilderlehrgänge und Prüfung* (vgl. Anhang 3) zusammengefasst. Mit Fokus auf die *Ausbilderlehrgänge* ergab die Analyse des Datenmaterials im Kern drei Gestaltungshinweise: erstens wurde für eine Erweiterung des Lernens im Seminarraum durch praxisorientiertere Lernsettings, in denen ausbildungsbezogene Handlungssituationen erprobt, analysiert und besprochen werden können votiert. In diesem Zusammenhang werden insbesondere begleitende betriebliche Lernphasen vorgeschlagen, wie der folgende Ausschnitt aus dem Datenmaterial exemplarisch belegt:

„Ich würde den Ausbildungsumfang in der Form erhöhen, dass es eine verpflichtende betriebliche Lernphase gibt, in der beispielsweise durch kollegiale Hospitation zu Ausbildungssituationen, Gesprächen mit ausbildenden Fachkräften, kollegiale Beratung von Problemfällen in der Ausbildung usw. das Kurslernen mit dem Lernen in der Ausbildungspraxis verzahnt wird. Ziel wäre hier ein Einstieg in die Professionalisierung des Ausbildungspersonals." (D2.E9.Z34).

Der zweite Gestaltungsvorschlag fokussiert die Beförderung eines Austausches der Teilnehmer:innen untereinander. Es geht unter anderem darum, dass diese im Rahmen der Lehrgänge die Möglichkeit erhalten, sich über ihre „eigenen Ausbildungs- und Lernerfahrungen", über „typische Ausbildungssituationen in ihrem jetzigen Betrieb" (D2.E7.Z37) sowie über „Problemfälle in der Ausbildung" (D2.E9.Z34) auszutauschen und gemeinsam drüber zu reflektieren. Im Sinne eines über die Ausbilderlehrgänge hinausgehenden Austausches sollten den Teilnehmer:innen ferner Möglichkeiten der Vernetzung z. B. in „Ausbildungsnetzwerken" oder „Ausbilderstammtische" (D2.E9.Z34) aufgezeigt werden.

Der dritte Gestaltungsvorschlag zielt auf die Bearbeitung von komplexen berufspädagogischen Situationen in den Lehrgängen sowie deren Dokumentation, Vorstellung sowie Überarbeitung. Beispielhaft ist der nachfolgende Auszug aus dem Datenmaterial:

„In den Lehrgängen sollten mit Projektarbeiten – betrieblich tatsächliche – komplexe berufspädagogische Problemstellungen in einer speziellen berufspädagogischen Funktion dargestellt, beurteilt und gelöst werden. Die Projektarbeit ist als schriftliche Hausarbeit anzufertigen. Im Anschluss wird diese in einer Lerngruppe präsentiert und [d]iskutiert. Die Gruppe oder auch der Dozent ergänzt den Lernenden, gibt Hilfestellungen und z.B. auch Hinweise auf weiterführende Literatur. Die Vorgaben für diese Projekte und Hausarbeiten sollten klar die wichtigsten Ausbildungsinhalte abverlangen." (D2.E4.Z34).

Die Ausführungen der Expert:innen zur Gestaltung der Ausbilderlehrgänge skizzieren eine Idealvorstellung, die an die Ausführungen der theoretischen Exploration sowie den Stellenbeschreibungen und deren Entwicklungslinien anschlussfähig ist. So greifen die Gestaltungsvorschläge u. a. durch den Vorschlag der Integration betrieblicher Lernphasen, praxisorientierter und komplexer Lernsettings, kollegialen Austausches sowie betrieblicher Hospitationen erstens wesentliche Kritikpunkte, die bisher zur Lehrgangspraxis geäußert wurden, auf, wonach diese vor allem durch eine „pädagogisch-didaktische Fachtheorie" (ebd.) bzw. einem „Fakten-Pauken" (ebd.) geprägt ist, welches sicherstellen soll, dass die Teilnehmer:innen erfolgreich die Ausbildereignungsprüfung bestehen (vgl. Brünner 2012a; Lauterbach & Neß 2000, S. 53 ff.). Komplexe Methoden wie beispielsweise Planspiele, Simulationen oder Fallstudien werden hinter instruktionsorientieren Methoden wie besonders der N-Stufen-Methode, zurückgestellt (vgl. Bahl & Brünner 2013, S. 528; Brünner et al. 2013, S. 5; Gössling & Sloane 2013, S. 254; Lauterbach & Neß 1999, S. 140 f.). Auch geht aus bisherigen Untersuchungen hervor, dass in den Lehrgängen, häufig die Zeit sowie die gemeinsame Basis zum Austausch, zur Reflexion sowie zur Rückbindung der Lehrgangsinhalte an die Ausbildungspraxis fehlt, was u. a. zu Anwendungs- und Transferproblemen führt (vgl. Bahl & Brünner 2013, S. 532; Sloane 2006, S. 462).

Zweitens wird durch die Reformvorschläge auch dem Umstand Rechnung getragen, dass das betriebliche Ausbildungspersonal u. a. wegen seiner heterogenen organisatorischen Einordnung (vgl. Abschnitt 4.2.1) wahrscheinlich kein übergeordnetes Selbstbewusstsein oder Selbstverständnis entwickeln kann, welches als Basis einer überbetrieblichen Vernetzung der Teilnehmer:innen dienen könnte. Über die Integration von kommunikativen Elementen zwischen den Teilnehmer:innen kann diese Problematik begegnet und damit ein wichtiges Fundament für die Bildung von Ausbildernetzwerken oder ähnlichen Formaten geschaffen werden, welche wiederum als gemeinsame Interessenvertretung eine wichtige Basis für die Stärkung der Position der Ausbilder:innen in den Unternehmen bilden können.

Durch die Integration komplexer berufspädagogischer Situationen und Aufgabenstellungen über Lernformate wie beispielsweise die Projektarbeit oder Hausarbeiten wird drittens die sich abzeichnende Komplexitätszunahme des betrieblichen Lernens und Ausbildens (vgl. Abschnitt 4.3.4) aufgegriffen. Diese Komplexitätszunahme zeigt sich mit Blick auf die Ausbildungsziele sowie die Ausbildungsmethoden. So zeichnet sich ab, dass insbesondere im Zusammenhang mit nachhaltiger Entwicklung und digitaler Transformation Unternehmen für die erfolgreiche Bewältigung dieser Transformationen und der mit ihnen verbundenen Folgen wie z. B. einem erhöhten Wettbewerbsdruck, veränderten Konsummustern und Kundenwünschen sowie gesunkenen Markteintrittsbarrieren zunehmend auf Mitarbeiter:innen angewiesen sind, die willens und fähig sind, an unternehmerischen Entscheidungsprozessen zu partizipieren, indem sie diese „sowohl kritisch hinterfragen und bewerten als auch aktiv mit Weitblick an vernunftbasierten Alternativen mitarbeiten und diese auch durchsetzen können." (Schlömer 2017, S. 7). Die Befähigung der Mitarbeiter:innen hierzu setzt optimaler Weise an der Ausbildung an (vgl. besonders Kiepe et al. 2019). Im Rahmen der Ausbildung gilt es dann, entsprechende unternehmerische Fähigkeiten zu befördern, die zugleich die Basis für zukunftsfähige Berufsbildungsbiografien der Auszubildenden bilden. Dazu gehören z. B. Kreativität, Innovativität, Problemlösungs- und Entscheidungsfindungsfähigkeit, Prozesswissen, systemübergreifendes Wissen, ausgeprägte Sozial- und Kommunikationskompetenzen, IT-Kompetenz, Fähigkeit der Datenauswertung, Fähigkeit, die sozialen, ökologischen und ökonomischen Folgen unternehmerischen Handelns abschätzen zu können, Fähigkeit zur

Vereinfachung komplexer Sachverhalte sowie interdisziplinäres Wissen (vgl. u. a. acatech 2016, S. 12; Ahrend 2016; BMBF 2017; BMWi 2016, S. 7; Gemünden & Konrad 2001, S. 125; Haan 2008, S. 32; Schaller 2001, S. 43 ff.; Sloane et al. 2018, S. 6 f.; Zinke 2019, S. 71). Zur Beförderung dieser unternehmerischen Fähigkeiten braucht es Kompetenzentwicklungsprozesse, die durch partizipative, problem- und handlungsorientierte Lern- und Förderungsangebote geprägt sind (vgl. Schlömer et al. 2019). Instruktionsorientierte Methoden wie die vier-Stufen-Methode verlieren an Bedeutung und sind durch solche Methoden wie z. B. die Projektmethode zu ersetzen, die komplexes, teamorientiertes, kreatives und eigenständiges Lernen und Arbeiten fördern. Ausbilder:innen, die diese Methoden in der Ausbildung einsetzen sollen und zudem selber als Fachkräfte und auch als Ausbilder:innen an Unternehmensentwicklung partizipieren, sollten diese Methoden nicht allein aus dem Lehrbuch kennen, sondern bereits selber damit gearbeitet haben, um erstens sicher im Umgang mit diesen Methoden zu sein sowie zweitens selber entsprechende unternehmerische Kompetenzen zu entwickeln. Die Ausbilderlehrgänge bilden dabei einen optimalen Schonraum für die Erprobung sowie den Austausch dieser Methoden.

Die Auswertung der Expertenantworten zu *Ausgestaltung der Prüfung* verwiesen erstens darauf, dass die Ausbildereignungsprüfungen nicht mehr nur Wissensbestände prüfen soll, sondern auch die Haltung der Auszubildenden gegenüber der Ausbildung sowie ihre Führungskompetenz zu Prüfungsgegenständen machen sollte (vgl. D2.E13.Z38). Ferner wird angeführt, dass die Prüfungen „stärker kompetenzbasiert" (D2.E6.Z39) sowie „handlungsorientiert und praxisnah ablaufen [sollten]. Das bedeutet, die Prüfer fahren zum (jeweiligen) Ausbildungsbetrieb und prüfen am Arbeitsplatz des zukünftigen Ausbilders." (D2.E11.Z38). Hinsichtlich der Prüfungsform ist eine Abwendung von Multiple-Choice-Prüfungen erkennbar. Es werden stattdessen unterschiedliche Prüfungsformate vorgeschlagen. Neben einer aus schriftlichen Einzelaufträgen bestehenden Portfolioprüfung (vgl. D2.E9.Z38) wird auch das Anfertigen von Projektarbeiten genannt (vgl. u. a. D2.E8.Z38; D2.E4.Z38). Hierzu heißt es an zwei prägnanten Stellen im Datenmaterial:

„Portfolios eigenen sich[, um] praktische Ausbildungserfahrungen im Lichte von im AdA Kurs erworbenen Theorie[n] betrieblicher Bildung zu reflektieren. Die Schreibaufgaben können auch als eine Vorbereitung für die Erstellung von Ausbildungsplänen, Entwicklungsberichten usw. gesehen werden, was gerade in ‚schriftfernen' Berufsbildern wichtig wäre. Hier bräuchte es wohl auch schreibdidaktische Maßnahmen. Eine Professionalisierung ohne Lese- und Schreibkompetenz kann ich mir nicht vorstellen." (D2.E9.Z38).

„Es sollten in der ADA Prüfung als Vorgabe alle Kernthemenfelder der Ausbildertätigkeit aufgezählt sein, der Prüfungsteilnehmer beantragt im Vorfeld drei aus diesen Themenfeldern. Der Ausschuss wählt ein Themenfeld aus und der Teilnehmer erstellt dann im Anschluss die Hausarbeit. Bei der Formulierung der Vorgaben für die betrieblichen Projekte, muss ein Mindestmaß an Inhalten abverlangt werden. Unterm Strich wird aber nicht mehr alles abgeprüft! Lieber weniger und das intensiver mit einer besseren Qualität." (D2.E4.Z38).

Die vorab angeführten Expertenaussagen zur Ausbildereignungsprüfung sind anschlussfähig an die Ausführungen zur Ausgestaltung der Ausbilderlehrgänge. Hier spiegelt sich indirekt die steuernde Funktion der Ausbildereignungsprüfung für die Ausgestaltung der Lehrgänge wider (vgl. u. a. ebd.). Die gegenwärtige Prüfungspraxis, die aus einer 180-minütigen schriftlichen Prüfung, die aus gebundenen/ programmierten Aufgaben sowie offenen/ teiloffenen Aufgaben besteht, sowie aus einer maximal 30-minütigen praktischen Prüfung, bestehend aus der Präsentation einer Ausbildungssituation oder der Durchführung einer Ausbildungssituation sowie einem sich daran anschließendem Fachgespräch (vgl. überblicksartig Büttner et al. 2013, S. 96 ff.) wird in den Expertenantworten nicht aufgegriffen. Vielmehr ist erkennbar, dass die Trennung zwischen der schriftlichen Prüfung und dem reflexiven Anteil, der gegenwärtig vor allem im Fachgespräch vorzufinden ist (ebd., S. 110 f.), aufgehoben wird. An die Stelle eines zweigeteilten Prüfungsformates tritt ein ganzheitliches und in die Ausbilderlehrgänge integriertes Format, das die Überprüfung von fachlichen Inhalten mit einer reflexiven und analytischen Komponente verbindet und damit den Prüfungsfokus erweitert.

Im Kontrast zu den vorangegangenen Ausführungen zur Ausbildereignungsprüfung stehen Expertenausführungen, wonach in den nächsten Jahren mit einer „Entlastung des Ehrenamtes, sprich weniger (zeitlichen) Aufwand für die Prüfer und somit eine Stärkung von automatisierten Verfahren" (D2.E5.Z46f.) in den Ausbildereignungsprüfungen zu rechnen sei. Weiter heißt es: „Ebenfalls werden praktische Durchführungen einer Ausbildungssituation idealerweise entfallen. Bei einem pädagogischen Nachweis ist eine praktische Durchführung fachlich entbehrlich." (ebd.).

Diese Prognosen stehen ersten in einem starken Widerspruch zu den vorangegangenen Expertenausführungen und zweitens im Widerspruch zur Komplexitätszunahme betrieblicher Ausbildungstätigkeit, wie sie im Zusammenhang mit den Ausbilderlehrgängen sowie mit der Offenlegung, dass betriebliche Ausbildung ein Entwicklungsprojekt ist (vgl. Abschnitt 4.4.1), bereits beschreiben wurde. Insgesamt ist davon auszugehen, dass Ausbilder:innen zukünftig stärker an der Entwicklung und Anpassung der betrieblichen Ausbildung partizipieren müssen. Sie benötigen dafür Kreativität und Gestaltungskompetenz. Die bisherige schriftliche Ausbilderprüfung ist kein geeignetes Instrument, um dies zu überprüfen. Büttner et al. (2013, S. 99) schreiben hierzu:

> „Nachteilig wirkt sich die Aufgabenstellung allerdings auf die Kreativität der zu Prüfenden aus, da nur vorangegangene Handlungs-/Lösungsschemata genutzt werden können und eigene Lösungsansätze keine Berücksichtigung finden, was im Hinblick auf die Prüfung der Handlungskompetenz jedoch wichtig wäre. Hier stoßen gebundene Aufgaben an ihre Grenzen."

In der letzten Unterkategorie *Beständigkeit der Lehrgänge und der Prüfung* sind alle Aussagen zusammengeführt, die anführen, dass eine Veränderung der Ausbilderlehrgänge sowie der Ausbildereignungsprüfung nicht notwendig oder zukünftig unwahrscheinlich ist. Exemplarisch sind die folgenden zwei Aussagen:

„Die aktuelle Prüfung mit einem schriftlichen und einem praktischen Teil ist dem Zweck und Ziel angemessen. Auch Prüfungen mit Antwort-Wahl-Verfahren sind geeignet, den fachlichen Hintergrund der Teilnehmer festzustellen. Darüber hinaus können betrieblichen Situationen abgebildet werden. Diese Prüfungsform ist auch in der beruflichen Bildung einsetzbar." (D2.E5.Z44).

„[I]ch glaube nicht, dass die Kammern Veränderungsbedarf erkennen und es zu einer Veränderung kommen wird." (D2.E1.Z40).

Die Expertenaussagen, die dieser letzten Unterkategorie zugeordnet sind, spiegeln wider, dass die AdA mit ihren gegenwärtigen Lehrgangs- und Prüfungsformaten ein System ist, das erstens über mehrere Jahrzehnte als „Kompromissformel" (Friede 2013, S. 19) gewachsen ist, zweitens ein Mindestqualitätsniveau der betrieblichen Ausbildung gewährleisten kann (vgl. Ulmer & Jablonka 2008) sowie drittens bisher im Stande war, die große Anzahl an zu qualifizierenden Ausbilder:innen zu bewältigen. Allein im Jahr 2018 haben deutschlandweit in den Ausbildungsbereichen Industrie und Handel, Handwerk, Landwirtschaft, öffentlicher Dienst und Hauswirtschaft insgesamt 94.806 Personen an der Ausbildereignungsprüfungen teilgenommen (vgl. BiBB 2020a, S. 172). Für die Anbieter:innen dieser Lehrgänge, d. h. die IHKs, HWKs und privatwirtschaftlichen Bildungseinrichtungen (vgl. Brünner 2012a, S. 246; Klein 1979, S. 23; Kutt 1980, S. 830; Sloane 2006, S. 462) stellt die gegenwärtige AdA zudem ein Geschäftsmodell dar, das fest in den Angebotsstrukturen dieser Institutionen verankert ist und durch ein entsprechendes Bildungspersonal und organisationale Strukturen abgedeckt wird. Eine Anpassung der Ausbilderlehrgänge im durch die Expert:innen skizzierten Sinne wäre dabei mit umfassenden Anpassungsprozessen dieser Institutionen verbunden – angefangen mit der zeitlichen Ausgestaltung der Ausbilderlehrgänge, über die Auswahl der Methoden und Medien bis hin zur Auswahl bzw. Qualifizierung der Dozierenden. Auch die Einführung von komplexen Prüfungsformaten wie beispielsweise der Portfolioprüfung wäre für die IHKs als Organisatoren und Abnehmer:innen der Prüfung mit einem höheren Betreuungsaufwand verbunden. Ferner müssen die bisher standardisierten Auswertungsverfahren auf die „Qualitätskriterien der Objektivität und Wirtschaftlichkeit" (Büttner et al. 2013, S. 99) für die neue Prüfungsform angepasst werden.

Die Auswertungsergebnisse dieser letzten Unterkategorie lassen im Wissen um die Ergebnisse der vorangegangen beiden Unterkategorien den Schluss zu, dass eine Veränderung der Ausbilderlehrgänge sowie der Ausbildereignungsprüfung zwar notwendig, aber nicht allein top down, d. h. in Form von bildungspolitischen Vorgaben zu realisieren ist. Vielmehr ist es wichtig, die Anbieter:innen der Ausbilderlehrgänge sowie der Eignungsprüfung aktiv in den Diskurs zur Neugestaltung einzubinden. Zum einen hat der Staat wegen des Subsidiaritätsprinzips in der Berufsausbildung kaum Möglichkeiten, über Verordnungen und Rahmen(stoff)pläne Vorgaben für die Gestaltung der Lehrgänge zu erlassen (vgl. Friede 2013, S. 32) und zum anderen haben die Ausführungen zur letzten Unterkategorie deutlich gemacht, dass bei der Reformierung der AdA auch die Ressourcen und die Möglichkeiten der Anbieter:innen der AdA berücksichtigt und gemeinsam neu ausgehandelt werden müssen. Dies darf nicht dahingehend verstanden werden, dass die Neuausrichtung der AdA allein dem Wohlwollen der Anbieter:innen obliegen sollte. Vielmehr ist es wichtig, für die Akzeptanz sowie die Tragweite einer Reformierung der AdA auch jene Akteure mit einzubinden, welche die Basis der AdA bilden. Dazu gehören neben den Anbietern der Ausbilderlehrgänge auch die Unternehmen an die sich die AdA richtet und die über ihre Nachfrage letztendlich darüber entscheiden, welche Tragweite der Reformierung hat.

In der Tabelle 36 sind die Auswertungsergebnisse zur Hauptkategorie III zusammengefasst. Die in der Tabelle enthaltenen Buchstaben strukturieren die Wiedergabe der in den einzelnen Unterkategorien zusammengetragenen Aussagen. Die fett hinterlegte Ziffer in der linken Spalte weist aus, wie viele Kodierungen insgesamt auf die Überlegungen zur Durchführung der AdA entfallen. Die übrigen Ziffern verdeutlichen, auf wie vielen Kodierungen die zusammengefassten Expertenaussagen basieren.

Tabelle 36: Zusammenfassung der Kodierungen zum Zukunftsbild der Ausbilderlehrgänge und Ausbildereignungsprüfung

Überlegungen zur Durchführung der AdA	Zusammenfassung der Expertenaussagen	
Zukunftsbild Ausbilderlehrgänge und -eignungsprüfung 24	*Ausgestaltung der Ausbilderlehrgänge:* Erweiterung durch praxisorientiertere Lernsettings z. B. betriebliche Lernphasen, Beförderung des Austausches der Teilnehmer:innen und Bearbeitung komplexer berufspädagogischer Situation z. B. in Projektarbeit 11	*Ausgestaltung der Prüfung:* Haltung und Führungskompetenz prüfen; schriftliche Prüfung in Form von Portfolioprüfung oder Projektarbeiten, Abschaffung von Multiple Choice; Kompetenz- und Handlungsorientierung in den Prüfungen 8
	Beständigkeit der Lehrgänge und der Prüfung: keine Notwendigkeit zur Veränderung in den Lehrgängen sowie den Prüfungen; Veränderungen eher unwahrscheinlich 5	

4.4.4 Zusammenfassung und Diskussion

Neben der Bearbeitung des ersten Forschungsdesiderates bestand ein weiteres Ziel der Delphi-Studie in der Bearbeitung von Desiderat 3, welches den Schwerpunkt auf die AdA legt. Im Zentrum steht die Kritik gegenüber der gegenwärtigen AdA, welche durch Partikularinteressen geprägt ist, was ihre Reformierung erheblich erschwert. Bisherigen Reformforderungen aus der Politik, der Wissenschaft sowie der betrieblichen Praxis ist noch kein umfassender Diskurs gefolgt. So liegen gegenwärtig nur einzelne und nicht umfassend diskutierte Vorschläge zur domänenspezifischen und aufgabentypischen AdA sowie zur Ausgestaltung der Ausbilderlehrgänge und der Ausbildereignungsprüfung vor (vgl. besonders Gössling & Sloane 2013; Sloane 2006). Diskurse zum kontroversen Thema der pädagogischen Qualifizierung von ausbildenden Fachkräften liegen kaum vor. Insgesamt sind die Reformdiskussionen zudem nur unzureichend an das Ausbilderhandeln im Betrieb zurückgebunden. Gegenwärtige und zukünftige Transformationsprozesse, die erheblichen Einfluss auf das Ausbilderhandeln und die Anforderungen an Ausbilder:innen haben, werden bislang nicht berücksichtigt.

In der zweiten Runde der Delphi-Befragung wurde deshalb unmittelbar im Anschluss an die Expertenbefragung zum gegenwärtigen Stellenprofil der betrieblichen Ausbilder:innen und deren mögliche zukünftige Veränderungen im Kontext gesellschaftlicher Transformationsprozesse ein Diskurs rund um eine zukünftige AdA initiiert. In den Abschnitt 4.4.1 bis einschließlich Abschnitt 4.4.3 wurden die Expertenaussagen zu den Reformüberlegungen der AdA vorgestellt sowie die ihnen zu Grunde liegenden Aussagen zu den veränderten pädagogischen und betriebswirtschaftlichen Anforderungen an die Ausbilder:innen entfaltet. Damit sind nun auch die letzten zwei Fragestellungen dieser Studie (vgl. Abschnitt 1.2) beantwortet:

- Wie bewerten Expert:innen aus Forschung, Praxis und Berufsbildungspolitik ausgewählte Reformvorschläge zu der AdA im Kontext veränderter Anforderungen an die Ausbilder:innen?
- Durch welche Merkmale ist ein zukünftiges Idealbild der Ausbilderlehrgänge und der Ausbildereignungsprüfung geprägt?

In Tabelle 37 sind die Ergebnisse zum dritten Desiderat zusammengefasst. In der Zusammenfassung sind sowohl die Expertenaussagen als auch deren Rückbindung an die theoretische Exploration sowie ggf. die Dokumentenanalyse abgebildet. Die Ausführungen, die nummeriert sind, stellen die Befunde der Auswertung dar und werden ggf. mit Unterpunkten erweitert. Jene Ausführungen, die mit einem Pfeil versehen sind, stellen Schlussfolgerungen zu den Befunden dar.

Tabelle 37: Zusammenfassung der empirischen und theoretische gestützten Befunde sowie Schlussfolgerungen zur zukünftigen AdA

Themenfelder	Einzelbefunde (nummeriert), Schlussfolgerungen, Anschluss an Theorie-/Literaturdiskurs und Dokumentenanalyse
betriebswirtschaftliche und pädagogische Anforderungen	1. Anstieg des betriebswirtschaftlichen und des pädagogischen Anspruchs • betriebliche Ausbildung ist zukünftig ein Entwicklungsprojekt: • Ausbildung muss sich an veränderte betriebswirtschaftliche, pädagogische Anforderungen sowie Ausbildungsformate anpassen • Ausbildung kann Unternehmensentwicklung anstoßen • aus Ausbildung leitet sich Entwicklungsbedarf für Qualifizierung von Ausbilder:innen ab 2. steigender ökonomischen Legitimationsdruck: • Investitionsbereitschaft der Unternehmen muss zukünftig steigen, als Gegengewicht stärkere Reflexion über strategischen Nutzen von Ausbildung *Anschluss an Theorie- und Literaturdiskussion:* (vgl. acatech 2016, S. 12; Armutat 2018; BiBB o. J.a, o. J.c, 2003, S. 4, 2018; BMWi 2016; Bormann & Haan 2008, S. 32; Franken & Cutmore-Beinlich 2018, S. 57; Hofmann et al. 2020; Hofmann & König 2017; Pfeiffer & Kaiser 2009, S. 32; Sloane et al. 2018, S. 6 ff.; Spath 2013; Ulmer, Weiß & Zöller 2012, S. 11; Zinke 2019, S. 71 ff.) *Anschluss oder Widerspruch zu den Ergebnissen der Dokumentenanalyse:* (vgl. Abschnitt 4.3.6)

Kapitel 4

Reformdiskussionen zur AdA	3. Beständigkeit der AdA
	• kein Anpassungsbedarf der AdA, da Qualifikationsbedarfe umfassend und vollständig abdeckt sind
	• pädagogische Mindestqualifizierung für ausbildende Fachkräfte als Ausbildungshemmnis
	⇨ ablehnende Haltung historisch begründbar:
	  • AdA stellt seit Jahrzehnten ein Mindestniveau betrieblicher Ausbildung sicher
	  • AdA fängt die vielfältigen Anforderungen an die Mindestqualifizierung auf
	⇨ Veränderung der AdA gewinnt im Kontext gesellschaftlicher Entwicklungen an Relevanz:
	  • Anforderungen an AdA abhängig von Branchen und Berufsfeldern
	  • Anforderungen an AdA abhängig von gewählten Strategien
	
	4. Anerkenntnis einer branchenspezifischen AdA, einer Spezialisierung der AdA, einer AdA für ausbildende Fachkräfte
	• berufsfeldübergreifende Basisqualifikation, darauf aufbauend berufsfeldspezifische Qualifizierung und Spezialisierung
	• niedrigschwellige Qualifizierung für ausbildende Fachkräfte
	⇨ Konzept der modularisierten AdA erkennbar
	⇨ verkürzte und anrechenbare Formate für ausbildende Fachkräfte wichtig für Durchsetzbarkeit
	⇨ Erforschung neuer Formate im Rahmen von Modellversuchsforschung
	
	Anschluss an Theorie- und Literaturdiskussion: (vgl. Bahl & Brünner 2013, S. 532, 2018, S. 366; Baumgartner 2015, S. 114; Beschorner 2015; BiBB 2019; BMWi 2018; Brünner et al. 2013; Ebbinghaus 2011, S. 126 ff.; Friede 2013, S. 15 ff.; Gössling & Sloane 2013, S. 234 ff.; Jänicke 1984; Jansen & Blötz 2012; Kiepe 2019; McDonough & Braungart 2002; Pätzold 1980, S. 858; Pfriem 2004; Schneidewind 2012; Sloane 2006, S. 462; Ulmer et al. 2008; Ulmer 2019, S. 134)

Zukunftsbild der Ausbilderlehrgänge und der Ausbildereignungsprüfung	5. Gestaltungsvorschläge zu den Ausbilderlehrgängen: • Erweiterung des Lernens im Seminarraum durch praxisorientiertere Lernsettings • Beförderung eines Austausches der Teilnehmer:innen • Bearbeitung von komplexen berufspädagogischen Situationen ⇨ Gestaltungsvorschläge anschlussfähig an Kritik zur bisherigen Lehrgangspraxis ⇨ Stärkung Selbstbewusstsein der Gruppe der Ausbilder:innen aufgegriffen über Kommunikation ⇨ Gestaltungsvorschläge greifen Komplexitätszunahme betrieblichen Lernens und Ausbildens auf 6. Gestaltungsvorschläge zur Ausbildereignungsprüfung: • Überprüfung von Haltung und Führungskompetenzen • kompetenzbasiertere Prüfungen • handlungsorientierte und praxisnahe Prüfungen • Einsatz komplexer Prüfungsformate ⇨ Aussagen anschlussfähig an Gestaltungsvorschläge zu Ausbilderlehrgängen ⇨ ganzheitliches in die Ausbilderlehrgänge integriertes Prüfungsformat ⇨ Beförderung von Kreativität und Gestaltungskompetenz als Grundlage des Ausbilderhandelns 7. Beständigkeit der Ausbilderlehrgänge und der Ausbildereignungsprüfung: • Anpassung nicht notwendig, da bestehenden Formate dem Zweck angemessen sind • Anpassung durch Kammern nicht erkannt ⇨ AdA ist über Jahrzehnte als Kompromissformel gewachsen

	⇨ AdA konnte bisher Mindestqualitätsniveau betrieblicher Ausbildung gewährleisten ⇨ AdA ist für die Anbieter:innen der Lehrgänge und Ausbildereignungsprüfung ein Geschäftsmodell ⇨ Anpassung der AdA durch Beteiligung der Anbieter:innen und Unternehmen *Anschluss an Theorie- und Literaturdiskussion:* (vgl. Bahl & Brünner 2013, S. 528; BiBB 2020a, S. 172; Brünner 2012a, S. 246 f.; Brünner et al. 2013, S. 5; Büttner et al. 2013, S. 99; Friede 2013, S. 32; Gössling & Sloane 2013, S. 254; Lauterbach & Neß 1999, S. 140 f.; Sloane 2006, S. 462; Ulmer & Jablonka 2008) *Anschluss oder Widerspruch zu den Ergebnissen der Dokumentenanalyse:* (vgl. Abschnitt 4.2.1)

In der vorangegangenen Tabelle 37 sind die wesentlichen Ergebnisse zum Diskurs rund um eine zukünftige AdA zusammengefasst. Drei Aspekte sind von besonderer Relevanz: Erstens gewinnt die AdA an Bedeutung durch steigende Anforderungen in sowohl pädagogischer als auch betriebswirtschaftlicher Hinsicht. Zweitens erhöht dies die Dringlichkeit, sich mit den Möglichkeiten (a) einer Ausrichtung der Mindestqualifizierung an den Berufsfeldern, (b) einer Spezialisierung innerhalb der Ausbildertätigkeiten sowie (c) einer niedrigschwelligeren Variante für die ausbildenden Fachkräfte zu befassen. Da in den aktuellen Reformüberlegungen, die auch die Lehrgänge und die Eignungsprüfungen umfassen, der Reformbedarf zwar anerkannt, gleichwohl in Teilen auch abgelehnt wird, ergibt sich drittens und letztlich das Erfordernis, die Vielfalt an divergierenden Interessen in Bezug auf die Ausbildung der Ausbilder:innen zu verständigen, das heißt, die zukünftige AdA als einen Aushandlungsprozess zu gestalten, an dem sämtliche relevante Akteure und Interessensgruppen partizipieren können.

5 Zusammenfassung und Ausblick

Im Zentrum der vorliegenden Studie steht das betriebliche Ausbildungspersonal als eine der wichtigsten Lehrendengruppen innerhalb der beruflichen Bildung. Mit seiner formaljuristischen Definition durch das BBiG aus dem Jahr 1969 und der darin enthaltenen Differenzierung zwischen gemeldeten Ausbilder:innen und an betrieblicher Ausbildung mitwirkenden Personen, den ausbildenden Fachkräften, (vgl. BBiG § 28) wurde eine Phase intensiver Ausbilderforschung eingeleitet, die besonders in den 1970er- und 1980er-Jahren stattfand (vgl. u. a. Merkel et al. 2017, S. 121). Zentral standen damals primär Forschungen zur pädagogischen Mindestqualifizierung der Ausbilder:innen (vgl. Brünner 2014, S. 32; Gössling & Sloane 2013, S. 241 f.; Sloane 2006, S. 460), die seit dem Jahr 1972 durch die AEVO geregelt und in Form von Ausbilderlehrgängen institutionalisiert ist sowie mit einer Prüfung bei den zuständigen Stellen abschließt (vgl. u. a. Bahl & Brünner 2013).

Seit Ende der 1990er-Jahre ist die Ausbilderforschung jedoch stark zurückgegangen, was wohl nicht zuletzt mit der Aussetzung der Anwendung der AEVO zusammenhängt (vgl. u. a. Bahl 2012, S. 38; Brünner 2014, S. 25; Falk & Zedler 2009, S. 20). Infolgedessen liegen gegenwärtig zu Ausbilder:innen, die ihre Ausbildertätigkeit im Regelfall unter erschwerten Bedingungen sowie nebenberuflich ausüben, kaum zeitgemäße sowie empirisch unterlegte Erkenntnisse vor. Vor dem Hintergrund gesellschaftlicher Transformationsprozesse – nachhaltige Entwicklung, digitale Transformation und demografischer Wandel (vgl. u. a. Diettrich 2017, S. 320; Sloane 2009, S. 1) – und der damit verbundenen Veränderungen der Rahmenbedingungen betrieblichen Ausbildens, steigt die Problematik einer gegenwärtig fehlenden Ausbilderforschung insbesondere insofern an, als dass vorliegende Forschungsbefunde sukzessive an Aussagekraft verlieren. Damit fehlt eine wesentliche Basis, um gegenwarts- sowie zukunftsbezogen über die betriebliche Ausbildung sowie die Ausbildung der Ausbilder:innen zu sprechen und diese zu gestalten.

Mit dem Ziel, einen Beitrag zur Ausbilderforschung zu leisten, wurden im Rahmen dieser Studie drei Forschungsdesiderata identifiziert und bearbeitet:

Das *erste* Desiderat fokussiert das Fehlen einer systemisch-ganzheitlichen Betrachtung von Ausbilderhandeln und Ausbildereignung im Betrieb, mittels welcher sich die Interdependenzen zwischen den Erwartungen, Voraussetzungen und Möglichkeiten des Ausbildungsbetriebes einerseits und den typischen Zuständen, Rollen und Beiträgen von Ausbilder:innen andererseits sowohl mit Blick auf die Gegenwart als auch mit Blick auf die Zukunft beschreiben lassen.

Der Fokus des *zweiten* und des *dritten* Forschungsdesiderats liegt auf der Ausbildung der Ausbilder:innen (AdA). Ausgangspunkt des Forschungsprozesses ist das Fehlen einer detaillierten Untersuchung über die in der AdA vorherrschenden Vorstellungen zu den Aufgabenstrukturen von Ausbilder:innen, das in der AdA angelegte Verständnis von der beruflichen Handlungskompetenz der betrieblichen Ausbilder:innen sowie die Vorstellungen von betrieblicher Ausbildungsdidaktik (Desiderat 2). Ein weiterer Forschungsanlass bestand mit Blick auf die Reformdiskussionen und -vorschläge zur AdA, welche nicht nur kaum unter unmittelbarer Bezugnahme auf das betriebliche Ausbilderhandeln stattfinden, sondern gegenwärtig auch nur fragmentarisch und ohne nennenswerten Zukunftsbezug geführt werden (Desiderat 3).

In einem ersten Schritt wurden im Rahmen einer theoretischen Exploration (vgl. Kapitel 2) die Forschungszugänge zu den Desiderata (professions- und kompetenztheoretischer Zugang, curriculumtheoretischer Zugang und bildungspolitischer Zugang) offengelegt sowie auf der Basis von vergleichender Literaturarbeit eine Bestandsaufnahme zu den Forschungsdesiderata angefertigt. Ferner wurden die gesellschaftlichen Herausforderungen *nachhaltige Entwicklung, digitale Transformation* sowie *demografischer Wandel* aufgearbeitet und hinsichtlich ihrer Folgen für die betriebliche Ausbildung betrachtet.

In einem zweiten Schritt wurden die Desiderata im Rahmen von zwei qualitativen Studien bearbeitet. Dies geschah zum einen mittels einer Dokumentenanalyse von drei AEVO-Lehr-Lernmaterialien (Desiderat 2) sowie zum anderen durch die Durchführung einer zweistufigen Delphi-Befragung von ausgewählten Expert:innen aus Wissenschaft, Politik und Betrieb (Desiderat 1 und 3) (vgl. Kapitel 3).

Die Durchführung der Studien brachte drei Kernergebnisse hervor: *erstens* eine übergeordnete Stellenbeschreibung von betrieblichen Ausbilder:innen sowie mögliche Entwicklungslinien in der Stellenbeschreibung (vgl. Abschnitt 4.2 und 4.3), *zweitens* eine strukturierte Beschreibung von ausgewählten AEVO-Lehr-Lernmaterialien (vgl. Abschnitt 4.1) sowie *drittens* eine Diskussion zu Reformoptionen der AdA und die Erstellung eines Idealbildes der Ausbilderlehrgänge und der Ausbildereignungsprüfung (vgl. Abschnitt 4.4). Die Kernergebnisse wurden zum einen unter Bezugnahme aufeinander und zum anderen unter Bezugnahme auf die Ausführungen der empirischen Exploration (vgl. Kapitel 2) diskutiert und zusammengefasst.

In einer abschließenden Gesamtbetrachtung aller Ausführungen sowie aller Ergebnisse dieser Studie sind nachfolgende übergeordnete Befunde herauszustellen:

- *Die gegenwärtige Situation der betrieblichen Ausbilder:innen im Betrieb ist hochgradig widerspruchsvoll, und eine Professionalisierungsperspektive lässt sich nicht erkennen.*

Einerseits ist deutlich zu erkennen, dass der betrieblichen Ausbildung eine hohe Bedeutung als ein Instrument der Fachkräftesicherung in Unternehmen zugesprochen wird (vgl. Abschnitte 2.2.4 und 4.2.5). Diese Bedeutung wird vor dem Hintergrund demografischer Entwicklungen, die ihren Ausdruck in einer hohen und vielschichtigen Heterogenität der Auszubildenden findet, in der Tendenz sogar noch verstärkt (vgl. Abschnitt 2.4.3). Verbunden mit dieser hohen Heterogenität ist zugleich ein großer pädagogischer Anspruch an die Ausbilder:innen, die u. a. didaktisch auf die Heterogenität ihrer Zielgruppe reagieren müssen (vgl. Abschnitt 0). Hinzu kommt, dass die Ausbilder:innen vielfältige Aufgaben der Planung, der Durchführung sowie des Abschlusses der betrieblichen Ausbildung wahrnehmen, die mit einem hohen Grad an sozialer Interaktion zumeist mit den Auszubildenden verbunden sind. Daneben gehört auch die eigene pädagogische Professionalisierung sowie die pädagogische Qualifizierung von nebenberuflichen Ausbilder:innen zu ihren Aufgaben (vgl. Abschnitte 4.1.1 und 0). In einem starken Widerspruch zur Bedeutung und zum Anspruch an die betriebliche Ausbildungsarbeit steht andererseits jedoch die schwache Position, die Ausbilder:innen im Unternehmen zumeist haben. Sie manifestiert sich vor allem in fehlenden finanziellen, materiellen und personellen Befugnissen wie Ressourcen, die ihnen im Rahmen der Ausbildung zur Verfügung stehen (vgl. Abschnitte 2.2.4 und 4.2.1). Auch mit Blick auf die pädagogische Qualifizierung, die weit hinter der pädagogischen Professionalisierung der Lehrkräfte an den berufsbildenden Schulen zurückliegt, ist insofern ein Widerspruch zu erkennen, als dass sich hier erstens zeigt, dass die berufsfachliche Qualifikation und damit dem berufsfachlichen Wissen eine höhere Bedeutung für die Ausbildertätigkeit zugesprochen wird als der pädagogischen Qualifikation (vgl. Abschnitte 2.2.4 und 4.2.2). Zweitens zeigen sich in der pädagogischen Qualifizierung selbst vielfältige Problemlagen. Sie umfassen Passungsproblematiken der Höherqualifizierung sowie eine Mindestqualifizierung, die vor allem auf der Ebene der Ausbilderlehrgänge gegenwärtig eher eine Berechtigung als eine Befähigung darstellt und deshalb keine ausreichende Grundlage für die Feststellung der Ausbildereignung ist (vgl. Abschnitte 2.3.3, 4.1.2 und 4.2.2).

- *Das Potenzial der betrieblichen Ausbildung als wichtiger Wettbewerbsfaktor von Unternehmen, insbesondere im Kontext von Transformationsprozessen wird bisher nicht reflektiert.*

Im Zuge der theoretischen Exploration (vgl. Abschnitt 2.4) wurde aufgezeigt, dass Unternehmen gegenwärtig sowie zukünftig vor dem Hintergrund komplexer Transformationsprozesse insbesondere ausgelöst durch den Klimawandel und Naturphänomene, durch technische Innovationen sowie einen vielschichtigen soziodemografischen Wandel u. a. einem hohen Innovations- und Wettbewerbsdruck ausgesetzt sind, der in unterschiedlichem Ausmaß auch eine Überarbeitung bestehender Geschäftsmodelle und damit verbunden Wettbewerbsstrategien einfordert. Ferner wurde deutlich, dass die betriebliche Ausbildung zur Entwicklung und Umsetzung solcher Geschäftsmodelle einen entscheidenden Beitrag leisten kann, indem Auszubildende zur Partizipation an der Geschäftsmodellentwicklung aufgefordert und dafür auch qualifiziert werden. Zugleich ist jedoch nicht zu erkennen, dass dieses Potenzial der betrieblichen Ausbildung gegenwärtig genutzt wird. Dies wird erstens mit Blick auf die Aufgaben der Ausbilder:innen deutlich, in denen keine Verbindung zwischen der betrieblichen Ausbildung und der Geschäftsmodellentwicklung sichtbar wird. Vielmehr ist eine Orientierung am Erhalt der bestehenden Ausbildung, respektive Ausbildungsstrukturen ersichtlich (vgl. Abschnitte 2.2.2, 4.1.1 und 0). Mit Blick auf die Kompetenzen der betrieblichen Ausbilder:innen ist ferner nicht zu erkennen, dass berufsfachliche wie berufs- und arbeitspädagogische sowie didaktisch-methodische Fähigkeiten, Fertigkeiten und Kenntnisse der betrieblichen Ausbilder:innen gefordert oder befördert werden, welche diese in besonderem Maße dazu befähigen, über die betriebliche Ausbildung einen Beitrag zur strategischen Unternehmensentwicklung zu leisten (vgl. Abschnitte 2.2.4, 4.1.3 und 4.2.2). Mit weiterem Blick auf die Interaktionen zwischen Ausbilder:innen und Auszubildenden im betrieblichen Lernen zeigt sich zudem für die

Ausbildungspraxis deutlich eine instruktionale Didaktik (vgl. Abschnitt 2.2.3). Und auch wenn die weiteren Ergebnisse zumindest ein modernes Didaktikverständnis ausweisen, ist dennoch nicht zu erkennen, dass im Rahmen des betrieblichen Lernens explizit entrepreneuriale Fähigkeiten, Fertigkeiten und Kenntnisse bei den Auszubildenden gefördert werden, die es allerdings bräuchte, um eine partizipative und an der Unternehmensentwicklung ausgerichtete Ausbildung zu gewährleisten (vgl. Abschnitte 4.1.2 und o).

Weiter verstärkt wird dieser Eindruck mit Blick auf die Bedingungen des betrieblichen Ausbilderhandelns. So lässt sich hinsichtlich der Befugnisse, der pädagogischen Qualifizierung und Kompetenzanforderungen von Ausbilder:innen keine Grundlage finden, auf welcher sie erstens dazu befähigt und zweitens durch entsprechende Ressourcen unterstützt werden, bestehende Ausbildungsmuster zu durchbrechen und Auszubildende durch den Einsatz innovativer Ausbildungskonzepte und -didaktiken an der Geschäftsmodellentwicklung zu beteiligen (vgl. Abschnitte 2.2.4, 2.2.4, 4.2.1 und 4.2.2).

- *Die pädagogische Professionalisierung betrieblicher Ausbilder:innen ist zukünftig vor dem Hintergrund steigender Anforderungen ein notwendiges Entwicklungsprojekt, an welchem alle relevanten Akteur:innen partizipieren müssen.*

In den Ausführungen wurde deutlich, dass die Arbeit der betrieblichen Ausbilder:innen zukünftig sowohl aus pädagogischer als auch aus betriebswirtschaftlicher Perspektive anspruchsvoller werden könnte. So sind zum einen Prognosen zu erkennen, die aufzeigen, dass die betriebliche Ausbildung nicht länger allein auf die Ausbildung von Fachkräften abzielen kann, die ausschließlich fähig sind, bestehende Arbeits- und Geschäftsprozesse zu reproduzieren. Vielmehr wird es wahrscheinlich auch darum gehen (müssen), durch die betriebliche Ausbildung bzw. durch die Auszubildenden unternehmerische Entwicklungs- und Innovationsprozesse anzustoßen. Hierfür müssen die Auszubildenden zur Partizipation an Innovationsprozessen angeregt sowie im Rahmen ihrer Ausbildung die Herausbildung der dafür benötigten Kompetenzen unterstützt werden (vgl. Abschnitte 2.4.1, 2.4.2, 4.3.3 und 4.4.1). Zum anderen liegen Prognosen vor, die aufzeigen, dass die betriebliche Ausbildung sich darauf einstellen muss, einer weiter steigenden Heterogenität der Auszubildenden zu begegnen, um den Fachkräftebedarf der Unternehmen decken zu können (vgl. Abschnitte 2.4.3, 4.3.4 und 4.4.1). Verbunden mit diesen zukünftigen Herausforderungen sind erhöhte Anforderungen an die Ausbilder:innen, die sich in den Aufgaben (vgl. Abschnitt 4.3.3), aber auch im betrieblichen Lernen (vgl. Abschnitt 4.3.4) sowie rudimentär in den Kompetenzanforderungen (vgl. Abschnitt 4.3.2) widerspiegeln und allem durch einen Bedeutungsanstieg der pädagogischen Qualifizierung als ein Instrument der Befähigung und des Empowerments der Ausbilder:innen (vgl. Abschnitt 4.3.1) begegnet werden soll. Mit Blick auf die pädagogische Qualifizierung konnte zugleich gezeigt werden, dass diese vor dem Hintergrund der erhöhten Anforderungen an die Ausbilder:innen ein Entwicklungsprojekt ist (vgl. Abschnitt 4.4.1), welches im Wissen um die bisherige Kritik gegenüber der AdA (vgl. Abschnitt 2.3.3) sowie bisheriger Reformdiskussionen zur AdA (vgl.

Abschnitt 2.3.4) anzugehen ist. Für die Zukunft der pädagogischen Qualifizierung der betrieblichen Ausbilder:innen wurden in der Studie zwei Positionen herausgearbeitet, die zu verständigen sind. Auf der einen Seite stehen die Reformierung der AdA durch die Ausweitung ihres Geltungsbereiches in Form einer niedrigschwelligen Qualifizierung für auszubildende Fachkräfte, eine Veränderung der inhaltlichen Ausrichtung in Form einer abgestuften Spezialisierung und einer berufsfeldspezifischen Ausrichtung, eine Veränderung der Ausbilderlehrgänge durch praxisorientierte, komplexe und auf den Austausch der Teilnehmer:innen ausgerichtete Ausbilderlehrgänge sowie eine Veränderung der Ausbildereignungsprüfungen im Sinne ganzheitlicher, komplexerer und handlungsorientierte Prüfungen. Dem entgegen steht ein Konservatismus der fast 50-jährigen AdA, der sich in den Strukturen sowie der Ausbildungs- und Prüfungspraxis niederschlägt, die sich mühselig als Kompromiss aus unterschiedlichen Ansprüchen entwickelt haben (vgl. Abschnitt 2.3.1). In diesem Zusammenhang wurde aufgezeigt, dass die Ausgestaltung einer zukunftsfähigen AdA nur dann umfassend gelingen und von hinreichender Tragweite sein kann, wenn das Spannungsfeld dieser zwei Positionen anerkannt und verständigt wird, indem alle relevanten Akteure an dem Diskurs zur Neugestaltung der Ausbildung der Ausbilder:innen partizipieren (vgl. Abschnitte 4.4.2, 4.4.3 und 4.4.4).

Ausblick

Die Dokumentenanalyse und ihre theoretische Diskussion sowie die durch einen Fragebogen gestützen Delphi-Befragungen haben zu der Klärung der Desiderata beigetragen. Deutlich wurde im Rahmen der Studie jedoch auch, dass gegenwärtig nur in unzureichendem Maße Ausbilderforschung betrieben wird, was sich vor allem im Fehlen größerer Forschungsprojekte zum betrieblichen Ausbilderhandeln und der Ausbildereignung im Betrieb sowie zur Ausbildung der Ausbilder:innen zeigt (vgl. Abschnitt 1.1). Dies hat letztendlich zur Folge, dass nur wenige aktuelle empirische Befunde vorliegen, sodass eine belastbare Basis für einen zukunftsgerichteten Diskurs rund um das betriebliche Ausbildungspersonal und dessen pädagogische Qualifizierung gegenwärtig nicht vorliegt. Für die zukünftige Forschung, und insofern auch Forschungsförderung, ist deshalb wichtig, dass es zunächst mehr umfassende Grundlagenforschung braucht, um die Start-Punkte zukünftiger Entwicklungen und Diskurse offenzulegen, insbesondere im Kontext gesellschaftlicher Transformationsprozesse. So fehlen beispielsweise Untersuchungen, welche die Kompetenzanforderungen an die betrieblichen Ausbilder:innen differenzierter und kontextualisiert darstellen (vgl. Abschnitt 4.1.3, 4.2.2 und 4.3.2). Auch fehlen differenzierte Untersuchungen zu den Aufgabenbeschreibungen betrieblicher Ausbilder:innen, die aufzeigen, durch welche konkreten Handlungen die Ausbilder:innen in der Ausbildung eine Partizipation von Auszubildenden an der Geschäftsmodellentwicklung unterstützen können und damit insgesamt eine Verbindung von betrieblicher Ausbildung und Unternehmensentwicklung geleistet werden kann (vgl. Abschnitt 0 und 4.3.3). Ferner wird im Zusammenhang mit den Passungsproblematiken der pädagogischen Höherqualifizierung (vgl. Abschnitt 4.2.2) deutlich, dass bislang nur unzureichende Befunde zu den tatsächlich benötigten konkreten Qualifizierungsbedarfen der Ausbilder:innen vorliegen. Für eine zukünftige Grundlagenforschung innerhalb der Ausbilderforschung sind deshalb umfassende Forschungsprojekte erforderlich, mittels derer diese sowie weitere Forschungslücken bearbeitet werden können. Denkbar wäre beispielsweise ein DFG-Forschungsprogramm, wie es in der beruflichen Bildung zwischen den Jahren 1994 und 2000 zu Lehr-Lernprozesse in der kaufmännischen Erstausbildung im Rahmen von vielfältigen Einzelprojekten angelegt war (vgl. DFG 2021).

Diese Grundlagenforschung könnte ferner organisiert werden oder anschließen an die Modellversuchsforschung, die es seit fast dreißig Jahren in Deutschland gibt und die in der Vergangenheit bereits ein wichtiges Instrument für die Entwicklung der beruflichen Erstausbildung sowie der betrieblichen Weiterbildung gewesen ist (vgl. u. a. Diettrich 2013; Severing 2001; Sloane 2007). Sie wurde vor allem in den 1970er- sowie 1980er-Jahren in der Ausbilderforschung im Zusammenhang mit der Entwicklung von Unterstützungsinstrumenten der Dozierenden der Ausbilderlehrgänge eingesetzt (vgl. Abschnitt 1.1). Diettrich (2013, S. 93 f.) markiert unter Bezugnahme auf Dehnbostel, Diettrich und Holz (2010) sowie Holz und Schemme (2005) die wesentlichen Charakteristika der Modellversuchsforschung:

> „Ziel von Modellversuchen ist […] die innovative Weiterentwicklung der Berufsbildungspraxis, d. h. im Wesentlichen geht es um eine qualitativ-inhaltliche Gestaltung von Berufsbildung, insbesondere auf der Mikro- und Mesoebene beruflicher Bildung. Modellversuche verbinden die Entwicklung und Erprobung zukunftsfähiger Problemlösungen in der Praxis mit einem handlungsorientierten Forschungsansatz der Wissenschaft – repräsentativ für Modellversuche ist somit das Begriffspaar Innovation und Transfer […]. Zentrales Anliegen der Modellversuche ist die Entwicklung und Erprobung von Innovationen mittlerer Reichweite, die an bestehende Strukturen und aktuelle Erfahrungen anknüpfen und ein nachfolgender Transfer mit unterschiedlichen Transferpartnern, auf unterschiedlichen Transferebenen und mit diversen Transferprodukten. […] die Entwicklung von Innovationen erfolgt exemplarisch und kooperativ aus den Problemlagen der Praxis […] heraus – Akteure der Berufsbildung sind hierbei aktiv und gestaltend in den Innovationsprozess eingebunden."

Für die Gestaltung einer zukunftsfähigen Ausbildung im Betrieb sowie Ausbildung der Ausbilder:innen bietet die Modellversuchsforschung einen geeigneten Referenzrahmen. Die Ausführungen und Ergebnisse dieser Studie legen nahe, dass weder Wissenschaft noch Praxis allein die großen Herausforderungen der Gegenwart bewältigen können. Auf der einen Seite müssen Unternehmen zur Sicherstellung ihrer strategischen Wettbewerbsvorteile sich mit gesellschaftlichen Transformationsprozessen befassen, die wissenschaftliche Analyse und Einordnung erfordern. Auf der anderen Seite konnte gezeigt werden, dass die aktuellen Problemlagen der Ausbildung der Ausbilder:innen auch das Resultat eines strukturellen Transferproblems in die Praxis darstellen. Über die Entwicklung von Modellversuchsforschungen, die wissenschaftliche und praktische Ansätze aufeinander beziehen, können Ausgangsbedingungen geschaffen werden für eine zukunftsfähige Qualifizierung der betrieblichen Ausbilder:innen, sodass diese ihre berufspädagogische Professionalität entwickeln können, um den Fachkräftenachwuchs der Zukunft auszubilden.

Für die konkrete Ausgestaltung einer zukünftigen Modellversuchsforschung wird es dabei wichtig sein, entgegengesetzt der Entwicklung der Modellversuchsforschung in den letzten Jahrzehnten, die Forschungsaktivitäten wieder deutlich zu verstärken, indem nicht nur im Rahmen einer wissenschaftlichen Begleitung von Modellversuchen geforscht wird, sondern innerhalb der Modellversuche selbst Forschungsstränge angelegt sind. Über diese Forschungsstränge kann einerseits ein wichtiger Beitrag zur Grundlagenforschung geleistet werden. Andererseits können sie genutzt werden, um beispielsweise über wissenschaftliche Modellbildung den Praxistransfer der Produkte aus den Modellversuchen zu unterstützen.

Literaturverzeichnis

Achenbach, M. (2017). Exkurs: Lernen in der Berufsschule. In Bundesinstitut für Berufsbildung (BiBB) (Hrsg.), *Qualitätssicherung der betrieblichen Ausbildung im dualen System in Deutschland* (S. 36–39). Lengerich: Barbara Budrich.

Achleitner, A.-K.; Bartscher, T.; Günther, E.; Maier, G. W.; Möhrle, M. G.; Müller-Stewens, G. & Reineke, R.-D. (2013). *Kompakt-Lexikon Management. 2.000 Begriffe nachschlagen, verstehen, anwenden*. Wiesbaden: Springer Gabler.

Ahrend, K.-M. (2016). *Geschäftsmodell Nachhaltigkeit. Ökologische und soziale Innovationen als unternehmerische Chance*. Berlin, Heidelberg: Springer Gabler.

Ahrens, D. & Spöttl, G. (2018). Industrie 4.0 und Herausforderungen für die Qualifizierung von Fachkräften. In H. Hirsch-Kreinsen, P. Ittermann & J. Niehaus (Hrsg.), *Digitalisierung industrieller Arbeit* (2. Aufl.; S. 175–194). Baden-Baden: Nomos.

Akremi, L. (2014). Stichprobenziehung in der qualitativen Sozialforschung. In N. Baur & J. Blasius (Hrsg.), *Handbuch Methoden der empirischen Sozialforschung* (S. 265–282). Wiesbaden: Springer VS.

Ammon, U. (2009). Delphi-Befragung. In S. Kühl, P. Strodtholz & A. Taffertshofer (Hrsg.), *Handbuch Methoden der Organisationsforschung* (S. 458–476). Wiesbaden: VS Verlag für Sozialwissenschaften.

Antoni-Komar, I.; Lautermann, C. & Pfriem, R. (2012). Unternehmen und Konsumenten in Verantwortungsgemeinschaft jenseits des Konsumismus. *Zeitschrift für Wirtschafts- und Unternehmensethik, 13*(3), S. 297–316.

Antoni-Komar, I.; Pfriem, R. & Lautermann, C. (2011). Unternehmenserfolg aus Nachhaltigkeitsperspektive. In R. Pfriem (Hrsg.), *Eine neue Theorie der Unternehmung für eine neue Gesellschaft* (S. 183–206). Marburg: metropolis.

Armutat, S. (2018). Demografische Entwicklung, Wertewandel und Fachkräftesicherung. In S. Armutat, N. Bartholomäus, S. Franken, V. Herzig & B. Helbich (Hrsg.), *Personalmanagement in Zeiten von Demografie und Digitalisierung* (S. 23–56). Wiesbaden: Springer Gabler.

Arnold, R. (1981). Pädagogische Qualifizierung des betrieblichen Bildungspersonals. In R. Arnold & T. Hülshoff (Hrsg.), *Rekrutierung und Qualifikation des betrieblichen Bildungspersonals* (S. 132–147). Heidelberg: esprint.

Autorengruppe Bildungsberichterstattung (2014). *Bildung in Deutschland 2014. Ein indikatorengestützter Bericht mit einer Analyse zur Bildung von Menschen mit Behinderungen*. Bielefeld: Bertelsmann.

Literaturverzeichnis

Autorengruppe Bildungsberichterstattung (2016). Bildung in Deutschland 2016. Ein indikatorgestützter Bericht mit einer Analyse zu Bildung und Migration. Bielefeld: Bertelsmann.

Baethge, M. (2001). Qualifikationsentwicklung im Dienstleistungssektor. In M. Baethge & I. Wilkens (Hrsg.), *Die große Hoffnung für das 21. Jahrhundert?* (S. 85–106). Wiesbaden: Springer.

Baethge, M.; Kerst, C.; Leszczensky, M. & Wieck, M. (2014). Zur neuen Konstellation zwischen Hochschulbildung und Berufsausbildung. *Forum Hochschule, 3*.

Baethge, M.; Müller, J. & Pätzold, G. (1980). Betriebliche Situation und Berufsprobleme von Ausbildern – zum Verhältnis von Professionalisierungsprozeß, Tätigkeitsstrukturen und Berufsbewußtsein von Ausbildern. *Berufsbildung in Wissenschaft und Praxis, 9*(4), S. 10–14.

Bahl, A. (2011). Zwischen Baum und Borke: Dilemmata des betrieblichen Ausbildungspersonals an der Schwelle von Bildungs- und Beschäftigungssystem. *Berufsbildung in Wissenschaft und Praxis, 40*(6), S. 16–20.

Bahl, A. (2012). Ausbildendes Personal in der betrieblichen Bildung: Empirische Befunde und strukturelle Fragen zur Kompetenzentwicklung. In P. Ulmer, R. Weiß & A. Zöller (Hrsg.), *Berufliches Bildungspersonal – Forschungsfragen und Qualifizierungskonzepte* (S. 21–43). Bielefeld: Bertelsmann.

Bahl, A. (2013). „Führungskräfte unter erschwerten Bedingungen": Empirische Einblicke zur Teilhabe des ausbildenden Personals in Wirtschaftsorganisationen. In S. M. Weber, M. Göhlich, A. Schröer, C. Fahrenwald & H. Macha (Hrsg.), *Organisation und Partizipation* (S. 209–217). Wiesbaden: Springer VS.

Bahl, A. (2017). *Die professionelle Praxis der Ausbilder. Eine kulturanthropologische Analyse.* Frankfurt a.M.: Campus Verlag.

Bahl, A.; Blötz, U.; Brandes, D.; Lachmann, B.; Schwerin, C. & Witz, E.-M. (2012). *Die Situation des ausbildenden Personals in der betrieblichen Bildung (SIAP). Abschlussbericht.* URL: https://www.bibb.de/tools/dapro/data/documents/pdf/eb_22301.pdf, [19.08.2020].

Bahl, A.; Blötz, U.; Lachmann, B. & Schwerin, C. (2011). *Die Situation des ausbildenden Personals in der betrieblichen Bildung (SIAP). 2. Zwischenbericht.* URL: https://www.bibb.de/tools/dapro/data/documents/verweise/so_22301%202.%20Zwischenbericht%20Bahl.pdf, [19.08.2020].

Bahl, A.; Blötz, U. & Ulmer, P. (2010). Von der Ausbilder-Eignungsverordnung bis zum Berufspädagogen. In Bundesinstitut für Berufsbildung (BiBB) (Hrsg.), *40 Jahre Bundesinstitut für Berufsbildung* (S. 139–148). Bonn: BiBB.

Bahl, A. & Brünner, K. (2013). 40 Jahre Ausbilder-Eignungsverordnung – Eine Bestandsaufnahme zu ihrer pädagogischen Relevanz für betriebliches Ausbilderhandeln. *Zeitschrift für Berufs- und Wirtschaftspädagogik, 109*(4), S. 513–537.

Bahl, A. & Brünner, K. (2018). Das betriebliche Ausbildungspersonal – Eine vernachlässigte Gruppe in der Berufsbildungsforschung. In F. Rauner & P. Grollmann (Hrsg.), *Handbuch Berufsbildungsforschung* (3. Aufl.; S. 362–369). Bielefeld: wbv.

Bahl, A. & Diettrich, A. (2008). Die vielzitierte ‚neue Rolle' des Ausbildungspersonals – Diskussionslinien. Befunde und Desiderate. *bwp@ Berufs- und Wirtschaftspädagogik – online*(Spezial 4), S. 1–16. URL: https://www.bwpat.de/ht2008/ws25/bahl_diettrich_ws25-ht2008_spezial4.pdf, [15.08.2020].

Bahl, A.; Dietzen, A. & Dorsch-Schweizer, M. (2011). Vielfalt statt Konkurrenz und Veränderung. *Berufsbildung in Wissenschaft und Praxis, 40*(3), S. 34–38.

Balsiger, P. W. (2005). Transdisziplinarität. Systematisch-vergleichende Untersuchung disziplinenübergreifender Wissenschaftspraxis. München: Fink.

Bauer, H. G.; Brater, M.; Büchele, U.; Dufter-Weis, A.; Maurus, A. & Munz, C. (2010). *Lern(prozess)begleitung in der Ausbildung. Wie man Lernende begleiten und Lernprozesse gestalten kann* (3. Aufl.). Bielefeld: Bertelsmann.

Bauer, H. G.; Brater, M.; Büchele, U.; Fürst, U.; Munz, C.; Rudolf, P. & Wagner, J. (2008). *Qualifikationsbedarf des Bildungspersonals. Teil 2: Ergebnisse der Betriebsbefragung*. URL: https://www.gab-muenchen.de/de/downloads/tei2_endbericht_qualifizierung_des_bildungspersonals.pdf, [19.08.2020].

Baumert, J. & Kunter, M. (2011). Das Kompetenzmodell von COACTIVE. In M. Kunter, J. Baumert & W. Blum (Hrsg.), *Professionelle Kompetenz von Lehrkräften* (S. 29–53). Münster: Waxmann.

Baumgartner, A. (2015). Professionelles Handeln von Ausbildungspersonen in Fehlersituationen. Eine empirische Untersuchung im Hotel- und Gastgewerbe. Wiesbaden: Springer VS.

Baur, N. & Blasius, J. (2014). Methoden der empirischen Sozialforschung. In N. Baur & J. Blasius (Hrsg.), *Handbuch Methoden der empirischen Sozialforschung* (S. 41–62). Wiesbaden: Springer VS.

Bausch, T. (1997). Die Ausbilder im dualen System der Berufsbildung. Eine Strukturanalyse des betrieblichen Ausbildungspersonals. Ergebnisse aus der BIBB/IAB-Erhebung 1991/92. Bielefeld: Bertelsmann.

Beicht, U. (2017). Ausbildungschancen von Ausbildungsstellenbewerbern und -bewerberinnen mit Migrationshintergrund. Aktuelle Situation 2016 und Entwicklung seit 2004. URL: https://www.bibb.de/veroeffentlichungen/de/publication/download/8331, [05.01.2021].

Beicht, U.; Krewerth, A.; Eberhard, V. & Granato, M. (2009). Viel Licht – aber auch Schatten. *BIBB Report*(9), S. 1–15.

Berding, F. (2016). Kompetenz in der beruflichen Bildung. In J.-P. Pahl (Hrsg.), *Lexikon Berufsbildung* (3. Aufl.; S. 565–566). Bielefeld: Bertelsmann.

Berkowski, N. & Dievernich, F. E. (2008). Alternde Belegschaften als zentrale Herausforderung für Unternehmen im Demografischen Wandel. In B. Klauk (Hrsg.), *Alternde Belegschaften – der demografische Wandel als Herausforderung für Unternehmen* (S. 49–71). Lengerich: Pabst Science Publishers.

Bertenrath, R.; Klös, H.-P. & Stettes, O. (2016). Digitalisierung, Industrie 4.0, Big Data. *IW-Report*(24).

Beschorner, T. (2015). Kulturalistische Wirtschaftsethik. In D. van Aaken & P. Schreck (Hrsg.), *Theorien der Wirtschafts- und Unternehmensethik* (S. 151–180). Berlin: suhrkamp.

Bethscheider, M.; Höhns, G. & Münchhausen, G. (2010). Kompetenzorientierung in der beruflichen Bildung. In M. Bethscheider, G. Höhns & G. Münchhausen (Hrsg.), *Kompetenzorientierung in der beruflichen Bildung* (S. 9–18). Bielefeld: Bertelsmann.

Bethscheider, M. & Wullenweber, K. (2018). Sprache, Kultur und Kommunikation in der Ausbildung. *Berufsbildung in Wissenschaft und Praxis, 47*(3), S. 42–43.

Bogner, A. & Menz, W. (2002). Das theoriegenerierende Experteninterview. In A. Bogner, B. Littig & W. Menz (Hrsg.), *Das Experteninterview* (S. 33–70). Wiesbaden: Springer.

Boos-Nünning, U. (2006). Berufliche Bildung von Migrantinnen und Migranten. In Friedrich-Ebert-Stiftung (FES) (Hrsg.), *Kompetenzen stärken, Qualifikationen verbessern, Potenziale nutzen* (S. 6–29). Bonn: bub.

Borch, H. & Weissmann, H. (2003). Neuordnung der Elektroberufe in Industrie und Handwerk. *Berufsbildung in Wissenschaft und Praxis, 32*(5), S. 9–13.

Bormann, I. & Haan, G. de (Hrsg.) (2008). *Kompetenzen der Bildung für nachhaltige Entwicklung*. Wiesbaden: VS Verlag für Sozialwissenschaften.

Bott, P. & Wünsche, T. (2014). Verdrängung oder Komplementarität? In E. Severing & R. Weiß (Hrsg.), *Weiterentwicklung von Berufen – Herausforderungen für die Berufsbildungsforschung* (S. 229–242). Bielefeld: Bertelsmann.

Brandenburg, U. & Domschke, J.-P. (2007). *Die Zukunft sieht alt aus. Herausforderungen des demografischen Wandels für das Personalmanagement*. Wiesbaden: Gabler.

Brater, M. & Wagner, J. (2008). Qualifikationsbedarf des betrieblichen Bildungspersonals. *Berufsbildung in Wissenschaft und Praxis, 37*(6), S. 5–9.

Bredl, K. (2005). *Kompetenz von Beratern. Analyse des Kompetenzerwerbs bei Unternehmensberatern im Kontext der Expertiseforschung*. URL: https://epub.uni-regensburg.de/10292/1/bredl_beratung.pdf, [20.08.2020].

Breiter, A.; Howe, F. & Härtel, M. (2018). Medien- und IT-Kompetenz des betrieblichen Ausbildungspersonals. *Berufsbildung in Wissenschaft und Praxis, 47*(3), S. 24–28.

Bresges, A.; Dilger, B.; Hennemann, T.; König, J.; Lindner, H.; Rohde, A. & Schmeinck, D. (Hrsg.) (2014). *Kompetenzen diskursiv*. Münster: Waxmann.

Breuer, K. (2006). Kompetenzdiagnostik in der beruflichen Bildung. *Zeitschrift für Berufs- und Wirtschaftspädagogik, 102*(2), S. 194–210.

Bromme, R. & Rambow, R. (2001). Experten-Laien-Kommunikation als Gegenstand der Expertiseforschung: Für eine Erweiterung des psychologischen Bildes vom Experten. In R. K. Silbereisen (Hrsg.), *Psychologie 2000* (S. 541–550). Lengerich: Pabst Science Publishers.

Brosi, W.; Krekel, E. M. & Ulrich, J. G. (1999). Delphi als ein Planungsinstrument der Berufsbildungsforschung. *Berufsbildung in Wissenschaft und Praxis, 28*(6), S. 11–16.

Brühl, V. (2015). Wirtschaft des 21. Jahrhunderts. Herausforderungen in der Hightech-Ökonomie. Wiesbaden: Springer Gabler.

Brünner, K. (2011). Die novellierte Ausbildereignungsverordnung (AEVO) und ihr Beitrag zur Professionalität betrieblichen Ausbildungspersonals. *bwp@ Berufs- und Wirtschaftspädagogik – online*(Spezial 5), S. 1–15. URL: http://www.bwpat.de/ht2011/ws10/bruenner_ws10-ht2011.pdf, [17.08.2020].

Brünner, K. (2012a). Der Beitrag der „Ausbildung der Ausbilder" zur Professionalität des betrieblichen Ausbildungspersonals. In P. Ulmer, R. Weiß & A. Zöller (Hrsg.), *Berufliches Bildungspersonal – Forschungsfragen und Qualifizierungskonzepte* (S. 237–255). Bielefeld: Bertelsmann.

Brünner, K. (2012b). Novellierte AEVO – Novellierte Ausbildung der Ausbilder? *berufsbildung, 66*(136), S. 33–35.

Brünner, K. (2014). Aufgabenspektrum und Handlungsstrukturen des betrieblichen Ausbildungspersonals. Selbstwahrnehmung und Fremdattribuierung im Kontext von Berufskonzept und Professionalisierung. Paderborn: Eusl.

Brünner, K.; Goldenstein, J.; Kuchenbuch, M.; Mengs, J. & Worch, J. (2013). Die Entwicklung eines Qualifizierungskonzeptes für ausbildende Fachkräfte – ein Arbeitsbericht. *Berufsbildungsforschung & -beratung aktuel*(2).

Brüsemeister, T. (2008). *Qualitative Forschung. Ein Überblick* (2. Aufl.). Wiesbaden: VS Verlag für Sozialwissenschaften.

Bundesinstitut für Berufsbildung (BiBB) (o. J.a). *Auch die berufliche Bildung qualifiziert für das Arbeiten im Homeoffice*. URL: https://www.bibb.de/de/122334.php.

Bundesinstitut für Berufsbildung (BiBB) (o. J.b). *foraus.de – Das BIBB-Ausbilderportal*. URL: https://www.foraus.de/html/foraus_2696.php, [16.02.2019].

Bundesinstitut für Berufsbildung (BiBB) (o. J.c). *Teilzeitausbildung*. URL: https://www.bibb.de/de/1304.php.

Bundesinstitut für Berufsbildung (BiBB) (2003). *Entwurf für einen Orientierungsrahmen. „Berufsbildung für eine nachhaltige Entwicklung"*. URL: https://www.bibb.de/dokumente/pdf/ft_nachhalt_orientierungsrahmen.pdf, [20.08.2020].

Bundesinstitut für Berufsbildung (BiBB) (2009). Empfehlung des Hauptausschusses des Bundesinstituts für Berufsbildung zum Rahmenplan für die Ausbildung der Ausbilder und Ausbilderinnen. URL: https://www.bibb.de/dokumente/pdf/HA135.pdf, [20.08.2020].

Literaturverzeichnis

Bundesinstitut für Berufsbildung (BiBB) (2017a). *Ausbildungschancen junger Migrantinnen und Migranten sinken weiter. BIBB-Analyse zur Entwicklung 2004 bis 2016.* URL: https://www.bibb.de/dokumente/pdf/stab_pr_ausbildungschancen_junger_migranten.pdf, [15.08.2020].

Bundesinstitut für Berufsbildung (BiBB) (2017b). *Verlängerung und Ergänzung des mittelfristigen Forschungs- und Entwicklungsprogramms 2013 – 2016 für den Zeitraum 2017 – 2018. Berufsbildung im Zeichen des demografischen und strukturellen Wandels.* URL: https://www.bibb.de/veroeffentlichungen/en/publication/download/8326, [15.08.2020].

Bundesinstitut für Berufsbildung (BiBB) (2018). *Datenreport zum Berufsbildungsbericht 2018. Informationen und Analysen zur Entwicklung in der beruflichen Bildung.* URL: https://www.bibb.de/dokumente/pdf/bibb_datenreport_2018.pdf, [15.08.2020].

Bundesinstitut für Berufsbildung (BiBB) (2019). *FAQ - Fachkräftemangel.* URL: https://www.bibb.de/de/11734.php, [06.12.2020].

Bundesinstitut für Berufsbildung (BiBB) (2020a). *Datenreport zum Berufsbildungsbericht 2020. Informationen und Analysen zur Entwicklung in der beruflichen Bildung.* URL: https://www.bibb.de/dokumente/pdf/bibb_datenreport_2020.pdf, [15.08.2020].

Bundesinstitut für Berufsbildung (BiBB) (2020b). *Kosten und Nutzen der betrieblichen Ausbildung 2017/18. Abschlussbericht.* URL: https://www.bibb.de/tools/dapro/data/documents/pdf/eb_21316.pdf.

Bundesministerium für Arbeit und Soziales (BMAS) (2017). *Kompetenz- und Qualifizierungsbedarfe bis 2030. Ein gemeinsames Lagebild der Partnerschaft für Fachkräfte.* URL: http://www.bmas.de/SharedDocs/Downloads/DE/Thema-Arbeitsmarkt/lagebild-partnerschaft-fachkraefte-2017.pdf?__blob=publicationFile&v=1, [20.08.2020].

Bundesministerium für Bildung und Forschung (BMBF) (2015). *Handreichung für ausbildende Fachkräfte.* URL: https://www.ab.tu-berlin.de/fileadmin/ref22/Downloads/Ausbilder_innen/Handreichung_f%C3%BCr_ausbildende_Fachkr%C3%A4fte_BMBF.pdf, [15.08.2020].

Bundesministerium für Bildung und Forschung (BMBF) (2017). *Nachhaltigkeit im Handel(n). Tipps für die (Ausbildungs-)Praxis.* URL: https://www.bmbf.de/pub/Nachhaltigkeit_im_Handel_n.pdf, [20.08.2020].

Bundesministerium für Bildung und Forschung (BMBF) (2018). *Berufsbildungsbericht 2018.* URL: https://www.bmbf.de/upload_filestore/pub/Berufsbildungsbericht_2018.pdf, [15.08.2020].

Bundesministerium für Bildung und Forschung (BMBF) (2020a). *Berufsbildungsbericht 2020.* URL: https://www.bmbf.de/upload_filestore/pub/Berufsbildungsbericht_2020.pdf, [21.10.2020].

Bundesministerium für Bildung und Forschung (BMBF) (2020b). *Der Einsatz von digitalen Medien im dualen Berufsbildungssystem.* URL: https://www.qualifizierungdigital.de/de/berufsbildung-24.php.

Bundesministerium für Wirtschaft und Energie (BMWi) (o. J.). *Fachkräfte für Deutschland*. URL: https://www.bmwi.de/Redaktion/DE/Dossier/fachkraeftesicherung.html, [15.08.2020].

Bundesministerium für Wirtschaft und Energie (BMWi) (2016). *Digitale Bildung. Themenheft Mittelstand-Digital*. URL: https://www.bmwi.de/Redaktion/DE/Publikationen/Digitale-Welt/themenheft-digitale-bildung.pdf?__blob=publicationFile&v=17, [20.08.2020].

Bundesministerium für Wirtschaft und Energie (BMWi) (2018). *Monitoring-Report Wirtschaft DIGITAL 2018*. URL: https://www.bmwi.de/Redaktion/DE/Publikationen/Digitale-Welt/monitoring-report-wirtschaft-digital-2018-langfassung.pdf?__blob=publicationFile&v=4, [05.12.2020].

Bundeszentrale für politische Bildung (bpb) (2016). *Demografischer Wandel*. URL: http://www.bpb.de/nachschlagen/lexika/lexikon-der-wirtschaft/240461/demografischer-wandel, [15.08.2020].

Bundeszentrale für politische Bildung (bpb) (2017). *Die demografische Entwicklung in Deutschland*. URL: https://www.bpb.de/politik/innenpolitik/demografischer-wandel/196911/fertilitaet-mortalitaet-migration, [15.08.2020].

Burchert, J. (2012). Coach, Organisator, Kollege oder Berufspädagoge? In P. Ulmer, R. Weiß & A. Zöller (Hrsg.), *Berufliches Bildungspersonal – Forschungsfragen und Qualifizierungskonzepte* (S. 135–147). Bielefeld: Bertelsmann.

Burzan, N. (2015). *Quantitative Methoden kompakt*. Konstanz: UVK.

Büttner, B.; Gerdes, F.; Neubauer, G. & Reidick-Rominski, M. (2013). Die AEVO in der Prüfungspraxis – ein Leitfaden für Prüfer/-innen, Lehrende und Lernende. In P. Ulmer & K. Gutschow (Hrsg.), *Die novellierte Ausbilder-Eignungsverordnung (AEVO) von 2009* (S. 95–115). Bielefeld: Bertelsmann.

Casper, M.; Kuhlmeier, W.; Poetzsch-Heffter, A.; Schütt-sayed, S. & Vollmer, T. (2017). Berufsbildung für nachhaltige Entwicklung in kaufmännischen Berufen – ein Ansatz der Theorie- und Modellbildung aus der Modellversuchsforschung. *bwp@*(33), S. 1–29. URL: http://www.bwpat.de/ausgabe33/casper_etal_bwpat33.pdf, [21.10.2020].

Cehak-Behrmann, M. (2018). Sprachliche Förderung in der beruflichen Bildung. *Berufsbildung in Wissenschaft und Praxis, 47*(3), S. 40–41.

Chomsky, N. (1970). *Aspekte der Syntaxtheorie*. Frankfurt a.M.: suhrkamp.

Cuhls, K. (2012). Zu den Unterschieden zwischen Delphi-Befragungen und „einfachen" Zukunftsbefragungen. In R. Popp (Hrsg.), *Zukunft und Wissenschaft* (S. 139–157). Berlin, Heidelberg: Springer.

Cuhls, K. (2019). Die Delphi-Methode – eine Einführung. In M. Niederberger & O. Renn (Hrsg.), *Delphi-Verfahren in den Sozial- und Gesundheitswissenschaften* (S. 3–31). Wiesbaden: Springer VS.

Daheim, C.; Neef, A.; Schulz-Montag, B. & Steinmüller, K. (2013). Foresight in Unternehmen. Auf dem Weg zur strategischen Kernaufgabe. In R. Popp & A. Zweck (Hrsg.), *Zukunftsforschung im Praxistest* (S. 81–101). Wiesbaden: Springer VS.

Dehnbostel, P.; Diettrich, A. & Holz, H. (2010). Modellversuche im Spiegel der Zeit. In BiBB (Hrsg.), *40 Jahre BIBB: 40 Jahre Forschen-Beraten-Zukunft gestalten* (S. 149–159). Bonn: BiBB.

Deller, J.; Kern, S.; Hausmann, E. & Diederichs, Y. (2008). *Personalmanagement im demografischen Wandel. Ein Handbuch für den Veränderungsprozess.* Berlin, Heidelberg: Springer.

Dengler, K. & Matthes, B. (2015). Folgen der Digitalisierung für die Arbeitswelt. *IAB Forschungsbericht*(11).

Deutsche Akademie der Technikwissenschaften (acatech) (2013). *Deutschlands Zukunft als Produktionsstandort sichern. Umsetzungsempfehlungen für das Zukunftsprojekt Industrie.* URL: https://www.bmbf.de/files/Umsetzungsempfehlungen_Industrie4_0.pdf, [15.08.2020].

Deutsche Akademie der Technikwissenschaften (acatech) (2016). *Kompetenzentwicklungsstudie Industrie 4.0. Erste Ergebnisse und Schlussfolgerungen.* URL: https://www.acatech.de/wp-content/uploads/2018/03/acatech_DOSSIER_neu_Kompetenzentwicklung_Web.pdf, [20.08.2020].

Deutsche Forschungsgemeinschaft (DFG) (2021). *Lehr-Lern-Prozesse in der kaufmännischen Erstausbildung.* URL: https://gepris.dfg.de/gepris/projekt/5421451?context=projekt&task=showDetail&id=5421451&, [12.01.2021].

Deutsche Unesco-Kommission (DUK) (2014). *Inklusion. Leitlinien für die Bildungspolitik* (3. Aufl.). Bonn.

Deutscher Bildungsrat (DBR) (1969). Zur Verbesserung der Lehrlingsausbildung. Empfehlungen der Bildungskommission, verabschiedet auf der 19. Sitzung der Bildungskommission am 30./31. Januar 1969. Bonn.

Deutscher Industrie- und Handelskammertag (DIHK) (2017). *Ausbildung 2017. Ergebnisse einer DIHK-Online-Unternehmensbefragung.* URL: https://www.ueberaus.de/wws/bin/26109086-26110622-1-dihk-ausbildungsumfrage-2017__2_.pdf, [16.08.2020].

Deutscher Industrie- und Handelskammertag (DIHK) (2018). *Wirtschaft unter Volldampf, Engpässe nehmen zu. DIHK-Konjunkturumfrage bei den Industrie- und Handelskammern.* URL: https://www.dihk.de/resource/blob/3464/87a0bf0e62df203f5389135e80ba4daa/dihk-konjunkturumfrage-jahresbeginn-2018-data.pdf, [16.08.2020].

Deutscher Industrie- und Handelskammertag (DIHK) (2019). *IHK- und DIHK-Fortbildungsstatistik 2019.* URL: https://www.dihk.de/resource/blob/25530/6e7852ac91de66bbe1d0728b60f15f4b/fortbildungsstatistik-2019-data.pdf, [29.11.2020].

Dichtl, E. & Müller, S. (1992). Die Herausforderungen für die Markenartikelindustrie: Ergebnisse einer Delphi-Befragung. *Lebensmittelzeitung, 44*(47), S. 85–86.

Dietrich, S. (2018). Digitaler Wandel und Unterstützungsbedarf aus Sicht des betrieblichen Ausbildungspersonals. *Berufsbildung in Wissenschaft und Praxis, 47*(3), S. 29–31.

Diettrich, A. (2009). Bildungspersonal in Schule und Betrieb zwischen Polyvalenzanforderungen und Professionalisierung. *bwp@ Berufs- und Wirtschaftspädagogik – online*(profil 2), S. 1–20, [17.08.2020].

Diettrich, A. (2013). Die Transferdiskussion in der Modellversuchsforschung im Spannungsfeld pluraler Interessen und Qualitätserwartungen. In E. Severing & R. Weiß (Hrsg.), *Qualitätsentwicklung in der Berufsbildungsforschung* (S. 89–104). Bielefeld: Bertelsmann.

Diettrich, A. (2017). Berufsbildungspersonal 2025 – Forschungs- und Entwicklungsperspektiven im Kontext gesellschaftlicher Megatrends. In M. French & A. Diettrich (Hrsg.), *Berufsbildungspersonal in Bildungsdienstleistern und Betrieben* (S. 319–329). Rostock: Universität Rostock.

Diettrich, A. & Harm, S. (2018). Berufspädagogische Begleitung und Qualitätsentwicklung. *Berufsbildung in Wissenschaft und Praxis, 47*(3), S. 14–18.

Diettrich, A. & Vonken, M. (2011). Lernen im Betrieb im Spannungsfeld ökonomischer und pädagogischer Interessen. *Berufsbildung in Wissenschaft und Praxis, 40*(1), S. 6–9.

Dietzen, A.; Lewalder, A. C. & Wünsche, T. (2013). Stabile Bedeutung beruflich-betrieblicher Bildung bei Ausdifferenzierung der Bildungswege. In E. Severing (Hrsg.), *Akademisierung der Berufswelt?* (S. 85–105). Bielefeld: Bertelsmann.

Dilger, B. (2014). Kompetenzen zwischen Handlungsanforderungen und individueller Disposition – Kompetenzorientierung in der Didaktik der beruflichen Bildung. In A. Bresges, B. Dilger, T. Hennemann, J. König, H. Lindner, A. Rohde & D. Schmeinck (Hrsg.), *Kompetenzen diskursiv* (S. 199–215). Münster: Waxmann.

Döring, N. & Bortz, J. (2016). *Forschungsmethoden und Evaluation in den Sozial- und Humanwissenschaften* (5. Aufl.). Berlin: Springer.

Drexler, I. (2012). Gesellschaftliche und politische Folgen von Akademisierung. In E. Kuda, J. Strauß, G. Spöttl & B. Kaßebaum (Hrsg.), *Akademisierung der Arbeitswelt?* (S. 36–51). Hamburg: VSA.

Dunczyk, H.; Jürgenhake, U.; Moeller, N. & Senft, S. (2008). Strategien zur Bewältigung des demografischen Wandels – alter(n)sgerechte Personalpolitik – Beschäftigungsfähigkeit sichern – Nachwuchs gewinnen – Wissensverluste vermeiden. In B. Klauk (Hrsg.), *Alternde Belegschaften – der demografische Wandel als Herausforderung für Unternehmen* (S. 72–90). Lengerich: Pabst Science Publishers.

Ebbinghaus, M. (2009). Ideal und Realität betrieblicher Berufsausbildung. *Schriftenreihe des Bundesinstituts für Berufsbildung*(105).

Ebbinghaus, M. (2011). Welche Rolle spielen berufliche und pädagogische Qualifikationen dafür, Mitarbeitern Ausbildungsaufgaben zu übertragen? Ergebnisse einer Betriebsbefragung. In U.

Faßhauer, J. Aff, B. Fürstenau & E. Wuttke (Hrsg.), *Lehr-Lernforschung und Professionalisierung* (S. 123–134). Opladen: Barbara Budrich.

Ebbinghaus, M. (2018a). Gibt es für Betriebe (k)eine Alternative zur eigenen Ausbildung? Ergebnisse einer Befragung von Kleinst-, Klein- und Mittelbetrieben zu zehn dualen Ausbildungsberufen. Leverkusen: Barbara Budrich.

Ebbinghaus, M. (2018b). Themenradar Duale Berufsausbildung – Herbst 2017. Ergebnisse aus dem BIBB-Expertenmonitor zur Relevanz ausgewählter Themen der dualen Berufsausbildung. URL: https://www.bibb.de/veroeffentlichungen/de/publication/download/8598, [05.01.2021].

Ebbinghaus, M. & Ulmer, P. (2010). Betriebliches Ausbildungspersonal – Welche Rolle spielt seine pädagogische Qualifizierung? *Berufsbildung in Wissenschaft und Praxis, 39*(6), S. 38–42.

Eckelt, M. (2016). Zur sozialen Praxis der Berufsbildungspolitik. Theoretische Schlüsse aus der Rekonstruktion der Entwicklung des Deutschen Qualifikationsrahmens. Bielefeld: Bertelsmann.

Eiling, A. & Schlotthauer, H. (2016). Handlungsfeld Ausbildung. Arbeitsmappe zur Vorbereitung auf die Ausbilder-Eignungsprüfung (8. Aufl.). Hamburg: Feldhaus.

Elsholz, U. (2016). Die Akademisierung der Berufswelt – eine Bedrohung für die berufliche Bildung? *Die berufsbildende Schule, 68*(3), S. 93–97.

Enggruber, R. & Rützel, J. (2014). Berufsausbildung junger Menschen mit Migrationshintergrund. Eine repräsentative Befragung von Betrieben. Gütersloh: Bertelsmann.

Ernst, F. (2012). Fachdidaktische Analyse von Lehrbüchern für den Rechnungswesenunterricht in Deutschland und den USA. Jena: Friedrich-Schiller-Universität Jena.

Euler, D. (2003). Theoretische Zugänge zur Wirtschaftsdidaktik. In A. Bredow, R. Dobischat & J. Rottmann (Hrsg.), *Berufs- und Wirtschaftspädagogik von A-Z: Grundlagen, Kernfragen und Perspektiven* (S. 119–134). Baltmannsweiler: Schneider.

Euler, D. (2010). Einfluss der demographischen Entwicklung auf das Übergangssystem und den Berufsausbildungsmarkt. Expertise im Auftrag der Bertelsmann Stiftung. URL: https://www.bertelsmann-stiftung.de/fileadmin/files/BSt/Publikationen/GrauePublikationen/LL_Expertise_Einfluss_der_demographischen_Entwicklung_auf_das_Uebergangssystem_2.pdf, [17.08.2020].

Euler, D. (2014). Berufs- und Hochschulbildung – (Ungleicher) Wettbewerb oder neue Formen des Zusammenwirkens? *Zeitschrift für Berufs- und Wirtschaftspädagogik, 110*(3), S. 321–334.

Euler, D. (2015). Zur (Neu-)Bestimmung des Verhältnisses von Berufs- und Hochschulbildung. *Zeitschrift für Berufs- und Wirtschaftspädagogik, 111*(3), S. 321–332.

Euler, D. (2017). Erfolg macht (nicht) unantastbar! – Herausforderungen an eine zukunftsgerechte Berufsbildung. *Zeitschrift für Berufs- und Wirtschaftspädagogik, 113*(4), S. 533–541.

Euler, D. & Severing, E. (2015). *Durchlässigkeit zwischen beruflicher und akademischer Bildung: Daten, Fakten, offene Fragen.* URL: https://www.bertelsmann-stiftung.de/fileadmin/files/BSt/Publikationen/GrauePublikationen/LL_GP_Durchlaessigkeit_Hintergrund_final_150622.pdf, [17.08.2020].

Euler, D. & Severing, E. (2017). Studienintegrierende Ausbildung – ein neuer Weg zur Verzahnung von Ausbildung und Studium? *Zeitschrift für Berufs- und Wirtschaftspädagogik, 113*(4), S. 681–689.

Falk, R. & Zedler, R. (2009). Qualitätssicherung bei der Qualifizierung betrieblicher Ausbilderinnen und Ausbilder. *Berufsbildung in Wissenschaft und Praxis, 38*(5), S. 19–22.

Flick, U. (2011). *Qualitative Sozialforschung. Eine Einführung* (4. Aufl.). Reinbek bei Hamburg: Rowohlt Taschenbuch Verlag.

foraus.de (2019). *Community.* URL: https://www.foraus.de/forum/, [03.01.2019].

Forschungsinstitut berufliche Bildung (f-bb) (2020). *Studie zur Akzeptanz des Fortbildungsabschlusses „Geprüfter Berufspädagoge".* URL: https://www.f-bb.de/informationen/projekte/studie-zur-akzeptanz-des-fortbildungsabschlusses-gepruefter-berufspaedagoge/, [15.11.2020].

Franken, R. & Franken, S. (2018). Wandel von Mangementfunktionen im Kontext der Digitalisierung. In H. Hirsch-Kreinsen, P. Ittermann & J. Niehaus (Hrsg.), *Digitalisierung industrieller Arbeit* (2. Aufl.; S. 99–120). Baden-Baden: Nomos.

Franken, S. & Cutmore-Beinlich, S. A. (2018). Digitalisierung und Industrie 4.0 – neues Arbeiten, veränderte Belegschaften. In S. Armutat, N. Bartholomäus, S. Franken, V. Herzig & B. Helbich (Hrsg.), *Personalmanagement in Zeiten von Demografie und Digitalisierung* (S. 57–75). Wiesbaden: Springer Gabler.

Friede, C. K. (2013). Curriculare Analyse der Ausbilder-Eignungsverordnung seit 1972. In P. Ulmer & K. Gutschow (Hrsg.), *Die novellierte Ausbilder-Eignungsverordnung (AEVO) von 2009* (S. 11–64). Bielefeld: Bertelsmann.

Frommberger, D. (2017). Qualitätsentwicklung in der dualen Berufsausbildung in Zeiten des demografischen Wandels. In E. Schlemmer, A. Lange & L. Kuld (Hrsg.), *Handbuch Jugend im demografischen Wandel* (S. 510–529). Weinheim: Beltz.

Fuchs, E.; Niehaus, I. & Stoletzki, A. (2014). Das Schulbuch in der Forschung. Analysen und Empfehlungen für die Bildungspraxis. Göttingen: V&R unipress.

Gaitanides, M. (2013). Prozessorganisation. Entwicklung, Ansätze und Programme des Managements von Geschäftsprozessen (3. Aufl.). München: Vahlen.

Gei, J. & Krekel, E. M. (2011). Das betriebliche Ausbildungspersonal. *Sozialwissenschaften und Berufspraxis, 34*(1), S. 89–97.

Gemünden, H. G. & Konrad, E. (2001). Unternehmerisches Verhalten – Ein Erfolgsfaktor von technologieorientierten Unternehmensgründungen. In J. Merz (Hrsg.), *Existenzgründung* (S. 123–145). Baden-Baden: Nomos.

Gerhold, L. (2012). Methodenkombination in der sozialwissenschaftlichen Zukunftsforschung. In R. Popp (Hrsg.), *Zukunft und Wissenschaft* (S. 159–183). Berlin, Heidelberg: Springer.

Gerhold, L. (2015). Methodenwahl und Methodenkombination. In L. Gerhold, D. Holtmannspötter, C. Neuhaus, E. Schüll, B. Schulz-Montag, K. Steinmüller & A. Zweck (Hrsg.), *Standards und Gütekriterien der Zukunftsforschung* (S. 111–120). Wiesbaden: Springer VS.

Gerhold, L.; Holtmannspötter, D.; Neuhaus, C.; Schüll, E.; Schulz-Montag, B.; Steinmüller, K. & Zweck, A. (2015). Einleitung. In L. Gerhold, D. Holtmannspötter, C. Neuhaus, E. Schüll, B. Schulz-Montag, K. Steinmüller & A. Zweck (Hrsg.), *Standards und Gütekriterien der Zukunftsforschung* (S. 9–15). Wiesbaden: Springer VS.

Gerhold, L. & Schüll, E. (2015). Grundlagen der Standards Gruppe 2. In L. Gerhold, D. Holtmannspötter, C. Neuhaus, E. Schüll, B. Schulz-Montag, K. Steinmüller & A. Zweck (Hrsg.), *Standards und Gütekriterien der Zukunftsforschung* (S. 83–85). Wiesbaden: Springer VS.

Gesellschaft für Innovationsforschung und Beratung (IFGE) (2014). *Empiriegestütztes Monitoring zur Qualifizierungssituation in der deutschen Wirtschaft*. URL: https://www.bmwi.de/Redaktion/DE/Publikationen/Wirtschaft/empiriegestuetztes-monitoring-zur-qualifizierungssituation-in-der-deutschen-wirtschaft.pdf?__blob=publicationFile&v=3, [21.08.2020].

Gillen, J. & Kaufhold, M. (2005). Kompetenzanalysen – kritische Reflexion von Begrifflichkeiten und Messmöglichkeiten. *Zeitschrift für Berufs- und Wirtschaftspädagogik, 3*(101), S. 364–378.

Gläser, J. & Laudel, G. (2010). Experteninterviews und qualitative Inhaltsanalyse als Instrumente rekonstruierender Untersuchungen (4. Aufl.). Wiesbaden: VS Verlag für Sozialwissenschaften.

Gordon, T. J. (1972). The Current Methods of Futures Research. *The futurists*, S. 164–189.

Gordon, T. J. (1992). The Methods of Futures Research. *The Annals of The American Academy of Political and Social Science*(522), S. 25–36.

Gössling, B. & Sloane, P. F. E. (2013). Die Ausbildereignungsverordnung (AEVO): Regulatorischer Dinosaurier oder Ansporn für innovative Bildungsarbeit? *Zeitschrift für Berufs- und Wirtschaftspädagogik, 109*(2), S. 232–261.

Granato, M. (2003). Jugendliche mit Migrationshintergrund in der beruflichen Bildung. *WSI Mitteilungen*(8), S. 478–483, [06.09.2018].

Granato, M. & Ulrich, J. G. (2006). „Also, was soll ich noch machen, damit die mich nehmen?" Jugendliche mit Migrationshintergrund und ihre Ausbildungschancen. In Friedrich-Ebert-Stiftung (FES) (Hrsg.), *Kompetenzen stärken, Qualifikationen verbessern, Potenziale nutzen* (S. 30–50). Bonn: bub.

Grimm-Vonken, K.; Müller, C. & Schröter, T. (2011). Berufsausbildung als sozialer Prozess – Neue Anforderungen an die Kompetenzen des Ausbildungspersonals. *Berufsbildung in Wissenschaft und Praxis, 40*(6), S. 21–25.

Grollmann, P. (2018). Prognose- und prospektive Berufsbildungsforschung. In F. Rauner & P. Grollmann (Hrsg.), *Handbuch Berufsbildungsforschung* (3. Aufl.; S. 161–168). Bielefeld: wbv.

Gruber, H. & Mandl, H. (1996). Expertise und Erfahrung. In H. Gruber & A. Ziegler (Hrsg.), *Expertiseforschung* (S. 18–34). Wiesbaden: Springer.

Gudjons, H. & Winkel, R. (Hrsg.) (2015). *Didaktische Theorien* (14. Aufl.). Hamburg: Bergmann + Helbig.

Haan, G. de (2003). Erwerb von Gestaltungskompetenz als Ziel von Bildung für nachhaltige Entwicklung. In Bundesministerium für Bildung und Forschung (BMBF) (Hrsg.), *Berufsbildung für eine nachhaltige Entwicklung. Erste bundesweite Fachtagung* (S. 44–48). Bonn: BMBF.

Haan, G. de (2008). Gestaltungskompetenz als Kompetenzkonzept für Bildung für nachhaltige Entwicklung. In I. Bormann & G. de Haan (Hrsg.), *Kompetenzen der Bildung für nachhaltige Entwicklung* (S. 23–43). Wiesbaden: VS Verlag für Sozialwissenschaften.

Haan, G. de (2012). Der Masterstudiengang „Zukunftsforschung" an der Freien Universität Berlin: Genese und Kontext. In R. Popp (Hrsg.), *Zukunft und Wissenschaft* (S. 25–33). Berlin, Heidelberg: Springer.

Häder, M. (2014). *Delphi-Befragungen. Ein Arbeitsbuch* (3. Aufl.). Wiesbaden: Springer.

Häder, M. (2015). *Empirische Sozialforschung. Eine Einführung* (3. Aufl.). Wiesbaden: Springer.

Häder, M. & Häder, S. (1995). Delphi und Kognitionspsychologie: ein Zugang zur theoretischen Fundierung der Delphi-Methode. *ZUMA Nachrichten, 19*(37), S. 8–34.

Häder, M. & Häder, S. (2000). Die Delphi-Methode als Gegenstand methodischer Forschungen. In M. Häder & S. Häder (Hrsg.), *Die Delphi-Technik in den Sozialwissenschaften* (S. 11–31). Wiesbaden: VS Verlag für Sozialwissenschaften.

Häder, M. & Häder, S. (2014). Delphi-Befragung. In N. Baur & J. Blasius (Hrsg.), *Handbuch Methoden der empirischen Sozialforschung* (S. 587–592). Wiesbaden: Springer VS.

Hähn, K. (2015). Das duale Studium – Stand der Forschung. In S. Krone (Hrsg.), *Dual Studieren im Blick* (S. 29–50). Wiesbaden: Springer VS.

Harteis, C. (2000). *Berufliche Weiterbildung heute und morgen. Zukünftige Kompetenzanforderungen an Bildungspersonal und Nachwuchsrekrutierung.* München: Merkur.

Hartmann, A. E.; Apt, W.; Shajek, A.; Stamm, I. & Wischmann, S. (2017). Perspektiven: Industrie 4.0 – Hype oder echte Revolution? In G. Spöttl & L. Windelband (Hrsg.), *Industrie 4.0: Risiken und Chancen für die Berufsbildung* (S. 49–74). Bielefeld: wbv.

Heinrichs, H.; Kuhn, K. & Newig, J. (2011). Einleitung: Nachhaltige Gesellschaft – Gestaltung durch Partizipation und Kooperation? In H. Heinrichs, K. Kuhn & J. Newig (Hrsg.), *Nachhaltige Gesellschaft* (S. 11–14). Wiesbaden: VS Verlag für Sozialwissenschaften.

Hejl, P. M. (1982). *Sozialwissenschaft als Theorie selbstreferentieller Systeme.* Franfurt am Main: Campus.

Hejl, P. M. (1992a). Die zwei Seiten der Eigengesetzlichkeit. In S. J. Schmidt (Hrsg.), *Kognition und Gesellschaft* (S. 167–213). Frankfurt a.M.: suhrkamp.

Hejl, P. M. (1992b). Selbstorganisation und Emergenz in sozialen Systemen. In W. Krohn & G. Küppers (Hrsg.), *Emergenz: Die Entstehung von Ordnung, Organisation und Bedeutung* (S. 269–292). Frankfurt a.M.: suhrkamp.

Hejl, P. M. (1993). Soziale Systeme: Körper ohne Gehirn oder Gehirne ohne Körper? In V. Riegas & C. Vetter (Hrsg.), *Zur Biologie der Kognition* (S. 205–236). Frankfurt a.M.: suhrkamp.

Hejl, P. M. (1994). Die Entwicklung der Organisation von Sozialsystemen und ihr Beitrag zum Systemverhalten. In G. Rusch & S. J. Schmidt (Hrsg.), *Konstruktivismus und Sozialtheorie* (S. 109–132). Frankfurt a.M.: suhrkamp.

Hejl, P. M. (1996). Konstruktion der sozialen Konstruktion. In S. J. Schmidt (Hrsg.), *Der Diskurs des radikalen Konstruktivismus* (7. Aufl.; S. 303–339). Frankfurt a.M.: suhrkamp.

Hejl, P. M. & Stahl, H. K. (2000). Managment und Selbststeuerung. In P. M. Hejl & H. K. Stahl (Hrsg.), *Management und Wirklichkeit* (S. 100–138). Heidelberg: Carl-Auer-Systeme.

Helmrich, R.; Hummel, M. & Neuber-Pohl, C. (Hrsg.) (2015). *Megatrends*. Bonn: Bertelsmann.

Helmrich, R.; Tiemann, M.; Troltsch, K.; Lukowski, F.; Neuber-Pohl, C.; Lewalder, A. C. & Güntürk-Kuhl, B. (2016). Digitalisierung der Arbeitslandschaften. Keine Polarisierung der Arbeitswelt, aber beschleunigter Strukturwandel und Arbeitsplatzwechsel. Bonn: Bertelsmann.

Helsper, W. & Tippelt, R. (2011). Ende der Profession und Professionalisierung ohne Ende? *Zeitschrift für Pädagogik*(Beiheft 57), S. 268–288.

Hirsch-Kreinsen, H. (2018). Einleitung: Digitalisierung industrieller Arbeit. In H. Hirsch-Kreinsen, P. Ittermann & J. Niehaus (Hrsg.), *Digitalisierung industrieller Arbeit* (2. Aufl.; S. 13–32). Baden-Baden: Nomos.

Hirsch-Kreinsen, H. & Ittermann, P. (2017). Drei Thesen zu Arbeit und Qualifikation in Industrie 4.0. In G. Spöttl & L. Windelband (Hrsg.), *Industrie 4.0: Risiken und Chancen für die Berufsbildung* (S. 131–152). Bielefeld: wbv.

Hochmann, L.; Birkner, S. & Heinecke, H. J. (2020). Digitale Agonistik. Unternehmen der so oder anders digitalisierten Gesellschaft. Marburg: metropolis.

Hofmann, S.; Hemkes, B.; Joyce, S. L.; König, M. & Kutzner, P. (2020). *AusbildungPlus. Duales Studium in Zahlen 2019*. URL: https://www.bibb.de/dokumente/pdf/06072020_AiZ_dualesStudium-2019.pdf, [20.08.2020].

Hofmann, S. & König, M. (2017). AusbildungPlus – Duales Studium in Zahlen 2016. Trends und Analysen. Bonn: BiBB.

Holtbrügge, D. (2018). *Personalmanagement* (7. Aufl.). Berlin: Springer.

Holz, H. & Schemme, D. (Hrsg.) (2005). *Wissenschaftliche Begleitung bei der Neugestaltung des Lernens*. Bielefeld: Bertelsmann.

IAB (2018). *Aktuelle Daten und Indikatoren. Betriebliche Ausbildungsbeteiligung 2006 bis 2017 – Ergebnisse aus dem IAB-Betriebspanel*. URL: http://doku.iab.de/arbeitsmarktdaten/Ausbildungsbeteiligung_2006-2017.pdf, [21.08.2020].

Jacob, R.; Heinz, A. & Décieux, J. P. (2013). *Umfrage. Einführung in die Methoden der Umfrageforschung* (3. Aufl.). München: Oldenbourg.

Jacobs, P. & Preuße, M. (2018). *Kompaktwissen AEVO in vier Handlungsfeldern* (4. Aufl.). Köln: Bildungsverlag EINS.

Jäger, G. (1994). Systemtheorie und Literatur Teil I. Der Systembegriff der Empirischen Literaturwissenschaft. In W. Frühwald, G. Jäger, D. Langewiesche & A. Martino (Hrsg.), *Internationales Archiv für Sozialgeschichte der deutschen Literatur* (S. 95–125). Tübingen: Max Niemeyer Verlag.

Jänicke, M. (1984). *Umweltpolitische Prävention als ökologische Modernisierung und Strukturpolitik*. Berlin: Wissenschaftszentrum Berlin.

Jansen, A.; Pfeifer, H.; Schönfeld, G. & Wenzelmann, F. (2015). Ausbildung in Deutschland weiterhin investitionsorientiert – Ergebnisse der BIBB-Kosten-Nutzen-Erhebung 2012/13. *BIBB Report, 9*(1), S. 1–16.

Jansen, R. (1989). Grundinformationen zum Ausbildungspersonal. *Berufsbildung in Wissenschaft und Praxis, 18*(4), S. 11–16.

Jansen, R. & Blötz, U. (2012). Berufspädagogische Qualifizierung der ausbildenden Fachkräfte. *Berufsbildung in Wissenschaft und Praxis, 41*(6), S. 51–52.

Jeske, T. & Terstegen, S. (2017). Potenziale und Umsetzung von Industrie 4.0. In G. Spöttl & L. Windelband (Hrsg.), *Industrie 4.0: Risiken und Chancen für die Berufsbildung* (S. 75–92). Bielefeld: wbv.

Kärcher, B. (2014). Erfahrungen und Herausforderungen in der Industrie. In Bundesministerium für Wirtschaft und Energie (BMWi) (Hrsg.), *Zukunft der Arbeit in Industrie 4.0.* (S. 19–26). Berlin.

Keller, K. & Ulmer, P. (2013). Prozessorientierung in der AEVO. In P. Ulmer & K. Gutschow (Hrsg.), *Die novellierte Ausbilder-Eignungsverordnung (AEVO) von 2009* (S. 147–155). Bielefeld: Bertelsmann.

Kenis, D. (1995). *Improving Group Decisions: Designing and Resting Techniques for Group Decision Support Systems Applying Delphi Principles*. Utrech: Universiteit Utrech.

Kettschau, I. (2012). Kompetenzmodellierung in der beruflichen Bildung für eine nachhaltige Entwicklung (BBNE). *Haushalt in Bildung & Forschung, 1*(1), S. 25–43.

Kiepe, K. (2019). Ausbilderforschung als Möglichkeitswissenschaft. In L. Hochmann, S. Graupe, T. Korbun, S. Panther & U. Schneidewind (Hrsg.), *Möglichkeitswissenschaften* (S. 597–616). Marburg: metropolis.

Kiepe, K.; Wicke, C.; Reichel, J.; Schlömer, T.; Becker, C.; Jahncke, H. & Rebmann, K. (2019). Geschäftsmodell- und Kompetenzentwicklung für nachhaltiges Wirtschaften. Handbuch und Fortbildungskonzept für die betriebliche Personalentwicklung. Berlin: Logos.

Klafki, W. (1980). Die bildungstheoretische Didaktik im Rahmen kritisch- konstruktiver Erziehungswissenschaft. *Westermanns pädagogische Beiträge, 32*(1), S. 32–37.

Klammer, U.; Steffes, S.; Maier, M.; Arnold, D.; Stettes, O.; Bellmann, J. & Hirsch-Kreinsen, H. (2017). Arbeiten 4.0 – Folgen der Digitalisierung für die Arbeitswelt. *Wirtschaftsdienst, 97*(7), S. 459–476.

Klein, U. (1979). Die Bedeutung des Modellversuchs für die gewerbliche Berufsausbildung aus Sicht der Siemens AG. In Bundesinstitut für Berufsbildung (BiBB) (Hrsg.), *Pädagogische Weiterbildung von Ausbildern* (S. 23–38). Hannover: Schroedel.

Klemisch, H.; Schlömer, T. & Tenfelde, W. (2008). Wie können Kompetenzen und Kompetenzentwicklung für nachhaltiges Wirtschaften ermittelt und beschrieben werden? In I. Bormann & G. de Haan (Hrsg.), *Kompetenzen der Bildung für nachhaltige Entwicklung* (S. 103–122). Wiesbaden: VS Verlag für Sozialwissenschaften.

Köck-Hódi, S. & Mayer, H. (2013). Die Delphi-Methode. *ProCare, 18*(5), S. 16–20.

Koscheck, S. (2013). Demografischer Wandel und Weiterbildung – Veränderung der Weiterbildungsteilnahme von Arbeitsmarkt- und Qualifikationsreserven aus Anbietersicht. *bwp@ Berufs- und Wirtschaftspädagogik – online*(Spezial 6), S. 1–15. URL: http://www.bwpat.de/ht2013/ws02/koscheck_ws02-ht2013.pdf, [17.08.2020].

Kreibich, R. (2006). *Zukunftsforschung. IZT-Arbeitsbericht Nr. 23*. URL: https://www.izt.de/fileadmin/downloads/pdf/IZT_AB23.pdf, [21.08.2020].

Krekel, E. M. & Ulrich, J. G. (2000). Die Delphi – Methode: Welche Erkenntnisse ergeben sich aus der Anwendung der Delphi-Methode für die Berufsbildungsforschung? *Sozialwissenschaften und Berufspraxis, 23*(4), S. 357–367.

Krekel, E. M. & Ulrich, J. G. (2004). Bedarfsperspektiven der Berufsbildungsforschung aus Sicht der Delphi-Studie des Bundesinstituts für Berufsbildung. In R. Czycholl & R. Zedler (Hrsg.), *Stand und Perspektiven der Berufsbildungsforschung* (S. 3–54). Nürnberg: Inst. für Arbeitsmarkt- und Berufsforschung der Bundesagentur für Arbeit.

Krone, S. (2015a). Das duale Studium. In S. Krone (Hrsg.), *Dual Studieren im Blick* (S. 14–28). Wiesbaden: Springer VS.

Krone, S. (2015b). Neue Karrierepfade in den Betrieben: Nachwuchsbindung oder Akademisierung? In S. Krone (Hrsg.), *Dual Studieren im Blick* (S. 51–88). Wiesbaden: Springer VS.

Kuckartz, U. (2018). Qualitative Inhaltsanalyse. Methoden, Praxis, Computerunterstützung (4. Aufl.). Weinheim, Basel: Beltz Juventa.

Kultusministerkonferenz (o. J.). *Lehrerbildung in den Ländern.* URL: https://www.kmk.org/themen/allgemeinbildende-schulen/lehrkraefte/lehrerbildung.html, [29.11.2020].

Küper, W. & Mendizábal, A. (2018). Die Ausbilder-Eignung. Basiswissen für Prüfung und Praxis der Ausbilder/innen (21. Aufl.). Hamburg: Feldhaus.

Kurtz, T. (2009). Professionalität aus soziologischer Perspektive. In O. Zlatkin-Troitschanskaia, K. Beck, D. Sembill, R. Nickolaus & R. Mulder (Hrsg.), *Lehrprofessionalität* (S. 45–54). Weinheim: Beltz.

Kutscha, G. (2006). *Berufsbildungspolitik – Begriffliche und theoretische Grundlagen, Inhalt.* URL: https://www.uni-due.de/imperia/md/content/berufspaedagogik/kutscha_berufsbildungspolitik_grundlagen.pdf, [17.08.2020].

Kutt, K. (1978). Beruflicher Werdegang von Ausbildern und Ausbildungsleitern – Ergebnisse einer empirischen Untersuchung. *Berufsbildung in Wissenschaft und Praxis, 7*(5), S. 15–20.

Kutt, K. (1980). Aus- und Weiterbildung der Ausbilder: Bilanzen und Perspektiven. *Zeitschrift für Pädagogik, 26*(6), S. 825–838.

Kutt, K.; Tilch, H.; McDonald-Schlichting, U. & Hanisch, C. (1980). Ausbilder im Betrieb. Empirische Befunde zur Situation und Qualifikation des betrieblichen Ausbildungspersonals. Berlin: BiBB.

Kuwan, H.; Ulrich, J. G. & Westkamp, H. (1998). Die Entwicklung des Berufsbildungssystems bis zum Jahr 2020. *Berufsbildung in Wissenschaft und Praxis, 27*(6), S. 3–8.

Lamnek, S. (2010). *Qualitative Sozialforschung* (5. Aufl.). Weinheim: Beltz.

Lauterbach, U. & Neß, H. (1999). Ausbildung der Ausbilder und berufliche Bildung in Deutschland: Ergebnisse des LEONARDO-Projekts. Berufliche Profile, Ausbildung und Praxis der Tutoren/Ausbilder in Unternehmen. Baden-Baden: Nomos.

Lauterbach, U. & Neß, H. (2000). Vier-Stufen-Methode oder handlungsorientierte Unterweisung? *Die berufsbildende Schule, 52*(2), S. 49–56.

Lindner-Lohmann, D.; Lohmann, F. & Schirmer, U. (2016). *Personalmanagement* (3. Aufl.). Berlin, Heidelberg: Springer Gabler.

Loos, J. (2017). *Lebenslanges Lernen im demografischen Wandel.* Wiesbaden: Springer Gabler.

Luhmann, N. (1984). Soziale Systeme. Grundriß einer allgemeinen Theorie. Frankfurt a.M.: suhrkamp.

Lundgreen, P. (2011). Pädagogische Professionen. *Zeitschrift für Pädagogik*(Beiheft 57), S. 9–39.

Mayring, P. (2002). Einführung in die Qualitative Sozialforschung. Eine Anleitung zum qualitativen Denken (5. Aufl.). Weinheim: Beltz.

Mayring, P. (2015). Qualitative Inhaltsanalyse. Grundlagen und Techniken (12. Aufl.). Weinheim: Beltz.

Mayring, P. (2019). Qualitative Inhaltsanalyse – Abgrenzung, Spielarten, Weiterentwicklungen. *Forum: Qualitative Sozialforschung, 20*(3), S. 1–15.

McDonough, W. & Braungart, M. (2002). *Cradle to Cradle: Remaking the way we make things*. New York: Farrar, Straus and Giroux.

Merkel, A.; French, M.; Diettrich, A. & Weber, M. (2017). Handlungskontexte und Kompetenzen von betrieblichem Ausbildungspersonal – Eine explorative Untersuchung von Arbeitsbedingungen und -prozessen in regionalen Unternehmen in Mecklenburg-Vorpommern. In M. French & A. Diettrich (Hrsg.), *Berufsbildungspersonal in Bildungsdienstleistern und Betrieben* (S. 115–142). Rostock: Universität Rostock.

Merkens, H. (2010). Auswahlverfahren, Sampling, Fallkonstruktion. In U. Flick, E. v. Kardorff & I. Steinke (Hrsg.), *Qualitative Forschung* (8. Aufl.; S. 286–299). Reinbek bei Hamburg: Rowohlt Taschenbuch Verlag.

Mertens, P.; Barbian, D. & Baier, S. (2017). *Digitalisierung und Industrie 4.0 – eine Relativierung*. Wiesbaden: Springer.

Meyer, R. (2008). Professionalisierung als Konzept zur Qualitätssicherung – Perspektiven für das Berufsbildungspersonal und -forschung. *bwp@ Berufs- und Wirtschaftspädagogik – online*(Spezial 4), S. 1–16. URL: http://www.forschungsnetzwerk.at/downloadpub/meyer_ws25_2008_spezial4.pdf, [17.08.2020].

Michelsen, G. & Adomßent, M. (2014). Nachhaltige Entwicklung: Hintergründe und Zusammenhänge. In H. Heinrichs & G. Michelsen (Hrsg.), *Nachhaltigkeitswissenschaften* (S. 3–59). Berlin, Heidelberg: Springer.

Mieg, H. A. (2018). Professionalisierung. In F. Rauner & P. Grollmann (Hrsg.), *Handbuch Berufsbildungsforschung* (3. Aufl.; S. 452–462). Bielefeld: wbv.

Mohr, S.; Troltsch, K. & Gerhards, C. (2015). Rückzug von Betrieben aus der beruflichen Ausbildung: Gründe und Muster. *BiBB-Report*(4), S. 2–15.

Müller, H.-J.; Münch, J.; Reuter, C. & Ulmer, P. (2020). Berufsbildungspolitik. In R. Arnold, A. Lipsmeier & M. Rohs (Hrsg.), *Handbuch Berufsbildung* (3. Aufl.; S. 597–609). Wiesbaden: Springer.

Müller, K. R. (2006). Berufliches Lernen und Lerntheorie. In F.-J. Kaiser & G. Pätzold (Hrsg.), *Wörterbuch Berufs- und Wirtschaftspädagogik* (2. Aufl.; S. 86–89). Bad Heilbrunn: Klinkhardt.

Müller, P. (2011). *Einsatz älterer Menschen zur Reduktion des Fachkräftemangels. Eine Analyse in mittelständischen Unternehmen*. Wiesbaden: Gabler.

Nefiodow, L. A. (2000). *Der sechste Kondratieff. Wege zur Produktivität und Vollbeschäftigung im Zeitalter der Information* (4. Aufl.). Sankt Augustin: Rhein-Sieg-Verl.

Nehls, H. (2013). Nur qualifiziertes Personal garantiert hochwertige Ausbildung. In P. Ulmer & K. Gutschow (Hrsg.), *Die novellierte Ausbilder-Eignungsverordnung (AEVO) von 2009* (S. 123–130). Bielefeld: Bertelsmann.

Neu, A.; Elsholz, U. & Jaich, R. (2017). Zum Stellenwert beruflich-betrieblicher Bildung aus Sicht von Unternehmen. *bwp@ Berufs- und Wirtschaftspädagogik – online*(32), S. 1–21. URL: http://www.bwpat.de/ausgabe32/neu_etal_bwpat32.pdf, [17.08.2020].

Neuhaus, C. (2015). Prinzip Zukunftsbild. In L. Gerhold, D. Holtmannspötter, C. Neuhaus, E. Schüll, B. Schulz-Montag, K. Steinmüller & A. Zweck (Hrsg.), *Standards und Gütekriterien der Zukunftsforschung* (S. 21–30). Wiesbaden: Springer VS.

Nickolaus, R. (1992). Selbstverständnis und Tätigkeitsfeld von Ausbildern. Ergebnisse des IBW-Projektes „Lehrende in der Berufsbildung (LiB)". Esslingen: DEUGRO.

Nickolaus, R.; Gschwendtner, T. & Abele, S. (2013). Bringt uns eine genauere Vermessung der erreichten Kompetenzen weiter? *Die berufsbildende Schule, 65*(2), S. 40–45.

Niederberger, M.; Käfer, A.-K. & König, L. (2019). Delphi-Verfahren in der Gesundheitsförderung. Ergebnisse eines systematischen Reviews. In M. Niederberger & O. Renn (Hrsg.), *Delphi-Verfahren in den Sozial- und Gesundheitswissenschaften* (S. 301–336). Wiesbaden: Springer VS.

Niederberger, M. & Renn, O. (2018). *Das Gruppendelphi-Verfahren. Vom Konzept bis zur Anwendung.* Wiesbaden: Springer VS.

Niederberger, M. & Renn, O. (2019). Vorwort. In M. Niederberger & O. Renn (Hrsg.), *Delphi-Verfahren in den Sozial- und Gesundheitswissenschaften* (S. V–VIII). Wiesbaden: Springer VS.

Nittel, D. (2011). Von der Profession zur sozialen Welt pädagogisch Tätiger? *Zeitschrift für Pädagogik*(Beiheft 57), S. 40–60.

Noß, M. (2000). Selbstgesteuertes Lernen am Arbeitsplatz – Theoretische Überlegungen und empirische Ergebnisse zur Ausbildung von Bankkaufleuten. Wiesbaden: Deutscher Universitätsverlag.

Novakowski, N. & Wellar, B. (2008). Using the Delphi Technique in normative Planning Research. *Environment and Planning A: Economy and Space, 40*(6), S. 1485–1500.

Obermaier, R. (2017). Industrie 4.0 als unternehmerische Gestaltungsaufgabe: Strategische und operative Handlungsfelder für Industriebetriebe. In R. Obermaier (Hrsg.), *Industrie 4.0 als unternehmerische Gestaltungsaufgabe* (2. Aufl.; S. 3–34). Wiesbaden: Springer Gabler.

Ono, R. & Wedemeyer, D. J. (1994). Assessing the validity of the Delphi technique. *Futures, 26*(3), S. 289–304.

Ostendorf, A. (2012). Informal workplace 'educators': The hidden protagonists of workplace learning. In L. Chisholm (Hrsg.), *Decoding the meanings of learning at work in Asia and Europe* (S. 67–76).

Paech, N. (2005). Nachhaltiges Wirtschaften jenseits von Innovationsorientierung und Wachstum. Eine unternehmensbezogene Transformationstheorie. Marburg: metropolis.

Paech, N. (2006). Nachhaltigkeitsprinzipien jenseits des Drei-Säulen-Paradigmas. *Natur und Kultur, 7*(1), S. 42–62.

Paetz, N.-V.; Ceylan, F.; Fiehn, J.; Schworm, S. & Harteis, C. (2011). *Kompetenz in der Hochschuldidaktik. Ergebnisse einer Delphi-Studie über die Zukunft der Hochschullehre.* Wiesbaden: VS Verlag für Sozialwissenschaften.

Parsons, T. (1967). *The Structure of Social Action.* New York: Free Press.

Paschen, K. & Boerger, M. (1977). Qualifikationsanforderungen an betriebliche Ausbilder. *Wirtschaft und Berufserziehung, 29*(6), S. 166–171.

Pätzold, G. (1977). Auslese und Qualifikation. Institutionalisierte Berufsausbildung in westdeutschen Großbetrieben. Hannover: Schroedel.

Pätzold, G. (1980). Modellversuch zur Ausbildung der Ausbilder – Ein Instrument zur Weiterentwicklung beruflicher Ausbildungspraxis. *Zeitschrift für Pädagogik, 26*(6), S. 839–862.

Pätzold, G. (2000). Betriebliche Ausbildertätigkeit auf dem Weg von einer tayloristischen zu einer wissensstrukturierten Praxis. In G. Bös & H. Ness (Hrsg.), *Ausbilder in Europa* (S. 71–87). Bielefeld: Bertelsmann.

Pätzold, G. (2006). Berufliche Handlungskompetenz. In F.-J. Kaiser & G. Pätzold (Hrsg.), *Wörterbuch Berufs- und Wirtschaftspädagogik* (2. Aufl.; S. 72–74). Bad Heilbrunn: Klinkhardt.

Pätzold, G. (2008). Ausbildereignungsprüfung wichtig für das Image und Qualität beruflicher Bildung. *Zeitschrift für Berufs- und Wirtschaftspädagogik, 104*(3), S. 321–326.

Pätzold, G. (2013). Betriebliches Bildungspersonal. *Berufsbildung in Wissenschaft und Praxis, 42*(3), S. 44–47.

Pätzold, G. & Drees, G. (1989). Betriebliche Realität und pädagogische Notwendigkeit. Tätigkeitsstrukturen, Arbeitssituationen und Berufsbewußtsein von Ausbildungspersonal im Metallbereich. Köln: Böhlau.

Pätzold, G.; Klusmeyer, J.; Wingels, J. & Lang, M. (2003). Lehr-Lern-Methoden in der beruflichen Bildung. Eine empirische Untersuchung in ausgewählten Berufsfeldern. Oldenburg: BIS.

Paulini, H. (1991). Qualifizierung von nebenberuflichen Ausbildern. Berichte und Ergebnisse aus Modellversuchen. Berlin: BiBB.

Pfeiffer, I. & Kaiser, S. (2009). Auswirkungen von demographischen Entwicklungen auf die berufliche Ausbildung. Bielefeld: Bertelsmann.

Pfriem, R. (2004). Unternehmensstrategien sind kulturelle Angebote an die Gesellschaft. In FUGO (Hrsg.), *Perspektiven einer kulturwissenschaftlichen Theorie der Unternehmung* (S. 375–404). Marburg: metropolis.

Pfriem, R. (2011). *Heranführung an die Betriebswirtschaftslehre* (3. Aufl.). Marburg: metropolis.

Plattform Industrie 4.0. (2018). *Was ist Industrie 4.0?* URL: https://www.plattform-i40.de/I40/Navigation/DE/Industrie40/WasIndustrie40/was-ist-industrie-40.html%3bjsessionid%3d91789FCE2E49AC2CB143F50614E3F490, [21.08.2020].

Popp, R. (2012). Zukunftsforschung auf dem Prüfstand. In R. Popp (Hrsg.), *Zukunft und Wissenschaft* (S. 1–24). Berlin, Heidelberg: Springer.

Popp, R. & Urbanek, D. (2013). Zukunftsforschung im Praxistest. Einleitende Anmerkungen zur Schriftenreihe des ZfZ „Zukunft und Forschung". In R. Popp & A. Zweck (Hrsg.), *Zukunftsforschung im Praxistest* (S. 9). Wiesbaden: Springer VS.

Popper, R. (2008). How are foresight methods selected? Foresight – The journal of future studies, strategic thinking and policy, 10(6), S. 62–89.

Porter, M. E. (1985). Competitive Advantage. Creating and Sustaining Superior Performance. New York: Free Press.

Rädiker, S. & Kuckartz, U. (2019). Analyse qualitativer Daten mit MAXQDA. Text, Audio und Video. Wiesbaden: Springer.

Ratermann, M. (2015). Verzahnung von akademischen und betrieblich-beruflichen Lerninhalten und -orten. In S. Krone (Hrsg.), *Dual Studieren im Blick* (S. 167–210). Wiesbaden: Springer VS.

Ratermann, M. & Mill, U. (2015). Das duale Studium: eine neue Akteurskonstellation. In S. Krone (Hrsg.), *Dual Studieren im Blick* (S. 89–126). Wiesbaden: Springer VS.

Rauch, W. (1979). The Decision Delphi. *Technological Forecasting and Social Change, 15*(3), S. 159–169.

Rausch, A. (2011). *Erleben und Lernen am Arbeitsplatz in der betrieblichen Ausbildung*. Wiesbaden: VS Verlag für Sozialwissenschaften.

Rebmann, K. (1998). Computerunterstützte Inhaltsanalyse in der Schulbuchforschung – am Beispiel von Lehrbüchern für den Wirtschaftslehreunterricht. In W. Bos & C. Tarnai (Hrsg.), *Computerunterstützte Inhaltsanalyse in den Empirischen Sozialwissenschaften* (2. Aufl.; S. 121–134). Münster: Waxmann.

Rebmann, K. & Schlömer, T. (2008). Qualifizierung und Professionalisierung des Aus- und Weiterbildungspersonals. *berufsbildung, 62*(111), S. 3–6.

Rebmann, K. & Schlömer, T. (2011). Lehr-Lerntheorien in der Berufsbildung. In K. Büchter (Hrsg.), *Enzyklopädie Erziehungswissenschaft Online* (S. 1–39). Weinheim: Beltz Juventa.

Rebmann, K. & Schlömer, T. (2012). Erfassung und Beschreibung beruflicher Kompetenzen und Kompetenzentwicklung aus systemisch-konstruktivistischer Perspektive. In G. Niedermair (Hrsg.), *Kompetenzen entwickeln, messen und bewerten* (S. 135–159). Linz: Trauner.

Rebmann, K. & Schlömer, T. (2020). Berufsbildung für eine nachhaltige Entwicklung. In R. Arnold, A. Lipsmeier & M. Rohs (Hrsg.), *Handbuch Berufsbildung* (3. Aufl.; S. 1–13). Wiesbaden: Springer.

Reetz, L. (2002). Überlegungen zu einer zukunftsgerichteten Rolle der Ausbilder in Betrieben. *Zeitschrift für Berufs- und Wirtschaftspädagogik, 98*(1), S. 8–25.

Reinisch, H. (2006). Kompetenz, Qualifikation und Bildung: Zum Diskurs über die begriffliche Fassung von Zielvorgaben für Lernprozesse. In G. Minnameier & E. Wuttke (Hrsg.), *Berufs- und wirtschaftspädagogische Grundlagenforschung* (S. 259–272). Frankfurt a.M.: Peter Lang.

Riese-Meyer, L. de & Biffar, R. (2011). Kernelemente eines Kompetenzprofils für betriebliches Ausbildungspersonal. *Berufsbildung in Wissenschaft und Praxis, 40*(6), S. 26–29.

Rieser, M. (2014). Dynamic Capability und organisationale Kompetenz. Im Kontext von Veränderung und Effizienz. Wiesbaden: Springer Gabler.

Rimser, M. (2014). Generation Resource Management. Nachhaltige HR-Konzepte im demografischen Wandel. Wiesbaden: Springer Gabler.

Rindfleisch, E. & Maennig-Fortmann, F. (2015). *Duale Ausbildung in Deutschland: durch Praxis und Theorie zur Fachkraft*. Berlin: Konrad-Adenauer-Stiftung.

Röben, P. (2006). Ausbilder im lernenden Unternehmen – Ergebnisse aus einem internationalen Forschungsprojekt. *bwp@ Berufs- und Wirtschaftspädagogik – online*(9), S. 1–21. URL: http://www.bwpat.de/ausgabe9/roeben_bwpat9.pdf.

Röben, P. (2017). Industrie 4.0: Eine Revolution mit Ankündigung. In G. Spöttl & L. Windelband (Hrsg.), *Industrie 4.0: Risiken und Chancen für die Berufsbildung* (S. 23–47). Bielefeld: wbv.

Roth, H. (1976). Pädagogische Anthropologie Band II. Entwicklung und Erziehung. Hannover: Schroedel.

Rudel, B. (2007). Zwischen Lehrstellenbedarf und Qualitätsanforderungen. *Wirtschaft und Berufserziehung, 59*(7), S. 22–29.

Rump, J. & Walter, N. (Hrsg.) (2013). *Arbeitswelt 2030*. Stuttgart: Schäffer-Poeschel.

Ruschel, A. (o. J.). *Der Ausbilder / die Ausbilderin im dualen Berufsbildungssystem der Bundesrepublik Deutschland*. URL: http://www.adalbert-ruschel.de/downloades/der%20ausbilder.pdf, [16.08.2020].

Salss (2007). *Studie zur Aussetzung der AEVO. Betriebserhebung*. Bonn: unveröffentlichtes Manuskript.

Santarius, T. (2015). Der Rebound-Effekt. Ökonomische, psychische und soziale Herausforderungen für die Entkopplung von Wirtschaftswachstum und Energieverbrauch. Marburg: metropolis.

Schaller, A. (2001). Entrepreneurship oder wie man ein Unternehmen denken muß. In U. Blum & F. Leibbrand (Hrsg.), *Entrepreneurship und Unternehmertum* (S. 3–56). Wiesbaden: Gabler.

Schaltegger, S.; Hansen, E. G. & Lüdeke-Freund, F. (2016). Business Models for Sustainability: Origins, Present Research, and Future Avenues. *Organization & Environment, 29*(1), S. 3–10.

Schaltegger, S. & Hasenmüller, P. (2005). Nachhaltiges Wirtschaften aus Sicht des „Business Case of Sustainability". Ergebnispapier zum Fachdialog des Bundesumweltministeriums (BMU) am 17. November 2005. Lüneburg.

Schaper, N. (2014). Arbeitsgestaltung in Produktion und Verwaltung. In F. W. Nerdinger, G. Blickle & N. Schaper (Hrsg.), *Arbeits- und Organisationspsychologie* (3. Aufl.; S. 371–390). Berlin Heidelberg: Springer.

Schimany, P. (2007). *Migration und demographischer Wandel. Forschungsbericht 5.* Nürnberg: Bundesamt für Migration und Flüchtlinge.

Schlömer, T. (2009). Berufliches Handeln und Kompetenzen für nachhaltiges Wirtschaften. Ein Referenzmodell auf der Grundlage theoretischer und empirischer Explorationen. München: Hampp.

Schlömer, T. (2017). Die Entrepreneurship Education als Zukunftsperspektive einer digitalisierten und nachhaltigen kaufmännischen Berufsbildung. *bwp@ Berufs- und Wirtschaftspädagogik - online*(Spezial 14), S. 1–30. URL: http://www.bwpat.de/spezial14/schloemer_bwpat_spezial14.pdf, [17.08.2020].

Schlömer, T.; Becker, C.; Jahncke, H.; Kiepe, K.; Wicke, C. & Rebmann, K. (2017). Geschäftsmodell- und Kompetenzentwicklung für nachhaltiges Wirtschaften: Ein partizipativer Modellansatz des betrieblichen Ausbildens. *bwp@ Berufs- und Wirtschaftspädagogik - online*(32), S. 1–20. URL: http://www.bwpat.de/ausgabe32/schloemer_etal_bwpat32.pdf, [17.08.2020].

Schlömer, T.; Berding, F.; Jahncke, H.; Becker, C.; Kiepe, K.; Wicke, C. & Rebmann, K. (2019). Das didaktisch-methodische und professionelle Selbstverständnis von betrieblichem Ausbildungspersonal im Bereich des nachhaltigen Wirtschaftens. *Zeitschrift für Berufs- und Wirtschaftspädagogik, 3*(115), S. 486–515.

Schlottau, W. (2005). Ausbildungspersonal – von der Eignung zur Professionalisierung. *Berufsbildung in Wissenschaft und Praxis, 34*(6), S. 32–35.

Schmidt, C. (2011). Demografischer Wandel und Entwicklung berufsbildender Schulen. In U. Faßhauer, B. Fürstenau & E. Wuttke (Hrsg.), *Grundlagenforschung zum Dualen System und Kompetenzentwicklung in der Lehrerbildung* (S. 143–152). Opladen: Budrich.

Schmidt, H. (2002). Handlungsorientierter Unterricht. *Berufsbildung in Wissenschaft und Praxis, 31*(1), S. 51–52.

Schmidt-Hackenberg, B. (1999). Ausbildende Fachkräfte. In B. Schmidt-Hackenberg, R. Neubert, K.-H. Neumann & H.-C. Steinborn (Hrsg.), *Ausbildende Fachkräfte – die unbekannten Mitarbeiter* (S. 11–94). Bielefeld: Bertelsmann.

Schmidt-Hackenberg, B.; Neubert, R.; Neumann, K.-H. & Steinborn, H.-C. (Hrsg.) (1999). *Ausbildende Fachkräfte – die unbekannten Mitarbeiter.* Bielefeld: Bertelsmann.

Schmiech, C. (2018). Der Weg zur Industrie 4.0 für den Mittelstand. In D. Wolff & R. Göbel (Hrsg.), *Digitalisierung: Segen oder Fluch?* (S. 1–28). Berlin, Heidelberg: Springer.

Schneidewind, U. (2012). Nachhaltiges Ressourcenmanagement als Gegenstand einer transdisziplinären Betriebswirtschaftslehre. In H. Corsten & S. Roth (Hrsg.), *Nachhaltigkeit* (S. 67–92). Wiesbaden: Springer Gabler.

Schneidewind, U. & Palzkill, A. (2012). *Suffizienz als Business Case*. URL: https://epub.wupperinst.org/frontdoor/deliver/index/docId/3955/file/ImpW2.pdf, [21.08.2020].

Schönfeld, G.; Jansen, A.; Wenzelmann, F. & Pfeifer, H. (2016). *Kosten und Nutzen der dualen Ausbildung aus Sicht der Betriebe. Ergebnisse der fünften BIBB-Kosten-Nutzen-Erhebung*. Gütersloh: Bertelsmann.

Schreier, M. (2011). Qualitative Stichprobenkonzepte. In G. Naderer & E. Balzer (Hrsg.), *Qualitative Marktforschung in Theorie und Praxis* (2. Aufl.; S. 241–256). Wiesbaden: Gabler.

Schreier, M. (2014). Varianten qualitativer Inhaltsanalyse: ein Wegweiser im Dickicht der Begrifflichkeiten. *Forum: Qualitative Sozialforschung, 15*(1), S. 1–27.

Schüll, E. & Gerhold, L. (2015). Nachvollziehbarkeit. In L. Gerhold, D. Holtmannspötter, C. Neuhaus, E. Schüll, B. Schulz-Montag, K. Steinmüller & A. Zweck (Hrsg.), *Standards und Gütekriterien der Zukunftsforschung* (S. 94–99). Wiesbaden: Springer VS.

Schumpeter, J. A. (1939). *Business Cycles: A Theoretical, Historical, And Statistical Analysis of the Capitalist Process*. New York, London: McGraw-Hill.

Schwichtenberg, U. (1991). Qualifizierung für die Ausbildertätigkeit. Eine kritische Betrachtung der Vorbereitungskurse für die Prüfung nach der Ausbildereignungsverordnung. In M. Frackmann (Hrsg.), *Qualifizierungsbedarf und Weiterbildungsangebote für betriebliches Ausbildungspersonal* (S. 25–40). Alsbach: Leuchtturm-Verlag.

Seeber, S. (2008). Ansätze zur Modellierung beruflicher Fachkompetenz in kaufmännischen Ausbildungsberufen. *Zeitschrift für Berufs- und Wirtschaftspädagogik, 104*(1), S. 74–97.

Seeber, S. & Nickolaus, R. (2010). Kompetenz, Kompetenzmodelle und Kompetenzentwicklung in der beruflichen Bildung. In R. Nickolaus, G. Pätzold, H. Reinisch & T. Tramm (Hrsg.), *Handbuch Berufs- und Wirtschaftspädagogik* (S. 247–257). Bad Heilbrunn: Klinkhardt.

Seeber, S.; Nickolaus, R.; Winther, E.; Achtenhagen, F.; Breuer, K.; Frank, I.; Lehmann, R.; Spöttl, G.; Straka, G.; Walden, G.; Weiß, R. & Zöller, A. (2010). Kompetenzdiagnostik in der Berufsbildung. *Berufsbildung in Wissenschaft und Praxis, Beilage*(1), S. 1–15.

Seeger, T. (1979). *Die Delphi-Methode. Expertenbefragung zwischen Prognose und Gruppenmeinungsbildungsprozessen ; überprüft am Beispiel von Delphi-Befragungen im Gegenstandsbereich Information und Dokumentation*. Freiburg: Hochschulverl.

Sekretariat der Ständigen Konferenz der Kultusminister der Länder in der Bundesrepublik Deutschland (KMK) (2007). Handreichung für die Erarbeitung von Rahmenlehrplänen der Kultusministerkonferenz für den berufsbezogenen Unterricht in der Berufsschule und ihre Abstimmung mit Ausbildungsordnungen des Bundes für anerkannte Ausbildungsberufe. URL: https://www.kmk.org/fileadmin/veroeffentlichungen_beschluesse/2007/2007_09_01-Handreich-Rlpl-Berufsschule.pdf, [15.08.2020].

Selka, R. (2000). Ausbilder sind unvergleichlich: Gemeinsames und Trennendes in den Mitgliedländern der Europäischen Union. In G. Bös & H. Ness (Hrsg.), *Ausbilder in Europa* (S. 88–101). Bielefeld: Bertelsmann.

Selka, R. & Tilch, H. (1981). Nebenamtliche Ausbilder – Unterscheide, Arbeitsfelder und Weiterbildung. *Gewerkschaftliche Bildungspolitik*(12), S. 361–368.

Severing, E. (2001). Modellversuchsforschung und Erkenntnisgewinn. In G. Albrecht & W. Bähr (Hrsg.), *Verankerung von Innovationen in der Alltagsroutine - zur Nachhaltigkeit von Modellversuchen* (S. 45–54). Bonn: IFA-Verlag.

Severing, E. & Teichler, U. (2013). Akademisierung der Berufswelt? Verberuflichung der Hochschulen? In E. Severing (Hrsg.), *Akademisierung der Berufswelt?* (S. 7–18). Bielefeld: Bertelsmann.

Siegert, M. (2009). *Berufliche und akademische Ausbildung von Migranten in Deutschland*. Nürnberg: Bundesamt für Migration und Flüchtlinge.

Sloane, P. E. (2007). Berufsbildungsforschung im Kontext von Modellversuchen und ihre Orientierungsleistung für die Praxis – Versuch einer Bilanzierung und Perspektiven. In R. Nickolaus & A. Zöller (Hrsg.), *Perspektiven der Berufsbildungsforschung Orientierungsleistender Forschung für die Praxis* (S. 11–60). Bielefeld: Bertelsmann.

Sloane, P. F. E. (2006). Weiterbildung des betrieblichen Ausbildungspersonals. In D. Euler (Hrsg.), *Facetten des beruflichen Lernens* (S. 449–499). Bern: h.e.p. Verlag.

Sloane, P. F. E. (2009). Pädagogische Arbeit in sich verändernden Lebenswelten – Über die Anforderungen an die betriebliche Bildung in einer postmodernen Industriegesellschaft. *bwp@ Berufs- und Wirtschaftpädagogik - online*(Profil 2), S. 1–17. URL: http://www.bwpat.de/profil2/sloane_profil2.pdf, [17.08.2020].

Sloane, P. F. E. (2010a). Entwicklung beruflicher Curricula als institutionstheoretisches Phänomen: der Ordnungsrahmen pädagogischen Handelns. In R. Nickolaus, G. Pätzold, H. Reinisch & T. Tramm (Hrsg.), *Handbuch Berufs- und Wirtschaftspädagogik* (S. 213–220). Bad Heilbrunn: Klinkhardt.

Sloane, P. F. E. (2010b). Makrodidaktik: Zur curricularen Entwicklung von Bildungsgängen. In R. Nickolaus, G. Pätzold, H. Reinisch & T. Tramm (Hrsg.), *Handbuch Berufs- und Wirtschaftspädagogik* (S. 205–212). Bad Heilbrunn: Klinkhardt.

Sloane, P. F. E.; Emmler, T.; Gössling, B.; Hagemeier, D.; Hegemann, A. & Janssen, E. A. (2018). *Berufsbildung 4.0 – Qualifizierung des pädagogischen Personals als Erfolgsfaktor beruflicher Bildung in der digitalisierten Arbeitswelt*. Detmold: Eusl.

Sonntag, K. & Seiferling, N. (2017). *Potenziale älterer Erwerbstätiger. Erkenntnisse, Konzepte und Handlungsempfehlungen*. Göttingen: Hogrefe.

Spath, D. (Hrsg.) (2013). *Produktionsarbeit der Zukunft – Industrie 4.0*. Stuttgart: Fraunhofer-Verl.

Speck, M. (2016). Konsum und Suffizienz. Eine empirische Untersuchung privater Haushalte in Deutschland. Wiesbaden: VS Verlag für Sozialwissenschaften.

Spöttl, G. (2016). Das Duale System der Berufsausbildung als Leitmodell. Struktur, Organisation und Perspektiven der Entwicklung und europäische Einflüsse. Frankfurt a.M.: Peter Lang.

Spöttl, G. & Windelband, L. (2017a). Einleitung. In G. Spöttl & L. Windelband (Hrsg.), *Industrie 4.0: Risiken und Chancen für die Berufsbildung* (S. 7–20). Bielefeld: wbv.

Spöttl, G. & Windelband, L. (Hrsg.) (2017b). *Industrie 4.0: Risiken und Chancen für die Berufsbildung*. Bielefeld: wbv.

Statistisches Bundesamt (Destatis) (o. J.). *Drittmittel an Hochschulen*. URL: https://www.deutschlandinzahlen.de/tab/bundeslaender/bildung/hochschule/finanzierung/drittmittel-an-hochschulen, [29.12.2020].

Statistisches Bundesamt (Destatis) (2015). *Bevölkerung Deutschlands bis 2060. 13. koordinierte Bevölkerungsvorausberechnung*. URL: https://www.destatis.de/DE/Themen/Gesellschaft-Umwelt/Bevoelkerung/Bevoelkerungsvorausberechnung/Publikationen/Downloads-Vorausberechnung/bevoelkerung-deutschland-2060-5124202199014.pdf?__blob=publicationFile, [17.08.2020].

Statistisches Bundesamt (Destatis) (2018). *Pressemitteilung Nr. 282. Bevölkerung mit Migrationshintergrund 2017 um 4,4 % gegenüber Vorjahr gestiegen*. URL: https://www.destatis.de/DE/Presse-Service/Presse/Pressemitteilungen/2018/08/PD18_282_12511.html, [21.08.2020].

Statistisches Bundesamt (Destatis) (2019). *Bevölkerung Deutschlands bis 2060. Ergebnisse der 14. koordinierten Bevölkerungsvorausberechnung*. URL: https://www.destatis.de/DE/Themen/Gesellschaft-Umwelt/Bevoelkerung/Bevoelkerungsvorausberechnung/Publikationen/Downloads-Vorausberechnung/bevoelkerung-deutschland-2060-5124202199014.pdf?__blob=publicationFile, [15.08.2020].

Steinke, I. (2010). Gütekriterien qualitativer Forschung. In U. Flick, E. v. Kardorff & I. Steinke (Hrsg.), *Qualitative Forschung* (8. Aufl.; S. 319–331). Reinbek bei Hamburg: Rowohlt Taschenbuch Verlag.

Steinmüller, K. (1997). *Grundlagen und Methoden der Zukunftsforschung. Szenarien, Delphi, Technikvorausschau*. URL: http://www.institutfutur.de/_service/download/methoden-zukunftsforschung_sfz-wb21.pdf, [21.08.2020].

Steinmüller, K. H. (2019). Das „klassische" Delphi. Praktische Herausforderungen aus Sicht der Zukunftsforschung. In M. Niederberger & O. Renn (Hrsg.), *Delphi-Verfahren in den Sozial- und Gesundheitswissenschaften* (S. 33–54). Wiesbaden: Springer VS.

Stengel, O. (2011). Suffizienz. Die Konsumgesellschaft in der ökologischen Krise. München: oekom Verlag.

Stich, V.; Gudergan, G. & Senderek, R. (2018). Arbeiten und Lernen in der digitalisierten Welt. In H. Hirsch-Kreinsen, P. Ittermann & J. Niehaus (Hrsg.), *Digitalisierung industrieller Arbeit* (2. Aufl.; S. 143–172). Baden-Baden: Nomos.

Stichweh, R. (1994). Wissenschaft, Universität, Professionen. Soziologische Analysen. Frankfurt a.M.: suhrkamp.

Straka, G. A. & Macke, G. (2009). Berufliche Kompetenz: Handeln können, wollen und dürfen. *Berufsbildung in Wissenschaft und Praxis, 38*(3), S. 14–17.

Strauss, H. J. & Zeigler, L. H. (1975). The Delphi Technique and Its Uses in Social Science Research. *The Journal of Creative Behavior, 9*(4), S. 253–259.

Szojnik, A. (2012). Lehrbuchanalyse: Erdkunde – Lehrbuch für die IX. Klasse. *Neue Didaktik*(1), S. 89–105.

Teichler, U. (2014). Hochschulsysteme und quantitativ-strukturelle Hochschulpolitik. Differenzierung, Bologna-Prozess, Exzellenzinitiative und die Folgen. Münster: Waxmann.

Tutschner, R. & Haasler, S. R. (2012). Meister der Methode – Zum Wandel des Rollenverständnisses von Lehrern und Ausbildern in der beruflichen Bildung. In P. Ulmer, R. Weiß & A. Zöller (Hrsg.), *Berufliches Bildungspersonal – Forschungsfragen und Qualifizierungskonzepte* (S. 97–115). Bielefeld: Bertelsmann.

Ulich, E. (2011). *Arbeitspsychologie* (7. Aufl.). Stuttgart: Schäffer-Poeschel.

Ulmer, P. (2008). Die Aussetzung der Ausbilder-Eignungsverordnung: Der Versuch einer Bilanz. *berufsbildung, 62*(111), S. 7–9.

Ulmer, P. (2019). Die Novellierung der Ausbilder-Eignungsverordnung (AEVO) von 2009: Ein Paradigma für Qualitätsentwicklung in der beruflichen Bildung? Leverkusen: Barbara Budrich.

Ulmer, P.; Bott, P.; Kolter, C.; Kupfer, F.; Schade, H.-J. & Schlottau, W. (2008). *Wirkungsanalyse der Aussetzung der Ausbilder-Eignungsverordnung (AEVO). Abschlussbericht.* URL: https://www.bibb.de/tools/dapro/data/documents/pdf/eb_30553.pdf, [21.08.2020].

Ulmer, P. & Gutschow, K. (2009). Die Ausbilder-Eignungsverordnung 2009: Was ist neu? *Berufsbildung in Wissenschaft und Praxis, 38*(3), S. 48–51.

Ulmer, P. & Jablonka, P. (2007). Mehr Ausbildungsbetriebe – mehr Ausbildungsplätze – weniger Qualität? *BIBB Report*(3), S. 1–8.

Ulmer, P. & Jablonka, P. (2008). Die Aussetzung der Ausbilder-Eignungsverordnung (AEVO) und ihre Auswirkungen. Bielefeld: Bertelsmann.

Ulmer, P. & Ulrich, J. G. (2008). Beitragsübersicht. In P. Ulmer & J. G. Ulrich (Hrsg.), *Der demografische Wandel und seine Folgen für die Sicherstellung des Fachkräftenachwuchses* (S. 5–8). Bonn: BiBB.

Ulmer, P.; Weiß, R. & Zöller, A. (2012). Berufliches Bildungspersonal: Stellenwert, Entwicklungstendenzen und Perspektiven für die Forschung. In P. Ulmer, R. Weiß & A. Zöller (Hrsg.), *Berufliches Bildungspersonal – Forschungsfragen und Qualifizierungskonzepte* (S. 7–18). Bielefeld: Bertelsmann.

Veith, H. (2003). Kompetenzen und Lernkulturen. Zur historischen Rekonstruktion moderner Bildungsleitsemantiken. Münster: Waxmann.

Vogler-Ludwig, K.; Kriechel, B. & Düll, N. (2016). Arbeitsmarkt 2030 – Wirtschaft und Arbeitsmarkt im digitalen Zeitalter. Prognose 2016. Bielefeld: Bertelsmann.

Vonken, M. (2005). Handlung und Kompetenz. Theoretische Perspektiven für die Erwachsenen- und Berufspädagogik. Wiesbaden: VS Verlag für Sozialwissenschaften.

Vorgrimler, D. & Wübben, D. (2003). Die Delphi-Methode und ihre Eignung als Prognoseinstrument. *Wirtschaft und Statistik*(8), S. 763–774.

Wagner, J. (2012). Herausforderungen und Qualifikationsbedarf des betrieblichen Bildungspersonals – Ergebnisse einer explorativen Studie. In P. Ulmer, R. Weiß & A. Zöller (Hrsg.), *Berufliches Bildungspersonal – Forschungsfragen und Qualifizierungskonzepte* (S. 45–57). Bielefeld: Bertelsmann.

Weimert, B. & Zweck, A. (2015). Wissenschaftliche Relevanz. In L. Gerhold, D. Holtmannspötter, C. Neuhaus, E. Schüll, B. Schulz-Montag, K. Steinmüller & A. Zweck (Hrsg.), *Standards und Gütekriterien der Zukunftsforschung* (S. 132–141). Wiesbaden: Springer VS.

Weßner, A. & Schüll, E. (2015). Code of Conduct – Wissenschaftliche Integrität. In L. Gerhold, D. Holtmannspötter, C. Neuhaus, E. Schüll, B. Schulz-Montag, K. Steinmüller & A. Zweck (Hrsg.), *Standards und Gütekriterien der Zukunftsforschung* (S. 142–150). Wiesbaden: Springer VS.

Wiater, W. (2005). Lehrplan und Schulbuch – Reflexion über zwei Instrumente des Staates zur Steuerung des Bildungswesens. In E. Matthes & C. Heinze (Hrsg.), *Das Schulbuch zwischen Lehrplan und Unterrichtspraxis* (S. 41–64). Bad Heilbrun: Klinkhardt.

Wilbers, K. (2012). Entwicklung der Kompetenzen von Lehrkräften berufsbildender Schulen für digitale Medien. *Berufsbildung in Wissenschaft und Praxis, 41*(3), S. 38–41.

Wilbers, K. (2019). *Wirtschaftsunterricht gestalten* (4. Aufl.). Berlin: epubli.

Windelband, L. & Dworschak, B. (2015). Veränderungen in der industriellen Produktion – Notwendige Kompetenzen auf dem Weg vom Internet der Dinge zu Industrie 4.0. *Berufsbildung in Wissenschaft und Praxis, 44*(6), S. 26–29.

Wittwer, W. (1997). Ansprüche an die Aus- und Weiterbildung von betrieblichem Bildungspersonal – wie fließen die didaktischen Innovationen in die Ausbilderqualifizierung ein? In D. Euler & P. F. E. Sloane (Hrsg.), *Duales System im Umbruch* (S. 377–402). Centaurus-Verlagsgesellschaft: Pfaffenweiler.

Wittwer, W. (2006). Die Aus- und Weiterbildner in außerschulischen Lernprozessen. In R. Arnold & A. Lipsmeier (Hrsg.), *Handbuch der Berufsbildung* (2. Aufl.; S. 401–412). Wiesbaden: VS Verlag für Sozialwissenschaften.

Wolter, M. I.; Mönning, A.; Hummel, M.; Schneeman, C.; Weber, E.; Zika, G.; Helmrich, R.; Maier, T. & Neuber-Pohl, C. (2015). Industrie 4.0 und die Folgen für Arbeitsmarkt und Wirtschaft. *IAB Forschungsbericht*(8), S. 1–69.

World Commission on Environment and Development (WCED) (1987). *Our common future.* Oxford: Oxford University Press.

Wrabetz, W. (1973). *Die Stellenbeschreibung. Ein Leitfaden für die Praxis.* Wiesbaden: Gabler Verlag.

Xiao, T.; Arikan, A. M. & Barney, J. B. (2018). Resource-Based View. In M. Augier & D. J. Teece (Hrsg.), *The Palgrave Encyclopedia of Strategic Management* (S. 1457–1466). London: Palgrave Macmillan UK.

Zedler, R. (2008). Gute Ausbildung braucht qualifizierte Ausbilder – zurück zur Ausbilder-Eignungsverordnung. *Die berufsbildende Schule, 60*(10), S. 305–307.

Zedler, R. (2009). Ausbilder und deren Qualifizierung. *Wirtschaft und Berufserziehung, 61*(3), S. 12–18.

Ziglio, E. (1996). The Delphi-Method and its Contribution to Decision-Making. In M. Adler & E. Ziglio (Hrsg.), *Gazing into the Oracle* (S. 3–33). London: Kingsley.

Zinke, G. (2019). *Berufsbildung 4.0 – Fachkräftequalifikationen und Kompetenzen für die digitalisierte Arbeit von morgen. Branchen- und Berufescreening : vergleichende Gesamtstudie.* Bonn: Barbara Budrich.

Züll, C. & Mohler, P. P. (2001). *Computerunterstützte Inhaltsanalyse: Codierung und Analyse von Antworten auf offene Fragen.* URL: https://www.gesis.org/fileadmin/upload/forschung/publikationen/gesis_reihen/howto/how-to8cz.pdf, [17.08.2020].

Zweck, A. (2012). Gedanken zur Zukunft der Zukunftsforschung. In R. Popp (Hrsg.), *Zukunft und Wissenschaft* (S. 59–80). Berlin, Heidelberg: Springer.

Zweck, A.; Holtmannspötter, D.; Braun, M.; Hirt, M.; Kimpele, S. & Warnke, P. (2015). *Gesellschaftliche Veränderungen 2030. Ergebnisband 1 zur Suchphase von BMBF-Foresight Zyklus II.* URL: https://www.bmbf.de/files/VDI_Band_100_C1.pdf, [20.08.2020].

Anhang

Anhang 1: Kategoriensystem mit Kodierleitfaden der Dokumentenanalyse .. 237
Anhang 2: Kategoriensystem mit Kodierleitfaden zur Stellenbeschreibung betrieblicher Ausbilder:innen 243
Anhang 3: Kategoriensystem mit Kodierleitfaden der zweiten Befragungsrunde der Delphi-Befragung 255
Anhang 4: Fragebogen zur ersten Runde der Delphi-Befragung 257
Anhang 5: Fragebogen zur zweiten Runde der Delphi-Befragung................ 263

Anhang 1: Kategoriensystem mit Kodierleitfaden der Dokumentenanalyse (erste Empiriephase)

	Code	Kodierregel	Abgrenzung
HK I	Ausbildertätigkeiten	Alle Aussagen kodieren, in denen Tätigkeiten betrieblicher Ausbilder:innen beschrieben werden.	Keine Aufzählung von Fachinhalten. Keine Lernziele, Übungsaufgaben, Handlungsfälle oder Überschriften.
UK 1	Handlungsfeld I	Alle Aussagen kodieren, die dem Handlungsfeld I *Ausbildungsvoraussetzungen prüfen und Ausbildung planen* zugeordnet werden können.	Keine Aussagen aus den Handlungsfeldern II, III und IV kodieren.
UK 1	*Ankerbeispiel:* Im Rahmen der Personalentwicklung ist es Aufgabe eines Ausbilders, den Ausbildungsbedarf mittel- und langfristig zu ermitteln, d. h. quantitativ (Anzahl der benötigten Auszubildenden) und qualitativ (Anforderungen an die Bewerber) festzulegen.		
UK 2	Handlungsfeld II	Alle Aussagen kodieren, die dem Handlungsfeld II *Ausbildung vorbereiten und bei der Einstellung von Auszubildenden mitwirken* zugeordnet werden können.	Keine Aussagen aus den Handlungsfeldern I, III und IV kodieren.
UK 2	*Ankerbeispiel:* Bevor es zur konkreten Bewerbergewinnung kommt, sollte sich der Ausbilder im Vorfeld überlegen, über welches persönliche Eignungsprofil der Auszubildende verfügen muss, d. h., welche Fähigkeiten, Interessen und Eigenschaften beim jeweiligen Ausbildungsplatzbewerber vorliegen sollten.		
UK 3	Handlungsfeld III	Alle Aussagen kodieren, die dem Handlungsfeld III *Ausbildung durchführen* zugeordnet werden können.	Keine Aussagen aus den Handlungsfeldern I, II und IV kodieren.
UK 3	*Ankerbeispiel:* Die Aufgabe des Ausbilders besteht darin, die vorhandenen und kommenden Kundenaufträge mit den zu vermittelnden Feinlernzielen abzugleichen und diese didaktisch und methodisch zu Lernaufträgen aufzubereiten.		
UK 4	Handlungsfeld IV	Alle Aussagen kodieren, die dem Handlungsfeld IV *Ausbildung abschließen* zugeordnet werden können.	Keine Aussagen aus den Handlungsfeldern I, II und III kodieren.
UK 4	*Ankerbeispiel:* Der Ausbilder sollte den Auszubildenden individuell nach seinen Fähigkeiten beraten, welche Möglichkeiten er nach der Ausbildung hat, um sich beruflich weiter- oder fortzubilden.		
UK 5	Ganzheitlichkeit	Alle Aussagen kodieren, die auf Ganzheitlichkeit von Tätigkeiten (im Sinne ganzheitlicher Handlung) verweisen, d. h. die planende, ausführende und kontrollierende Anteile besitzen.	
UK 5	*Ankerbeispiel:* Nach einer nicht bestandenen Prüfung sollte gemeinsam mit dem Auszubildenden eine Analyse der Ursachen erfolgen und Lösungsmöglichkeiten erarbeitet werden. Anschließend muss eine zielgerichtete inner- bzw. außerbetriebliche Vorbereitung auf die nächste Prüfung erfolgen.		
UK 6	Soziale Interaktion	Alle Aussagen kodieren, in denen Tätigkeiten beschrieben werden, bei denen es zu sozialer Interaktion bzw. Kooperation kommt bzw. für die soziale Interaktion Voraussetzung ist.	
UK 6	*Ankerbeispiel:* Der Ausbilder sollte den Auszubildenden individuell nach seinen Fähigkeiten beraten, welche Möglichkeiten er nach der Ausbildung hat, um sich beruflich weiter oder fortzubilden.		
UK 7	Autonomie	Alle Aussagen kodieren, die Entscheidungsfreiheiten im engeren oder im weitren Sinne enthalten. D. h. alle Aussagen in denen Aubilder:innen Entscheidungen eigenständig treffen	Keine Aussagen kodieren, bei denen der Kern der Entscheidung schon fest-

Anhang 1

	Code	Kodierregel	Abgrenzung
		dürfen/,üssen oder aber zwischen Optionen wählen dürfen/müssen	steht, z. B. das Bestimmen über Darstellungsformen.
UK 8		_Ankerbeispiel:_ Von besonderer Bedeutung ist auch die Raumwahl und Raumgestaltung. Jeder Raum wirkt auf die Anwesenden und bestimmt somit die Lehr-Lern-Atmosphäre bewusst oder unbewusst. Da der Mensch mit allen Sinnen lernt und sowohl der Ausbilder als auch die Auszubildenden einen Großteil der Woche am Arbeitsplatz verbringen, sollte der Ausbilder bei der Raumwahl bzw. Raumgestaltung gezielt Einfluss nehmen.	
	Sinnhaftigkeit	Aussage kodieren, die sich auf Tätigkeiten beziehen, die eine soziale Komponente aufweisen, d. h. die die Übernahme von Verantwortung/Fürsorge für Gesellschaft und Individuen beinhalten und damit über das Ziel, wirtschaftlichen Mehrwert zu schaffen, hinausweisen.	
		Ankerbeispiel: Der Ausbilder muss verantwortungsbewusst für den jungen Menschen und für sein Unternehmen aus rund 400 Ausbildungsberufen diejenigen auswählen, die für den Betrieb und für die Menschen optimale Chancen eröffnen.	
HK II	Didaktik	Alle Aussagen kodieren, die erkennen lassen, auf welches Verständnis von Lehren und Lernen im engeren Sinne Ausbilder:innen vorbereitet werden.	Keine reine Wiedergabe von Fachinhalten, Lernzielen, Handlungsfällen oder Übungsaufgaben.
UK 9	Lernen	Alle Aussagen kodieren, aus denen sich erkennen lässt, auf welches Verständnis von Lernen Ausbilder:innen vorbereitet werden: UK 9.1 _Definition Lernen:_ Alle Aussagen kodieren, die aufzeigen, was Lernen ist, welche Zielsetzung mit Lernen verbunden sind und worauf sich Lernen bezieht. UK 9.2 _Ablauf Lernprozess_: Alle Aussagen kodieren, die aufzeigen, wie Lernen abläuft und welche Theorien zum Lernen befördert werden. UK 9.3 _Unterstützung von Lernprozessen:_ Alle Aussagen kodieren, die aufzeigen, wie Lernen unterstützt werden kann.	Keine reine Aneinanderreihung unterschiedlicher Theorien.
		Ankerbeispiele: UK 9.1 Vor diesem Hintergrund bedeutet Lernen vor allem Veränderung und die Erweiterung von Potenzialen bzw. Kompetenzen, Zur Unterscheidung nach Lernbereichen (kognitiv, psychomotorisch und affektiv): Kognitiver (geistiger/verstandesmäßiger) Lernbereich; UK 9.2 Nach den Erkenntnissen der Lerntheorie gibt es keine allgemeingültige Form des Lernens. Der Lehr-Lern-Prozess ist immer inhalts-, personen- und situationsabhängig. Es sind deshalb verschiedene Formen des Lernens bzw. der Lerntheorien möglich; UK 9.3 Für den Lehr-Lern-Prozess ist es vorteilhaft, wenn es gelingt, die rechte und linke Hemisphäre zu synchronisieren. Bei der Methode Mind-Map gelingt dies zumeist sehr gut.	
UK 10	Didaktische Modelle	Alle Aussagen kodieren, die erkennen lassen, auf welches Grundverständnis des Zusammenspiels von Zielen, Rahmenbedingungen und Inhalten in betrieblichen Lernprozessen die Ausbilder:innen vorbereitet werden.	
		Ankerbeispiel: Eng damit verbunden ist das »Didaktische Dreieck«. Dieses Dreieck mit den Eckpunkten (Ausbilder, Auszubildende und Inhalt) beschäftigt sich mit der grundsätzlichen Frage: »Welches sind die zentralen Faktoren der Lehr-Lern-Prozesse und in welcher Beziehung stehen sie?«. Ist eine der drei Beziehungen (Ausbilder-Auszubildende, Ausbilder-Inhalt, Inhalt-Auszubildende) gestört, wirkt sich das negativ auf den Lehr-Lern-Prozess aus	
UK 11	Bild der Lernenden	Alle Aussagen kodieren, aus denen sich erkennen lässt, welches Bild von Lernenden befördert wird:	

	Code	Kodierregel	Abgrenzung
		UK 11.1 *Merkmale von Lernenden*: Alle Aussagen kodieren, die auf kognitive, physische oder psychische Merkmale von Lernenden verweisen, die aufzeigen, wie Lernende angesprochen werden können und aufzeigen, wie Lernprozesse bei Lernenden ablaufen.	
		UK 11.2 *Rolle von Lernenden*: Alle Aussagen kodieren, die auf die Rolle, Funktion sowie Freiheitsgrade von Lernenden im Lernprozess verweisen.	
		*Ankerbeispiel:* UK 11.1 Die Menschen lernen unterschiedlich, d. h., sie fassen durch die verschiedenen Wahrnehmungskanäle Informationen unterschiedlich stark auf. Die Lernpsychologie kennt folgende Wahrnehmungstypen den visuellen Wahrnehmungstyp – das ist derjenige, der am besten über die Augen aufnimmt – den auditiven Wahrnehmungstyp – das ist derjenige, der am besten über das Gehör aufnimmt – den haptischen Wahrnehmungstyp – das ist derjenige, der am besten über die Hände (durch Anfassen) begreift; UK 11.2 Sie müssen dem Auszubildenden Freiräume für ein selbstständiges Lernen geben und gleichzeitig den Lernprozess erfolgreich steuern können.	
UK 12	Interaktion	Alle Aussagen kodieren, aus denen sich erkennen lässt, auf welche Interaktion (Kommunikation und Handeln) zwischen Lehrenden und Lernenden die Ausbilder:innen vorbereitet werden: UK 12.2 *Bild der Lehrenden*: Alle Aussagen kodieren, die auf die Rolle und Funktion von Lehrenden im Lernprozess verweisen. UK 12.2 *Beziehung zwischen Lehrenden und Lernenden*: Alle Aussagen kodieren, die auf die Beziehung sowie die Interaktion zwischen Lehrenden und Lernenden rekurrieren.	
		*Ankerbeispiel:* UK 12.1 Darüber hinaus ist der Ausbilder auch Erzieher, Personalentwickler, Coach und Berater in beruflichen sowie persönlichen Fragen; UK 12.2 Lehr- bzw. Lernprozesse bedeuten immer Wechselwirkungen zwischen dem Ausbilder und seinen Auszubildenden.	
HK III	Kompetenzen betrieblicher Ausbilder:innen	Alle Aussagen kodieren, in denen Kompetenzen, d. h. personengebundene Dispositionen betrieblicher Ausbilder:innen beschrieben werden oder aus Performanzanforderungen ableitbar sind.	Keine Kodierung von Tätigkeiten.
UK 13	Fachkompetenz	Alle Aussagen, die auf spezifische fachliche Fertigkeiten und Kenntnisse, fachübergreifendes Wissen und Können sowie pädagogisches Wissen verweisen. Nur Aussagen die sich auf theoretisches Wissen und Könnerschaft beziehen: UK 13.1 *Berufsdidaktisches Wissen*: Alle Aussagen kodieren, die sich auf Wissen beziehen, das für die Ausgestaltung betrieblichen Lernens oder den direkten Umgang mit Auszubildenden benötigt wird. UK 13.2 *Berufs- und arbeitspädagogisches Wissen*: Alle Aussagen kodieren, die sich auf Wissensbestände zum Berufsbildungssystem, der betrieblichen Ausbildung und deren Rahmenbedingungen, Anforderungen sowie Abläufe und Prozesse beziehen. UK 13.3 *Juristisches Wissen*: Alle Aussagen kodieren, die sich auf Wissen rund um juristische Sachverhalte und gesetzliche Grundlagen beziehen.	Keine Aussagen kodieren, die auf die praktische Anwendung von Wissen und Können verweisen. Keine Aussagen kodieren, die auf allgemeine Überlegungen zur Anwendung von Wissen oder Können, d. h. „ein so tun als ob" verweisen.

Anhang 1

	Code	Kodierregel	Abgrenzung
	Ankerbeispiel: UK 13.1 Nennen Sie die Funktionen der Ausbildungsordnungen und der Rahmenlehrpläne; UK 13.2 Erläutern Sie, wie die Berücksichtigung lernpsychologischer Aspekte nachhaltiges Lernen fördern kann; Uk 13.3 Nennen Sie die wichtigsten Rechtsvorschriften für Berufsausbildungsverhältnisse und sortieren Sie die Rechtsquellen nach ihrer Rangfolge; Erfahrung		
UK 14	Sozialkompetenz	Alle Aussagen kodieren, die auf die sozialen Fähigkeiten von Ausbilder:innen beziehen: *UK 14.1. Team- und Kooperationsfähigkeit:* Alle Aussagen kodieren, die auf die Fähigkeit zur Kooperation und Zusammenarbeit mit einzelnen Personen, Gruppen oder Institutionen verweisen. *UK 14.2: Kommunikationsfähigkeit:* Alle Aussagen kodieren, die sich auf die Fähigkeit zum Austausch mit anderen Personen oder Gruppen beziehen. *UK 14.3: Kritik- und Konfliktfähigkeit.* Alle Aussagen kodieren, die auf die Fähigkeit zum Umgang mit und zur Äußerung von Kritik verweisen sowie auf die Fähigkeit, mit Konflikten umzugehen. *UK 14.4 Empathie:* Alle Aussagen kodieren, die auf die Fähigkeit, Empathie zu empfinden und zu zeigen sowie Fairness und Toleranz verweisen.	
	Ankerbeispiel: UK 14.1 Teamfähigkeit; UK 14.2 Das Beherrschen der Fragetechniken ist das A und O eines professionellen Vorstellungsgespräches; UK 14.3 Konflikte zu erkennen und zu entschärfen; UK 14.4 Toleranz zu üben		
UK 15	Selbstkompetenz	Alle Aussagen kodieren, die sich auf Fähigkeiten der Ausbilder:innen in Bezug auf sich selbst beziehen: *UK 15.1 Entwicklungsfähigkeit:* Alle Aussagen kodieren, die auf die Fähigkeit sowie die Bereitschaft zur Veränderung und Weiterentwicklung verweisen. *UK 15.2 Reflexionsfähigkeit:* Alle Aussagen kodieren, die auf die Fähigkeit zur Selbstreflexion sowie zur Reflexion der Ausbilderrolle und der eigenen Grenzen verweisen. *UK 15.3 Verantwortungsfähigkeit:* Alle Aussagen kodieren, die auf die Fähigkeit zur Übernahme von Verantwortung für das eigene Handeln sowie für fremdes Handeln verweisen. *UK 15.4 Zielstrebigkeit:* Alle Aussagen kodieren, die auf Zielstrebigkeit bzw. die Fähigkeit zum zielstrebigen Handeln verweisen. *UK 15.5 Selbstsicherheit:* Alle Aussagen kodieren, die auf die Selbstsicherheit, Gelassenheit oder Intuition verweisen.	
	Ankerbeispiel: UK 15.1 Bereitschaft, sich ständig auf fachlichen und berufspädagogischen Gebieten weiterzubilden; UK 15.2 Grenzen des eigenen Könnens zu erkennen; UK 15.3 Verantwortung für andere zu übernehmen; UK 15.4 Zielorientiertheit; UK 15.5 Intuition		

Kategoriensystem mit Kodierleitfaden der Dokumentenanalyse

Code	Kodierregel	Abgrenzung
Methodenkompetenz	Alle Aussagen kodieren, die auf überlegtes, systematisches und planvolles Handeln sowie Gestaltungs- oder Problemlösungsfähigkeit verweisen. *UK 16.1 Anwendungs-, Gestaltungs- und Problemlösungsfähigkeit mit Blick auf Auszubildende:* Alle Aussagen kodieren, die auf überlegtes, systematisches und planvolles Handeln sowie Gestaltungs- oder Problemlösungsfähigkeit im direkten Umgang mit Auszubildenden oder im indirekten Umgang verweisen. *UK 16.2 Anwendungs-Gestaltungs- und Problemlösungsfähigkeit mit Blick auf die Ausgestaltung der Ausbildung:* Alle Aussagen kodieren, die auf überlegtes, systematisches und planvolles Handeln sowie Gestaltungs- oder Problemlösungsfähigkeit in der Ausgestaltung betrieblicher Ausbildung sowie vor- und nachgelagerten Maßnahmen verweisen. *UK 16.3 Anwendungs-Gestaltungs- und Problemlösungsfähigkeit mit Blick auf juristische Fragen:* Alle Aussagen kodieren, die auf überlegtes, systematisches und planvolles Handeln sowie Gestaltungs- oder Problemlösungsfähigkeit im Umgang mit rechtlichen Sachverhalten und juristischen Fragestellungen verweisen. *UK 16.4 Anwendungs-Gestaltungsfähigkeit mit Blick auf Methoden. Medien und Prinzipien:* Alle Aussagen kodieren, die auf überlegtes, systematisches und planvolles Handeln sowie Gestaltungs- oder Problemlösungsfähigkeit im Umgang mit Medien, Methoden, Prinzipien oder Gestaltungsrichtlinien verweisen.	Keine Aussagen kodieren, die sich auf träges Wissen oder theoretische Könnerschaft beziehen.
UK 16	*Ankerbeispiel:* UK 16.1 Erarbeiten Sie ein Anforderungsprofil an einen Ausbildungsplatzbewerber aus dem kaufmännischen oder gewerblichen Bereich; UK 16.2 Erarbeiten Sie Möglichkeiten, wie Berufsschullehrer und Ausbilderzusammenarbeiten könnten; UK 16.3 die rechtlichen Grundlagen zur Berufsausbildungsvorbereit und zu analysieren; UK 16.4 Formulieren Sie jeweils ein Richt-, Grob- und Feinlernziel zu den jeweiligen Lernbereichen Ihres Ausbildungsberufes	

Anhang 2: Kategoriensystem mit Kodierleitfaden zur Stellenbeschreibung betrieblicher Ausbilder:innen (zweite Empiriephase)

	Code	Kodierregel	Abgrenzung
HK I	Gegenwart – Hierarchische und organisatorische Einordnung	Alle Aussagen kodieren, in denen die hierarchische und organisatorische Einordnung betrieblicher Ausbilder:innen oder deren Befugnisse beschrieben werden.	Keine Kompetenzen im Sinne personengebundener Dispositionen und keine Tätigkeiten kodieren.
UK 1	Befugnisse im Rahmen der Ausbildung	Alle Aussagen kodieren, in denen finanzielle, materielle und/oder personelle Befugnisse betrieblicher Ausbilder:innen beschrieben werden.	
	Ankerbeispiel: Materielle Befugnisse bis zu einem zu definierenden Betrag; disziplinarische Befugnis über die Auszubildenden mit dem jeweiligen Geschäftsführer zusammen		
UK 2	Keine Zuordnung	Alle Aussagen kodieren, in denen beschrieben wird, dass eine hierarchische Einordnung betrieblicher Ausbilder:innen in die Unternehmensorganisation nicht oder nicht eindeutig möglich ist.	
	Ankerbeispiel: Nicht explizit verankert in der Unternehmensorganisation; innerhalb der Unternehmenshierarchie sehr unterschiedlich angesiedelt		
UK 3	Zuordnung Ausbildungsabteilung oder Personalbereich	Alle Aussagen kodieren, in denen beschrieben wird, dass betriebliche Ausbilder:innen der Ausbildungsabteilung und/oder dem Personalbereich bzw. der Personalabteilung zugeordnet oder untergeordnet werden.	
	Ankerbeispiel: Ausbilder nach BBiG sind in der Personalabteilung eingesetzt; Ausbilder sind der Ausbildungsleitung untergeordnet		
UK 4	Zuordnung (Fach)Abteilungen	Alle Aussagen kodieren, in denen beschrieben wird, dass betriebliche Ausbilder:innen (Fach)Abteilungen, zugeordnet werden.	
	Ankerbeispiel: Mitarbeiter in den Abteilungen; verschiedene Fachausbilder:innen in den jeweiligen Fachabteilungen		
UK 5	Ausbildung durch Betriebsinhaber:in	Alle Aussagen kodieren, in denen beschrieben wird, dass betriebliche Ausbildung durch die Geschäftsleistung und Inhaber:innen geleistet wird.	
	Ankerbeispiel: dem mittleren Management zugeordnet; Die Geschäftsführung übt die Rolle als Ausbildender aus; insbesondere im Handwerk, ist es meist der/ die Inhaber:in selbst		
HK II	Zukunft – Hierarchische und organisatorische Einordnung	Alle Aussagen kodieren, in denen mögliche Veränderungen in der hierarchischen und organisatorischen Einordnung betrieblicher Ausbilder:innen und/oder ihrer Befugnisse beschrieben werden.	Keine Kompetenzen im Sinne personengebundener Dispositionen und keine Tätigkeiten kodieren.
UK 6	Mehr Verantwortung	Alle Aussagen kodieren, in denen beschrieben wird, dass betriebliche Ausbilder:innen im Rahmen der Ausbildung mehr	

Anhang 2

		Verantwortung übernehmen. Dies umfasst neben Verantwortung für sich selbst, Führungsverantwortung gegenüber Dritten sowie Verantwortung für betriebliche Lehr-Lernprozesse.	
	Ankerbeispiel: Es ist anzunehmen, dass sich Hierarchiestufen weiter verflachen werden, das heißt die ausführende Ebene wird mehr (Selbst-)Führungsverantwortung übernehmen			
UK 7	Dezentralisierung der Ausbildung	Alle Aussagen kodieren, in denen beschrieben wird, dass betriebliche Ausbildung zukünftig weiterhin dezentral organisiert sein wird oder sogar zunehmend dezentralisiert wird.	
	Ankerbeispiel: Vermutlich keine wesentlichen Veränderungen in den betrieblichen Prozessen ergeben. Generell hat sich bislang das aktuelle dezentrale System bewährt			
UK 8	Zentralisierung der Ausbildung	Alle Aussagen kodieren, in denen beschrieben wird, dass betriebliche Ausbildung zukünftig weiterhin zentral organisiert sein wird oder sogar zunehmend zentralisiert wird.	
	Ankerbeispiel: Die Integration der Ausbildung in die betriebliche Personalentwicklung und die Kooperation mit den betrieblichen Planungsabteilungen ist naheliegend			
HK III	Gegenwart – Qualifikationsabschlüsse	Alle Aussagen kodieren, in denen die Qualifikationsabschlüsse (Allgemeinbildung, Berufsausbildung, Studium, berufliche Fort- und Weiterbildung) guter betrieblicher Ausbilder:innen beschrieben werden.	Keine Kompetenzen im Sinne personengebundener Dispositionen kodieren.
UK 9	Abitur oder Hochschulabschluss	Alle Aussagen kodieren, in denen Schulabschlüsse und/oder Hochschulabschlüsse als Indikatoren guter betrieblicher Ausbilder:innen beschrieben werden.	
	Ankerbeispiel: Abschlussprüfung an einer Deutschen Hochschule; Abitur			
UK 10	Mangelnde Aussagekraft von Qualifikationsabschlüssen	Alle Aussagen kodieren, in denen Qualifikationen als nicht zuverlässiger oder gültiger Indikator guter betrieblicher Ausbilder:innen beschrieben werden.	
	Ankerbeispiel: Ob jemand eine gute Ausbilder:in ist, hängt nicht von formalen Abschlüssen ab			
UK 11	Fort- und Weiterbildung	Alle Aussagen kodieren, in denen Fort- und Weiterbildungen (auch Inhouse) als Indikatoren guter betrieblicher Ausbilder:innen beschrieben werden.	Keine pädagogischen Fort- und Weiterbildung nach AEVO oder auf DQR Stufe kodieren.
	Ankerbeispiel: Laufende Weiterbildung zum Umgang mit jungen Menschen, was wir auch regelmäßig intern durchführen			
UK 12	Berufsfachliche Qualifikation	Alle Aussagen kodieren, in denen berufsfachliche Qualifikationen und/oder Berufserfahrung als Indikatoren guter betrieblicher Ausbilder:innen beschrieben werden.	
	Ankerbeispiel: Berufserfahrung im jeweiligen Ausbildungsberuf; hier allgemein: der Abschluss im ausbildenden Beruf mit Berufserfahrung			
UK 13	Pädagogische Qualifikationen auf Ebene des DQR	Alle Aussagen kodieren, in denen pädagogische Qualifikationen auf Ebene der DQR-Stufe als Indikatoren guter betrieblicher Ausbilder:innen beschrieben werden.	Keine pädagogischen Fort- und Weiterbildungen auf Ebene von Inhouseschulungen kodieren.
	Ankerbeispiel: Berufspädagogen/in IHK			
UK 14	Pädagogische Qualifikation auf AEVO Niveau	Alle Aussagen kodieren, in denen pädagogische Qualifikationen auf Ebene der AEVO als Indikatoren guter betrieblicher Ausbilder:innen beschrieben werden	Keine pädagogischen Fort- und Weiterbildungen auf Ebene von Inhouseschulungen kodieren.
	Ankerbeispiel: Qualifizierte pädagogische Weiterbildung („Ausbilderschein");			

Kategoriensystem mit Kodierleitfaden zur Stellenbeschreibung betrieblicher Ausbilder:innen

HK IV	Zukunft Qualifikationsabschlüsse	–	Alle Aussagen kodieren, in denen mögliche Veränderungen in den Qualifikationsabschlüssen (Allgemeinbildung, Berufsausbildung, Studium, berufliche Fort- und Weiterbildung) betrieblicher Ausbilder:innen beschrieben werden.
UK 15	Bedeutungsanstieg Fort- und Weiterbildung	Alle Aussagen kodieren, in denen ein Bedeutungsanstieg Fort- und Weiterbildung betrieblicher Ausbilder:innen beschrieben wird.	
UK 15	*Ankerbeispiel:* Die Bedeutung der kontinuierlichen Fort- und Weiterbildung wird noch deutlich zunehmen		
UK 16	Bedeutungsanstieg Hochschulabschluss	Alle Aussagen kodieren, in denen beschrieben wird, dass betriebliche Ausbilder:innen einen Hochschulabschluss vorweisen werden.	
UK 16	*Ankerbeispiel:* dadurch höhere Ansprüche an Qualifikation von Ausbildern (Studium		
UK 17	Bedeutungsanstieg pädagogischer Qualifikation	Alle Aussagen kodieren, in denen ein Bedeutungsanstieg von pädagogischen Qualifikationen, auch über die Mindestqualifikation nach AEVO hinausgehend, beschrieben werden.	
UK 17	*Ankerbeispiel:* Hier allgemein: Die pädagogisch-didaktische Ausbildung wird wichtiger werden als die formale; ich plädiere für eine Pflichtfortbildung auf DQR-Stufe 5		
HK V	Gegenwart Kompetenzen	–	Alle Aussagen kodieren, in denen Kompetenzen, d. h. personengebundene Dispositionen betrieblicher Ausbilder:innen (Fähigkeiten, Fertigkeiten, Kenntnisse, Bereitschaften, Einstellungen und Überzeugungen) beschrieben werden oder aus Performanzanforderungen ableitbar sind.	Keine Qualifikationen, im Sinne formaler Abschlüsse kodieren.

Fachkompetenz

UK 18	Pädagogisches und didaktisches Wissen	Alles Aussagen kodieren, die pädagogisches und/oder didaktisches Wissen seitens betrieblicher Ausbilder:innen beschreiben.	Keine Aussagen, die auf die praktische Anwendung von Wissen und Können verweisen. Keine Aussagen, die auf allgemeine Überlegungen zur Anwendung von Wissen oder Können, d. h. „ein so tun als ob" verweisen.
UK 18	*Ankerbeispiel:* Methodisch/ didaktische Kenntnisse; Kenntnisse der Evaluation und Leistungserfassung; Kenntnisse der Arbeitsanalyse		
UK 19	Fachliches Wissen	Alles Aussagen kodieren, die fachliches bzw. berufsfachliches Wissen betrieblicher Ausbilder:innen beschreiben.	Keine Aussagen die auf pädagogisches oder didaktisches Wissen verweisen.
UK 19	*Ankerbeispiel:* sollten in ihrem Einsatzbereich über großes Wissen verfügen; fachliches Wissen; fachliche Kompetenzen		

Sozialkompetenz

UK 20	Sozialkompetenz –Allgemein	Alle Aussagen kodieren, die Sozialkompetenz seitens betrieblicher Ausbilder:innen beschrieben wird.	Keine detaillieren Beschreibungen zu Sozialkompetenz kodieren
UK 20	*Ankerbeispiel:* Sozialkompetenz		
UK 21	Freude und Interesse	Alle Aussagen kodieren, die die Freude, eine positive Einstellung und/oder Interesse am Umgang mit Menschen seitens betrieblicher Ausbilder:innen beschreiben.	

Anhang 2

	Ankerbeispiel: Ich finde zudem wichtig, dass die Ausbilder*innen Ausbilden wollen und mit Eifer Auszubildende in ihrer Entwicklung begleiten, denn die Persönlichkeitsentwicklung spielt bis zum Ende der Ausbildung eine wichtige Rolle		
UK 22	Offenheit und Wertschätzung	Alle Aussagen kodieren, Offenheit und Wertschätzung gegenüber anderen Personen seitens betrieblicher Ausbilder:innen beschreiben.	
	Ankerbeispiel: wertschätzend, unvoreingenommen		
UK 23	Motivations- und Überzeugungskraft	Alle Aussagen kodieren, in denen Motivations- und Überzeugungskraft seitens betrieblicher Ausbilder:innen beschrieben wird.	Keine Aussagen kodieren, die auf die eigene Motivation und Überzeugung von Ausbilder:innen verweisen.
	Ankerbeispiel: Motivierend; Überzeugungskraft		
UK 24	Kommunikationsfähigkeit	Alle Aussagen kodieren, die kommunikative Fähigkeiten und/oder sprachliche Fähigkeiten seitens betrieblicher Ausbilder:innen beschreiben.	
	Ankerbeispiel: Kommunikationsfähigkeit		
UK 25	Kritik- und Konfliktfähigkeit	Alle Aussagen kodieren, in denen Kritikfähigkeit und/oder Konfliktfähigkeit, dies umfasst auch das Geben und Nehmen von Feedback, seitens betrieblicher Ausbilder:innen beschrieben wird.	
	Ankerbeispiel: Kritikfähig; Fähigkeit zum Geben und Nehmen von Feedback/ Konfliktfähigkeit		
UK 26	Geduld	Alle Aussagen kodieren, in denen Geduld seitens betrieblicher Ausbilder:innen beschrieben wird.	
	Ankerbeispiel: Geduld		
UK 27	Empathie	Alle Aussagen kodieren, in denen Einfühlungsvermögen/ Empathie seitens betrieblicher Ausbilder:innen beschrieben wird.	
	Ankerbeispiel: Empathische Einfühlungsvermögen		
Selbstkompetenz			
UK 28	Begeisterungsfähigkeit	Alle Aussagen kodieren, in denen Begeisterungsfähigkeit und Motivation seitens betrieblicher Ausbilder:innen beschrieben wird.	Keine Aussagen die die Fähigkeit zur Begeisterung und Motivation von Auszubildenden oder anderen Personen seitens betrieblicher Ausbilder:innen beschrieben.
	Ankerbeispiel: Motivation für Ausbildung		
UK 29	Reflexions- und Veränderungsbereitschaft	Alle Aussagen kodieren, die die Fähigkeit der (Selbst)Reflexion und die Bereitschaft zur Veränderung seitens betrieblicher Ausbilder:innen beschreiben.	
	Ankerbeispiel: Offen für Veränderungen; Selbstreflexion		
UK 30	Verantwortungsbewusstsein	Alle Aussagen kodieren, die Verantwortungsbewusstsein der Ausbilder:innen gegenüber sich selbst und dritten Personen sowie Loyalität und Verlässlichkeit seitens der Ausbilder:innen beschrieben werden.	
	Ankerbeispiel: Ausgeprägtes Verantwortungsbewusstsein; Eigenverantwortung		
Methodenkompetenz			

Kategoriensystem mit Kodierleitfaden zur Stellenbeschreibung betrieblicher Ausbilder:innen

UK 31	Methodenkompetenz – Allgemein	Alle Aussagen kodieren, die auf Methodenkompetent betrieblicher Ausbilder:innen verweisen.	Keine Ausführungen zur Methodenkompetenz kodieren.
	Ankerbeispiel: Methodenkompetenz		
UK 32	Didaktische Kompetenz	Alle Aussagen kodieren, in denen Vermittlungsfähigkeiten und didaktische Fähigkeiten betrieblicher Ausbilder:innen beschrieben werden.	
	Ankerbeispiel: didaktische Kompetenz; Kompetenzen im didaktischen Handeln; Visualisierungsfähigkeit		
UK 33	Umsetzungs- und Organisationsfähigkeit	Alle Aussagen kodieren, die auf Umsetzungsfähigkeit, Organisationsfähigkeit und/oder Selbstmanagementfähigkeiten seitens betrieblicher Ausbilder:innen verweisen.	
	Ankerbeispiel: Umsetzungsstärke; gute konzeptionelle und organisatorische Fähigkeiten		
UK 34	Gestaltungs- und Problemlösungsfähigkeit	Alle Aussagen kodieren, die die Gestaltungs- und Problemlösungsfähigkeit betrieblicher Ausbilder:innen beschreiben. Dies umfasst auch analytische und konzeptionelle Fähigkeiten.	
	Ankerbeispiel: Gestaltung betrieblicher Lernsituationen, aber auch für die Gestaltung der organisationskulturellen, strukturellen, personalen und curricularen Bedingungen für diese Lernsituationen); gute konzeptionelle und organisatorische Fähigkeiten		
HK VI	Zukunft-Kompetenzen	Alle Aussagen kodieren, in denen mögliche Veränderungen in den Kompetenzen, d. h. personengebundene Dispositionen (Fähigkeiten, Fertigkeiten, Kenntnisse, Bereitschaften, Einstellungen und Überzeugungen) betrieblicher Ausbilder:innen beschrieben werden oder aus Performanzanforderungen ableitbar sind.	
Fachkompetenz			
UK 35	Bedeutungsanstieg interdisziplinäres Wissen	Alle Aussagen kodieren, in denen ein Bedeutungszuwachs bzw. die Wichtigkeit interdisziplinären Wissens von Ausbilder:innen beschrieben wird.	
	Ankerbeispiel: Durch die immer komplexeren Technologien und Produkte (Digitalisierung) wird interdisziplinäres Wissen immer wichtiger		
Sozialkompetenz			
UK 36	Bedeutungsanstieg Empathie und Offenheit	Alle Aussagen kodieren, die einen Bedeutungszuwachs und/oder die Wichtigkeit von Empathie, Toleranz gegenüber Lernenden und die Fähigkeit sich auf die Lernenden sowie auf deren Probleme und Schwächen einzugehen seitens betrieblicher Ausbilder:innen beschreiben.	
	Ankerbeispiel: Individualisiertes Eingehen auf die Azubis; die Offenheit/Akzeptanz für Lernschwierigkeiten		
Selbstkompetenz			
UK 37	Bedeutungsanstieg Flexibilität und Lernbereitschaft	Alle Aussagen kodieren, die einen Bedeutungszuwachs und die Wichtigkeit von Flexibilität, Lernbereitschaft und (Selbst)lernfähigkeit seitens betrieblicher Ausbilder:innen beschreibt.	
	Ankerbeispiel: Selbstlernkompetenzen bei ausgebildeten Fachkräften werden existenziell, den Begriff „Ausgelernt" wird es nicht mehr geben; hohe Lernbereitschaft		
Methodenkompetenz			

Anhang 2

UK 38	Bedeutungsanstieg Vermittlungs- und Gestaltungskompetenz	Alle Aussagen kodieren, die einen Bedeutungszuwachs und die Wichtigkeit von Gestaltungs- und Vermittlungskompetenz seitens betrieblicher Ausbilder:innen beschreibt.	
	Ankerbeispiel: Fähigkeit zur Gestaltung von Lernprozessen		
UK 39	Bedeutungsanstieg von Medien- und Methodenkompetenz	Alle Aussagen kodieren, die einen Bedeutungszuwachs und die Wichtigkeit von Methodenkompetenz und Medienkompetenz seitens betrieblicher Ausbilder:innen beschreiben.	
	Ankerbeispiel: Zusätzlich wird die „nicht fassbare" Medienkompetenz bis dahin immanent wichtig.		
HK VII	Gegenwart –Aufgaben betrieblicher Ausbilder:innen	Alle Aussagen kodieren, in denen die wichtigsten Aufgaben betrieblicher Ausbilder:innen beschrieben werden.	

Unterstützungsprozesse – Prozesse, die die Grundlage für die Durchführung betrieblicher Ausbildung schaffen			
U 40	Planen und vorbereiten der Ausbildung – Allgemein	Alle Aussagen kodieren, in denen planen und vorbereiten von Ausbildung als Aufgaben betrieblicher Ausbilder:innen beschrieben werden.	Keine Konkretisierung der Planung und/oder der Vorbereitung, d. h. mit Bezug auf das, was geplant und vorbereitet wird, kodieren.
	Ankerbeispiel: Ausbildung vorbereiten; Ausbildung planen		
UK 41	Erstellen offizieller Dokumente	Alle Aussagen kodieren, in denen das Erstellen von offiziellen Dokumenten für die Ausbildung als Aufgabe betrieblicher Ausbilder:innen beschrieben wird.	
	Ankerbeispiel: Schriftliches Zeugnis ausstellen; Abmahnungen		
UK 42	Mitwirken im Auswahl- und Einstellungsprozess	Alle Aussagen kodieren, in denen das Mitwirken an Auswahlprozessen und Einstellungsprozessen von Auszubildenden als Aufgabe betrieblicher Ausbilder:innen beschrieben wird.	
	Ankerbeispiel: Wir nehmen auch den Auswahlprozess mit den Fachbereichen vor; und im Vorfeld bei der Auswahl der Azubis mitwirken; Einstellung von Ausbildenden		
UK 43	Evaluation und Controlling der Ausbildung	Alle Aussagen kodieren, in denen Evaluations- und Controllingaufgaben und/oderumfassende Planungsaufgaben im Kontext betrieblicher Ausbildung als Aufgaben betrieblicher Ausbilder:innen beschrieben werden.	
	Ankerbeispiel: Evaluation betrieblicher Ausbildung; Controlling der Aktivitäten im Berufsbild; Abstimmung mit der Bereichs- und Ausbildungsleitung/ Ressourcenplanung		
UK 44	Weiterentwicklung der betrieblichen Ausbildung	Alle Aussagen kodieren, in denen Aufgaben der Weiterentwicklung und /oder Verbesserung betrieblicher Ausbildung beschrieben werden. Dies betrifft auch Aufgaben der pädagogischen Professionalisierung.	
	Ankerbeispiel: Weiterentwicklung der Berufsausbildung im Betrieb; Qualifizierung der nebenberuflichen, teilweise informellen und „versteckten" Ausbildenden		
UK 45	Bewerbung der Ausbildung	Alle Aussagen kodieren, in denen Aufgaben der Bewerbung betrieblicher Ausbildung gegenüber potenziellen Auszubildenden aber auch Überzeugungsarbeit im Unternehmen, beschrieben werden.	

Kategoriensystem mit Kodierleitfaden zur Stellenbeschreibung betrieblicher Ausbilder:innen

	Ankerbeispiel: internes Marketing / Überzeugungsarbeit für die betriebliche Ausbildung; Werbung auf Ausbildungsmessen		
UK 46	Austausch und Kooperation	Alle Aussagen kodieren, in denen Aufgaben beschrieben werden, die den Austausch, die Kooperation und/oder die Abstimmung mit internen sowie externen Partnern der Ausbildung betreffen	
	Ankerbeispiel: Kooperation mit Schulen und Kammern; Abstimmung mit der Bereichs- und Ausbildungsleitung		
UK 47	Überwachung und Einhaltung	Alle Aussagen kodieren, in denen die Überwachung von (gesetzlichen) Standards und Vorgaben als Aufgaben betrieblicher Ausbilder:innen beschrieben werden.	
	Ankerbeispiel: Einhaltung von gesetzlichen Rahmenbedingungen/ Sicherheitsvorschriften/ Ausübung der Unternehmerpflichten für die Auszubildenden; Wahrnehmung der Aufsichtspflicht, Überwachung der Unfallverhütung		
UK 48	Mitarbeit in Ausschüssen	Alle Aussagen kodieren, in denen die Mitarbeit in ausbildungsbezogenen Ausschüssen als Aufgabe betrieblicher Ausbilder:innen beschrieben wird.	
	Ankerbeispiel: Mitarbeit im Prüfungsausschuss; Mitarbeit in Berufsbildungsausschüssen.		
UK 49	Erstellen von Plänen	Alle Aussagen kodieren, in denen das Erstellen von ausbildungsbezogenen Plänen als Aufgabe betrieblicher Ausbilder:innen beschrieben wird.	
	Ankerbeispiel: Erstellung des Betrieblichen Ausbildungsplanes/ Adaption des Ausbildungsrahmenplanes auf betriebliche Belange; effiziente Einsatzplanung		
UK 50	Entwickeln und bereitstellen von Lernmitteln	Alle Aussagen kodieren, in denen das Entwickeln und/oder das Bereitstellen von Lerninhalten und Lernmitteln als Aufgabe betrieblicher Ausbilder:innen beschrieben wird.	
	Ankerbeispiel: Bereitstellen von Lerninhalten, und Lernaufgaben; Definition von Lernzielen		
Kernprozess – Prozesse, die das Kerngeschäft betrieblicher Ausbildung abbilden			
UK 51	Ausbildung durchführen und abschließen – Allgemein	Alle Aussagen kodieren, in denen Planung und Ausführung der betrieblichen Ausbildung als Aufgabe betrieblicher Ausbilder beschrieben werden.	Hier keine detaillierte Ausführung zu den Planungs- und Ausführungsaufgaben kodieren.
	Ankerbeispiel: Ausbildung durchführen; Ausbildung abschließen		
UK 52	Auszubildende begleiten und betreuen	Alle Aussagen kodieren, in denen das Begleiten und/oder Betreuen von Auszubildenden während und über die Ausbildung hinaus als Aufgabe betrieblicher Ausbilder:innen beschrieben wird.	
	Ankerbeispiel: Fachliche Begleitung und Ausbildung; kontinuierlich als Ansprechpartner:in für Auszubildende präsent zu sein und für ALLE auftretenden Belange ein Ohr zu haben; Begleitung von Absolventen in reguläre Beschäftigung		
UK 53	Vermitteln von Inhalten	Alle Aussagen kodieren, in denen das Vermitteln von fachlichen und überfachlichen Kompetenzen, d. h. Wissen, Einstellungen, Fähigkeiten und Fertigkeiten als Aufgabe betrieblicher Ausbilder:innen beschrieben wird.	
	Ankerbeispiel: Vermittlung von ausbildungsrelevanten Inhalten, Schulungen; Vermittlung von praktischen und theoretischen Kenntnissen; Vermittlung fachlicher und sozialer Kompetenzen		
UK 54	Auszubildende beurteilen und bewerten	Alle Aussagen kodieren, in denen das Beurteilen/Bewerten von Auszubildenden als Aufgabe betrieblicher Ausbilder:innen beschrieben wird.	
	Ankerbeispiel: Beurteilung der Auszubildenden sowie Leistungsbewertung		

UK 55	Auszubildende unterstützen und motivieren	Alle Aussagen kodieren, in denen das Fördern, Unterstützen, Motivieren und/oder Schützen von Auszubildenden als Aufgabe betrieblicher Ausbilder:innen beschrieben wird.	Hier keine pädagogischen Förder- und Entwicklungsgespräche kodieren.
	Ankerbeispiel: Unterstützen bei Lernschwierigkeiten; charakterliche Förderung		
UK 56	Pädagogische Gespräche führen	Alle Aussagen kodieren, in denen das Führen von pädagogischen Gesprächen zwischen Ausbilder:innen und Auszubildenden und/oder weiteren Personen beschrieben wird.	
	Ankerbeispiel: Entwicklungsgespräche überwiegend mit betrieblichen erstellten Dokumentationen oder Fachberichten der Auszubildenden; Führen von Beurteilungs- und Feedbackgesprächen mit Auszubildenden		
UK 57	Auszubildende kontrollieren	Alle Aussagen kodieren, in denen das Kontrollieren und Überprüfen von Auszubildenden bzw. der von ihnen angefertigten Dokumente und Leistungen als Aufgabe betrieblicher Ausbilder:innen beschrieben wird.	
	Ankerbeispiel: Regelmäßiges Führen der Ausbildungsnachweise (Berichtsheft) durch Auszubildende inhaltlich und formal kontrollieren; Kontrolle der Arbeit und des Lernerfolges		
HK VIII	Zukunft – Aufgaben betrieblicher Ausbilder:innen	Alle Aussagen kodieren, in denen mögliche Veränderungen in den wichtigsten Aufgaben betrieblicher Ausbilder:innen beschrieben werden.	
Unterstützungsprozess – Prozesse, die die Grundlage für die Durchführung betrieblicher Ausbildung schaffen			
UK 58	Gestaltung von Technik und Arbeit	Alle Aussagen kodieren, in denen der Umgang mit Technik und/oder die Einbindung von Technik in den Betrieb und die Arbeit als eine Aufgabe betrieblicher Ausbilder:innen beschrieben werden	Keine Kodierung die speziell auf den Umgang mit Technik im Zusammenhang mit Ausbildung abzielen.
	Ankerbeispiel: Mitwirkung an der Gestaltung von Arbeit und Technik im Betrieb		
UK 59	Zunahme der Abstimmungs- und Kooperationsarbeit	Alle Aussagen kodieren, in denen eine Zunahme der internen/externe Abstimmungsarbeit oder Kooperationsarbeit betrieblicher Ausbilder:innen beschrieben wird.	
	Ankerbeispiel: Zudem sollte die Lernortkooperation zwischen Berufsschule und Betrieb weiter ausgebaut werden, um den Praxistransfer besser zu ermöglichen.		
UK 60	Zunahme und Ausweitung von Controlling- und Entwicklungsarbeit	Alle Aussagen kodieren, in denen eine Zunahme und/oder Ausweitung der Analyse, Controllings und Entwicklungsarbeit betrieblicher Ausbilder:innen beschrieben wird.	
	Ankerbeispiel: Außerdem sehe ich Organisationsentwicklung hin zu einer Lernkultur als wichtiges zukünftiges Betätigungsfeld an; Analyse von (künftiger) Berufsarbeit		
Kernprozess – Prozesse, die das Kerngeschäft betrieblicher Ausbildung abbilden			
UK 61	Individuellere und ganzheitlichere Betreuung	Alle Aussagen kodieren, in denen eine (verstärkte) individuelle und/oder ganzheitliche Betreuung und/oder Förderung der Auszubildenden als Aufgabe betrieblicher Ausbilder:innen beschrieben wird.	
	Ankerbeispiel: Mehr Verantwortung und Fürsorgepflicht kommt auf die Ausbilder zu; eine der größten Herausforderungen für Ausbilder wird künftig darin bestehen, die Azubis im Betrieb zu halten: die Leistungsschwachen vor dem Ausbildungsabbruch zu bewahren und den Leistungsstarken Entwicklungsperspektiven innerhalb des Betriebs aufzuzeigen.		
UK 62	Umgang mit Digitalisierung in der Ausbildung	Alle Aussagen kodieren, in denen der Umgang mit Digitalisierung, im Rahmen der Ausbildung als Aufgabe betrieblicher Ausbilder:innen beschrieben wird.	

Kategoriensystem mit Kodierleitfaden zur Stellenbeschreibung betrieblicher Ausbilder:innen

HK IX	*Ankerbeispiel:* Eine der wichtigsten Aufgaben könnte der Umgang mit der Digitalisierung in der Ausbildung darstellen; Mittler/innen zwischen Technik und Bildung		
	Gegenwart betriebliches Lernen	Alle Aussagen kodieren, in denen betrübliches Lernen d.h. das Verständnis von Lernen, die Interaktion zwischen Ausbilder:innen und Auszubildenden der Methoden und Medieneinsatz beschrieben werden.	

Lernverständnis

UK 63	Lernen als praktisches Lernen in der Arbeit	Alle Aussagen kodieren, in denen Lernen als praktisches Lernen im Prozess der Arbeit, als Learning by doing und als Lernen durch Übernahme von Aufgaben im Arbeitsprozess beschrieben wird.	
	Ankerbeispiel: Learning by Doing; Hier allgemein: Lernen im Arbeitsprozess.		
UK 64	Handlungs- und Prozessorientierung	Alles Aussagen kodieren, die Handlungsorientierung und Prozessorientierung im betrieblichen Lernen beschreiben.	
	Ankerbeispiel: Lernen im Betrieb findet prozessorientiert sowie nach dem Prinzip der vollständigen Handlung statt		

Interaktion zwischen Auszubildenden und Ausbilder:innen

UK 65	Selbstständigkeit	Alle Aussagen kodieren, die Selbstständigkeit und Verantwortungsübernahme von Auszubildenden im Lernprozess beschreiben.	
	Ankerbeispiel: Verantwortungsübergabe an Auszubildende; Selbsterarbeitung von Lerninhalten mit anschließendem Vortrag vor der Gruppe zur Sicherstellung		
UK 66	Vertrauen und Augenhöhe	Alle Aussagen kodieren, die ein auf Vertrauen, Augenhöhe und/oder Wertschätzung beruhendes Verhältnis zwischen betrieblichen Ausbilder:innen und Auszubildenden beschreiben	
	Ankerbeispiel: Miteinander auf Augenhöhe		
UK 67	Pädagogische Rolle der Ausbilder:innen	Alle Aussagen kodieren, in denen eine pädagogische Rolle betrieblicher Ausbilder:innen z. B. als Lernbegleiter:innen und Bezugsperson mit Autorität beschrieben wird	
	Ankerbeispiel: Ausbilder als Lernbegleiter		

Methoden

UK 68	Instruktionsorientiere Methoden	Alle Aussagen kodieren, in denen instruktionsorientiere Methoden wie z. B. Vormachen und Nachmachen, Vier-Stufen Methode oder Lehrvortrag als Methoden in der betrieblichen Ausbildung beschrieben werden.	
	Ankerbeispiel: Frontalunterricht; 4-Stufen-Methode		
UK 69	Auf Selbstständigkeit abzielende Methoden	Alle Aussagen kodieren, in denen konstruktionsorientierte Methoden wie z. B. Projektmethode oder Leittextmethode, als Methoden in der betrieblichen Ausbildung beschrieben werden.	
	Ankerbeispiel: Projekte; Leittextmethoden; Gruppenarbeit		

Medien

UK 70	Digitale Medien	Alle Aussagen kodieren, in denen der Einsatz digitaler Medien sowie dazugehörige Programme in der betrieblichen Ausbildung beschrieben wird.	
	Ankerbeispiel: Laptop; Whiteboard, Lernprogramme		

Anhang 2

UK 71	Analoge Medien	Alle Aussagen kodieren, in denen Analogen Medien wie z. B. Arbeitsblätter und Lehrbücher in der betrieblichen Ausbildung beschrieben werden	
	Ankerbeispiel: Das beliebteste Medium ist weiterhin das Fachbuch		
HK X	Zukunft – betriebliches Lernen	Alle Aussagen kodieren, in denen mögliche Veränderungen betriebliches Lernen d.h. das Verständnis von Lernen, die Interaktion zwischen Ausbilder:innen und Auszubildenden oder der Methoden und Medieneinsatz beschrieben werden.	

Lernverständnis

UK 72	Komplexitätszunahme und Vernetzung	Alle Aussagen kodieren, in denen eine Zunahme in der Komplexität von Lernprozessen sowie eine Verzahnung zwischen betrieblichem und schulischem Lernen beschrieben wird.	
	Ankerbeispiel: Mehr Verzahnung zwischen schulischem Lernen und der Anwendung im Betrieb		
UK 73	Bedeutungsanstieg Lernen in Teams	Alle Aussagen kodieren, in eine Zunahme von Teamarbeit im betrieblichen Lernen, dies betrifft auch virtuelle Teams, beschrieben wird.	
	Ankerbeispiel: Zeitlich begrenzte Projekte in virtuellen Teams		

Interaktion zwischen Auszubildenden und Ausbilder:innen

UK 74	Individualisiertere Betreuung der Auszubildenden	Alle Aussagen kodieren, in denen eine Zunahme der individuellen Betreuung der Auszubildenden seitens der Ausbilder:innen beschrieben wird. Dies betrifft nicht nur das Eingehen auf individuelle Bedürfnisse, sondern auch die individuelle Ausgestaltung der Lernprozesse.	
	Ankerbeispiel: Die Bedürfnisse (fachlich, persönlich, entwicklungsbezogen) der Lernenden sind – allein schon aufgrund des zwischenbetrieblichen Wettbewerbs um kompetente Arbeitskräfte – stärker zu berücksichtigen		
UK 75	Verstärktes Eigenverantwortliches Lernen und Arbeiten	Alle Aussagen kodieren, in denen die Übernahme von Auszubildenden im Lernprozess beschrieben wird.	
	Ankerbeispiel: Rahmen von internen Seminaren setzen wir Elemente wie Selbstlernen		
UK 76	Zunehmend Ausbilder:innen als Lernbegleiter:innen	Alle Aussagen kodieren, in denen die Zunahme bzw. die Veränderung der Rolle der Ausbilder:innen hin zu Lernbegleiter:innen beschrieben wird.	
	Ankerbeispiel: Lernbegleitung rückt immer mehr in den Vordergrund, als Ausbilder wird man eher mehr Partner und Mentor der Auszubildenden.		

Methoden

UK 77	Bedeutungsanstieg auf Selbstständigkeit abzielender Methoden	Alle Aussagen kodieren, in denen die Bedeutungszunahme bzw. Wichtigkeit von Projektlernen sowie auf Selbstständigkeit abzielender Methoden beschrieben wird.	
	Ankerbeispiel: Bedeutung der Projektmethode nimmt zu		

Medien

UK 78	Bedeutungsanstieg digitaler Medien	Alle Aussagen kodieren, in denen die Bedeutungszunahme bzw. Wichtigkeit von digitalen Medien beschrieben wird.	
	Ankerbeispiel: Lernen mit digitalen Medien (und Erstellung dieser) bekommt einen viel höheren Stellenwert		
HK XI	Gegenwart- Auszubildende	Alle Aussagen kodieren, in denen Auszubildende z. B mit Blick auf ihre ihrer schulischen Vorbildung, kulturellen Hintergründe, physischen und psychischen Voraussetzungen beschrieben werden.	

Kategoriensystem mit Kodierleitfaden zur Stellenbeschreibung betrieblicher Ausbilder:innen

UK 79	Lern-voraussetzungen	Alle Aussagen kodieren, die die Lernvoraussetzungen z. B. schulisches Vorwissen, Sprachkenntnisse, Leistungsstärke und vorhandene Kompetenzen von Auszubildenden beschreiben	Keine Schulabschlüsse kodieren. Keine explizit psychischen und physischen Voraussetzungen kodieren.
	Ankerbeispiel: Leistungsstarke und leistungsfähige Azubis; gefühlt schlechter werden Vorkenntnissen aus der Schule		
UK 80	Psychische und physische Voraussetzungen	Alle Aussagen kodieren, in denen die psychischen und physischen Voraussetzungen der Auszubildenden beschrieben werden.	
	Ankerbeispiel: durchschnittlich physisch fit		
UK 81	Erwartungen	Alle Aussagen kodieren, in denen die Erwartungen an die Qualität der und die Wertschätzung in der betrieblichen Ausbildung seitens der Auszubildenden beschrieben werden.	
	Ankerbeispiel: Mehr Erwartungen der jungen Menschen an wertschätzendes Feedback.		
UK 82	Motivation für die Ausbildung	Alle Aussagen kodieren, in denen die Motivation, Ehrgeiz und Willigkeit der Auszubildenden für die Ausbildung beschrieben wird.	
	Ankerbeispiel: motiviert; fehlender Ehrgeiz teilweise		
UK 83	Kultureller Hintergrund	Alle Aussagen kodieren, in denen der kulturelle Hintergrund und/oder die Herkunft von Auszubildenden beschrieben werden.	
	Ankerbeispiel: Migranten; Flüchtlinge; regionale Verwurzelung in der Nähe des Ausbildungsbetriebes		
UK 84	Schulische Vorbildung	Alle Aussagen kodieren, in denen die schulische Vorbildung von Auszubildenden beschrieben wird.	
	Ankerbeispiel: Gymnasium; Realschule; mittlerer oder höherer Bildungsabschluss		
UK 85	Heterogenität -Allgemein	Alle Aussagen kodieren, in denen ganz allgemein auf die Heterogenität von Auszubildenden verwiesen wird.	
	Ankerbeispiel: Der Kernbegriff ist (und war eigentlich immer schon) "heterogen"		
HK XII	Zukunft-Auszubildende	Alle Aussagen kodieren in denen mögliche Veränderungen der Auszubildende z. B mit Blick auf ihre schulische Vorbildung, kulturellen Hintergründe, physischen und psychischen Voraussetzungen beschrieben werden.	
UK 86	Anstieg des Förder- und Unterstützungsbedarfs	Alle Aussagen kodieren, in denen der Anstieg des Förder- und Unterstützungsbedarfs von Auszubildenden beschrieben wird.	
	Ankerbeispiel: Die Differenz zwischen den betrieblichen Anforderungen und den Fähigkeiten der Schulabsolventen wird immer größer		
UK 87	Anstieg der Heterogenität	Alle Aussagen kodieren, in denen ein Anstieg der Heterogenität der Auszubildenden ganz Allgemeine und auch unter Bezug auf Merkmale wie z. B. Herkunft beschrieben wird.	
	Ankerbeispiel: Zunehmenden Heterogenität des auszubildenden Klientel		
HK XIII	Gegenwert- Bedeutung der Stelle der betrieblichen Ausbilder:innen	Alle Aussagen kodieren, in denen die betriebswirtschaftliche Bedeutung der betrieblichen Ausbildung für Unternehmen beschrieben wird.	
UK 88	Bedeutungsverlust	Alle Aussagen kodieren, in denen eine geringe Bedeutung und einen Bedeutungsverlust betrieblicher Ausbildung z. B.	Keine Kodierungen, die auf Zukunft verweisen.

Anhang 2

		auf Grund von Akademisierung oder Kostendruck beschrieben wird.	
		Ankerbeispiel: Andere Großbetriebe verabschieden sich – insbesondere im kaufmännischen Bereich – ganz von der Ausbildung und stellen stattdessen Bachelorabsolventen von den Hochschulen ein	
UK 89	Bedeutung als Marketing- und Innovationsinstrument	Alle Aussagen kodieren, in denen die Bedeutung betrieblicher Ausbildung für das Unternehmen über dessen Beitrag als Marketinginstrument und Innovationsinstrument beschrieben wird.	
	Ankerbeispiel: Marketinginstrument des Betriebs; generiert zugleich auch neue Ideen für das Unternehmen		
UK 90	Bedeutung durch gesellschaftlichen Beitrag	Alle Aussagen kodieren, in denen die Bedeutung betrieblicher Ausbildung für das Unternehmen, über dessen gesellschaftlichen Beitrag definiert wird.	
	Ankerbeispiel: Gesellschaftlich gesehen kann der Beitrag der Ausbilder:innen nicht hoch genug geschätzt werden.		
UK 91	Bedeutung als Instrument der Fachkräftesicherung	Alle Aussagen kodieren, in denen die Bedeutung betrieblicher Ausbildung für das Unternehmen über dessen Beitrag zur Sicherung des Fachkräftenachwuchses für das Unternehmen beschrieben wird.	
	Ankerbeispiel: Die Ausbildung sichert den qualifizierten Fachkräftenachwuchs des Unternehmens und ist daher zentral für den Erfolg des Betriebs		
HK XIV	Zukunft- Bedeutung der Stelle der betrieblichen Ausbilder:innen	Alle Aussagen kodieren, in denen mögliche Veränderungen in der betriebswirtschaftlichen Bedeutung betrieblicher Ausbildung für Unternehmen beschrieben wird.	
UK 92	Bedeutungserhalt	Alle Aussagen kodieren, in denen ein Bedeutungserhalt betrieblicher Ausbilder:innen oder betrieblicher Ausbildung beschrieben wird.	
	Ankerbeispiel: Gute Ausbildung wird auch zukünftig ein Marketinginstrument des Betriebs bleiben und mittelbar sehr zu betrieblichem Erfolg und Innovationskraft des Unternehmens beitragen.		
UK 93	Bedeutungsanstieg	Alle Aussagen kodieren, in denen ein Bedeutungsanstieg betrieblicher Ausbilder:innen oder betrieblicher Ausbildung beschrieben wird.	
	Ankerbeispiel: Aufgrund von Problemen in der Fachkräftegewinnung/ prognostiziertem Fachkräftemangel wird die Ausbildung voraussichtlich an Bedeutung gewinnen		
UK 94	Bedeutungsverlust	Alle Aussagen kodieren, in denen ein Bedeutungsverlust betrieblicher Ausbildung u. a. durch Akademisierung und Outsourcing beschrieben wird.	
	Ankerbeispiel: Berufsausbildung, wie wir sie heute kennen, sehe ich in der Zukunft aufgrund der Akademisierungstendenzen eher einen Bedeutungsverlust		

Anhang 3: Kategoriensystem mit Kodierleitfaden zur Zukunft der AdA (zweite Empiriephase)

	Code	Kodierregel
HK I	Betriebswirtschaftliche und pädagogische Anforderungen	Alle Aussagen kodieren, in denen betriebswirtschaftliche und pädagogische Anforderungen an Ausbilder:innen beschrieben sowie zueinander in Relation gesetzt werden.
UK 1	Ökonomischer Legitimationsdruck betrieblicher Ausbildung	Alle Aussagen kodieren, in denen deutlich wird, dass betriebliche Ausbildung zukünftig einem hohen ökonomischen Legitimationsdruck bspw. durch erhöhten Wettbewerb ausgesetzt ist.
	Ankerbeispiel: Durch eine Leistungsverdichtung bei den Beschäftigten (ökonomischer Druck) sinkt die Bereitschaft auszubilden stetig. Die Zahl der ausbildenden Betriebe ist auf einem historisch tiefen Stand.	
UK 2	Erhöhter Leistungsdruck als Instrument der Fachkräftesicherung	Alle Aussagen kodieren, in denen deutlich wird, dass betriebliche Ausbildung zukünftig als Instrument der Fachkräftesicherung wichtig ist und Ausbilder:innen immer schneller und komplexer ausbilden müssen.
	Ankerbeispiel: immer kürzere Produktzyklen, dadurch immer höhere fachliche Anforderungen an die Berufsausbildung; immer stärkere gewerkeübergreifende Tätigkeitsprofile in der Facharbeit, das muss bereits in der Ausbildung gelernt werden (Teamfähigkeit, komplexes Aufgabenlösen, Fehleranalyse etc.)	
UK 3	Erhöhte pädagogische Anforderungen	Alle Aussagen kodieren, in denen beschrieben wird, dass die pädagogischen Anforderungen an Ausbilder:innen zukünftig steigen werden.
	Ankerbeispiel: Im Hinblick auf pädagogische Veränderungen scheint ein berufsbiografischer Blick für die Azubis stärker denn je vonnöten: Wie können Azubis vor dem Ausbildungsabbruch bewahrt werden, wie können ihnen Perspektiven im Betrieb aufgezeigt werden?	
HK II	Ausrichtung und Geltungsbereich der AdA	Alle Aussagen kodieren, die beschreiben, wie eine zukünftige Ada hinsichtlich ihrer Ausrichtung und ihrem Geltungsbereich ausgestaltet werden sollte.
UK 4	Beständigkeit der AdA	Alle Aussagen kodieren, die beschreiben, dass eine zukünftige Veränderung der AdA nicht notwendig oder aber nicht realisierbar ist
	Ankerbeispiel: berufsfeldspezifische AdA-Lehrgänge sind nicht notwendig; bzw. gibt es auch schon branchenspezifische Angebote; es geht ja gerade um das fachübergreifende pädagogische „Rüstzeug"	
UK 5	Ergänzende berufsfeldspezifische Ausbildung	Alles Aussagen kodieren, aus denen sich eine Zustimmung gegenüber einer berufsfeldspezifischen AdA erkennen lässt. Das betrifft auch jene Aussagen eine berufsfeldspezifische pädagogische Qualifizierung außerhalb der AdA vorschlagen.
	Ankerbeispiel: Das ist aus berufspädagogischer Sicht absolut angebracht, weil es die Realitätsnähe der AdA-Qualifizierung steigert und die betriebliche Berufsausbildung zu verbessern hilft (leichterer Transfer von AdA auf Ausbildungsrealität). Aus organisatorischer und betriebswirtschaftlicher Sicht könnte das schwierig sein (Entwicklungskosten für solche Qualifizierungsmaßnahmen, Vorhandensein von berufsfeldspezifischen Anleitern/Prüfern etc.).	
UK 6	*Spezialisierung oberhalb der Grundqualifizierung*	Alles Aussagen kodieren, aus denen sich eine Zustimmung gegenüber einer berufsfeldspezifischen AdA erkennen lässt. Das betrifft auch jene Aussagen eine pädagogische Spezialisierung außerhalb der AdA vorschlagen.
	Ankerbeispiel: Für mich würde eine Spezialisierung nur Sinn machen als Aufbaukurs. Die Grundlagenvermittlung halte ich für alle sinnvoll. Jedoch könnten Themen, wie bspw. die Suche von Auszubildenden, verkürzt werden. Die Aufgaben übernehmen i.d.R. Personalbereiche und keine einzelnen Ausbilder.	
UK 7	Reduzierte Ausbildung für Fachkräfte	Alles Aussagen kodieren, aus denen sich eine Zustimmung gegenüber einer pädagogischen Qualifizierung für ausbildende Fachkräfte erkennen lässt.

Anhang 3

	Code	Kodierregel
HK III		Dies betrifft auch Aussagen, die eine niedrigschwelliger bzw. angepasste AdA für ausbildende Fachkräfte vorschlagen.
		*Ankerbeispiel:* Wäre für eine professionelle Nachwuchssicherung absolut notwendig, muss aber inhaltlich anders geschnitten werden wie die ADA. Fokus eher auf Lernprozessbegleitung (also „Durchführung der Ausbildung"; Ausbildungsmethoden; Förderung von Lernschwächen). Weniger Vorbereitung, Auswahl, Planung der Ausbildung, Erstellen von Zeugnissen etc.
	Idealbild der Ausbilderlehrgänge und Ausbilderprüfung	Alle Aussagen kodieren, in denen Äußerungen zur Ausgestaltung der Ausbilderlehrgänge oder der Ausbildereignungsprüfung getätigt werden.
UK 8	Idealbild Ausbilderlehrgang	Alle Aussagen kodieren, in denen Idealvorstellungen zur Ausgestaltung der Ausbilderlehrgänge getätigt werden.
		*Ankerbeispiel:* Der Lehrgang sollte handlungsorientierter aufgebaut und auch nicht in einem Seminarraum durchgeführt werden. Es wäre wünschenswert praxisnahe Handlungssituationen zu simulieren und danach das pädagogische Handeln zu diskutieren. Für mich müssen Planen der Ausbildungssituation, das Durchführen und Bewerten dieser auch Bestandteil des Lehrgangs sein.
UK 9	Idealbild Ausbildereignungsprüfung	Alle Aussagen kodieren, in denen Idealvorstellungen zur Ausgestaltung der Ausbildereignungsprüfung getätigt werden.
		*Ankerbeispiel:* Die Prüfung sollte wie der Lehrgang auch handlungsorientiert und praxisnah ablaufen. Das bedeutet, die Prüfer fahren zum (jeweiligen) Ausbildungsbetrieb und prüfen am Arbeitsplatz des zukünftigen Ausbilders. Die schriftliche Prüfung sollte so wie die offenen Teile bei den Ausbildungsberufen aufgebaut werden ohne Multiple-Choice-Anteil.
UK 10	Konservatismus	Alles Aussagen kodieren, die aufzeigen, dass zukünftig keine Veränderungen in den Ausbilderlehrgängen oder Ausbildereignungsprüfungen notwendig sind oder von den Kammern nicht anerkannt werden.
		*Ankerbeispiel:* Die aktuelle Prüfung mit einem schriftlichen und einem praktischen Teil ist dem Zweck und Ziel angemessen. Auch Prüfungen mit Antwort-Wahl-Verfahren sind geeignet, den fachlichen Hintergrund der Teilnehmer festzustellen. Darüber hinaus können betrieblichen Situationen abgebildet werden. Diese Prüfungsform ist auch in der beruflichen Bildung einsetzbar.

Anhang 4: Fragebogen zur ersten Runde der Delphi-Befragung

Sehr geehrte Teilnehmerin, sehr geehrter Teilnehmer,

vielen Dank, dass Sie an meiner Befragung teilnehmen, die ich im Rahmen meiner Doktorarbeit an der Helmut-Schmidt-Universität Hamburg durchführe. Mit meiner Befragung möchte ich typische Stellenbeschreibungen für betriebliche Ausbilder:innen entwickeln, und zwar erstens bezogen auf die aktuelle Situation und zweitens im Hinblick auf künftige Stellenanforderungen. Die nachfolgenden Fragen bilden daher wesentliche Bestandteile von Stellenbeschreibungen ab. Sie umfassen:

- die Bedeutung, die Handlungsspielräume und die organisationale Einbindung im Betrieb,
- die Aufgaben und die didaktischen Handlungsmuster,
- die benötigten Kompetenzen und
- die erforderlichen Qualifizierungsabschlüsse.

Die Bearbeitung der Stellenbeschreibung sieht vor, dass jede Frage zum einen mit Blick auf die aktuelle Lage und zum anderen mit Blick auf die Zukunft (bis zum Jahr 2030) beantwortet wird. Durch die Beantwortung der Fragen bauen sich somit zwei Stellenanforderungen für die Gegenwart und die Zukunft auf. Die Beantwortung aller Fragen soll auf Basis Ihrer Erfahrungen, Ihres Wissens und Ihrer professionellen Sichtweisen heraus erfolgen. Es nehmen Expert:innen aus Wissenschaft, Wirtschaft und Berufsbildungspolitik an dieser Befragung teil. Die Ergebnisse der Befragung werden ausgewertet und anonymisiert zusammengefasst.

In einer zweiten Befragungsrunde wird Ihnen diese Zusammenfassung vorgelegt. Sie erhalten zum einen die Möglichkeit, Ihre Antworten aus der ersten Befragung zu ergänzen. Zum anderen wird Ihnen eine letzte Befragung vorgelegt, in welcher Sie Konsequenzen für die Ausbildung der Ausbilder:innen ableiten sollen.

Hinweise zur Bearbeitung der Stellenbeschreibung: Bei der Bearbeitung der nachfolgenden Stellenbeschreibung geht es nicht darum, eine konkrete Stellenbeschreibung für eine einzelne Ausbilderin bzw. einen einzelnen Ausbilder zu erstellen. Stattdessen wird das Instrument der Stellenbeschreibung in dieser Studie genutzt, um über den Einzelfall hinausgehende Vorstellungen über aktuelle und zukünftige Situationen betrieblicher Ausbilder:innen im Betrieb allgemein zu erfassen.

Wichtig ist somit, dass Sie in der Bearbeitung der Stellenbeschreibung von Einzelfällen abrücken und vielmehr die Gesamtheit Ihrer Erfahrungen und Ihres Wissens über Ausbilder:innen nutzen, um ein übergeordnetes Bild zu zeichnen. Beschreiben Sie also den gemeinsamen Nenner Ihrer Beobachtungen, Ihrer Erfahrungen und ggf. Analysen über betriebliche Ausbilder:innen (Antwortfeld „Hier allgemein"). Gleichwohl können Sie in den Antwortfeldern ergänzende Angaben machen, wenn besondere Differenzierungen

(Antwortfeld „hier ggf. differenziert") zwingend erforderlich werden. Beispielsweise könnte differenziert werden aufgrund von Betriebsgröße, zeitlichen Umfängen der Ausbildungstätigkeit (nebenberuflich/hauptberuflich), individuellen Ausgangsbedingungen (Vorqualifikationen, Alter, Berufserfahrung usw.) oder der Branchenzugehörigkeiten. Für die Bearbeitung des Fragebogens ist ein Zeitumfang von ca. 30 Minuten einzuplanen.

Stellenprofil betrieblicher Ausbilder:innen
1. Hierarchische und organisatorische Einordnung Beschreiben Sie hier die Position von Ausbilder:innen im Betrieb, also insbesondere, wie diese in Unternehmenshierarchien einzuordnen bzw. wie sie mit ihren Stellen in Unternehmensorganisationen verankert sind. *Hier allgemein:* *Hier ggf. differenziert:*
Tragen Sie hier ein, welche Veränderungen sich in der Position betrieblicher Ausbilder:innen im Unternehmen bis zum Jahr 2030 ergeben könnten. *Hier allgemein:* *Hier ggf. differenziert:*
2. Befugnisse Tragen Sie hier die Befugnisse betrieblicher Ausbilder:innen ein. *Hier allgemein:* *Hier ggf. differenziert:*
Tragen Sie hier ein, welche Veränderungen sich hinsichtlich der Befugnisse betrieblicher Ausbilder:innen bis zum Jahr 2030 ergeben könnten. *Hier allgemein:* *Hier ggf. differenziert:*
3. Qualifikationsabschlüsse Tragen Sie hier ein, welche Qualifikationsabschlüsse (Allgemeinbildung, Berufsausbildung, Studium, berufliche Fort- und Weiterbildung) darauf schließen lassen, dass jemand eine gute Ausbilderin bzw. ein guter Ausbilder ist. *Hier allgemein:* *Hier ggf. differenziert:*
Tragen Sie hier ein, welche Veränderungen sich bzgl. der Qualifikationsabschlüsse von Ausbilder:innen bis zum Jahr 2030 ergeben könnten. *Hier allgemein:* *Hier ggf. differenziert:*

Fragebogen zur ersten Runde der Delphi-Befragung

4. Aufgaben
Tragen Sie hier die wichtigsten Aufgaben betrieblicher Ausbilder:innen ein.

Hier allgemein:

Hier ggf. differenziert:

Tragen Sie hier ein, welche Veränderungen sich hinsichtlich der wichtigsten Aufgaben betrieblicher Ausbilder:innen bis zum Jahr 2030 ergeben könnten.

Hier allgemein:

Hier ggf. differenziert:

5. Kompetenzen
Tragen Sie hier ein, über welche Kompetenzen (Fähigkeiten, Fertigkeiten, Kenntnisse, Bereitschaften, Einstellungen und Überzeugungen) betriebliche Ausbilder:innen idealerweise verfügen sollten.

Hier allgemein:

Hier ggf. differenziert:

Tragen Sie hier ein, welche Veränderungen sich hinsichtlich der Kompetenzanforderungen an betriebliche Ausbilder:innen bis zum Jahr 2030 ergeben könnten.

Hier allgemein:

Hier ggf. differenziert:

6. Lernverständnis im Betrieb
Beschreiben Sie hier, wie betriebliches Lernen in Ausbildungsbetrieben verstanden wird.

Hier allgemein:

Hier ggf. differenziert:

Beschreiben Sie hier, welche Veränderungen sich im betrieblichen Lernverständnis bis zum Jahr 2030 ergeben könnten.

Hier allgemein:

Hier ggf. differenziert:

7. Interaktionsmuster
Beschreiben Sie hier, durch welche Merkmale die Zusammenarbeit (Interaktion) zwischen Ausbilder:innen und Auszubildenden geprägt ist.

Hier allgemein:

Hier ggf. differenziert:

Beschreiben Sie hier, welche Veränderungen sich in der Zusammenarbeit (Interaktion) zwischen Ausbilder:innen und Auszubildenden bis zum Jahr 2030 ergeben könnten.

Anhang 4

Hier allgemein:
Hier ggf. differenziert:
8. Auszubildende Beschreiben Sie hier, mit welchen Auszubildenden u. a. hinsichtlich schulischer Vorbildung, kulturellen Hintergründen, physischen und psychischen Voraussetzungen Ausbilder:innen zu tun haben. *Hier allgemein:* *Hier ggf. differenziert:*
Beschreiben Sie hier, welche Veränderungen der Auszubildenden u. a. hinsichtlich schulischer Vorbildung, kulturellen Hintergründen, physischen und psychischen Voraussetzungen sich bis zum Jahr 2030 ergeben könnten. *Hier allgemein:* *Hier ggf. differenziert:*
9. Methoden und Medien Tragen Sie hier ein, welche Methoden und Medien von Ausbilder:innen eingesetzt werden und welche Methoden und Medien wegen fehlender betrieblicher Rahmenbedingungen nicht eingesetzt werden. *Hier allgemein:* *Hier ggf. differenziert:*
Tragen Sie hier ein, welche Veränderungen sich hinsichtlich des Methoden- und Medieneinsatzes bis zum Jahr 2030 ergeben könnten. *Hier allgemein:* *Hier ggf. differenziert:*
10. Bedeutung Beschreiben Sie hier, welche Bedeutung die Stelle der Ausbilderin bzw. des Ausbilders für den betriebswirtschaftlichen Erfolg des Unternehmens hat. *Hier allgemein:* *Hier ggf. differenziert:*
Beschreiben Sie hier, welche Veränderungen sich in der Bedeutung der Stelle der Ausbilderin bzw. des Ausbilders für den betriebswirtschaftlichen Erfolg des Unternehmens bis zum Jahr 2030 ergeben könnten. *Hier allgemein:* *Hier ggf. differenziert:*
Gesamtreflexion der Stellenbeschreibung 2030

In wissenschaftlichen, bildungspolitischen sowie praxisbezogenen Diskursen werden unter den Schlagworten *Digitale Transformation*, *Demografischer Wandel* und *Nachhaltige Entwicklung* große gesellschaftliche Transformationsprozesse der Gegenwart und Zukunft diskutiert. Es wird dabei immer wieder betont, dass diese Prozesse auch für die betriebliche Berufsausbildung mit Folgen verbunden sind.

Gehen Sie Ihre Ausführungen zur Zukunft (grau hinterlegte Kästchen) noch einmal durch. Tragen Sie hier unter Berücksichtigung der oben angeführten Transformationsprozesse mögliche Ergänzungen ein.

1. Hierarchische und organisatorische Einordnung

Hier allgemein:

Hier ggf. differenziert:

2. Befugnisse und Vollmachten

Hier allgemein:

Hier ggf. differenziert:

3. Qualifikationsabschlüsse

Hier allgemein:

Hier ggf. differenziert:

4. Aufgaben

Hier allgemein:

Hier ggf. differenziert:

5. Kompetenzen

Hier allgemein:

Hier ggf. differenziert:

6. Lernverständnis im Betrieb

Hier allgemein:

Hier ggf. differenziert:

7. Interaktionsmuster

Hier allgemein:

Hier ggf. differenziert:

8. Auszubildende

Hier allgemein:

Hier ggf. differenziert:

> 9. Methoden und Medien
>
> *Hier allgemein:*
>
> *Hier ggf. differenziert:*
>
> 10. Bedeutung
>
> *Hier allgemein:*
>
> *Hier ggf. differenziert:*

Vielen Dank, dass Sie an der Befragung teilgenommen haben! Speichern Sie bitte das Dokument ab und senden es per E-Mail an kiepek@hsu-hh.de. Mit dem Versand erklären Sie sich einverstanden mit den nachfolgenden Hinweisen zum Datenschutz.

Hinweise zum Datenschutz: Es wird zugesichert, dass alle erhobenen Daten ausschließlich für Zwecke der Delphi-Studie zur Gegenwart und Zukunft betrieblicher Ausbilder:innen genutzt und nicht an Dritte weitergegeben werden. Die Auswertung und Darstellung der Daten erfolgen anonymisiert, sodass keine Rückschlüsse auf einzelne Personen gezogen werden können.

Eine Teilnahme an dieser Studie setzt Ihre Einwilligung voraus. Mit dem Versand des Fragebogens an die Untersuchungsleiterin erklären Sie sich damit einverstanden:

- dass Ihre Antworten durch die Untersuchungsleiterin verarbeitet werden, auch auf elektronischen Datenträgern.
- dass die Studienergebnisse in anonymisierter Form, die keinen Rückschluss auf Ihre Person zulässt, veröffentlicht werden.

Anhang 5: Fragebogen zur zweiten Runde der Delphi-Befragung

Sehr geehrte Teilnehmerin, sehr geehrter Teilnehmer,

vielen Dank, dass Sie an der ersten Befragungsrunde teilgenommen haben. Insgesamt haben 13 Expert:innen aus Wissenschaft und Praxis einzelne Stellenbeschreibungen betrieblicher Ausbilder:innen erstellt. Die Ergebnisse wurden anonymisiert und zusammengefasst. Ziele dieser zweiten Befragungsrunde sind:

- Teil 1: Ihre Ergänzungen und Kommentierung der Zusammenfassung
- Teil 2: Ihre Einschätzungen zu Themen der Ausbildung der Ausbilder:innen (AdA)

Teil I – Ihre Kommentare: Das Ergebnis der ersten Befragungsrunde wird in Form einer zusammengefassten Stellenbeschreibung (Gruppenmeinungsbild) dargestellt. Für jedes der sieben Stellenelemente lassen sich folgende Aussagen treffen:

- Aktuelle Ausprägungen in den Stellenbeschreibungen betrieblicher Ausbilder:innen
- Prognosen über mögliche Veränderungen in den Stellenbeschreibungen
- Anzahl an Textstellen zu den jeweiligen Aussagen (rote Ziffern)

Tragen Sie bitte ggf. Ihre Ergänzungen und Kommentare in die hinterlegten Felder ein.

1. Hierarchische Einordnung und Befugnisse betrieblicher Ausbilder:innen	
Aktuelle Ausprägungen:	*Prognose möglicher Veränderungen:*
Ausbildungsabteilung oder Personalbereich zugeordnet [11]	Mehr Verantwortung (Selbst- und Führungsverantwortung, betriebliches Lernen, Weiterbildung) [4]
Befugnisse in der Ausbildung (insb. ggü. Auszubildenden) [10]	Zentralisierung der Ausbildung (Personalabteilung oder Betriebsleitung zugeordnet) [3]
Einzelnen Fachabteilungen zugeordnet [7]	Dezentralisierung der Ausbildung [2]
Mittlerer oder oberster Führungsebene zugeordnet [6]	
Keine hierarchische Zuordnung möglich [5]	
Fehlen Ihrer Ansicht nach noch Aspekte? Wenn ja, welche?	
Weitere Kommentare (z. B. Hervorhebungen, Widersprüche):	

2. Qualifikationsabschlüsse betrieblicher Ausbilder:innen	
Aktuelle Ausprägungen:	*Prognose möglicher Veränderungen:*
Berufsfachliche Qualifikation (insb. Berufsausbildung) oder Berufserfahrung [18]	Bedeutungsanstieg pädagogischer Qualifizierung (insb. ab DQR-Stufe 5) [7]
Pädagogische Qualifizierung (insb. nach AEVO) [10]	Bedeutungsanstieg beruflicher Fort- und Weiterbildung [2]
Fortbildung oder Weiterbildung (insb. Weiterbildung) [4]	Ausbilder:innen mit Hochschulabschluss [2]
Geringe Aussagekraft von Qualifikationsabschlüssen [3]	
Abitur oder Hochschulabschluss [2]	
Fehlen Ihrer Ansicht nach noch Aspekte? Wenn ja, welche?	
Weitere Kommentare (z. B. Hervorhebungen, Widersprüche):	

Anhang 5

3. Wichtigste Aufgaben betrieblicher Ausbilder:innen	
3.1 Unterstützungsprozesse – alle Aufgaben, die betriebliche Ausbildung unterstützen	
Mitwirken an Auswahl/Einstellung von Auszubildenden [12] Erstellung von Plänen (insb. Ausbildungsplänen) [10] Austausch, Abstimmung oder Kooperation mit Ausbildungspartnern (insb. Schulen oder Kammern) [9] Evaluation oder Controlling betrieblicher Ausbildung [7] Überwachen oder Einhalten (insb. gesetzlicher) Vorgaben [7] Mitarbeit in Ausschüssen (insb. Prüfungsausschüssen) [6] Erstellen offizieller Dokumente (insb. Arbeitszeugnisse) [5] Weiterentwicklung betrieblicher Ausbildung [5] Ausbildungsplanung oder -vorbereitung (allgemein) [5] Bewerben betrieblicher Ausbildung (insb. extern) [4]	Zunahme ausbildungsbezogener Analyse-, Controlling- oder Entwicklungsarbeit [6] Zunahme ausbildungsbezogener Kooperationsarbeit oder Abstimmungsarbeit [2] Gestaltung von Technik und Arbeit [1]
3.2. Kernprozesse – Alle Aufgaben, die das Kerngeschäft betrieblicher Ausbildung betreffen	
Pädagogische Gespräche führen (insb. bei Problemen) [15] Auszubildende kontrollieren (insb. Lernerfolg) [11] Vermittlung fachlicher oder überfachlicher Kompetenzen [8] Auszubildende begleiten oder betreuen [8] Ausbildung durchführen und abschließen (allgemein) [6] Auszubildende beurteilen oder bewerten [6] Auszubildende fördern, unterstützen oder motivieren [6] Entwickeln oder Bereitstellen von Lernzielen, Lerninhalten, oder Lernmitteln [5]	(Verstärkte) individuelle oder ganzheitliche Betreuung oder Förderung der Auszubildenden [11] Umgang mit Digitalisierung in Ausbildung [4]
Fehlen Ihrer Ansicht nach noch Aspekte? Wenn ja, welche? Weitere Kommentare (z. B. Hervorhebungen, Widersprüche):	
4. Kompetenzen betrieblicher Ausbilder:innen	
4.1 Fachkompetenz	
(Berufs)fachliches Wissen oder Erfahrungswissen [14] Pädagogisches Wissen oder didaktisches Wissen [4]	Bedeutungsanstieg interdisziplinären Wissens [1]
4.2 Sozialkompetenz	
Motivierend oder überzeugend [5] Offen oder wertschätzend [5] Empathisch [5] Interessiert am Umgang mit Menschen [4] Kommunikationsfähig [3] Kritikfähig oder konfliktfähig [3] Geduldig [3] Sozialkompetenz (allgemein) [2]	Bedeutungsanstieg von Empathie oder Toleranz [9]
4.3 Selbstkompetenz	
(Selbst)Reflexionsfähigkeit oder Veränderungsbereitschaft [5] Verantwortungsbewusstsein [5] Begeisterungsfähig oder positiv eingestellt [6]	Bedeutungsanstieg von Flexibilität, Lernbereitschaft oder Lernfähigkeit [4]
4.4 Methodenkompetenz	
Didaktische Fähigkeiten [6] Gestaltungsfähigkeit oder Problemlösungsfähigkeit [6] Umsetzungsfähigkeit oder Organisationsfähigkeit [4] Methodenkompetenz (allgemein) [2]	Bedeutungsanstieg von Methoden-, Medien- oder Projektkompetenz [3] Bedeutungsanstieg von Vermittlungs- oder Gestaltungskompetenz für Lernprozesse [2]

Fehlen Ihrer Ansicht nach noch Aspekte? Wenn ja, welche? Weitere Kommentare (z. B. Hervorhebungen, Widersprüche):	
5. Lernen im Betrieb	
5.1 Lernverständnis	
Betriebliches Lernen als praktisches Lernen durch die Arbeit 8 Prozess- oder Handlungsorientierung betrieblichen Lernens 3	Komplexitätszunahme im Lernprozess 5 Bedeutungsanstieg von Lernen in Teams 4
5.2 Interaktion zwischen Ausbilder:innen und Auszubildenden	
Auf Vertrauen und Augenhöhe basierender Austausch 12 Ausbilder:innen als Pädagog:innen (insb. Lernbegleiter:innen) 10 Selbstständigkeit der Auszubildenden im Lernprozess 4	Individualisierte Betreuung 6 Eigenverantwortliches Lernen oder Problemlösen der Auszubildenden 4 Verstärkt Ausbilder:innen als Lernbegleiter:innen 2
5.3 Methodeneinsatz	
Instruktionsorientierte Methoden (insb. Vor- und Nachmachen) 22 Auf Selbstständigkeit abzielende Methoden (insb. Projektmethode) 15	Bedeutungsanstieg von Projektlernen 2
Medieneinsatz	
Digitale Medien (insb. computergestützt) 11 Analoge Medien (Papier, Arbeitsblätter oder Bücher) 4	Digitale Medien werden zunehmend wichtiger 7
Fehlen Ihrer Ansicht nach noch Aspekte? Wenn ja, welche? Weitere Kommentare (z. B. Hervorhebungen, Widersprüche):	
6. Relevante Aspekte von Bildern über Auszubildende	
Gemischte schulische Vorbildung (Hochschulabsolvent:innen bis Schulabbrecher:innen) 21 Heterogene psychische und physische Voraussetzungen (gesund bis eingeschränkt) 11 Gemischter kultureller Hintergrund (insb. Migrant:innen oder Flüchtlinge) 9 Heterogene Lernvoraussetzungen (leistungsstark bis förderbedürftig) 9 Durchwachsende Motivation für die Ausbildung 4 Hohe Erwartung an Ausbildungsqualität oder Wertschätzung 3	Anstieg an Förder- und Unterstützungsbedarf 6 Anstieg an Heterogenität (allgemein) 5
Fehlen Ihrer Ansicht nach noch Aspekte? Wenn ja, welche? Weitere Kommentare (z. B. Hervorhebungen, Widersprüche):	
7. Bedeutung betrieblicher Ausbildung	
Hohe Bedeutung als Instrument der Fachkräftesicherung 9 Geringe Bedeutung (substituiert oder abgesetzt) 3 Marketing- und Innovationsinstrument 3 Für die Gesellschaft wichtig 2	Bedeutungsanstieg (insb. als Instrument der Fachkräftesicherung) 9 Bedeutungsverlust (insb. durch Akademisierung oder Outsourcing) 3
Fehlen Ihrer Ansicht nach noch Aspekte? Wenn ja, welche? Weitere Kommentare (z. B. Hervorhebungen, Widersprüche):	

Teil II – Ihre Einschätzungen: Nachfolgend sind Ihre Einschätzungen zu ausgewählten Themenbereichen gefragt, die sich zum einen aus den Diskussionen rund um die Situation des Ausbildungspersonals im Betrieb ableiten lassen und zum anderen aus Diskussionen, die die Ausbildung der Ausbilder:innen (AdA) betreffen.

Das Ausbildungspersonal als Personalentwickler:innen und Pädagog:innen: Das betriebliche Ausbildungspersonal muss erstens einem betriebswirtschaftlichen Anspruch (u. a. Fachkräftesicherung und Personalentwicklung für Unternehmen) und zweitens einem pädagogischen Anspruch (u. a. Erziehung und Persönlichkeitsentwicklung der Auszubildenden) gerecht werden. Beide Ansprüche werden auch zukünftig bestehen. Dabei dürften Megatrends wie nachhaltige Entwicklung (insb. als Antwort auf den Klimawandel), die Digitalisierung (insb. mit dem Einzug künstlicher Intelligenz) und sozial-demografische Veränderungen (insb. Migration, Alterung der Gesellschaft, Akademisierung, Fachkräftemangel) die Anforderungen an das Ausbildungspersonal verändern.

> Nennen Sie bitte stichwortartig konkrete Veränderungen, die sich Ihrer Einschätzung nach hinsichtlich der Anforderungen (betriebswirtschaftliche und pädagogische) an das betriebliche Ausbildungspersonal ergeben könnten.

Berufsdomänenspezifische Ausbildung der Ausbilder:innen (AdA): Bisher erfolgt die ADA berufsfeldunspezifisch, d. h., dass beispielsweise Bankkaufleute zusammen mit Köch:innen ausgebildet werden. Denkbar wäre aber auch, die AdA berufsfeldspezifisch zu gestalten. So könnten zukünftig Ausbilder:innen entsprechend ihrer beruflichen Fachrichtung (z. B. kaufmännisch-verwaltend oder gewerblich-technisch) pädagogisch qualifiziert werden.

> Bewerten Sie bitte stichwortartig die Idee einer berufsfeldspezifischen AdA.

Spezialisierung der Ausbildung der Ausbilder:innen (AdA): Bisher werden Ausbilder:innen in der AdA nach vier Handlungsfeldern und damit ganzheitlich ausgebildet. Denkbar wären zusätzliche Spezialisierungen in der AdA. Es könnte beispielsweise Spezialisierungsprofile geben, die Ausbilder:innen verstärkt auf Organisations- und Managementaufgaben oder aber auf didaktisches Handeln in der Ausbildung vorbereiten.

> Bewerten Sie bitte stichwortartig die Idee, Spezialisierungsprofile in die AdA zu integrieren.

Formelle Qualifizierung der ausbildenden Fachkräfte: Die AdA ist gegenwärtig nur für die bei den zuständigen Stellen gemeldeten Ausbilder:innen verpflichtend. Diese sind jedoch häufig nur formell für die Ausbildung verantwortlich. Ein Großteil der betrieblichen Ausbildungstätigkeit wird von sogenannten ausbildenden Fachkräften geleistet. Zur Diskussion steht, ob auch ausbildende Fachkräfte zukünftig eine formelle Qualifizierung nachweisen sollen.

> Bewerten Sie bitte stichwortartig die Idee, die AdA, auch für die ausbildenden Fachkräfte verpflichtend eine formelle Qualifizierung einzuführen.

Idealbild eines Ausbilderlehrgangs: Die Lehrgangspraxis der Ausbildung der Ausbilder:innen wird in der Fachliteratur dafür kritisiert, dass sie stark auf das Bestehen der Ausbildereignungsprüfung ausgerichtet sei. Passend dazu dominiert in den Lehrgängen eine Didaktik (insb. Vier-Stufen-Methode), die vor allem in der Prüfung abgefragt wird, aber in komplexen Handlungssituationen nicht selten scheitert. Bisher fehlt es jedoch an konkreten Verbesserungsvorschlägen.

Beschreiben Sie bitte in Stichworten Ihre ganz persönliche Idealvorstellung von einem Ausbilderlehrgang.

Idealbild einer Ausbildereignungsprüfung: Die Ausbildereignungsprüfung umfasst neben der Demonstration einer Ausbildungssituation auch eine schriftliche Prüfung. In letzterer erfolgt eine Wissensabfrage durch Multiple-Choice-Aufgaben. Es ist kritisch zu hinterfragen, ob die bisherige Prüfungspraxis ein angemessenes Vorgehen darstellt, um auf ihrer Grundlage Ausbildereignung zuzusprechen.

Beschreiben Sie bitte in Stichworten Ihre ganz persönliche Idealvorstellung von einer Ausbildereignungsprüfung.

Zum Abschluss: Was glauben Sie, welche Veränderungen hinsichtlich der Ausbildung der Ausbilder-/innen in den nächsten Jahren ein besonderes Gewicht bekommen werden? Antworten Sie gerne in Stichworten.

Vielen Dank, dass Sie an der Befragung teilgenommen haben! Speichern Sie bitte das Dokument ab und senden es per E-Mail an: kiepek@hsu-hh.de